U0595353

玛丽莲·梦露

MA-
RI-
LYN

The
Passion
and
the
Paradox

〔美〕洛伊斯·班纳——著　　邓蓓佳——译

江苏凤凰文艺出版社

CONTENTS

目录

推荐序

玛丽莲的多面人生

　　玛丽莲·梦露是 20 世纪的一个历史人物。迄今为止，能读懂玛丽莲·梦露的人少之又少，人们似乎只在乎她那张站在地铁站通风口裙角飞扬的照片。在大众的意识里，玛丽莲是性感的代名词，是 20 世纪美国娱乐圈的明星，是与肯尼迪有过扑朔迷离情感瓜葛的女人，仅此而已。

　　站在我们当下的这个年代，回过头去看那段历史，我突然想发问：当我们在解读玛丽莲的时候，我们应该解读些什么呢？是她丰富的情史？抑或是她死亡的原因？都不是！在我的观念里，这个世界一直在误解她，而且几十年的时间过去了，这种误解一直存在，从未消失。

　　归根结底，她并不是人们印象里那个单一的片面，那个形象真的是太片面了。玛丽莲的内在是如此深邃，当我在探寻她内心某些未知领域的时候，我发现我整个人满怀着敬意。她像不断涌动的水面，给人迷惑，水面之下，是一片不为人知的地带。而敢于跳下河去寻找真相的人，少之又少。

　　此书的作者 Lois Banner 就是"跳河者"之一，而且她潜到了河水的最底层。

　　玛丽莲是多面的，她热情奔放，她也孤独成瘾，她是游走于男权世界的聪明女人，她也是充满童真意识的邻家女孩。玛丽莲的身体里甚至有隐约的诗性，她热爱雪莱和济慈，也常常写诗给自己倾慕的对象，直言不讳地表达自己热烈的情感。

著名诗人西川曾在《献给玛丽莲·梦露的五行诗》中写道：这样一个女人我们允许她学坏。

玛丽莲的多面性总是让我感觉惊讶，她如此多的精神状态，从某种意义上来说，是在向人类基本的存在形式发起挑战。即使有再多的女人在场，她依然是最精致耀眼的那一个，而回归到一个人的精神世界时，她又变成最卑微而孤独的那一个。恰恰是这种多变的内在，造就了玛丽莲最迷人、最神秘的部分。

另一种解释是，玛丽莲的家族有严重的精神病史，她的外婆，她的母亲，全都被病魔坚硬的羽翼所笼罩，最后夺去了生命。玛丽莲曾经也有过自我怀疑，她发觉自己的行为在慢慢朝外婆和母亲的方向倾斜，这让她感觉无比恐惧。在她的整个演艺生涯中，她都在服用大量的药物，来抑制自己某种不受控制的状态，或者可以说成是某种病情。

她大部分的时间都活在痛苦之中，相比于星光灿烂的好莱坞片场，她更喜欢一个人独处。有时候她极其厌恶自己所身处的这个浑浊的大旋涡，所有人都油头粉面，所有人都带着面具生活，没有真实可言，也没有坚固的关系，就连丈夫，似乎都与自己隔着一座山脉。她受够了猜疑、记恨、谄媚、陷害，她想要安静下来，嘈杂声却持续不断。

玛丽莲的内心一片澄澈，可她无法将这种纯粹的状态延续到生活中，这是她人生最大的矛盾，也是她的最大可悲。这个世界没有人能拯救她，她的无助在复杂的人际关系中被无限放大，直到死亡之前，她都没有等到那棵救命稻草。

如果你无法接受我最坏的一面，你也不配拥有我最好的一面。

这是玛丽莲短暂一生的独白，她是一丛肆意生长的野花，绽放过，骄傲过，孤独过，也凋谢过。无论是她内心的哪一个玛丽莲·梦露被世人所记住，她对这世界的爱，都是那么义无反顾。

她配得上我们的怀念。

是为序。

中国作家协会副主席　叶辛

2019 年 4 月 22 日

梦露是女权主义者吗？

1955 年 7 月的一次新闻发布会上，一名记者问玛丽莲·梦露是否介意被称为女权者。"我不是女权主义者！"她厉声否认，又补充道，"我不相信这个世界可以被分离开来，世界的运转是由平等的男女共同努力实现的。"

这名记者听完她的回答，仿佛验证了自己的预言，很激动地喊道："这就是女权主义者，我知道她是个女权主义者！"

说梦露是女权主义者这事当然很可疑。因为在很多人的眼里，她不过是那个翘起屁股，扭动蛮腰，嘟起嘴唇，卖弄女人味的"愚蠢金发女郎"。我们甚至记不住她演过的电影的名字，但想到她的名字就会想到白色的连衣裙被风吹起，她故作惊慌地按下裙角，嘴巴微张，似在求欢，既天真又性感，既挑逗又俏皮。女权主义者们在当年批判她是迎合男权的玩物。

20 世纪 50 年代，美国经济进入了高速发展，打仗的士兵们在战争结束后都成了居家的丈夫，青年们丧失信仰沦为"垮掉的一代"。精英文化衰退，大众文化兴起，出现了新的消费文化和审美观——"通俗奢侈"。美国人一边为在二战中获得的胜利和蓬勃的经济感到高兴，一边又惊恐于冷战时期来自苏联和核毁灭的威胁，他们需要可口可乐，也需要一个能让他们消解焦虑恐慌情绪的女性。梦露就是服务欲望这一流水线上炮制出来的产品。可惜在她满足了这些观看者的欲望的同时，也遭受到他们对她道德的谴责。

她和一个性无能的男主角演对手戏，为了恢复他的性能力，她赞美他的温和是真正的男子气概，这正是梦露常常扮演的角色，成为男性在战后理想中的玩伴。她甚至说："我并不介意活在一个男权社会，只要我可以作为一个女人存在其中。"这一切自然与女权无关，而更像是讨好男权得到生存的受益者。

同时期随着艺术的中心从巴黎迁移到纽约，以波普谱艺术为代表的后现代艺术兴起，安迪·沃霍尔将梦露的头像做成自己最负盛名的丝网印刷，色彩艳俗，机械复制，故作粗糙，正符合大众的趣味，在我看来，这幅画是对梦露符号化的最佳诠释。

梦露自始至终是被人们异化最为猛烈的女性。人人关心她的嘴唇和屁股，关心她的三次婚姻、堕胎、性瘾、和肯尼迪兄弟的交往、谜团一样的死因……她被描述成不过是一个"荡妇"，是男权的牺牲品，没有人对真实的梦露感兴趣，她说："男人们愿意花大钱买我一个吻，却没人愿意花一美分了解我的灵魂。"。

她的性感，我多年后才懂。上小学的时候，家里装上卫星电视，有段时间我掉入了眼花缭乱的花花世界，当眨着无辜大眼睛的梦露出现在电视机屏幕时，我爸按下了换台键，我当然没有看到梦露被风吹动的石榴裙摆，她是禁忌，是诱惑，而我的好奇渐渐被奥黛丽·赫本填补，在我们的文化标准里，被广泛接受的美和淑德接近赫本而不是梦露，后来才知赫本和梦露分别代表着男性的两种幻想对象。

"世界第一女记者"法拉奇当年被我们视为偶像，她在《好莱坞的七宗罪》里记录了寻找玛丽莲·梦露的经历。一心想要采访到梦露的法拉奇被告知"美国也许是世界上最民主的国家，你想见谁就可以见谁。可是，有两个人永远不可能与他们面对面地谈话，一个是艾森豪威尔，一个是玛莉莲·梦露。"梦露为了不让人找到她，每过20天就要换一次住处，她用着别名，像间谍一样善于伪装，有秘密的朋友和秘密的纽约公寓。法拉奇最终也没能实现采访到梦露的愿望，她愤怒地调侃梦露是否真实存在，说她也许只是一个"幽灵"。

我对梦露真正的好奇来自她读书的照片和她的书单。她窝在沙发上读，躺在床上读，倚靠在书架上挺起胸脯读，坐在草坪上读，沉迷而沉静。她的书单里既有阿尔贝·加缪的《堕落》《反抗者》，又有纪伯伦的《先知》、杰克·凯鲁亚克《在路上》，还有陀思妥耶夫斯基的小说《罪与罚》《卡拉马佐夫兄弟》和托尔斯泰，她读雪莱、威廉·布莱克、米莱、加西亚·洛尔卡的诗，也读女作家伍尔夫、多罗茜·帕克、科莱特，最喜欢的书是詹姆斯·乔伊斯的《尤利西斯》。这分明是属于一个有政治意识的知识分子的书单，而不属于人们眼中那个被男权物化的"金发蠢妞"。海明威曾如此评价她："玛丽莲有着极强的文学感受力，而我却从未如此幸运。当我在抒发情怀，挥笔写作时，玛丽莲的诵读，娓娓动听，婉转动情。"

梦露是我知道的最复杂最矛盾的人了，但不难理解。她分裂成多个版本的梦露。一个版本里的梦露靠他人的怜悯过活，在十几个寄养家庭之间辗转，在孩童时期忍受性和精神上的虐待，诵读困难、口吃，害羞、缺乏自信，没有安全感，严重的怯场；另一个版本里的梦露从童年的动荡里学会了如何快速取得陌生人的好感，活力四射，坚强地向着目标前进，靠当裸体模特养活自己，在相机前充满自信，靠自学成才当上演员，追求完美，成为家喻户晓的大明星。

一个版本里的梦露继承了母亲的精神疾病，噩梦不断，有抑郁症、狂躁症，月经疼痛不堪，子宫内膜异位症、荨麻疹、慢性肠炎让她长期腹痛，嗜性如命，依赖药物；另一个版本的梦露渴望家庭、丈夫、孩子，却到处地调情、崇尚自由相爱，性自由，双性恋，暴露狂，参与滥交，甘愿认为她的身体归男人所有，当男人想要时，她必须给他们，因为这是一种"感谢"的方式。

在保守的年代，梦露向传记作者、摄影师、记者多次透露自己童年和成年时期曾遭受的性侵，也说出自己拒绝高价卖出身体上位的经历，这无疑是一种勇敢的女权主义行为。尽管她渴望完整的家庭，当丈夫要求她婚后必须待在家里、只能选择做家庭主妇的时候，她迈出大胆的一步，不想再听命于他人。她成为第二个执掌自己制片公司的女性，玛丽·皮克福德是第一个。成为女商人的梦露，在那个女演员连更衣室都没有的电影界，反对性骚扰，要求女性同工同酬，得到尊重的工作条件，改变了娱乐业女性的面貌。

她对性自由的支持，跨越了她那个时代的道德观，支持民权斗争，坚决支持黑人拥有白人意义的平等权利，她心目中的英雄是亚伯拉罕·林肯。她对佛教、犹太教和基督教科学进行了深入的精神探索，是支持进步主义的反叛者。

也许玛丽莲·梦露不是法拉奇口中的"幽灵"，却是一个虚拟的存在，而她精心策划的角色，沙漏形身材、妆容、行头、表情、步态都被设计成人们想要的幻想对象，她的真实人生比她在电影中扮演过的任何角色都更具有戏剧性，正是在符号的遮掩下，她一生都有勇气尝试常人不敢妄想的冒险行为。

我们看到的梦露显然不是完整的，就连她自己也无法捡起所有的人格碎片，却有那么一两片映射出她超越性别的强悍，她享受着自己的女性特质，试图证明女人"性化"是解放而不是贬低，坚持自己生活方式的权利，不被外来的指责所左右。尽管她拒绝贴上"女权"标签，但她的确做了女权主义的先行者的工作，她的一生有力地提醒了我们女权主义的必要性，第三波的美国女权主义者声称梦露是她们的一员。

祝羽捷

2020 年 2 月 20 日

现在，让我们为这位蜚声国际的女性唱一首赞歌

20 世纪最著名的照片之一就是玛丽莲·梦露站在地铁通风口的位置拍下的，一阵强风吹起了她的裙摆，虽然她按住了裙子，但内裤依然露了出来。这张照片摄于 1954 年 9 月 15 日的纽约，当时电影《七年之痒》正在拍摄剧照。玛丽莲在这部电影中扮演一位模特，丑男汤姆·伊威尔饰演一名龌龊的中年图书编辑，他厌倦了七年的婚姻生活，渴望与性感的"女孩"发生婚外情。那天拍摄的场景是两位主人公在电影院观看影片《黑湖妖谭》，这是一部 1954 年的电影，讲述了亚马孙河上的一个史前鱼怪杀死了去抓捕他的探险队成员的故事。那是个炎热的夏夜，玛丽莲走出电影院后站在地铁通风口上乘凉，吹起她裙摆的强风理应是地下驶过了地铁，但这阵风实际上却是由下面的风力机造成的。

玛丽莲当时穿着白色连衣裙、白色内裤、白色高跟凉鞋，戴着白色耳环，她好像是一个白色的天使，象征着天真和纯洁。同时，她也散发着性感的魅力。她为了吸引男性的目光而摆出性感撩人的姿势，落落大方地迎接他们的注视。她随风飘起的裙摆好像张开的翅膀，此刻的她就像是基督教的守护天使，是古神话中的阿佛洛狄忒女神①，是在诗歌或战争中

① 阿佛洛狄忒是希腊神话中代表爱情、美丽与性欲的女神。

宣布胜利的尼克女神①，是卢浮宫博物馆里的萨莫色雷斯的胜利女神②。她也像个优雅的踮着脚尖的芭蕾舞演员，或是在康尼岛游乐园中被强风吹起裙摆的女孩。萨姆·肖之所以拍下了这张举世闻名的照片，是因为他从游乐园的场景中获得了灵感，让玛丽莲摆出相似的姿势。不过，这一经典姿势早就被脱衣舞女郎和海报女郎用过了，她们以此撩拨男人。总而言之，《七年之痒》的这张剧照展示了玛丽莲的复杂性——她的魅力无法阻挡，但她的人生却充满矛盾，这也是本书的核心主题。

剧照拍摄其实是电影的一种宣传手法，也是电影史上最伟大的宣传活动之一。这张剧照的拍摄时间和地点在纽约的报纸上刊登后，吸引了百余名男摄影师和1500位男性观众前来观看，为了躲开白天的人潮所以安排在半夜拍摄。聚光灯照亮了现场，观众爬到附近建筑物的楼顶，只为找到更好的角度，摄影师用肘挤着前进穿越人群只为探勘最佳地点。电影的剧照摄影师萨姆·肖拍摄了这张著名的照片，但其他的摄影师拍摄了数百种版本。由于人们对所有关于玛丽莲的事情兴趣太大，因此路障被投入使用，警察也到场控制人群。

影片的导演比利·怀尔德拍了14条，并在条与条中间留出时间让摄影师们拍摄。每当玛丽莲的裙子被吹起，人群都会尖叫，尤其是前排那些能够透过她的内裤看见深色体毛的人，即使她穿上了两条内裤来遮掩。不过，电影制作委员会严格执行的"1934年电影制作规范"是禁止这种露骨拍摄方式的，照片中任何涉及私密部位的地方都必须被掩盖处理。

但是，这场拍摄活动并没有考虑那么多限制，形似男性生殖器的地铁，它带动的空气和玛丽莲性暗示般的站姿相互融合。然而，她有控制权，她在"女上位"，是贯穿欧美历史女性力量的象征。她为男性的凝视而生，但她又是一个不羁的女人——是中世纪嘉年华中的"疯狂的母亲"③，是有超自然力量的"白女巫"，是滑稽戏"颠倒的世界里无比强大的女人和弱小受害的男人"中的明星。在照片中，玛丽莲是如此华丽，如此美艳，如此耀眼，就像她的第三任丈夫阿瑟·米勒形容的那样：似乎每一寸肌肤都充满了明星范儿，在她的成就中散发着光芒。她现在可以藐视那些曾经待她

---

① 尼克是希腊神话中的胜利女神，她在罗马神话中对应的是维多利亚。

② 萨莫色雷斯是希腊神话中胜利女神尼克的雕塑，创作于约公元前2世纪，自1884年起开始在卢浮宫的显赫位置展出，是世界上最为著名的雕塑之一。

③ 疯狂的母亲是1454年在法国东部城市第戎创建的一个著名的嘉年华团体，兴旺了至少250年。

不公的人——把她抛弃的父亲和母亲，虐待她的养父母，把她当作玩具的好莱坞大佬们，甚至是对她家暴的第二任丈夫乔·迪马乔。迪马乔出现在那次拍摄的现场，在她的裙子被吹起来并露出内裤时，他愤怒地扬长而去。她确实戏剧化了她儿时的梦想——裸体走在宗教组织面前，人们躺着，睁大眼睛，抬头看着她。这是一个强有力的梦想，一个玛丽莲有控制权的梦想。

但她在照片中按住了她的裙子，表现出一种羞怯。在 1962 年的一次采访中，她唯一一次对此次拍摄进行了畅谈，她说在摆姿势的时候她没有想到性，她只想好好享受那一刻，并且声称是观众将她往性的方面臆想了。"起初那是纯真和有趣的，"玛丽莲说，"但是当比利·怀尔德一遍又一遍地拍摄，现场的男人们不停地鼓掌、高喊：'更多，更多，玛丽莲——让我们看到更多。'"然后比利就把相机推近，对准她的胯部。"那本该是个有趣的场面，最后却变成了性的场面。"玛丽莲自嘲地补充说，"我希望所有那些额外拍摄的影像不会被你的好莱坞朋友们在私人聚会上欣赏。"

我们不习惯将玛丽莲·梦露定位成一种肤浅的代表，而常把玛丽莲·梦露看作是"被毁坏得不可修复了"的天使，被伤害得没有能力使自己的事业更进一步或在银幕上使自己重生。然而这些都离"真相"太远了。在本书中，玛丽莲是一个逼迫自己成为明星的女人，在这个过程中她战胜了无数病痛，创造了一个比她在电影中扮演过的任何角色都更具有戏剧性的人生。她有很多缺陷，她患有诵读困难症，她口吃的严重程度是任何人无法想象的。她一生都被她梦中的怪物和巫婆所困扰，可怕的噩梦导致她不断失眠，而我是第一个阐述这些事实的人。她有抑郁狂躁型忧郁症，思想常常与现实脱离。她在月经期间忍受着钻心的疼痛，因为她有子宫内膜异位症，这是个与荷尔蒙相关的疾病，导致了肿瘤组织生长在整个腹腔里。她得过皮疹和荨麻疹，患有慢性结肠炎，以致长期腹痛和恶心。

她克服了这一切，加上她众所周知的悲惨童年——在精神病院住院的母亲、从未谋面的父亲以及在寄养家庭和孤儿院之间辗转的经历。剧作家克利福德·奥德茨说："她总是与黑暗结伴同行。"人们只看到"她华丽的生活，却根本无法想象她的根生长在怎样的土地上"。还有那些为了应对这一切而吃下的药物，当她进入好莱坞的时候，她不得不忍受来自好莱坞的压力——她服用巴比妥类药物让自己平静下来，服用安非他命以获得能量。

关于玛丽莲的众多发现中，令我印象深刻的是她的同性恋倾向。她与许多杰出的男人交往过——伟大的棒球运动员乔·迪马乔、剧作家阿瑟·米勒、导演伊利亚·卡赞、演员马龙·白兰度、歌手弗兰克·西纳特拉以及肯尼迪兄弟，其中她与迪马乔还有米勒结婚了。然而，她内心深处也渴望与女性交往，她怀疑自己的同性恋倾向可能是天生的。她如何做到既是异性恋世界中的性感女神同时又渴望着同性？她如何能同时在外观上拥有着世界上最完美的身体而内部又存在着许多缺陷，比如子宫内膜异位症和结肠炎？为什么她无法生育？成年后的玛丽莲被这些问题所困扰着。

然而在她的职业生涯中，她表现出难得一见的天分。公关人员惊叹于她自我宣传的能力，化妆师赞扬她的化妆技能，摄影师评价她是那个年代最伟大的模特之一。她曾师从顶级的表演、声乐老师，创造了她那个时代最伟大的"愚蠢的金发女郎"[1]。光鲜艳丽的外表加上温柔的声音，那个我们所熟知的玛丽莲是 20 世纪 50 年代女人味的典范。然而，她用扭动的步伐、颤抖的胸部和噘起的嘴巴来嘲弄女人味。她可以一改她金发美女的形象，用眼睛传递悲伤，并像所有伟大的小丑演员那样，在喜剧和悲剧的边缘演绎她的角色。

玛丽莲具有多面性，揭示和分析她的多面性是我对玛丽莲研究做出的重大贡献。在她早年的职业生涯中，她作为一个海报模特，为她那个时代最著名的海报拍了照片——一张裸体照成了1953年12月第一期《花花公子》杂志的插页。在职业生涯中期，她创造了一个新的迷人形象，将海报模特的诱惑力与 20 世纪 30 年代的魅力女星葛丽泰·嘉宝高冷和成熟的感觉相互融合。另外一面的玛丽莲有着戏剧天赋，展现在电影《夜间冲突》（1952 年）和《巴士站》（1956 年）中，也展现在她为明星摄影师米尔顿·格林和伊芙·阿诺德摆出的姿势中。"玛丽莲·梦露"，她最出名的一个"版本"，是很多个她自己中的一个。

玛丽莲有很多从未被披露过的复杂面，比如她很害羞，没有安全感，缺乏自信，但她很坚强并且坚定地向着目标前进。她喜欢使用双关语和文字游戏，她的机智风趣常带有讽刺和下流的意味。她可以像骑兵那样骂人，也喜欢搞恶作剧。我发现她是个古怪的人，只遵从她自己非理性的逻辑。她有时是个派对女孩，做"疯狂的、淘气的、性感的事"，包括参与滥交，也就是我们现在所说的"性成瘾"。但是在她自相矛盾

---

① 这是那个时代对金发女性的刻薄印象。

的心理背后，她将自己的不良行为解释为一种不算坏的意图，通过崇尚自由相爱的理念，即朋友之间可以发生性行为，去为她的滥交辩护。这一理念秘密地流传于 20 世纪前卫的人群中。在另一种掩饰下，她是一个虚构人物，用着别名，善于伪装，把自己的生活当作是一个间谍的故事，有秘密的朋友和秘密的纽约公寓。"我和很多人一样，"她告诉英国记者 W.J. 韦瑟比，"我曾经以为我是疯子，直到我发现了一些我钦佩的人，他们也像我这样。"

相信神灵的玛丽莲研究过神秘的文字，这在以前从未被披露过。激进的玛丽莲开创了 20 世纪 60 年代爆发性的革命，她感激她的根扎在工人阶级，并向那些在粉丝信件中把她捧成明星的男人们致敬——"普通人、工人阶级、那些在战争和大萧条中挣扎过来的人"。她反对麦卡锡主义的压迫，支持种族平等。在一部叫《黑面》的戏剧中，布鲁诺·哈德写道：那个聪慧的、激进的玛丽莲隐藏在她穿的"黑色蕾丝"之下。

除了格洛丽亚·斯泰纳姆，与所有撰写玛丽莲传记的作家相反，我认为玛丽莲童年时期所受的性虐待塑造了她成年后的性格。我们现在知道，这种虐待会打造出一个有同性恋倾向、性成瘾、暴露狂和易怒易害怕的成年人。性虐待可以使完整人格变成碎片，玛丽莲也不例外，她分裂成多个版本的自己，同时她自身也意识到了这一点。但占主导地位的"玛丽莲·梦露"是众多人格中最为凸显的一个，是由原来的诺玛·简·贝克改名为玛丽莲·梦露后创造出的那个人物。这发生在 1946 年 8 月，诺玛·简与二十世纪福克斯签署了合约，开始了她的明星之路。

20 世纪 50 年代是一个充满矛盾的时代，美国人一边为在二战中获得的胜利和蓬勃发展的经济感到高兴，一边又惊恐于冷战时期来自苏联和核毁灭的威胁。玛丽莲有趣滑稽的风格在一定程度上缓解了国家的恐慌情绪，同时也反映了 20 世纪 50 年代"通俗奢侈"[①]的风格，用平民版本的奢侈来嘲笑国民的担忧。当她把她贝蒂娃娃[②]那一面的性格展现出来时，我叫她罗莉拉·李[③]，那是一种完完全全的通俗奢侈。

她天真无邪的情欲和喜悦使她成为男性在战后理想中的玩伴，那时人们担心男

[①] 通俗奢侈是 20 世纪 50 年代和 60 年代在美国兴盛的消费文化和审美观。这个词来源于"流行（popular）"和"奢侈（luxury）"的结合。

[②] 贝蒂娃娃是一个动画人物，她曾是一个性感标志，在 20 世纪 30 年代中期后形象变得端庄低调了许多。直到今天仍然是广受欢迎的动画人物之一。

[③] 罗莉拉·李是玛丽莲·梦露在 1953 年的美国电影《绅士爱美人》中饰演的角色名字。

人会女性化，因为打仗的士兵们在战争结束后都成了居家的丈夫。虽然并非所有男同性恋者都有女性化的特征，但 20 世纪 50 年代的人对每一个同性恋者都有这样的曲解。在她的电影里，玛丽莲常常和一个性无能的男主角演对手戏，为了恢复他的性能力，她赞美他的温和是真正的男子气概，就像她在电影《七年之痒》中对汤姆·伊威尔做的那样。在现实生活中，她更喜欢能力强并且比她年长的男子作为伴侣，因为她需要一个"父亲"，但她忽视了他们盛气凌人的相处方式，一次又一次地陷入施虐又受虐的行为模式中。

她作为那个时代的榜样，与 20 世纪 50 年代的摇滚音乐家一起，抢过了那些作为60 年代反叛先驱的诗人的风头。和演员蒙哥马利·克利夫特以及马龙·白兰度一样，她选择了崭新的、有革命性的表演风格，加上她对性自由的支持，让她成为一个支持激进主义和 20 世纪 60 年代性反抗的反叛者。

我之所以被吸引去写玛丽莲的传记，是因为没有人像我那样研究过她——透过一个学者、女权主义传记作家以及性别史学家的视角。不仅如此，我对自己和她童年的相似性也十分感兴趣。20 世纪 40 年代，我在加利福尼亚州的英格尔伍德长大，这是个距离霍桑只有几英里的洛杉矶卫星城，玛丽莲出生后的七年时间里都在霍桑生活。她在霍桑的家庭坚持基督教的"原教旨主义"，我童年的家庭也是如此。我和她的身材相仿，并且赢得过选美比赛，金发碧眼是我们共同的特征。像她一样，我也有在电影界的亲戚鼓励我成为明星，但我更喜欢学习。在加州大学洛杉矶分校毕业后，为了获得哥伦比亚大学的博士学位，我搬到了纽约。在成为一名大学教授之后的 20年内，我都住在纽约附近。我与普林斯顿大学的一位教授结婚，并享受在纽约学术界的时光。我曾在康涅狄格州的农村度过整个夏天，玛丽莲也是如此。

在那些年里，我成了"第二波女权主义者"和新女性历史的创始人，而我忽视了被男人看作"性对象"的玛丽莲。然而，到 20 世纪 90 年代，"第三波女权主义者"则认为，把女人"性化"是解放而不是贬低，因为这赋予她们自我认知和权力，我所教的学生也受到这个论点的影响。是我太轻易地无视了玛丽莲吗？她是 20 世纪 60 年代女权主义的先行者吗？作为一个男人性幻想的对象，她的立场是否足够坚定？为了回答这些问题，我决定去探索她的生活。

我从加入洛杉矶的玛丽莲粉丝俱乐部——"纪念玛丽莲"开始，会员们与我分享了他们的收藏。渐渐地，我采访了近一百名玛丽莲的朋友和同事。我搜索了美国和欧洲的档案，见到了从未面世的藏品——包括玛丽莲的个人文件柜和拉尔夫·罗伯茨、斯泰西·尤班克、诺曼·梅勒、格雷格·施赖纳、安东尼奥·维拉尼、彼得·劳福德、詹姆斯·斯帕达、洛特·戈斯拉尔的文章，以及美国电影艺术与科学学院的玛格丽特·赫里克图书馆中很多新的馆藏等。我从易贝上买了数百份刊登了关于玛丽莲文章的粉丝杂志，并且在拍卖会上买了一些玛丽莲的物品。安东尼·萨默斯撰写的玛丽莲传记出版于 1985 年，他非常慷慨地让我查看他为了写这本传记所做的三百多次采访，我在这些采访中发现了丰富的素材。

我向玛丽莲一个伟大却未被承认的女权主义行为致敬——她在成年后指认了她在孩童时遭受的性虐待。在一个认为这种虐待很少发生，且一旦发生，受害的女孩才是责任人的年代，她却拒绝沉默。这种自我披露对于 20 世纪 70 年代的女权运动来说非常重要。我写过鲁思·本尼迪克特和玛格丽特·米德的传记，这两位著名的美国人类学家和公共知识分子都没有公开过她们童年时期所受的性虐待。我并没有想到在她们的人生中会发生这样的事情，但是在我们的历史上这种虐待事件的比例一直很高。玛丽莲指认了她所受的虐待，这对于一名女性来说，是非常勇敢的。

作为一名传记作家，我属于"新传记"的流派，在历史的背景下分析玛丽莲，以及她与出现在她生命中的男性女性的互动，我称之为"性别的地理"。我在书中呈现了一个新的玛丽莲，不同于以前对她的任何描述，甚至包括我自己在《私底下的MM：玛丽莲·梦露私人档案》一书中对她的简短概述。我探究她的内部自我，把她的人生看作是一个自我形成的过程。我指出了她童年时期生活过的全部十一个家庭，并提供了关于他们的新信息。我分析了她所主演的电影关于性别的主题，探索好莱坞制片人和摄影师的性别角色，指出其中许多人的同性恋特征。

我深入浏览了未被挖掘过的资料，比如阿瑟·米勒的自传《时光枢纽》、拉尔夫·格林森①的精神病学著作以及玛丽莲读过的诗歌和文学作品。我明白了为什么她颂扬埃莉诺拉·杜斯，并且发现了安娜·弗洛伊德 1956 年在伦敦对玛丽莲进行测试的结果。安娜说，玛丽莲是双性恋。她童年时期关于对着教会会众暴露身体的梦想是她孩提时遭受性虐待的副作用。

---

① 玛丽莲的精神病医师。

这本传记的内容是按时间顺序发展的，虽然我在其中增加了一个我称之为"幕间暂停"①的部分。我在那部分剖析了她的心理活动以及历史大环境下所造就的玛丽莲·梦露，之后便继续后面的章节。像许多世界级的历史人物一样，玛丽莲跨越了她的时代，并且反映了她那个时代的道德观。她闪闪发光的形象解释了为什么她能成为时代的象征。我惊讶于她在36年的短暂生命中所取得的成就，用我们现在对人生阶段的定义，当她死亡时她还不过是个孩子。

玛丽莲在1954年拍摄电影《七年之痒》的剧照时，她是好莱坞耀眼的明星，是"国家的符号，就像热狗、苹果派或棒球那样被熟知"，是"国家的赛璐珞氢弹"。她每周都会收到大约一万封粉丝写来的邮件，超过了其他任何明星。记者将"梦露"戏称为"门罗"，指的是"门罗主义"②，用在她身上却有种情欲亢奋、精明、缺乏唯物主义的意味——记者引用"门罗主义"是为了能博眼球卖故事，而且又不会太过牵强。她的双关语被称作"梦露金句"，在当时非常著名。《七年之痒》的剧照证明了玛丽莲的名声之大，因为在几天之内，它出现在全球各地的报纸上，从纽约到香港，从洛杉矶到东京。这张剧照被称为"受到全世界瞩目的影像"。到20世纪50年代中期，任何地方的人都能认出"玛丽莲"和"MM"，她俨然成了全世界都熟知的美国代表。

这本书是关于玛丽莲如何被创造出来的，如何生活的，以及她的生命是如何结束的。

【来源注释】

熟悉玛丽莲传记的读者会发现，我没有使用由汉斯·于尔根·蓝波恩、特德·约旦、莉娜·佩皮罗、罗伯特·斯莱策或珍妮·卡门所著的回忆录。在拉尔夫·罗伯茨

---

① Entr'acte 是指"幕与幕之间"，是舞台剧两幕之间的暂停，是"中场休息"的同义词，这是现代法语中比较常见的含义。

② 门罗主义由詹姆斯·门罗（James Monroe）总统发表于1823年，是一项关于美洲大陆控制权的美国外交政策。改名后的玛丽莲·梦露（Marilyn Monroe）与这位第五任美国总统的姓氏一致，所以被记者拿来开玩笑。

未出版的玛丽莲回忆录《含羞草》中将以上五人视为欺诈，而他本人是玛丽莲的男按摩师和最好的朋友。早期的玛丽莲粉丝杂志《失控地奔跑》里的文章也一样不真实。

这五个人知道玛丽莲，但他们与她并不亲近。国家拨给丹麦记者蓝波恩一笔项目费用，需要他周游全国去考察，这使他无暇进行他所说的"研究"。演员特德·约旦，是脱衣舞明星莉莉·圣西尔的第五任丈夫，他声称自己与玛丽莲以及圣西尔之间有三角恋关系。但是，圣西尔和她的传记作家都驳斥了他的说法。玛丽莲的厨师莉娜·佩皮罗在玛丽莲纽约的公寓里工作了几年，但她不会说英语，而玛丽莲又不会说意大利语。珍妮·卡门是一个高尔夫球手和高价的应召女郎，她1961年曾住在玛丽莲位于朵黑尼路的公寓里。在她举行了一个通宵的派对之后，玛丽莲就不想再和她说话了。卡门、约旦和佩皮罗都没有与玛丽莲在一起的照片，而斯莱策的一张与玛丽莲在一起的照片看起来像是加工修饰过的。斯莱策的说法是，1952年春天玛丽莲在蒂华纳嫁给了他，但这一说法没有得到证实。

有些玛丽莲的传记作家忽视了那些玛丽莲早期的优秀传记作品，尤其是莫里斯·佐洛托在1960年出版的传记，弗雷德·吉尔斯在1969年出版的传记，卡尔·罗利森在1986年出版的以及安东尼·萨默斯在1985年出版的传记。他们往往忽视了玛丽莲的那些亲密朋友，比如卢埃拉·帕森斯、苏珊·斯特拉斯贝格、诺曼·罗斯滕、米尔顿·格林以及萨姆·肖所写的回忆录。我使用了这些传记和回忆录作为素材，因为它们都是非常有价值的。

我特别感谢安东尼·萨默斯，他给了我他1985年撰写玛丽莲传记《女神》时做的许多采访。他是一个有天赋的玛丽莲采访者、作家和翻译家。虽然我并不完全同意他的意见，但我尊重他的工作。他把许多关于玛丽莲的谜题带给我，使我能展开对她人生的叙述。

血缘关系

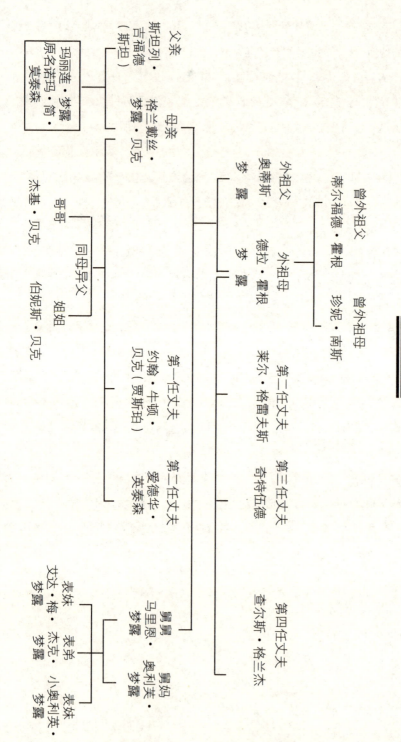

曾外祖父
蒂尔福德·霍根

曾外祖母
珍妮·南斯

外祖父
奥蒂斯·梦露

外祖母
德拉·霍根·梦露

第一任丈夫
莱尔·格雷夫斯

第二任丈夫
来尔·格雷夫斯

第三任丈夫
奇特伍德

第四任丈夫
查尔斯·格兰杰

父亲
斯坦列·吉福德
(斯坦)

母亲

格兰戴丝·梦露·贝克

第一任丈夫
约翰·牛顿·贝克(贾斯珀)

第二任丈夫
爱德华·莫泰森

玛丽莲·梦露
原名诺玛·简·莫泰森

同母异父哥哥
杰基·贝克

同母异父姐姐
伯妮斯·贝克

表妹
艾达·梅·梦露

表弟
杰克·梦露

表妹
小奥利英·梦露

舅舅
马里恩·梦露

舅妈
奥利英·梦露

表弟
查尔斯·格兰杰

寄养家庭

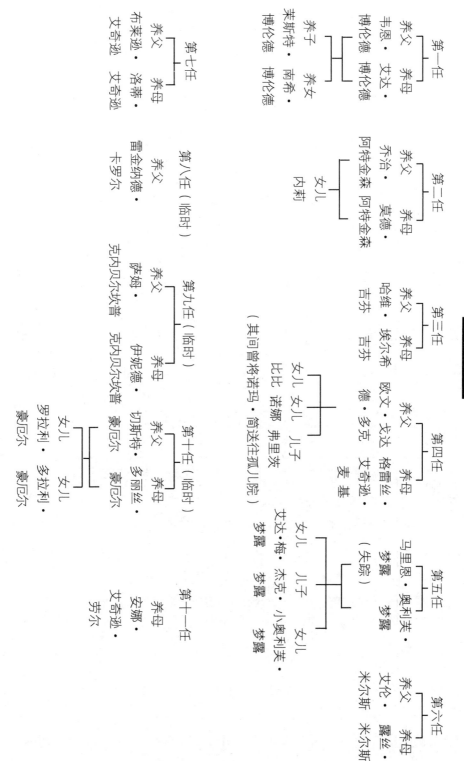

第一任
养父 韦恩·艾达
养母 支达·博伦德
博伦德 博伦德
养子 博伦德 养女 南希·博伦德
莱斯特
养子 内利 女儿

第二任
养父 乔治·莫德·阿特金森
养母 阿特金森

第三任
养父 哈维·埃尔希·吉苏
养母 吉苏
养父 欧文·支达·格雷丝·支奇逊
比比 诺娜 弗里克
女儿 女儿 儿子
麦基
（其间曾将诺玛·简送往孤儿院）

第四任
养母 支奇逊
梦露 梦露
女儿 儿子 女儿
支达·梅·杰克·小奥利夫·
梦露 奥利夫·梦露

第五任
养父 马里恩·奥利夫·
养母 梦露 梦露

第六任
养父 支伦·露丝·
养母 米尔斯 米尔斯

第七任
养父 茉斯特·南希·
养母 布莱迪·洛蒂·支奇逊
艾奇逊 艾奇逊

第八任
养父 乔治·
养母 雷金纳德·卡罗尔
克内贝尔坎普 克内贝尔坎普

第九任
养父 萨姆·
养母 伊妮德·切斯特·多丽丝·蒙巴尔
蒙巴尔 蒙巴尔

第十任
养父 安娜·
养母 罗拉利·多拉利·蒙巴尔
蒙巴尔 蒙巴尔
女儿 女儿

第十一任
养母 安娜·艾奇逊·
劳尔

爱情与友情

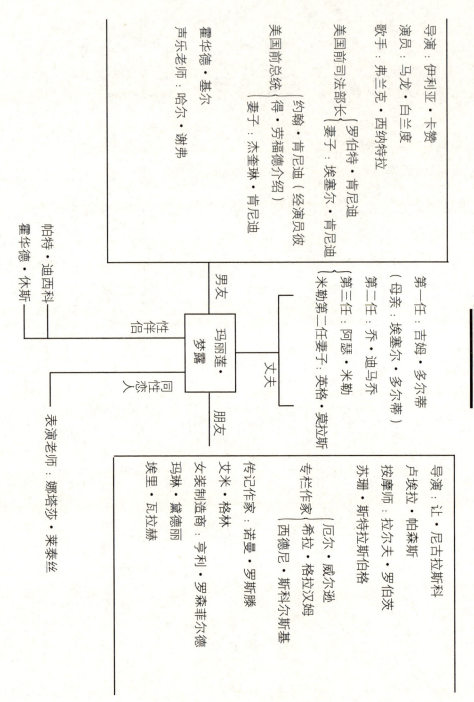

导演：伊利亚·卡赞
演员：马龙·白兰度
歌手：弗兰克·西纳特拉
美国前司法部长{罗伯特·肯尼迪 / 妻子：埃塞尔·肯尼迪}
美国前总统{约翰·肯尼迪（经演员彼得·劳福德介绍） / 妻子：杰奎琳·肯尼迪}
霍华德·基尔
声乐老师：哈尔·谢弗
帕特·迪西科
霍华德·休斯
表演老师：娜塔莎·莱泰丝

男友　性伴侣　同性恋人　朋友

玛丽莲·梦露

丈夫

第一任：吉姆·多尔蒂
第二任：乔·迪马乔（母亲：埃塞尔·多尔蒂）
第三任：阿瑟·米勒{米勒第二任妻子：英格·莫拉斯}

导演：让·尼古拉斯科
占埃拉·帕森斯
按摩师：拉尔夫·罗伯茨
苏珊·斯特拉斯伯格
专栏作家{西德尼·斯科尔斯基 / 厄尔·威尔逊 / 希拉·格拉汉姆}
传记作家：诺曼·罗斯滕
艾米·格林
女装制造商：亨利·罗森菲尔德
玛琳·黛德丽
埃里·瓦拉赫

事业与生活

模特纪经人
- 埃米琳·斯奈夫利
- 约翰尼·海德
- 查尔斯·费尔德曼

摄影师
- 大卫·康诺弗
- 伊芙·阿诺德
- 乔治·巴里斯
- 布鲁诺·伯纳德
- 米尔顿·格林
- 萨姆·肖
- 菲利普·哈尔斯曼

表演老师
- 迈克尔·契诃夫
- 李·斯特拉斯伯格
- 妻子：保拉·斯特拉斯伯格

心理医生
- 拉尔夫·格林森

时装设计师
- 约翰·摩尔
- 玛丽安娜·克里斯

- 管家：尤妮斯·默雷
- 秘书：赫达·罗斯滕
- 资产管理人员：伊内兹·梅尔森

日常生活 —— 玛丽莲·梦露
- 模特时期
- 演员时期

宣传人员
- 帕特丽夏·纽科姆
- 鲁·珀特·支伦

- 舞蹈指导：杰克·科尔
- 梦露传记作家：莫里斯·佐洛托
- 记者：W.J·韦瑟比

电影公司高层
- 哈利·孔恩（哥伦比亚）
- 约瑟·夫·B.梅耶（米高梅）
- 达瑞尔·夫·扎克（二十世纪福克斯）

- 化妆师：怀特·斯奈德
- 服装师：比利·特拉维拉

合作导演
- 比利怀尔德《七年之痒》
- 约翰·休斯顿
- 乔书亚·洛根
- 乔治·库克

合作编剧
- 南奈利·约翰逊
- 本·赫克特

合作男演员
- 克利福德·奥德茨
- 劳伦斯·奥利弗
- 迪恩·马丁

Marilyn Monroe

第一部分
孕育的摇篮，1926—1946 年

有神秘天赋的天才人物：在许多案例中，他们在人生早期受到了创伤，这使得他们更加努力，或使他们变得格外敏感。天赋、天才，都是伤口上的结痂，是为了保护柔弱之处，如若揭开便会带来死亡。那些脱离不幸之后获得成功的男性和女性，他们所拥有的力量是不同凡响的。

——埃利亚·喀山，《埃利亚·喀山：一个生命》

第 1 章
母亲们，1926—1933 年

1926年6月1日，在洛杉矶一家县综合医院的慈善病房里，一名女孩呱呱坠地，取名为诺玛·简·莫泰森，这是玛丽莲·梦露的第一个名字。她的母亲格兰戴丝·梦露·贝克是一个好莱坞电影制作工作室的剪辑师，生活十分拮据。而她的父亲从未与她相认，于是当她三个月大时，格兰戴丝不得不把她寄养到别人家里。1933年，她的母亲才重新把她带回好莱坞一起生活，那一年她已经是一个七岁的小姑娘了。然而不幸的是，没过多久格兰戴丝就被诊断为偏执精神分裂症，不得不住进加州精神病院。年幼的玛丽莲被母亲托付给她最好的朋友格雷丝·艾奇逊，格雷丝成了合法的监护人。在接下来的八年中，也就是直到1942年16岁的玛丽莲结婚，格雷丝一直把她安置在别处，包括11个寄养家庭和1所孤儿院。格兰戴丝的精神分裂，以及格雷丝不断为玛丽莲更换寄养家庭，影响了玛丽莲的整个童年生活。

对于玛丽莲来说，有五位女性对她的人生有着至关重要的影响，她们是格兰戴丝、格雷丝、格兰戴丝的母亲德拉·梦露，以及收养玛丽莲的两个"母亲"艾达·博伦德和安娜·艾奇逊·劳尔，其中劳尔是格雷丝的阿姨。这五位女性都是工人阶级或中低产阶级，生活贫困并且也没有受过多少教育。在大批人口迁往城市的浪潮中，她们都在1900年至1920年间从南部和中西部随家人搬到了洛杉矶。这股浪潮使小城市成了重要的大都市，很多城市都从市中心扩展开来。

1902年，玛丽莲的外祖母德拉·梦露与丈夫奥蒂斯·梦露带着当时只有两岁的女儿格兰戴丝，从密苏里州搬到了洛杉矶市中心附近。20世纪初期，十几岁的格雷丝从蒙大拿州来寻找与电影相关的工作，定居在好莱坞。1920年，艾奥瓦州的农场女孩艾达与她的丈夫韦恩定居在霍桑市中心西南部的南湾地区。1880年，安娜出生于华盛顿州，比其他四位女性年长一些，她途经萨克拉门托来到洛杉矶，最终定居在洛杉矶西边的萨特尔地区。

像迁往城市的浪潮中大多数的参与者一样，这五位女性都希望在南加州的海滩、山脉、异域植被和地中海气候中享受更好地生活。好莱坞电影业在那里蓬勃发展，一切都是娱乐至上的产物，就像当时一个重大的福音派运动，它是全国最大的福音派运动之一，通过教会和教条承诺个人重生，只需摒弃罪恶，然后与耶稣基督团结在一起。宗教和大银幕这令人心神不安的一对，将深刻地影响玛丽莲。

玛丽莲童年的故事，与她大部分的人生一样，有着很多与事实相悖的文字描述，而表象的背后往往隐藏着很多故事。大多数家庭都有秘密，比如酗酒、婚姻不幸以及精神问题，玛丽莲的家庭不仅涉及这些，而且还要更多。德拉和格兰戴丝心情时好时坏，两人都有过多次的离婚经历，并且都在离婚协议书中指责丈夫酗酒和家暴。艾达是玛丽莲在1926年至1933年这段时间里第一个收养她的人，不幸的是，她用儿童的性体验对玛丽莲进行管教，而且格雷丝无法阻止玛丽莲在这几个寄养家庭中遭受性虐待。德拉、格雷丝、格兰戴丝、安娜和艾达对宗教各持己见，艾达是福音派的基督教徒，德拉是反对福音派的艾米·梅珀麦克菲尔德的追随者。1938年至1942年期间，玛丽莲被寄养在安娜家，她是一名基督教科学治疗师。在玛丽莲的童年时期，格兰戴丝和格雷丝则过着性自由的生活，没有忠实地参加过任何教会。她被困于这五个人之间，有段时间甚至成为她们斗争中的一颗棋子。

玛丽莲的血统因为她父亲身份的不确定也变得模糊不清，她的父亲最有可能是格兰戴丝供职的一家好莱坞剪辑公司的主管斯坦利·吉福德（简称斯坦）。当时格兰戴丝的丈夫爱德华·莫泰森是一个煤气公司的读表员，他与格兰戴丝分居但没有离婚，这段失败的婚姻没能阻止斯坦成为格兰戴丝的男朋友和性伴侣。斯坦在罗德岛的普罗维登斯市出生，并且在那里长大，是一个富有的造船家族的后代，他的祖先可以追溯到普罗维登斯市的第一批居民，甚至是搭乘"五月花"号①来的朝圣先辈②。如果斯坦是玛丽莲的父亲，那么她的祖先是受美国人尊敬的。

格兰戴丝也声称自己有杰出的血统，因为她的父亲奥蒂斯说，他们家可以追根溯源到弗吉尼亚州的詹姆斯·门罗，他是美国的第五任总统。但奥蒂斯的话不可信，他 1866 年出生在印第安纳州，成年后的大部分时间里，他的身份始终是流浪于中西部和南部地区的画家，主要靠替人油漆房屋赚钱，偶尔出售自己的风景画和肖像画。他身着光鲜亮丽的衣服，以绅士的样貌出现在众人面前，并幻想着有朝一日能搬到巴黎的左岸生活。他的死亡证明书上写道，他的母亲和父亲不详。他是个怪人，但并不是玛丽莲人生中遇到的最后一个怪人。

在 1898 年去密苏里州的路上，奥蒂斯遇见了德拉，那个时候，22 岁的德拉仍然与母亲和兄弟姐妹们生活在一起。她的童年生活过得很艰难，父亲蒂尔福德·霍根是一名农场工人，主要工作是收割农作物以及做一些其他的琐碎事情，工作时间很长但工资少得可怜。蒂尔福德在 1870 年与密苏里农场女孩珍妮·南斯结婚了，他们住在租来的小屋和农场棚屋里，8 年中生了 3 个孩子。

蒂尔福德的性格独立而又多变，对学习有一腔热爱。他自己学习阅读和写作，以便阅读西方文学的经典著作。在普通老百姓都在背诵莎士比亚、文化层次差异并不明显的时代，这种学习状态是很常见的。虽然他身体状况不是很好，但他依旧热爱生活，并且在当地广受欢迎。即便如此，珍妮对他们的婚姻依然很不满意。1890 年，经过 20 年艰难的婚姻长跑，珍妮和蒂尔福德终究还是离婚了，即使这违反了在保守的浸信会所主导的地区对离婚的规定。他们住在各自的亲戚家里，孩子们也跟珍妮在一起。珍妮在与蒂尔福德离婚时所表现出的独立性格，将在梦露家族中延续下去。

1898 年，奥蒂斯·梦露出现在德拉居住的城镇，他潇洒不羁的气质，时尚的穿衣风格，以及对德拉许下搬到巴黎的承诺，都极大地吸引了德拉，即使他比她大 10 岁。他为德拉提供了一个搬离密苏里州的方法，对于当时只有 22 岁，并不

---

① "五月花"号是一艘在 1620 年从英格兰的普利茅斯起航，搭载着清教的分支"分离教派"的一些人前往美洲马萨诸塞普利茅斯殖民地的客船。
② 朝圣先辈指的是普利茅斯殖民地（今美国马萨诸塞州普利茅斯）的早期欧洲定居者。

甘于常年做女仆的德拉来说，这是一种致命的诱惑。被奥蒂斯迷惑的德拉无视父母的反对，毅然决然地选择了他。然而德拉却忽视了一个事实，奥蒂斯其实和她父亲一样，只是个流浪工人而已。

可想而知，这是一段令人失望的婚姻。他们并没有搬到巴黎，而是搬到了位于得克萨斯州边界的波费里奥迪亚斯，现在称之为彼德拉斯内格拉斯，那里属于墨西哥。奥蒂斯找了一份为墨西哥国家铁道部油漆火车的工作，那是一个很脏的镇子，卫生条件特别差，这让德拉很反感。家人希望她能成为一个墨西哥贫困妇女的助产士，但她自己并不愿意。1902年在女儿格兰戴丝出生后，她和奥蒂斯搬到了洛杉矶，在那里，奥蒂斯找到了一份为太平洋电力铁路公司油漆电车的工作。这家公司经营着遍布洛杉矶地区的"红线"有轨电车，连接着各个逐渐蔓延拓展的地区。奥蒂斯和德拉的儿子马里恩出生于1905年，不久之后，奥蒂斯就升职了，他们在市中心附近买了一所小房子，也有可能是奥蒂斯自己建造的。他们似乎正在一步一步实现美国梦①。

可是一切都分崩离析了。奥蒂斯开始丧失记忆，患上了偏头痛和躁狂症，最终瘫痪在床。德拉认为他疯了，把他送到圣贝纳迪诺的巴顿州心理医院，那里收纳了数千名患者。这家医院是19世纪末期建立的7家州立医院之一，它们接纳疯狂的慢性酒精中毒患者、老年痴呆患者，还有梅毒晚期患者。医院里拥挤不堪，受过专业训练的医生和医护人员明显不足，因此在这里只能得到最基本的治疗。

奥蒂斯被诊断为梅毒性麻疹，一种可能是由蚊子传播的细菌引起的疾病，而不是通过性交感染的。他可能是在墨西哥彼德拉斯内格拉斯感染的细菌，因为那里卫生条件特别差。1909年，奥蒂斯最终还是没有战胜病魔，离开了这个世界。为了隐瞒这两个可耻的病症——梅毒和精神病，德拉对外宣布他是因为常年吸入油漆的味道而去世的。

为了抚养两个孩子，德拉把她的房子清理干净，租给一些男性寄宿者，同时

---

① 美国梦源于英国对北美大陆的殖民时期，这一信仰在19世纪被发扬光大，相信只要经过不懈努力，便能在美国获得更好的生活，人们必须通过自己的勤奋工作、勇气、创造力和决心迈向富裕，而非依赖于特定的社会阶级和他人的援助。

她想要再寻找一位丈夫。1913 年，她与莱尔·格雷夫斯结婚了，他是奥蒂斯在有轨电车公司的同事。一年后，她以"习惯性放纵"（即酗酒）和没有提供经济支持为由，与他离婚了。这项指控有可能是真的，也可能是为了离婚而编造的。通奸、家暴、酗酒是那个时代仅有的几个可以申请合法离婚的理由，想要离婚的人经常杜撰出配偶有不良行为的故事，而大部分上诉一方都是妻子，因为人们通常认为男性比女性更有可能成为施暴者和酗酒者。德拉直接赢得了诉讼，因为格雷夫斯逃跑了。据格兰戴丝说，他有时候会把猫往墙上扔，直到它死亡。而后德拉与一个名叫奇特伍德的男性结婚了，她和孩子们跟随他一起搬到了俄勒冈州的农场。格兰戴丝喜欢奇特伍德的那个农场，因为她仍然保存着孩童时期在俄勒冈州采摘蓝莓的快乐回忆。但德拉很快与她的第三任丈夫离婚了，指控理由是酗酒，同样地，这可能是真的，也有可能是杜撰的，只是为离婚提供法律依据而已。

还未满 40 岁的德拉敢于冒险，她回到洛杉矶后，定居在威尼斯，一个在市中心西边 12 英里处的太平洋城镇。这是开发商阿博特·金尼梦寐以求的梦幻之地，威尼斯结合了纽约康尼岛与意大利威尼斯的风格，新文艺复兴时期的建筑物毗邻运河，游船的船夫划着狭长的小船在河道上穿梭。那里有表演杂耍和哑剧的圣马可广场、海滩边的步行街以及耸立在海洋中的码头，码头上有一个大型的舞厅，有步枪射击、套环游戏，有漂亮女生扣篮表演，有"一分钱商场"等获得特许经营权的商店……直到 20 世纪 20 年代末，威尼斯一直是西海岸最大的娱乐区。

但这里并不完全是一个低级的"夜总会"。查理·卓别林和玛丽·毕克馥在运河上安置了第二个家，电影场景也在那里拍摄。精英们在码头的舞厅举行舞会，电影明星也与街头的普通行人走在一起。复活节时那里会发放彩色的鸡蛋，母亲节时则给母亲们送花。每年还有泳装选美比赛、拳击比赛、自行车赛和狂欢节等。

德拉在威尼斯找了一份管理一个小公寓的工作。她让儿子马里恩与圣地亚哥的亲戚住在一起，因为她觉得作为单身母亲，抚养儿子是一件很艰难的事情。在那个时代，类似的情况并不少见。当时的育儿专家并不认为与父母在一起是儿童健康成长所必需的，孩子只需生活在一个完整的家庭即可。德拉像她的女儿格兰戴丝和她的外孙女玛丽莲一样，情绪容易波动，马里恩也一样。无论格兰戴丝和马里恩遗传了怎样的精神问题，他们动荡的童年都没能帮助他们找到应对情绪起伏的办法。

1917 年的元旦夜，德拉在码头的舞厅里遇见了她的第四任丈夫查尔斯·格兰杰。玛丽莲曾说德拉是家中真正的美人，她也确实有吸引男性的魅力。格兰杰是壳牌石油公司的一名钻井员，他很健谈，穿着也很体面，刚从印度和缅甸结束钻井工作回来。像奥蒂斯·梦露一样，他也十分热爱冒险。一些玛丽莲的传记作家认为，德拉和查尔斯从未结婚，但她在 1925 年申请护照时，给出的结婚日期是 1920 年 11 月 20 日。

格兰戴丝对父亲的死亡有一种莫名的愤怒，加上跟随两个继父不断搬家，她的情绪开始变得不稳定。1917 年，15 岁的她出落成"羽翼丰满"的青春期少女。和她的母亲一样，格兰戴丝五英尺高，看上去小巧玲珑，有着绿色的眼睛和棕红色的头发，漂亮而又性感。她身上有一种吸引男性的特殊的女人味，并将这种气质遗传给了玛丽莲。德拉在密苏里州长大，这个州的女性从小就接受南方的传统思想，自然而然地练就了外在优雅内心坚强的品质，在这方面，格兰戴丝追随了母亲的脚步。1946 年，玛丽莲第一个模特经纪公司的总裁埃米琳·斯奈夫利，将格兰戴丝描述为她遇到过的最优雅的女人。

威尼斯码头很有诱惑力，又距离格兰戴丝的公寓不远，所以她经常去那里。在 20 世纪初期，城市里的青少年尤其是工薪阶层的女孩，通过去舞厅和娱乐场所认识男人来反对维多利亚时代的道德观念①。20 世纪 20 年代，在第一次世界大战之前，崇尚独立和自由的飞来波女郎②已经存在了，她们的人生观以及一些女明星的生活作风都影响了格兰戴丝的人生。她热衷于电影，喜欢看电影粉丝杂志。像那个时代的许多女孩一样，她热衷于模仿明星的行为。

格兰戴丝怀孕了，孩子的父亲是 26 岁的约翰·牛顿·贝克，人们叫他贾斯珀，是德拉管理的公寓的所有者。1917 年 5 月 17 日，他们结婚了，为什么 15 岁的女

---

① 指维多利亚女王在位期间英国国民的道德观念和社会风气，与乔治王时代相比有很大差异。维多利亚女王时期的道德观念支持性节制，不容忍罪恶，主张订立严格的社会守则。大英帝国当时的国际地位甚高，这一观念也因此传播到了世界各地。
② 轻佻女子（Flappers），是指 1920 年西方新一代的女性。她们穿短裙、听爵士乐，张扬地表达她们对社会旧习俗的蔑视。轻佻女子被公众看作是化浓妆、饮烈酒、性开放、轻视性别习俗的人。

孩会嫁给 26 岁的男人？这是一件令人费解的事情，即使贾斯珀是一名骑兵队的军官和一名马术表演者，有着独特而有型的绅士气质。但在那个时代未婚先孕是可耻的，那时的主流社会十分蔑视未婚先孕的女性，她们得不到任何尊重。

德拉在格兰戴丝的结婚宣誓书中发誓格兰戴丝 18 岁了，其实她撒了谎，格兰戴丝只有 15 岁。她必须撒这个谎，因为法律要求女孩年满 16 岁方可有自愿的性行为，16 岁之前的性交被视作强奸，涉案男性会被审判并送进监狱。格兰戴丝和贾斯珀的儿子杰基是在婚礼后七个月出生的，他们的女儿伯妮斯则出生于 1920 年。

1922 年，作为母亲的格兰戴丝经历了最糟糕的一段人生。她将一个打碎的酒瓶扔进了垃圾桶，杰基去翻垃圾时，不小心被一块玻璃碎片弄伤了一只眼睛。几个月后，贾斯珀和格兰戴丝开车前往肯塔基州，他的家乡平利克在那里。在路上他们争吵起来，没有注意到后排的车门打开了，杰基从车里摔出去，弄伤了腿。贾斯珀和格兰戴丝的婚姻很不美满，他们在酒精、暴力和对孩子不当的养育中挣扎。

在平利克时，格兰戴丝与贾斯珀的兄弟一起徒步旅行，她不知道自己已经违反了当地严格的道德准则。当她徒步旅行回来时，贾斯珀用拴马的缰绳公开鞭打她，宣告他在婚姻中的主权。没有人阻止他，平利克的居民们默许了他的行为。格兰戴丝受够了这样的生活，他们一回到威尼斯，她就提出了离婚。她指责贾斯珀不仅殴打她还酗酒，而他反驳说，她是一个不合格的母亲，将孩子留给邻居，自己去码头玩乐，但他没有提到她是为了照看他的店铺才经常去码头的。法官接受了格兰戴丝的诉讼请求，把孩子的监护权判给了她，给予贾斯珀探视权。同时，该法令也禁止贾斯珀在没有得到格兰戴丝同意的情况下出售他在码头上的店铺。

但是格兰戴丝的麻烦并没有结束。贾斯珀在一次探视孩子时"绑架"了他们，带他们去肯塔基州和自己一起生活。他认为格兰戴丝不是一个好妈妈，他现在把曾经在威尼斯的"快乐"视为是不道德的，他希望自己的孩子在保守的观念中成长。他和肯塔基州的一名比他大 17 岁的女子结婚了，他说他受够了年幼的前妻。

为了让伯妮斯和杰基回来，格兰戴丝搬到了肯塔基州，定居在孩子们身边，找了一份管家和照顾小孩的工作。与现在不同的是，当时的法庭并没有去追寻被离婚的配偶"绑架"的孩子。几个月后，格兰戴丝选择了放弃，并返回了洛杉矶。

她花光了所有的钱，并且只有 20 岁的她也很惧怕贾斯珀。那时她可能已经与斯坦利·吉福德有染，也许是他想要格兰戴丝回洛杉矶。虽然玛丽莲经常在采访中批评格兰戴丝，但在这件事上，她认为自己的母亲像芭芭拉·斯坦威克在电影《史黛拉恨史》中那样，是为了让自己的孩子有更好的生活而放弃了他们。万幸的是，他们的继母对他们很好，只是贾斯珀一直无法正常工作，他的确酗酒，也并不是一个好父亲。

同时，人到中年的德拉为了在另一段艰难的婚姻里寻找寄托，成了传教士艾米·梅珀麦克菲尔德的追随者，她将好莱坞与信仰治疗法结合在她的四方福音教会中。艾米的天使寺位于市中心有轨电车站旁的回声公园，吸引了众多的信徒。作为一名基督教徒和千禧年主义者①，艾米认为耶稣基督即将第二次降临，她用戏剧来传教，身着戏服的演员们演绎了道德教育的主题，比如埃及奢靡的生活和爵士时代②的诱惑。离了婚的艾米并不推崇婚姻和妇女的传统角色，她为未婚妈妈们成立了一个家，为迷途的女孩们建立了一个"大姐姐联盟"，她大部分的追随者都是女性。

格兰戴丝从肯塔基州回到洛杉矶，在统一电影业公司找了一份剪切并粘贴电影底片的工作。她在高级剪辑师（往往都是男性）的指导下，从样片上剪去不需要的片段，并根据要求的顺序将卷轴再次粘贴在一起，工作单调乏味，且工资低廉。当出片量要求很大时，剪辑师一天需要工作十个小时，并且要在星期六再工作半天。剪辑室是黑暗且没有窗户的，以防止光线进入而损坏底片。剪辑师都要戴着白色手套工作，以防手上的汗水损伤胶片。剪辑室的黑暗环境和胶水的气味都有可能导致抑郁症，而几乎所有的剪辑师都是女性。

在利润的驱动下，电影工作室变得像工厂，电影是他们的产品，而员工则主要包括演员和幕后制作人员。大多数工作室是由在波兰和俄罗斯贫困家庭出生的东欧犹太人经营的，他们在 19 世纪末 20 世纪初移民到了纽约。虽然他们教育程

---

① 千禧年主义的概念来自于"千年"，即指长度为一千年的时间循环。千禧年主义是某些基督教教派的民间信仰，这种信仰相信将来会有一个黄金时代：全球和平来临，地球将变为天堂。
② 爵士时代是指 20 世纪 20 年代的一个时期，当时爵士乐与舞蹈流行了起来，主要是在美国，但是在法国、英国与其他地区也有这种现象。爵士乐起源于新奥尔良，是非洲和欧洲音乐的融合，对流行文化的影响持续了很久。

度不高也没有资金，但却非常聪明，并且踌躇满志。他们意识到了在移民居住区开业的五分钱电影院以及在这些影院的大屏幕上放映的耀眼夺目的影像潜力，于是他们筹集资金购买了这些五分钱电影院和电影底片。当胶片被剪辑成影片后，这些企业家们开始了营销和发行。最后，他们发展成连锁电影院，并在好莱坞搭建了摄影棚，至此电影业诞生了。充满智慧又斗志昂扬的那些人，像米高梅的路易·B.梅耶，二十世纪福克斯的约瑟夫·申克和哥伦比亚的哈利·孔恩那样促进了电影行业的发展，他们用铁血精神管理着公司，把自己变成了电影史学家口中的"大亨"。

格兰戴丝似乎对她的工作很满意，她在接下来的十年中一直是一名电影剪辑师，在玛丽莲出生前转到了哥伦比亚的剪辑工作室，后来又去了雷电华。她是一名优秀的工作者，但由于没有野心而得不到提拔。在被她的丈夫夺走孩子之后，那段支离破碎的经历使她喜欢上了循规蹈矩和重复所带来的安全感，她容忍了黑暗的剪辑工作室和难闻的胶水味道。

在编剧鲁珀特·休斯1922年的小说《灵魂出售》中，他高度称赞好莱坞的女性电影剪辑师是当时进入工作领域的"新女性"的楷模，她们用"飞来波女郎"的行为来反对维多利亚时代的道德观念。女性剪辑师们一边剪辑一边看着电影中的故事，目睹了"中国的鸦片战争""龙·切尼扮演的怪物弗兰肯斯坦""过着奢侈生活的迷人女性"等。到了20世纪20年代中期，她们剪切并粘贴了许多关于"飞来波女郎"的电影。

休斯的书中写道，女性电影剪辑师像男人一样生活，对于传统不屑一顾。她们参与了"新异教主义①"，经常出现在好莱坞和威尼斯这样的前卫社区中。她们喝酒、跳舞、化妆，穿着新的、大胆的、到膝盖以上的短裙。毕竟，这是"咆哮的二十年代②"。但她们也有分寸，休斯表示，女性电影剪辑师看重她们的"健康"和"个人声誉"（我认为"健康"一词指的是避免性病，"个人声誉"意味着避

---

① 新异教主义是多种新兴宗教运动的统称，其中包含了许多不同的思想，包括多神论、泛灵论与二神论等，以及由此衍生而出的各类变形体。
② 咆哮的二十年代是指20世纪20年代西方世界和西方文化的术语。这是一个持续经济繁荣的时期，在美国和西欧具有独特的文化优势，特别是在主要城市例如柏林、芝加哥、伦敦、洛杉矶、纽约、巴黎和悉尼。

免怀孕和被冠上"荡妇"的名声，含义是她们采取了避孕措施）。

格兰戴丝在遇见格雷丝之后，尤其热衷于"新异教派"，格雷丝是少数几名在统一电影业公司担任高层职位的女性之一。格雷丝比格兰戴丝大五岁，曾离婚两次，是那些喜爱在下班后去好莱坞和威尼斯夜店或舞厅的好莱坞工作者中的先锋。在格兰戴丝的眼中，格雷丝是耀眼而充满活力的。她不到五英尺高，像鸟儿般小巧玲珑，声音清脆，用双氧水处理过的金发是当时比较大胆的发色，公司的一名同事称她为"闪闪发光的女士"。"她快乐的能量像气泡般围绕着你，她的笑声也有传染性，即使你不知道自己在笑什么，但你依然在笑。"格兰戴丝和格雷丝都热爱电影，也都喜欢看电影粉丝杂志。格兰戴丝在该公司工作了两个月后，她们搬进了同一个公寓。

格雷丝在 20 世纪初从蒙大拿州来到好莱坞，加入了从全美国各地来到"电影之都"并希望成为明星的年轻女性军团，追寻着美国梦的神话——任何人都可以成功，只要有天赋和上进心。像大多数人一样，格雷丝并没有成为电影明星，但她却在电影行业中找到了工作，也因此不必再等待角色或参与当时在好莱坞盛行的性交易。格雷丝在好莱坞工作的这些年已经学会了模仿明星的穿衣风格和妆容，并且她也喜欢为她的朋友们打扮。格雷丝喜欢控制他人，于是她把格兰戴丝招至麾下，而格兰戴丝接受格雷丝的这种控制欲，只是有时候会对她的过分霸道感到愤怒。

格兰戴丝初次来到统一电影业公司时，正处于因未能夺回孩子而郁闷的阶段。她的同事记得她有些笨拙，留着零乱的棕褐色头发，后来格雷丝劝她将头发染成红色，穿上最时髦的服装。男同事指责她和格雷丝抽烟、酗酒、淫乱不堪，而女同事则认为她们勤奋负责。但她们的工作是动荡的——当电影制作进度缓慢时，她们会被裁员；三月份工作室会关闭，为了避免加州税收；女性剪辑师经常从一个电影工作室换到另一个工作室。

格兰戴丝对 20 世纪 20 年代的"新异教主义"抱有矛盾情绪，就像她和贾斯珀结婚时在威尼斯码头寻欢作乐的矛盾心态一样。她刚在好莱坞安定下来，就找了个丈夫——爱德华·莫泰森，一名南加利福尼亚燃气公司的读表人员，他经常与电影从业者在威尼斯一起玩。除此之外，格兰戴丝还和统一电影业公司的主管斯坦利·吉福德有染，这两人都在临终时声称自己是玛丽莲的生父。

1924年10月，格兰戴丝与莫泰森结婚了。德拉担心格兰戴丝的情绪不稳定，所以支持她与心理健康的莫泰森结婚，而格雷丝则反对她的婚姻，因为她觉得莫泰森很无聊。事实证明格雷丝是对的，结婚几个月后，格兰戴丝就离家出走了。愤怒的莫泰森在1925年5月提出离婚申诉，指控她"故意无缘无故地离开了他"。直到1928年申诉才有了判决，由于格兰戴丝已无视离婚诉讼，莫泰森便静观事态发展，希望她回到自己身边。

玛丽莲出生于1926年6月1日，表明格兰戴丝是在1925年8月底或9月初怀上她的，那是在莫泰森提出离婚后的三四个月。莫泰森在临终时称自己是玛丽莲的生父，斯坦利·吉福德也一样，而格兰戴丝则认为斯坦是玛丽莲的父亲。真相取决于格兰戴丝在离开莫泰森后的滥交程度，关于这个问题，各种报道可以说是五花八门。但玛丽莲相信斯坦是她的父亲，也因此表明她的出生是"非法"的，在当时被视为是一种极端的耻辱。玛丽莲称自己是"爱的结晶"和一个"错误"，暗示着如果格兰戴丝和她的伴侣采取了避孕措施，那么这个措施毫无疑问地失败了。

情绪化严重的格兰戴丝在生完玛丽莲后，在医院填写出生证明时出错了。她将爱德华·莫泰森（Mortensen）列为玛丽莲的父亲，但她把他的名字拼成了Mortenson，从那天开始，这个错误就为后世造成了困惑，因为一个住在威尼斯的爱德华·莫泰森（Mortenson）与爱德华·莫泰森本人（Mortensen）毫无关系。她将她在肯塔基州的孩子列为死亡，即便他们还活着，这可能表达了她没能夺回自己的孩子并放弃他们的内疚。她并不是从电影明星诺玛·塔尔马格和让·哈洛诺玛·简的名字中提取出诺玛·简这个名字的，虽然常常被误解成是这样。诺玛·简是格兰戴丝在肯塔基州担任保姆时照顾过的孩子的名字，她很喜欢那个孩子，但当她回到洛杉矶后就与那个孩子分开了。现在她有了自己的诺玛·简，也就是玛丽莲。

据斯坦利·吉福德的亲戚所说，他很爱格兰戴丝，但格兰戴丝没有给他足够的时间去梳理他的生活。1925年的冬天，斯坦带格兰戴丝去见自己的家人，当得知格兰戴丝已经怀孕时，斯坦的母亲和姐姐深感不安，因为她们有根深蒂固的宗教信仰。她们提醒斯坦他自己刚刚经历了一场失败的离婚，而格兰戴丝已是两个孩子的母亲，她的孩子在另一个州被他人抚养着。斯坦在对家人的忠诚和对格兰戴丝的爱之间犹豫不决，不知道该怎么办。为了让所有人都开心，他拒绝与格兰戴丝结婚，但一直给她提供钱。在一次发怒时他犯了一个致命的错误，对格兰戴丝说她是幸运的，因为她尚未与莫泰森离婚，因此可以在出生证上使用莫泰森的名字，这样孩子就"合法"了。

那句伤人的话使格兰戴丝非常生气，她不再接受斯坦的钱并离开了他。有时候她非常顽固，但这样的反抗只会伤害到她自己。她一个人抚养孩子，不许斯坦前来探望。由于德拉与在加里曼丹岛进行钻井工作的查尔斯·格兰杰在一起，所以格兰戴丝生玛丽莲的时候她没能陪在格兰戴丝的身边。格雷丝也不在，可能只有格兰戴丝的一个同事在场，因为统一电影业公司的剪辑人员为她筹集了一笔善款。斯坦似乎因此而变得万念俱灰，他放弃了稳定的工作，以借酒消愁的方式消沉了一段时间。后来他安定下来并结了婚，在棕榈泉附近的赫米特买下了一家奶牛场，一直管理到他去世。格兰戴丝再也没有见过他，当她联系他时，他拒绝与成年后的玛丽莲见面。斯坦临终时表示对于不肯见玛丽莲感到抱歉，他只是不希望自己的妻子知道他有一个私生女。

生孩子对格兰戴丝影响很大，她严重的产后抑郁症使她无暇顾及她的宝宝。当格雷丝责备她时，格兰戴丝非常生气，她拿起一把刀试图刺伤她。格雷丝夺走了她手中的刀，并安抚她，让她平静下来。但这件事使周围的人开始警惕起来，德拉建议格兰戴丝把玛丽莲送给艾达·博伦德抚养。德拉住在霍桑，乘坐"红线"有轨电车四十分钟就能到达好莱坞，住在她对面的艾达能够收养玛丽莲。德拉认为能干的艾达能照顾好玛丽莲，德拉可以帮助她一起照顾，格兰戴丝也可以在周末来探望。把孩子放在托管中心似乎不太现实，因为在1926年，托管中心数量很少而且都很偏远，它们与苏联有一定的联系，这被美国人所恐惧和鄙视。目前看来，寄养是最好的选择。

在接下来的七年里，玛丽莲一直住在艾达家，直到格兰戴丝将她接回好莱坞与自己一起生活。在这些年里，格兰戴丝每个月都给艾达不少于二十五美元的抚养费。同时格兰戴丝从没有放弃自己的美国梦，期待着从自己的薪水中攒下足够的钱买房子，带着她的孩子们一起建立一个家庭。

1926年，艾达一家开始抚养玛丽莲，那时的霍桑有开阔的田野、小农场、未铺砌的羊肠小路和有轨电车，孩子们可以尽情玩耍。我的童年时代也是在霍桑附近的英格尔伍德度过的，我记得那里宁静又自由。有些玛丽莲传记作家错误地将霍桑视为贫民窟，但事实并不是如此。我在那里生活过，走在霍桑的街道上，你会看到很多小别墅坐落在大片土地上。艾达一家种植蔬菜并养鸡供自家食用，有时候也在超市里购买食物。他们与我家以及许多生活在这个地区的人一样，在搬到洛杉矶前一直都是农民。他们算不上富有，但绝不贫穷。艾达的丈夫韦恩是一名邮递员，他在大萧条期间一直有一份稳定的公务员工作。

勇于进取、努力工作的艾达一家收养孩子一方面是为了赚钱，另一方面也是因为喜欢小孩，而且艾达似乎无法生育。他们的房子并不豪华，但有六间卧室，如果一间卧室中住几个小孩，那六间卧室就能容纳许多孩子，这在那个时代是很常见的。玛丽莲和艾达一家一起住了六七年，她常与莱斯特·博伦德住在同一间卧室，莱斯特·博伦德也是一个被收养的孩子，和玛丽莲同一周出生，并且两人长得很像，家里称他们为"龙凤胎"。莱斯特的姓氏是博伦德，因为是博伦德一家收养了他。玛丽莲与博伦德常和附近的孩子们一起玩耍，他们爬树、建造堡垒、玩角色扮演游戏。

"我曾是个害羞的小女孩，"玛丽莲说，"虽然我那时很小，但脑海中已经有了一个想象中的世界。我每天午睡时，有时会假装自己是宝塔里美丽的公主，有时是养狗的小男孩，或是白发奶奶。晚上睡觉前，我会轻声讲出在收音机上听到的故事。"她收听的是《孤独游侠》和《绿色大黄蜂》，那些节目讲述了男性探险的故事，但她对"追逐和马匹"并不感兴趣，她喜欢的是戏剧化的故事情节，她喜欢去体验电台节目中每个角色的感受。

玛丽莲喜欢玩过家家的游戏，因为在游戏中她可以制定自己的规则，可以随心所欲地扮演母亲、父亲或孩子的角色。她在幻想的世界中有控制权，而她在现实生活中不得不服从于他人。有时候，她假装自己是《爱丽丝梦游仙境》里的主角，在兔子洞里摔倒后，进入了一个虚幻的世界。她常站在镜子前，对镜子里的影像是否是真的感到疑惑。"镜中的人会不会是假扮成我的人？我会用跳舞和做鬼脸来检验镜子里的那个小女孩是否会做同样的事情。"她说："她是孩子们中的领袖，因为她总是提议做有趣的游戏。"她说："如果其他孩子没有那么丰富的想象力，你可以说'嘿，如果你假扮成这个人，我扮演那个人，那不是很有趣吗'。"

玛丽莲觉得自己是艾达家庭的一员，但她知道艾达和韦恩并不是她的亲生父母。她被禁止叫艾达"妈妈"，家人告诉她"红发女士"格兰戴丝才是她的母亲，虽然格兰戴丝不是天天都能来看望她。玛丽莲可以叫韦恩"爸爸"，因为艾达一家觉得她没有一个真正的父亲，而且她和韦恩的关系很亲近。韦恩性情温和、富有爱心，虽然不善于表达，但他是爱玛丽莲的，因为她聪明又充满好奇心，经常问这问那，总是想知道一切。

不过，年幼的玛丽莲还是想拥有自己的父亲，她认为母亲家里客厅墙上的一张照片中的男士是她的父亲。多年以来，她对这个"父亲"展开了许多幻想，想象着这名男性无限宠爱她，让她有十足的安全感。他一直戴着一顶有型的帽子，尽管玛丽莲非常希望他能摘下来。当玛丽莲 1933 年在医院做完扁桃体摘除手术时，她一直梦见那位幻想中的父亲，梦里父亲对她说："诺玛·简，几天之后你就会好起来，你并没有像其他女孩那样一直哭泣，对于这点我非常自豪。"那张照片中的人看起来像克拉克·盖博，而玛丽莲幻想着盖博就是她的父亲。

1931 年是玛丽莲被寄养在艾达家的第五年，这个家庭又收养了一个叫南希的孩子（她和莱斯特一样，姓氏也是博伦德）。南希·博伦德说艾达和韦恩是模范父母，因为他们从来不打小孩。她对博伦德一家很忠诚，所以可能对父母不体罚小孩这件事夸大其词了。在那个时代，孩子们经常被打屁股，大部分家长都是用手体罚小孩。信奉福音派的家庭认为遵守纪律尤其重要，他们希望孩子"谨遵神的旨意"，体罚不仅疼痛还带有一定的羞辱性，以此来遏制小孩不听话的行为。玛丽莲后来在采访中称，她曾被艾达一家殴打（虽然她没有提及他们的名字），她这话可能也是夸大其词。不过，艾达曾告诉玛丽莲的传记作家弗雷德·吉尔斯，玛丽莲小时候是个顽皮的小孩，必须受到处罚。

艾达一家是霍桑社区教会的福音派基督教徒，他们是浸信会的教友。他们把收养的孩子们送去周日礼拜和主日学校，并参加周中的祷告会。在特别的节日，他们会去洛杉矶市中心的"开门教堂"。这个教堂位于一幢高层大厦里，是西方福音传道的中心所在。有些玛丽莲的传记作家错误地认为艾达一家是五旬宗①，然而恰恰相反，他们是芝加哥福音派传道人德怀特·穆迪的追随者。

"人就是赚得全世界，赔上自己的生命，有什么益处呢？"这句《马可福音》里的经文是成年后的玛丽莲和拜欧拉的传教士们最喜欢的。鲁本·托雷将人的灵魂和外在的世界比作善与恶，是上帝与魔鬼之间的战争，并将魔鬼描绘成一个看不见的恶魔，诱惑人类违反上帝定下的规则。穆迪相信神是无情的，但人们可以通过信仰耶稣基督来获得救助。耶稣基督为了消除人类的罪恶而被钉在十字架上，他是个"好牧师"，也代表了神温柔的一面——亲身向人类示范该如何生活。

艾达一家常引用《圣经》中的片段，教孩子们学习《圣经》经文，并举行家庭祷告，每晚阅读《圣经》并进行自我反思。他们跪在床上祷告，多个世纪以来信奉基督教的孩子每天晚上都会背诵这些祷告文，然后希望上帝能保佑每个家庭成员。

> 现在我躺下入睡了
> 我祈求主保留我的灵魂
> 如果在醒来之前我去世了
> 我祈求主带走我的灵魂

这句祷告文的语调舒缓，但它提及的死亡令人不安。玛丽莲并没有忘记这句祷告文，成年后的她想起"原罪"时，就会噩梦连连无法入睡，进而失眠。因为这句祷告文将睡眠与死亡联系在一起，是在祈求上帝的恩典，保障祷告者的安全。但这句祷告文也暗示了上帝有可能会拒绝祷告者的祈求——上天堂，而不是下地狱。

玛丽莲的传记作家忽略了福音派宗教对她的影响，她的第三任丈夫阿瑟·米勒认为，福音派宗教造就了成年后的玛丽莲。阿瑟·米勒在自传《时光枢纽》中反复提到了一个关于罪恶与救赎的故事，那就是玛丽莲经常说给他听的。六岁的

---

① 五旬宗是 20 世纪初兴起的基督教新教的派别之一。

时候，玛丽莲加入了一个儿童合唱团，并于复活节的日出礼拜时在好莱坞露天剧场参加表演。孩子们站成十字架的形状，身上穿着黑色的长袍，当太阳升起时，他们脱下长袍，露出里面穿的白色衣服。在破晓时分将黑色的长袍换成白色的衣服，象征着黑暗变成光明，在十字架上死去的耶稣基督便复活了，他从坟墓中起身，代表圣洁战胜了邪恶。但是玛丽莲却忘了脱去她的黑色长袍，她站在那里，一股浓浓的羞耻感围绕着她，因为在一群穿着白色衣服的孩子中，她的黑色长袍是如此显眼。艾达因此惩罚了玛丽莲，让她开始觉得上帝抛弃了自己。

当玛丽莲告诉阿瑟这个故事的时候，她自己笑着同情那个犯错被抓的小女孩。然而，阿瑟觉得玛丽莲是用笑声掩盖内疚和愤怒——因为没有完成合唱团布置的任务而内疚，因为觉得受到了不公平的谴责而愤怒。阿瑟说，不管玛丽莲做了什么错事，她都不得不面对自己犯了罪的感觉，也不得不保佑自己免受"宗教谴责"。"然而，类似的污点却像诅咒一样反复出现。"他在书中写道。阿瑟曾写了一部关于他俩婚姻的戏剧叫《堕落之后》，其中他认为玛丽莲的罪恶感来自于拒绝承认她是自愿答应了男人的性要求，她作为"共犯"，与那些和她发生不光彩的性行为的男人们一样有罪。阿瑟试图用清教徒①的道德观去解读，他认为犯了原罪的男女必须先承认罪行才能谈尊重，才能重获原有的纯洁，那种每一个人在出生时就被赋予的纯洁。玛丽莲的多情背后，是她童年时所受的创伤，这些重创甚至伤害了她的灵魂。

那是怎么样的创伤？是否与养母艾达·博伦德有关？玛丽莲在她童年的故事中提到，艾达一家是狂热的基督徒，当他们得知她在好莱坞露天剧场的复活节庆祝活动中忘了脱下黑色长袍后，毫不留情地严惩了她。这句话听起来像是一个"屏障记忆"——这是心理学家弗洛伊德②创造的一个术语，至今仍被人们沿用，意思是大脑用虚构的记忆来替代真正的记忆以遮盖创伤。对于福音派基督徒而言，性

---

① 清教徒信奉公理宗新教（加尔文主义），认为《圣经》是唯一最高的权威，任何教会或个人都不能成为传统权威的解释者和维护者。清教先驱者产生于玛丽一世统治后期，流亡于欧洲大陆的英国新教团体中，之后部分移居至美洲。

② 西格蒙德·弗洛伊德，奥地利心理学家、精神分析学家、哲学家。他的理论框架和研究方式深深影响了后来的心理学发展，而且对哲学、美学、社会学、文学、流行文化等都有深刻的影响，被世人誉为"精神分析之父"，是20世纪最伟大的心理学家之一。

行为是个难以启齿的问题，特别是像艾达这种在美国中西部的圣经带①长大的人。19世纪的传道者谴责自慰是"秘密的罪行"，他们认为自慰可能会导致精神错乱，那些自慰的人会因此而下地狱，这种信仰在20世纪中期仍然存在。

在出版的《片段》一书中包含了玛丽莲写的散文和自传，其中提到她在好莱坞露天剧场发生的事。玛丽莲在1955年的一篇文章中指出，她童年时就体验了强烈的性快感。她还说，有一次她在寻求性快感时被发现了，因此被打了屁股，并被威胁会下地狱，在地狱中她会"和肮脏的坏人一起被焚烧"，这让她感觉自己也是个"肮脏的坏人"。她所谓的性快感可能是自慰或儿童之间的性游戏。玛丽莲在她的自传《我的故事》中提到了与一个男孩之间的性游戏，这个男孩可能是莱斯特·博伦德。这样的游戏是正常且无知的，但作为福音派教徒的艾达·博伦德，很有可能会因此而惩罚她。玛丽莲在另一个片段中写道，阿姨艾达因她触摸了身体的"敏感部位"而打她，使她终生既害怕又迷恋自己的生殖器，这种迷恋直接表现为她长大后公开自己的裸体照片。

玛丽莲在1933年搬离艾达家时，她仍是一个快乐且有爱心的小孩，像与养父韦恩·博伦德相处时一样，喜欢问问题。不论艾达在对孩子的管教上有多少缺陷，她对于玛丽莲童年的影响终究是正面多过负面的。艾达意识到，鉴于玛丽莲的背景——她家庭成员中有精神不稳定者，且在20世纪30年代她以私生子的身份来到这个世界上，她的出生自带污点，成年后的她可能会遭遇重重困难，因此艾达试图通过提高她自力更生的能力来避免她以后身处困境。

不过艾达也有另外一面。尽管福音派基督徒经常持有种族主义的观点，且霍桑所在的南湾地区是三K党②的中心地带，但她和丈夫韦恩都支持种族平等。作为邮递员的韦恩在瓦特地区工作，20世纪20年代那里渐渐成了非洲裔美国人的聚集地，因此他主要是为黑人家庭送信。他是个虔诚的基督徒且性情温和，这使得他与送信路线上的住户关系很亲近。他们在圣诞节时送他卡片和礼物，韦恩也在

---

① 圣经地带（圣经带）是指美国的基督教福音派在社会文化中占主导地位的地区，是保守派的根据地。

② 三K党（英语：Ku Klux Klan, KKK）是指美国历史上和现代三个不同时段奉行白人至上主义运动和基督教恐怖主义的民间仇恨团体，也是美国种族主义的代表性组织。该组织常用恐怖主义方式来达成自己的目的。

他们需要帮助时义无反顾。艾达与韦恩相信，即便肤色不同，基督也会把爱给予所有人类。这对夫妻没有歧视态度，他们是民主党人，坚定地支持总统富兰克林·罗斯福和他的罗斯福新政 ①，以至于罗斯福去世后，他们悲伤了很久。

格兰戴丝虽然把玛丽莲送给艾达抚养，但她并没有抛弃自己的女儿，认为她不顾女儿的传记作家是错误的。当玛丽莲 1926 年住到艾达家时，格兰戴丝也一起搬了过去，和她共住一室。可能在那段时间里玛丽莲需要母乳喂养，所以格兰戴丝和她住在一起。在玛丽莲出生六个月后，格兰戴丝的工作量增加了许多，于是她搬回了好莱坞，那时玛丽莲可能已经断奶了。不过她依然会去看望玛丽莲——她完成工作后，会在星期六的下午赶去霍桑，与女儿一起过夜，星期天早上与艾达一家一起去教堂。有时候她会带玛丽莲去郊游——去海滩、威尼斯、好莱坞。据南希·博伦德回忆，她记得格兰戴丝经常在艾达家过夜。1927 年，格兰戴丝和格雷丝再次成为室友，格雷丝有时候会与格兰戴丝一起带着玛丽莲去旅行。格雷丝也会陪伴自己的两个侄女，她一直将她们视为女儿，直到她们在 1934 年搬离了她生活的地方。

有些和格兰戴丝关系比较近的人将她的性格描述为冷漠而自私，似乎她只活在自己的世界里。然而，雷电华电影公司的同事雷金纳德·卡罗尔回忆说，格兰戴丝性格活泼，一双绿色的眼睛炯炯有神。另一位胶片剪辑师莱拉·菲尔兹则认为格兰戴丝是她见过的最美的女人。菲尔兹说，格兰戴丝总是很快乐，脸上常常挂着微笑，人也很友善。你情绪低落的时候，她总会讲个笑话给你听，让你振奋起来。卡罗尔和菲尔兹都记得，玛丽莲一学会走路，格兰戴丝就把她带到了公司。她把女儿打扮得像玛丽·毕克馥 ②，黑色的玛丽珍鞋搭配蓬松的连衣裙，头发做得像毕克馥的香肠卷发，她经常说玛丽莲注定会成为一个明星。

---

① 罗斯福新政是指 1933 年富兰克林·罗斯福就任美国总统后所实行的一系列经济政策，其核心是三个 R：救济、复兴和改革，因此有时也被称为三 R 新政。救济主要针对穷人与失业者，复兴则是将经济恢复到正常水准，针对金融系统的改革则试图预防再次发生大萧条。

② 玛丽·毕克馥，加拿大电影演员，曾获奥斯卡最佳女主角奖和奥斯卡终身成就奖。她有很多昵称，如"美国甜心""小玛丽""金色卷发的女孩"，她是最早在好莱坞奋斗的加拿大演员之一，也是最伟大的电影先行者之一。

不幸的是，围绕梦露家族的乌云再次出现了，这次它降临在了玛丽莲的外祖母德拉·梦露的头上。玛丽莲出生后不久，德拉的精神状况就出了问题。玛丽莲6月出生，当时她不在医院，她追着查尔斯·格兰杰去了加里曼丹岛。10月，她带着对丈夫的怨气和对整个世界的不满，一个人回到了霍桑。她不管不顾地把租她房子的那户人家赶走，然后自己住了进去。她经常喃喃自语，还对着送报纸的男孩咆哮，把那个男孩吓坏了。格兰戴丝非常担心她的精神状况，于是搬过去与她住在一起。

　　有一天格兰戴丝不在家，德拉便去了艾达家，曾经目睹艾达体罚玛丽莲的她怒气冲天。除此之外，她觉得她们之间还存在其他问题，比如格兰戴丝和艾达对于麦艾梅①和德怀特·穆迪②谁更杰出而意见不和。这件事看似微不足道，但对于两位虔诚的信徒来说，这至关重要。当玛丽莲被麦艾梅洗礼，而不是由艾达的牧师洗礼时，德拉觉得自己赢得了重要的一个回合。那天德拉猛敲艾达家的门，无人应答后，她打破门上的玻璃窗，自己开了门。她进屋后直奔玛丽莲的卧室，试图整理她的毯子，也可能是想闷死她。后来警察来了，他们把德拉送去了诺沃克州立精神病院。那时的玛丽莲才18个月大。

　　成年后的玛丽莲称自己记得德拉试图让她窒息。不过记得一岁半以前的经历似乎是不可能的——这可能是她的"屏障记忆"，来源于别人告诉她的故事。另一种可能是，这个创伤严重到足以将记忆深深地刻在她的脑海中。至今为止，没有关于德拉对这件事的自述记录。

　　德拉在诺沃克州立精神病院变得歇斯底里并且语无伦次，她被诊断为躁狂抑郁症，两周后不幸去世了，死亡证明上写的死因是心肌炎。有些传记作家称她有心脏病，但她的死因诊断是有争议的，认为她情绪不稳定与心脏病有关也没有太多的依据。没有哪一种心脏病会引发躁抑症，而心肌炎是心脏受到了病毒感染，而不是一种精神病。玛丽莲说她后来得知德拉是死于疟疾，这是个更合理的死因，

---

① 麦艾梅是20世纪20年代至20世纪30年代美国五旬节运动传福音者和大众媒体名流，并以创建国际四方福音会闻名。麦艾梅被认为是使用现代媒体的先驱，因为其使用收音机吸引北美流行娱乐界的关注，从而使影响力逐渐增长。
② 美国著名布道家，在芝加哥有一所闻名的穆迪圣经学院，就是用来纪念穆迪的。

因为她一年前去过加里曼丹岛，疟疾在加里曼丹岛很常见，尤其是一种名为恶性疟原虫的罕见病原体，德拉在加里曼丹岛时可能被携带这种病毒的热带虫咬伤。恶性疟原虫对奎宁有抗药性[①]，在 20 世纪 30 年代经常会致人死亡。如今，计划到加里曼丹岛旅行的游客仍需要先接种疫苗。所有疟疾都会使患者发高烧并产生幻觉，高烧可能致使德拉在去世前的几个星期产生了幻觉。

玛丽莲有时声称，小时候去好莱坞看望她的母亲时，母亲会把她锁在衣柜里，不许她发出声响，因为噪音会让母亲焦虑。然而，她在 1962 年接受摄影师乔治·巴里斯的采访时，却说了一个与母亲虐待她完全相反的故事。她说她非常喜欢去探望母亲，因为母亲和她的朋友们都无忧无虑的。"当我与母亲还有她的朋友们在一起的时候，"玛丽莲说，"感觉就像一个幸福的大家庭一样。"她说星期六他们会去散步、看电影，星期天早上他们会去教堂。"在教堂里感觉像是到了天堂，唱诗班和礼拜都让我很兴奋，我甚至有点神情恍惚。"之后他们回到格兰戴丝的公寓。"我总是与母亲还有她的朋友们一起吃鸡肉午餐，然后我们会去散步，去欣赏那些精美的商店橱窗，里面陈列着我们买不起的东西。"她最后说道："我们都是梦想家。"

玛丽莲告诉巴里斯的这个故事，难道只是她的幻想吗？事实上，格兰戴丝有时很偏执，喜欢控制一切，但有时她也无忧无虑。只不过玛丽莲目睹了太多次格兰戴丝沉浸在消极的情绪中，因此她有时会过于片面地评判她的母亲。

1930 年，格兰戴丝在女儿出生 4 年后，情绪逐渐变得稳定了。1928 年德拉去世，格兰戴丝及时调整好了自己的心态，德拉去世一年后，她的弟弟马里恩失踪了，她也没有因此而崩溃。当时马里恩告诉妻子他要去商店买些纸，之后便再也没有回来。格兰戴丝继续过着她的生活，她的着装甚至越发时髦了。她留起了波波头，开始吸烟，开始重新约会男士。有一次她带了一个男友到艾达家，然后他们两个带着玛丽莲去了沙滩，同行的还有格雷丝和她的男友，以及格雷丝最喜欢的侄女杰拉尔丁。1929 年，格兰戴丝供职的统一电影业公司发生火灾，她并没有惊慌失措，

---

① 奎宁，又称金鸡纳霜，化学上称为金鸡纳碱，是一种用于预防、治疗疟疾且可治疗焦虫症的药物。世界上有些地区已出现对奎宁有抗药性的疟疾。

反而非常勇敢地带领着剪辑工作室的女同事们一起逃离了大楼，救了很多人的命。这场火灾摧毁了整幢大楼，《洛杉矶时报》称之为"浩劫"。

艾达一家想要继续收养玛丽莲，但是格兰戴丝希望女儿未来与她一起生活，所以她拒绝了。但艾达坚决反对玛丽莲与母亲一起生活，她担心未婚的格兰戴丝不会是个好妈妈，因为她情绪不稳定，工作繁忙，还要寻觅男士结婚。1933年的春天，玛丽莲患上了百日咳，格兰戴丝暂停了好几个星期的工作，住进了艾达家，以便照顾玛丽莲。她与孩子相处时展现出的母爱，是艾达不常看到的，或许她最终会成为一位合格的母亲。同样在那个春季，地震几乎把长滩附近的城市都夷为平地，同时也摧毁了玛丽莲的学校。之后，一辆飞驰而过的汽车又撞死了玛丽莲的爱犬蒂皮，那是艾达一家允许她养的一条流浪狗。

这些接连发生的不幸，让富有决断力的格雷丝感觉到是时候重新规划玛丽莲的未来了。格雷丝是一位具有现代意识的女性，她既不喜欢艾达的育儿方式，也不喜欢福音派的宗教信仰，格雷丝说服了格兰戴丝，告诉她玛丽莲必须从艾达家搬出来。鉴于玛丽莲的学校没有了，她的爱犬也死了，当时可能并不是让她离开习以为常的环境的最好时机，但艾达放手了，因为成人间的争吵对玛丽莲来说并不是什么好事。格雷丝和格兰戴丝开车到艾达家接走了玛丽莲，并带她到好莱坞生活。当她们的车靠近艾达家的房子时，玛丽莲和另外一个孩子躲到了一间卧室里。她视艾达一家为亲人，她并不想离开他们。

格兰戴丝在1933年6月将玛丽莲带到了好莱坞，把女儿交给了一个英国演员的家庭，他们是格雷丝和她自己共同的朋友。这个家庭的主人乔治·阿特金森是著名英国演员乔治·阿利斯的替身，他的妻子莫德·阿特金森扮演过一些小角色，他们的女儿内莉是英国女演员玛德琳·卡罗尔的替身。在接下来的两年里，玛丽莲与阿特金森一家住在一起，因而学会了英式英语的发音。这家人似乎永远都是无忧无虑的，他们给玛丽莲买了条草裙，还教她怎么玩呼啦圈、如何打牌。在有宗教信仰的艾达家中生活过的玛丽莲为这个英国家庭默默祷告着，她担心他们会因没有宗教信仰而下地狱。但是，她从这家人身上学到了世俗的价值观，这正是格兰戴丝和格雷丝想要看到的。

格兰戴丝一如既往地带着玛丽莲外出游玩，她们在圣卡塔利娜岛上度过了周末，这个岛在太平洋上，从长滩乘坐 45 分钟的渡轮就能到达。圣卡塔利娜岛有一个大赌场，至今仍然存在，有时候也当作舞厅使用，此外岛上还有风景如画的小镇和广阔的自然保护区。海中有船在岛附近缓缓行驶，这些船的底部是用玻璃做的，因此能看见船下游动的鱼。这也是孩子们的天堂。莱斯特·博伦德记得在独立日时，格兰戴丝曾带着他和玛丽莲到圣卡塔利娜岛，他们乘坐的大型白色轮船上有个舞池，玛丽莲自己爬了上去，一直跳到头昏眼花才停下来。莱斯特说，船上的每个人都在看她。1944 年，玛丽莲与她的丈夫吉姆·多尔蒂一起回到了圣卡塔利娜岛。吉姆是一名海军，需要在岛上驻守。

格兰戴丝和玛丽莲还去了盖伊的狮子农场，这是洛杉矶市中心以东的艾尔蒙地最受欢迎的旅游胜地，养殖、培育并且训练狮子，还有狮子表演秀供游客观赏，这些狮子也常在电影中出现。对于狮子表演秀，玛丽莲显露出一种自我迷茫的状态。她说狮子的处境比爱丽丝跌落到仙境中的兔子洞更糟糕，因为爱丽丝身处魔法世界，但狮子却是在现实世界中，它们是不得已才会为人们表演。她认为狮子被训练成了"反自然的样子，这和把它们放养在大自然中的状态截然不同"。她说："这个想法让我害怕，因为如果我也像这些狮子一样，没有在做我应该做的事情，那我就真的不知道自己来到这个世界上到底应该做什么了。"

她最喜欢跟母亲和格雷丝一起看电影，尤其是去好莱坞大道上富丽堂皇的电影院，这个习惯一直延续到她长大成人。在那个年代，当小孩的年龄达到电影院准许入场的标准后，身在职场的妈妈们就经常会把电影院作为托儿所。有时候玛丽莲一整天都坐在电影院里看电影，看白天的日场电影和晚上的夜场影片。好莱坞大道主要有两座剧院，席德·格劳曼的埃及剧院和中国剧院，它们相距很近，都位于好莱坞的市中心。两座剧院华丽又梦幻，就像为人民建造的宫殿，梦想家都喜欢去那里。埃及剧院于 1922 年开放，内部的罗马柱上画着象形文字。它的前院很大，竖立着巨型的大象雕像和一个长着狗头的人的塑像——那是埃及神阿努比斯在保护他的寺庙。玛丽莲还记得前院的笼子里面关着许多猴子。

玛丽莲受到了一些影片中的女演员的影响——《埃及艳后》中的克劳黛·考尔白，《大饭店》中的葛丽泰·嘉宝和琼·克劳馥，《小妇人》中的凯瑟琳·赫本……

她们都是朝气蓬勃的女性，是"语速很快的名媛"，她们的形态让未婚的职场女性趋之若鹜，因为在那个时代，职场女性是好莱坞电影的主要观众群体。于是许多人说话音调短促，语言精准而自信，这都是从电影里学来的。玛丽莲的第一任丈夫吉姆·多尔蒂认为，她从这些明星身上学到了淑女的气质，而不仅仅是遗传了格兰戴丝和德拉。如果你仔细观察一下玛丽莲的仪态，就会发现除了走路时扭臀，她还抬头挺胸，肩膀高耸，胸部前倾，她遵照了当时的准则——女性应该高贵端庄，不能无精打采。

玛丽莲非常喜欢她幻想中的父亲克拉克·盖博和白金发色的性感女神珍·哈露的电影。幼年的玛丽莲头发几乎都是白色的，她讨厌这种颜色，因为其他的孩子总是嘲笑她，叫她麻纤维头。但是，珍·哈露的头发就是这种颜色，玛丽莲感觉得到了一丝心理安慰。在格劳曼的埃及剧院和中国剧院，玛丽莲在每部电影放映前都观赏到了珍贵的现场序幕表演，它混合了杂耍和滑稽剧，以接下来要放映的电影为主题编排。美丽的歌舞女郎穿着制作精美的服装，在搭建的壮观场景中翩翩起舞。格雷丝和格兰戴丝还带着玛丽莲去看夜晚举行的电影首映式，探照灯照耀着天空，明星们乘坐加长型的豪华轿车到达现场，走上通往剧院的红毯，两侧有数以千计的影迷围观。闪光灯此起彼伏，人群中的欢呼声不绝于耳。

格雷丝梦想成为珍·哈露，她希望玛丽莲能帮她实现这个梦想。格雷丝说，她能把玛丽莲的脸和头发变得更像哈露。"格雷丝不停地摸我鼻尖凸起的部分，"玛丽莲回忆说，"'你很完美，除了这个小小凸起的部位，亲爱的。'她对我说。"玛丽莲有个与哈露相似的后缩下巴，格雷丝认为这可以修复。"当你长大后有了更适合你的发色和更漂亮的鼻子，"格雷丝说道，"你没有理由不能像她一样，玛丽莲。"然而，格雷丝在赞美珍·哈露的同时，也无意中伤害了玛丽莲。哈露是闻名全国的性感偶像，色情诱人，不应该成为一个小女孩的模仿对象。格雷丝强调了玛丽莲的性别特征，使她更易受到男人的伤害，同时也招来很多不必要的男性关注。

1933年的夏天，格兰戴丝买下了一幢别墅。在那个时代，她作为一名女性有这样的购买力着实令人吃惊，况且那时的银行很少批准个人贷款。格兰戴丝为了实现在自己家中抚养孩子的梦想，她从工资中攒下一笔钱，并从业主贷款公司获得了贷款，这是一家于 1933 年 6 月在罗斯福新政的支持下成立的公司。她从拍卖行买来了家具，包括弗雷德里克·马奇曾使用过的一架大钢琴。她对玛丽莲说，自己梦想着有一天能坐在客厅的壁炉前，听女儿弹钢琴。

格兰戴丝为了能支付贷款，同时也希望玛丽莲放学后能有人照顾，她说服了当时玛丽莲的寄养家庭——阿特金森一家搬进她的别墅同住。事实上，她基本把房子都租给了阿特金森一家，只为自己和玛丽莲留了两间卧室。

不久之后灾难来临了。1934 年 1 月，也就是格兰戴丝在住进阿博尔街的房子里三个月后，她情绪失控了。一天早餐前，她下楼梯时尖叫着说有男人想杀死她。救护车呼啸而至，格兰戴丝被带到圣莫尼卡的休养地休息了几个月，然后被转移到了玛丽莲出生的洛杉矶县综合医院。1935 年 1 月，在情绪崩溃了一年后，格雷丝根据格兰戴丝的医生的建议，让法庭宣判格兰戴丝为"癫狂且无能"，并将她送进了诺沃克州立精神病院（有时也称为大都会州立医院），那是她母亲德拉·梦露去世的地方。医生将格兰戴丝诊断为偏执型精神分裂症，于是格雷丝接管了她的所有事宜，卖掉了她的房子，以支付她的开销。同时格雷丝也接管了玛丽莲的生活。

德拉是躁狂抑郁症吗？格兰戴丝是精神分裂症吗？在 20 世纪 30 年代，人的行为与精神疾病种类之间的关系是非常模糊的，不过现在也一样。没有体征测试能确定精神疾病的种类和程度，就算到了现在也没有这样的测试。医生诊断时一直都是把患者表现出的症状，根据专家列出的类别进行划分。

有时德拉一听到声响，就认为有人在跟踪她，格兰戴丝也有类似的症状。很多人都会有幻听，关键是能否区分出声音究竟是幻听还是他人发出的声响。幻听是正常的，但把幻听当作是他人发出的声响就不正常了。事实上，据罗克黑文疗养院的负责人帕特丽夏·特拉维斯所说，格兰戴丝在 1953 年到 1967 年住院期间，她并不认为自己有任何不正常之处，她不觉得幻听是他人发出的声响。而且，有些偏执狂是健康的，警惕外部的威胁本就是人类进化所需要的。

德拉和格兰戴丝的生活都很悲惨，她们受到的重创损坏了大脑中的化学物质。如今，大多数人都会觉得理智与精神错乱有着鲜明的区别，认为精神疾病患者与普通人应是两个世界的人。有时德拉和格兰戴丝的行为徘徊于正常和反社会之间，因此她们轻而易举地就会被认为是破坏秩序的人而被隔离起来。

格兰戴丝有可能是在进入精神病院之后才开始变得精神分裂的，这是后来她自己说的。加州的精神病院人满为患，医生和护士人手不足，大部分工作人员也没有受过良好的训练。20 世纪 30 年代医院不再使用绑带限制病人的行动，取而代之的是把患者控制在大型浴缸中，对着他们冲水，每天最多长达 8 小时。可想而知，歇斯底里的人都会在这样的治疗之后平静下来，格兰戴丝更因此而多次试图逃离医院。

1939 年，医院开始使用电击治疗，它会导致患者强烈抽搐甚至骨折。这是新的治疗精神疾病的乌托邦①疗法，水浴也是。格兰戴丝对玛丽莲的模特经纪公司的总裁埃米琳·斯奈夫利说，她曾被电击治疗过。这并不意外，因为 1939 年加利福尼亚州精神病院将电击治疗用在了大多数患者身上。《蛇洞》这部 1948 年拍摄的影片就生动地刻画了加利福尼亚州的精神病院，电影中呈现的疗法包括用绑带限制病人的行动、水浴和电击治疗。

在精神病院里，病房首先是按性别来分的，其次是按患者的顺从度。如果患者遵循命令行事，没有肆意妄为，那么该患者可以搬到有更多特权的病房，例如可以自由行走，在医院里工作等。如果患者变得难以控制，该患者可能就会被送到另一个州立医院，而进入州立精神病院的人几乎没有自由。格兰戴丝在 1935 年的冬天试图逃离诺沃克州立精神病院，但没有成功。她被抓回医院后，被转移到了圣何塞附近的阿格纽斯州立医院，那里守卫更森严，更要命的是那里离格雷丝和玛丽莲更远。格兰戴丝和爱德华·莫泰森一起策划了这次逃亡，他曾打过电话给格兰戴丝。但警察将他（Mortensen）与爱德华·莫泰森（Mortenson）混淆了，爱德华·莫泰森（Mortenson）在 1929 年因摩托车事故而去世。因此，当格兰戴丝告诉医院里的工作人员她将和莫泰森（Mortensen）见面时，他们认为她是在幻想与那位已经去世的人见面。

---

① 乌托邦也称理想乡，是一个理想群体和社会的构想，名字由托马斯·莫尔的《乌托邦》一书中完全理想的共和国"乌托邦"而来。意指理想完美的境界，特别用于描述法律、政府及社会的情况。

格雷丝在写给一位朋友的信中表示，医生对格兰戴丝的大脑进行了X光检查，查出她大脑的三分之一已经解体。她不可能再恢复了，但如果她被安置在家中并且有人看管，她可能会因为没有压力而情绪稳定。医生说，大都会州立医院病患爆满，他们建议让格兰戴丝出院，让她和亲戚朋友住在一起。但格雷丝在她的信中说，她和周围的朋友都无法一直照顾格兰戴丝，因此格兰戴丝在接下来的8年里，仍然住在州立精神病院，而这些医院都在北加州，离玛丽莲很远。

　　格兰戴丝被家人和朋友"抛弃"后，她创造了自己幻想的世界。她之前能够长时间从事剪切粘贴电影胶片的工作表明她有强迫症的一面，现在她把强迫症运用到了宗教上。格雷丝的阿姨安娜·劳尔与一位基督教科学治疗师去阿格纽斯州立医院看望过她，安娜让格兰戴丝接受了一次基督教科学治疗，并鼓励她读玛丽·贝克·埃迪撰写的《科学与健康》，以获得上帝的垂爱。格兰戴丝照做了，并幻想自己是一个可以治愈疾病的基督教科学护士。她开始穿护士的白色制服，并在之后的人生中不再脱下来了。她幻想中的这个人物，是安娜与医院护士的结合体，安娜善良又有权威，而医生照顾病人的同时又管制他们。因此，格兰戴丝有了一种独立又能控制她周围环境的感觉。

　　她经常写信——给波士顿的基督教科学派第一教会，给政府，给任何愿意听她诉说的人。我有她在格伦代尔附近的罗克黑文疗养院时写的信，在那些信中，她非常温柔并且关心他人，同时也有偏执和幻想。她认为无线电波正在摧毁她的大脑，护士也在策划阴谋暗算她。

　　格兰戴丝在被送到阿格纽斯州立医院后，她就再也没有爱德华·莫泰森的消息了，格雷丝和玛丽莲也很少去看望她。自恋是自负和没有安全感的产物，格兰戴丝就是这样，她被别人伤害过深，以至于无法与外界建立联系，于是她整天活在自己的幻想中，偶尔还会大发雷霆。但疑问依旧存在，为什么格兰戴丝在1934年崩溃了？当她在阿博尔街买下房子并和玛丽莲住在一起后，是什么原因导致她崩溃了？此外，格雷丝照顾玛丽莲的方式也值得推敲，因为后来她把玛丽莲安置在了11个寄养家庭和1个孤儿院中。她为什么要这么做，像格兰戴丝那样反复抛弃玛丽莲？这些问题的答案都不简单，需要更充分地探讨格兰戴丝为何崩溃，以及她的崩溃对格雷丝和玛丽莲的生活所产生的影响。

第 2 章
创伤，1933—1938 年

　　成年后的玛丽莲似乎依然对她童年发生的事情耿耿于怀，她经常将那些故事告诉朋友和记者。在她的故事中，殴打她的艾达一家狂热地信奉宗教，有的寄养家庭则不欢迎她，但她从来没有具体指出是哪个寄养家庭。不过，她总是对格雷丝和安娜赞不绝口。全球各地的报纸杂志都刊登了这些故事，很多事情都进入公众的视野，比如好莱坞儿童援助协会孤儿院的负责人曾要求她洗一堆盘子、打扫厕所、擦地板。1955 年《大银幕》中写道："不知道总统是谁的山区居民却有可能会背诵玛丽莲的生活细节。"

　　这些故事帮助她成为她那个时代的代表性人物。她从一个孤儿成长为一个大明星，像灰姑娘一般从贫穷走向成功，实现了一个女版的美国梦。其他电影明星的童年都没有经历过如此多的重创——虽然琼·克劳馥、丽塔·海华丝和拉娜·特纳的童年也很艰苦，但仍然不及玛丽莲悲惨。"几乎所有好莱坞明星的人生故事都有灰姑娘和霍雷肖·阿尔杰①的影子，"一位记者写道，"不过玛丽莲的故事超越了所有明星。如果有评论家批评她习惯性迟到，公众反而会站在玛丽莲这边，因为人们总是会想起以前的她曾悲惨地在肮脏的环境中做苦工，洗'令人恐惧的堆成山的脏盘子，只为了每月赚 5 美分'。"

　　她的故事是否真实？她的传奇是否是杜撰的？我的研究表明，虽然她有时对

————————————

　　① 霍雷肖·阿尔杰是 19 世纪的美国作家。阿尔杰的小说风格大多一致，均描述一个贫穷的少年是如何通过正直的品格、不懈的努力和少许的运气取得了最终的成功。

自己的童年经历有些夸大其词，但她的故事确实是真实的。格兰戴丝崩溃之后，玛丽莲的童年开始变得复杂起来。让我们先按时间顺序来叙述那些表面的故事，然后再一层层揭开故事背后隐藏的秘密，去研究她说过的那些自相矛盾的话，从而还原一个真实的玛丽莲。请记住一点，格兰戴丝在住进州立精神病院后，玛丽莲遭受了很多的非难。在那个时代，她的身世被认为是不合法的，她只能靠补助金生活，但当时许多美国人把接受福利视为一种耻辱。她的家人被确诊患有精神病，那时人们认为这种病是遗传的，并且患者必然会不断地恶化。

1934 年的一天晚上，8 岁的玛丽莲住在格雷丝的公寓里。她躺在床上，不经意间听到格雷丝在隔壁房间和朋友们聊天。朋友建议格雷丝不要当玛丽莲的监护人，因为她有"家族遗传病"。他们说玛丽莲的外祖父、外祖母、兄弟和母亲都是"精神病人"，她将来也会和家人一样，变成一个疯子。"我边听边躺在床上发抖，"玛丽莲回忆说，"我当时不知道什么是精神病，但感觉不是什么好事。"不久之后，她知道了格兰戴丝的病情。对于敏感的玛丽莲来说，她意识到自己将面对残酷的命运，她也害怕自己的余生会在疯癫中度过。

格兰戴丝得病之后，格雷丝离开了玛丽莲，让她继续与阿特金森一家一起住在阿博尔街的家里。格雷丝的决定似乎是正确的，因为格兰戴丝也许很快就能康复并返回家中。玛丽莲的学校离家很近，她的朋友也住在附近。阿特金森一家似乎很喜欢玛丽莲，他们能够照顾好她。格雷丝除了有全职工作外，还在出演一些戏剧，她从来都没有失去过对表演的热爱，正是这种强烈的兴趣引领她来到了好莱坞。1934 年，格雷丝的侄女搬走后，她有了更多的空闲时间，但这些时间还不足以让她抚养一个孩子。阿特金森是格雷丝的朋友，她可以在探望玛丽莲的时候顺道拜访他们。格雷丝住在好莱坞市中心的洛代街，距离阿博尔街只有十分钟的车程，按照格兰戴丝和她多年的习惯，周末她会带着玛丽莲去看电影，然后去餐馆用餐。她一如既往地对玛丽莲说，你将成为第二个珍·哈露。

格雷丝的公寓在好莱坞工作室俱乐部的对面，这个俱乐部是为有理想的女演员准备的廉价住处。20 世纪 20 年代有影响力的好莱坞女演员和男演员的妻子担心好莱坞的一些公寓会成为招揽妓女的场所，所以筹集资金建造了好莱坞工作室俱乐部。当玛丽莲来看望格雷丝的时候，她告诉玛丽莲很多明星都曾在工作室俱乐部里住过。这个地中海风格的洛杉矶建筑由建筑师朱莉娅·摩根设计，非常具有纪念意义。玛丽莲作为一名好莱坞女星，早年也曾在俱乐部里住过。

然而，格雷丝并没有帮助玛丽莲成为女演员。在格雷丝的支出明细里，没有送玛丽莲去学习演艺和歌唱这一项。在好莱坞，想把孩子培养成电影演员的母亲无处不在，比如秀兰·邓波儿、贝蒂·格拉布尔、琴吉·罗杰斯和朱迪·嘉兰的母亲都是如此。格雷丝在电影业沉浮多年，她有广阔的人脉关系，但却并没有用在玛丽莲身上。她用这些人脉帮助丈夫欧文（多克）·戈达德开启了演艺生涯，并在1935年与他结婚了。格雷丝对于玛丽莲成为电影明星的幻想也仅仅是处于"幻想"阶段而已。

不过，格兰戴丝得病后，格雷丝接管了格兰戴丝和玛丽莲的全部事宜。其实她可以选择不这样做，但她不想看着格兰戴丝和玛丽莲两个人都住进州立精神病院。梦露家的亲人没有住在附近的，除了马里恩·梦露的妻子奥利芙·梦露，但她在丈夫1929年失踪后艰难地抚养着3个孩子，马里恩离开时并没有留给她一分钱，因此她不是寄养玛丽莲的理想人选。由于格雷丝仍对艾达·博伦德心存芥蒂，所以她并不想让玛丽莲回到艾达身边，尽管艾达后来声称她曾去看望过玛丽莲，并带她去大都会州立医院见格兰戴丝。据莱斯特·博伦德说，当时他们家的房子住满了寄养的孩子，已经没有玛丽莲可以住的地方了。

1934年末，格雷丝向法院提交了让格兰戴丝在大都会州立医院住院的文件。医院的监管者表示，格兰戴丝的精神和身体状况不佳，没有办法出庭，并且在"无限期的时间"内都无法出庭。1935年3月，格雷丝向法院提出请求，希望能指定她为格兰戴丝的法定监护人，以便她出售格兰戴丝的房屋和物品，来支付她的花销。请愿书被认可后，格雷丝在春季开始了售卖。格雷丝的阿姨安娜·劳尔买下了格兰戴丝为玛丽莲购买的钢琴，并把它放在自己的公寓里，这一举动表明她知道玛丽莲的存在，并且很喜欢这个孩子。这架钢琴象征着玛丽莲的过去、现在和未来。青年时期的玛丽莲在好莱坞自力更生当小明星，她把钢琴漆成了白色，效仿20世纪30年代电影里常出现在摩登艺术场景中的白色钢琴，它是优雅和精致的象征。

玛丽莲与阿特金森一家住在一起，直到1935年6月格雷丝卖掉了阿博尔街的别墅。之后他们搬进了位于格伦科街的房子，依然在好莱坞山上且距离阿博尔街很近，一些传记作家认为阿特金森一家搬回英国了，但事实并非如此。1935年的洛杉矶人口普查登记了他们住在这个地址，但玛丽莲的名字并没有位列其中。乔治·阿特金森参演了1936年的好莱坞电影《小公子》和1939年的《来福士》，他和妻子莫德·阿特金森于1942年6月出席了玛丽莲的婚礼。1944年3月9日，莫德·阿特金森的讣告刊登在《洛杉矶时报》上，其中指出她在过去的25年里都居住在南加州。

阿特金森一家离开后，格雷丝必须找个地方安置玛丽莲。她并没有把玛丽莲带在身边，而是把她托付给了一对生活在阿博尔街附近的夫妇哈维·吉芬和埃尔希·吉芬，他们的女儿是玛丽莲在学校里最好的朋友。哈维·吉芬是RCA唱片公司的音响工程师，埃尔希是家庭主妇，负责抚养孩子。那时的玛丽莲9岁了，性格安静且遵守纪律，还总是愿意帮助他人，似乎是个完美的孩子。无论她在艾达家经历了什么，艾达终究还是把她培养成了一个好孩子。吉芬一家表示愿意抚养她后，格雷丝也征得了格兰戴丝的同意，于是玛丽莲搬进了充满爱心的吉芬家。

玛丽莲很喜欢吉芬一家，他们有个养着热带鸟类的鸟舍，包括长尾小鹦鹉以及其他会说话的鹦鹉。她被鸟迷住了，并且喜欢给它们喂食，与它交谈。后来吉芬一家计划搬到新奥尔良，想带她一起走，但格兰戴丝不同意。于是，格雷丝询问雷金纳德·卡罗尔和他的妻子是否愿意抚养玛丽莲，他是格兰戴丝在统一电影业公司的同事和朋友，和家人一起住在洛杉矶。如果他们同意抚养玛丽莲，那么她将继续生活在洛杉矶，但格兰戴丝再次拒绝了。

吉芬一家在7月份离开洛杉矶后，格雷丝开始带着玛丽莲和她一起生活。她告诉玛丽莲不必去孤儿院了，这让玛丽莲大大减轻了心理负担，因为她不想去一个周围都是陌生人的地方。一些传记作家认为，在格雷丝的自身情况被评估为有能力抚养玛丽莲之前，法律要求格雷丝必须将玛丽莲送进孤儿院，但格雷丝十分聪明并且善于处理，顺利地避开了这些规定。那时多克·戈达德可能已经在格雷丝身边了，他和格雷丝打算结婚。他的孩子与前妻一起生活在得克萨斯州，未来他有可能会和自己的孩子一起生活，所以他并不想抚养玛丽莲。

多克是个来自得克萨斯州的"牛仔"，高大帅气、温文儒雅，来到好莱坞就是希望能成为一名电影演员。他在电影中扮演一些小角色，后来成了乔尔·麦克雷的替身，乔尔·麦克雷经常在牛仔电影和犯罪戏中扮演硬汉的角色。多克比格雷丝年轻十岁，比格雷丝高一英尺，但他俩常常把年龄和身高上的差异拿来开玩笑。他的兼职工作是搞发明，把车库当作车间，做些电动小配件，但他从演艺事业和创造发明中都赚不到钱，而他在得克萨斯州的孩子都还很小——埃莉诺（比比）9岁、弗里茨7岁、约瑟芬（诺娜）5岁。

格雷丝并不介意多克朝不保夕的低收入。那时的她三十多岁了，年龄太大不能再参加好莱坞的派对了，于是她期待着与英俊潇洒的多克结婚。格雷丝认为组建新的家庭是她的首要任务，玛丽莲排在第二。多克对前妻和子女的抚养责任并不明确，但他可能会寄一些物品给她们。1935年8月初，格雷丝和多克在拉斯维加斯结婚了，安娜·劳尔出席了婚礼，但玛丽莲没有出现。一个月后，也就是1935年9月，格雷丝把玛丽莲送进了孤儿院。多克与他的孩子们一起生活似乎是斩钉截铁的事了，但是他们在1940年之前并没有这样做，他的孩子仍在得克萨斯州。

以上所述的一系列事件，背后还有一个特殊的故事，这涉及玛丽莲所指的8岁时自己曾遭受性侵犯。她在1953年和1954年接受编剧本·赫克特采访时提到过这件事，那时本·赫克特将为她的自传代笔。她还向传记作家莫里斯·佐洛托讲述了童年遭受性侵犯的故事，后者在1960年撰写了一本玛丽莲的传记。1962年，玛丽莲去世前的几个月，她在接受摄影师乔治·巴里斯采访时详述了这个故事。巴里斯的访谈本计划在《COSMO POLITAN》杂志上发表，但随着玛丽莲的去世，刊登计划也被取消了。之后，巴里斯把这个故事卖给了全球各地的报纸，并被广泛报道。玛丽莲去世后不久，巴里斯的采访本可以作为传记作家的参考资料，但他们大都忽视了这个采访。我在2010年与巴里斯交谈时得知，除了格洛丽亚·斯泰纳姆之外，没有其他玛丽莲的传记作家和他联系过，格洛丽亚·斯泰纳姆为巴里斯给玛丽莲拍摄的照片配文，撰写了一本简短的传记。因此，玛丽莲对性侵犯事件最详尽的描述就这样被忽略了。

玛丽莲说这一切在她8岁时发生了。当时抚养她的家庭把房子分租给了一个名叫坎摩尔的人，他年过半百，对人严厉却很有礼貌，大家都很尊重他。有一天晚上，坎摩尔先生叫玛丽莲去他的房间，等玛丽莲进入房间后，他便把门反锁了。他开始搂抱她，虽然她乱踢、挣扎，但都无济于事。他做了他想做的事，并告诉她要做一个好女孩（在巴里斯的采访中，玛丽莲表示那次性虐涉及爱抚）。坎摩尔先生让她离开房间时，给了她一个5美分的硬币，让她去买冰激凌吃。她把那5美分硬币扔在他的脸上，然后把这件事告诉了阿姨，但阿姨不相信她（玛丽莲把所有的寄养母亲都称为"阿姨"）。"你太无耻了，"阿姨说，"坎摩尔先生是我房客，他的品性大家都有目共睹，不可能做出这种事。"玛丽莲回到自己的房间后，趴在床上哭了一整夜。

玛丽莲曾在接受《巴黎竞赛画报》的乔治·贝尔蒙特采访时说，性侵她的人真名不叫坎摩尔，她通常会改掉她童年故事里的人名，以隐藏他们的身份。如果她在8岁时遭受了性侵，那么当时的她是和阿特金森一家住在阿博尔街的房子里，从1933年10月到1935年春天格雷丝卖掉房子，她和阿特金森一家在阿博尔街的房子里住了将近两年。格兰戴丝在1933年6月将她带到好莱坞的时候，她就已经和他们住在一起了。

玛丽莲的大多数男性传记作家认为被性侵的故事是虚构的，因为她的第一任丈夫吉姆·多尔蒂说，玛丽莲嫁给她时还是处女。因此，他们得出结论：玛丽莲童年时期并没有被性侵过。然而他们似乎从没留意过研究儿童性侵案例的专家的说法——性侵犯通常会用爱抚的方式，而不是性交。一般性侵者都不想留下证据，所以不会在受害者身上留下印记。即便在今天，成年人性侵儿童的罪行判决主要是依据儿童的证言，因为实物证据通常不存在，性侵者基本上都不会承认自己有罪。

玛丽莲在1962年接受巴里斯采访时，描述了具体的爱抚行为。"他把手放在我的裙下，然后触摸了我从未被人触碰过的地方。"她说，不相信她的阿姨还打了她耳光。玛丽莲告诉她的表妹艾达·梦露，在被侵犯后她觉得自己很肮脏，洗澡洗了好几天之后才觉得干净些。这种试图通过反复淋浴或沐浴让自己觉得干净的做法，是性侵受害者的典型行为。

她在《我的故事》中将性侵者命名为坎摩尔先生，导致玛丽莲的一些传记作家将英国演员默里·金内尔认定为那个性侵者。但是，没有证据可以证明这一点，除了乔治·阿特金森认识金内尔之外。他们二人都与著名的英国演员乔治·阿利斯合作过，阿利斯有操控自己电影的权力，多次起用之前合作过的演员做配角。金内尔就是其中之一，而阿特金森则是阿利斯的御用替身。金内尔是银幕演员公会的创始人，他住在西木区的比弗利格伦大道上，距离福克斯的摄影棚很近，阿利斯就在那里拍摄他的电影。西木区距离好莱坞露天剧场和阿博尔街的房子很远。

性侵者可能就住在格兰戴丝家里，她的房子有 4 间卧室。玛丽莲占了一间，格兰戴丝需要一间，来自英国的阿特金森一家租下了第三个卧室，余下还有一个房间对外出租。如果排除了金内尔的犯罪嫌疑，那么性侵者可能是乔治·阿特金森和多克·戈达德其中的一个，这两个年长的男人在玛丽莲 8 岁时都在她身边。在乔治·阿利斯的自传中，他对他的替身阿特金森评价不是很高，这在某种程度上表明，阿特金森可能就是"元凶"。

阿特金森是个可悲的人，这个老演员做过很多演员的替身，但是他本人却"从未有机会真正地扮演一个角色"。现在的他什么都不是，只不过是个影子罢了。但他内心却感觉自己无比重要。他觉得自己长得像明星，穿得也像明星，散步时会下意识地摆出明星般的姿态。在摄影师面前，他模仿阿利斯的姿势，已经彻底把自己当作明星了。

在阿利斯的描述中，阿特金森是个装腔作势、东施效颦的人，是一个缺乏自我的影子，膨胀的自尊心驱使他把自己当成了阿利斯，并且完全沉浸在阿利斯的明星光环里。在《我的故事》中，玛丽莲把这对英国夫妇描述成快乐且无忧无虑的人，他们之前是杂耍演员，教她玩呼啦圈、纸牌以及抛接橘子。阿特金森作为阿利斯的替身，他的形象与阿利斯非常相像，并且这两个人都六十多岁了。曾在阿利斯的电影中参演的贝蒂·戴维斯将阿利斯描绘成一个有英国绅士风度却又不拘小节的好色之徒。"他又小又黑的眼睛里充满了悲伤，他绷紧的三角形的嘴似乎总是压抑着无法释放的快乐。"他经常扮演英国政治家，诠释着平静面对大萧条的英雄主义和灾难来临时的独立性。

玛丽莲在接受莫里斯·佐洛托采访时称性侵者为"K 先生"。她把此人描述为一个严肃的老人，穿着黑色的西装，在上衣口袋里放着一块金色的手表，一条金链露在外面，而这正是乔治·阿利斯的穿着。阿利斯在生活和电影中都扮演着英国绅士的角色，所以他总是戴一副单片眼镜。我们可以想象，一直模仿阿利斯衣着和行为举止的阿特金森，很有可能也打扮成了这个样子。

玛丽莲告诉她的朋友——好莱坞导演让·尼古拉斯科，在她8岁时一个老年演员强奸了她。她告诉《电影故事》杂志的编辑阿黛尔·怀特利·弗莱彻，她并不愿意回想电影公司经理对她的种种不好，因为他们会让她想起8岁时性侵她的人。格雷丝曾说，她之所以把玛丽莲从阿特金森家带走，是因为发现他们并没有好好对待玛丽莲。1959年，玛丽莲在纽约举行的一个晚会上，与演员工作室①的同学佩吉·弗勒里的丈夫说起了那次性侵。玛丽莲说，她觉得自己很幸运，因为她并没有像许多遭受类似侵犯的受害者那样患上精神病。

多克·戈达德有可能是性侵者吗？玛丽莲在1937年与多克和格雷丝一起生活时，他曾试图爱抚她，他对玛丽莲的传记作家弗雷德·吉尔斯承认了这一行为，尊重多克的吉姆·多尔蒂也知道这件事。这可能是多克唯一一次醉酒失控的行为，但也有可能他早有前科。

我找到一些采访和报纸上的文章，发现了一些关于多克这个人的信息。1935年8月19日，《洛杉矶时报》上的一篇文章报道了多克和格雷丝一周前曾去过拉斯维加斯。文章中写道，他是1933年来到洛杉矶的，而不是玛丽莲的传记作家所写的1935年。如果《洛杉矶时报》是正确的，那么玛丽莲第一次受到性侵时，也就是格兰戴丝发病的时候，他恰恰就在好莱坞。同年，格雷丝把他介绍给执导西部牛仔影片的阿尔·兰热尔，兰热尔给他安排了一个小角色。多克陆续接演了一些小配角，之后成了乔尔·麦克雷的替身。

事实上，多克·戈达德不只是个温文儒雅的得州牛仔，他还是个广受男性朋友欢迎的男人，喜欢去酒吧喝酒，和男性朋友聊天。他太沉迷于泡吧了，以至于经常在晚餐时迟到好几个小时。除了在电影中饰演小配角以及偶尔卖点他自己做的小零件之外，他几乎无事可做，处于半失业的状态，直到1938年生产飞机零件的阿德尔精密零件公司雇用了他。20世纪30年代，位于南加州的飞机产业发展迅速，加上为了筹备1938年可能与德国展开的战争，飞机产业的技术工人严重不足。正如一些传记作家所说，在1938年之前，多克确实没有为阿德尔工作过，因

---

① 1947年在纽约成立的戏剧学院，对20世纪50年代的美国戏剧和电影产生了巨大影响，以"方法派"闻名。知名校友有：马龙·白兰度、玛丽莲·梦露、茱莉娅·罗伯茨等。

为阿德尔是 1938 年才创立的。

多克为人友好，但是在他搬到好莱坞之前，他在得克萨斯州的生活简直是一部悲剧。他是奥斯汀市一个显赫家族的后裔，他的父亲曾是得克萨斯大学奥斯汀医学院的院长，但他自杀了，而多克的母亲是一位精神病患者，住在精神病院里。多克曾经是一名医学生，但是他在 1925 年娶了第一任妻子后就退学了。因为他有过学医的经历，所以被称为"医生①"。在比比、弗里茨和诺娜出生之后，多克和妻子在 1931 年离婚了。

孩子们在母亲的监护下住在得克萨斯州。据比比说，他们的母亲情绪不稳定，因此把他们安置在寄养家庭中，但寄人篱下的他们遭受了非人般的待遇，诺娜也说过相似的经历。比比甚至坚称，玛丽莲所说的那些童年遭受不公待遇的故事是从自己在得克萨斯州的经历中获取的灵感。她的话有可能部分是真实的，但玛丽莲在寄养家庭中确实过得不是很好。比比非常依赖多克和格雷丝，因此不希望他们被指控有不道德的行为。她有自己的理由来质疑玛丽莲童年故事的真实性。

根据多克离婚的条款，他有探视子女的权力，但他并不想获得子女的监护权，也没有阻止前妻将子女托付给有虐待孩子倾向的寄养家庭。事实上，多克和妻子的离婚判决书上显示，多克没有出现在最后的听证会上。然而即使如此，也不能否认他身上拥有一种迷人的魅力。玛丽莲在青春期后期，宽恕了多克与她之间发生的所有不快，并且与他的关系开始变得亲密起来。玛丽莲在 1942 年给格雷丝的信中，称呼他为爸爸。20 世纪 50 年代初，格雷丝掌管玛丽莲工作上的业务时，多克也在协助她。

性侵事件还有一种可能性。我的证据表明，性侵发生在 1933 年年底，这可能直接导致了格兰戴丝在 1934 年 1 月发病。一些作家认为，致使格兰戴丝发病的原因有以下 3 点：她的儿子杰基离世，82 岁的外祖父蒂尔福德·霍根也在去年春天自杀了，还有她供职的电影剪辑工作室爆发了罢工。但是，1928 年她的母亲去世了，一年后她的弟弟马里恩也失踪了，她在这双重打击下依然挺了过来。多年来，她所在的电影剪辑工作室也经历了各种罢工和危机。她在 1933 年买了新房，然后

---

① 英文中"多克"也是"医生"的简称。

把房子的大部分都租给阿特金森一家是为了还贷款，这表明她的状态越来越好。另一个可信的证据指出，她还买了一辆新车。格兰戴丝似乎准备好了应对一切潜在的问题，直到自己的女儿被性侵了。

玛丽莲在巴里斯的采访中表示，当她把遭受性侵的事告诉寄养母亲时，寄养母亲抽了她耳光，因为她竟然指认"明星房客"有犯罪行为。换句话说，她的寄养母亲认为玛丽莲编造了这起性侵事件。那个时代的思想观念是：只有下层阶级的男人才会调戏女孩，而且是被性侵的女孩先勾起了男人的性欲。一个被尊称为"先生"的杰出人士是不可能犯下这样的罪行的，所以她认为必定是玛丽莲在说谎，或者这起性侵事件完全是由她引起的。

玛丽莲经常使用假名来掩盖故事中人物的真实身份，她在这里说是她的寄养母亲，而不是她的生母。不过乔治·阿特金森的确是格兰戴丝的"明星房客"，因为阿特金森一家的租金能够帮她支付每月的房贷。格兰戴丝发病之后，就再也没有在那里住过了。玛丽莲成名后，她对女儿成了性感偶像而不满。随着格兰戴丝的年纪越来越大，她开始反对自己二十多岁时性行为应该开放的思想。她希望女儿登上《女士家居月刊》的封面，而不是淫荡的男性杂志。

玛丽莲告诉乔治·巴里斯，她被性侵后开始变得口吃。她还告诉他，口吃与性有关，且男性口吃比女性更频繁。她是对的，而且往往是严重的创伤会造成女性的口吃。虽然玛丽莲努力控制着她的口吃，但她从未完全克服过。在她紧张时，她的口吃尤其厉害。当她对《电影故事》的阿黛尔·怀特利·弗莱彻讲述遭受的性侵犯时，她开始口吃。当她在电影里说台词时，口吃也是一个问题。现代的语言治疗师认为，玛丽莲柔和的声音和她的面部表情可能是掩盖口吃的策略。

她告诉莫里斯·佐洛托，她小的时候不与大人说话是因为害怕自己会口吃。那个在韦恩·博伦德面前侃侃而谈、充满好奇心的玛丽莲成了大人面前害羞的"老鼠"。她在学校里也不说话是因为担心自己被老师叫到，她会在回答时口吃。"我天性害羞，口吃使我更加自我封闭。当我想说话的时候，我的嘴唇会固定成一个'O'形，并且顿时会觉得很迷茫，很长时间站着一动不动。"玛丽莲花了很多年时间才缓解了口吃，敞开心扉与他人交流。

埃米尔·克雷佩林在19世纪90年代发明的精神病分类方式仍主导着现今对

精神疾病的定义，尽管阿瑟·诺伊斯在 1934 年发表的著作中指出，病人的症状可能会结合多种类型的精神病，也可能会处于各种类型的精神病之间。吉姆·多尔蒂说 15 岁的玛丽莲比同龄女孩在身体上和情感上都更加成熟，同时又像孩童一样，与玩偶娃娃和小孩子玩耍，他的描述听起来像是玛丽莲有分裂的人格。玛丽莲也认为自己个性多变，是个多面人。"我可以成为他们希望我成为的任何人，"她对苏珊·斯特拉斯伯格说，"如果他们希望我是天真无邪的，那么我就是天真无邪的。可以说我有很多面。"

但玛丽莲并不是一直都能控制自己的多重人格。她的第一位表演老师娜塔莎·莱泰丝曾与她一起生活过，娜塔莎觉得玛丽莲缺乏安全感，这使她好像是"在水下挣扎"，或是"在月亮上漫步"，她无视周围的环境，好像没有活在现实世界中一样。"她习惯于隐藏一切，"娜塔莎说，"而且她从小就养成了这种习惯。"许多与她合作过的导演都说她是走进自己的世界去创造角色，朋友说"有时她的眼神好像游离在别处"。

据研究性侵的专家说，被侵犯的女孩可能会在噩梦中看见女巫和恶魔，而玛丽莲在一生大部分的梦境中都看到过女巫和恶魔。她在 1952 年到访纽约时，萨姆·肖带她参观了大都会艺术博物馆，观赏戈雅①画的拿破仑入侵西班牙的绘画。肖回忆说："当她看到戈雅所画的战争与暴行以及骑着扫帚飞过夜空的女巫时，她抓住我的手臂说：'我非常了解这个人（戈雅），我从小的梦境就是这样的。'"拉尔夫·罗伯茨从 1958 年开始担任玛丽莲的按摩师直至她去世。她对拉尔夫·罗伯茨说过，她梦中的恶魔很像罗塞尔·霍普·罗宾斯在《巫术与恶魔学百科全书》中所描绘的那样。这本书在 1959 年面世，书中有 17 世纪关于巫婆和恶魔的绘画。

玛丽莲告诉在《纽约邮报》担任娱乐专栏作家的朋友厄尔·威尔逊，她觉得自己长期失眠是由于对噩梦的恐惧所致。威尔逊记得她对梦境的描述："可怕的噩梦与我的内疚有关，令人恐惧的幽灵细数我犯下的种种过错。"苏珊·斯特拉斯伯格写道，玛丽莲梦中的人物与勃鲁盖尔和博士所画的秘密祭神仪式以及地狱

---

① 西班牙浪漫主义派画家。戈雅是西班牙皇室的宫廷画家，半岛战争时留在了马德里，绘制了西班牙王位觊觎者约瑟夫·波拿巴的像，用画作记录了战争。

中的恶魔类似。1956年，玛丽莲在伦敦与阿瑟·米勒一起拍摄电影《游龙戏凤》，她在日记中记录了她躺在床上，无法入睡的故事——"在黑暗的屏幕上再次出现了怪物的形状，它们与我如影随形"。

一些心理学家认为，这些梦中的"恶魔"有可能代表着侵犯她的人，也可能代表着死亡，这既是威胁又是诱惑，因为恶魔承诺死后就让她回到母亲的子宫里。玛丽莲告诉她的最后一位心理医生拉尔夫·格林森，她服用的药物巴比妥类（例如速可眠和戊巴比妥①）所产生的平静感，让她感觉到"子宫和坟墓"，即母亲的子宫和埋葬尸体的坟墓。

玛丽莲的梦中经常出现巫婆和恶魔，说明性侵事件对她来说是个重创，她把性侵与基督教关于魔鬼和黑暗天使的信仰联系了起来。阿瑟·米勒认为她有清教徒的罪恶感。与她私交甚密的卢埃拉·帕森斯认为，玛丽莲对于"罪恶"的观念与她童年时遇到的复兴传教士的观念一样——"罪恶"不会被宽恕。厄尔·威尔逊说，童年时期的玛丽莲被性侵之后产生了一个想法，她觉得所有的男人都想和她睡觉。莫里斯·佐洛托写道："她因内疚而心神不宁。她觉得自己犯了不可饶恕的罪，死后会下地狱。童年时侵犯她的人以扭曲的形象反复出现在她的梦中，所以她尽可能地通过阅读或说话来消除睡意。"她的失眠随着年龄增长而越发严重，需要服用更多药物才能入睡。

玛丽莲在自传《我的故事》中将性侵与基督教联系起来。在被性侵后，她的"阿姨"强迫她参加了一个福音布道会。在她的记忆中，坎摩尔先生也参加了那个布道会。当传道人呼吁有罪之人去祭坛忏悔时，玛丽莲冲上前告诉传道人她被性侵的事，她认为那件事是"罪恶"的。但是祭坛周围其他"罪人"极大的哭喊声把她的声音淹没了。然后她看到坎摩尔先生站在"无罪人"之中，他并没有对他所做的一切感到愧疚，只是在那祈求上帝原谅其他人的罪恶。

我认为这个故事是对罪恶和内疚的反思。性侵者混在无辜的会众中，而受害者却想忏悔并请求被赦免。玛丽莲的"阿姨"强迫她去参加福音布道会，这表明

①　戊巴比妥是一种在1928年被合成出来的短效巴比妥类药物，通过美国食品药品监督管理局批准，可在癫痫发作时和手术前作为镇静剂使用，并被批准可作为短效的催眠药物使用。另外，它也被用于协助自杀，在美国的俄勒冈州、得克萨斯州，瑞士、荷兰被用于执行安乐死。

"阿姨"认为玛丽莲该为性侵负责。在玛丽莲的回忆中,她把性侵者给她的五分钱硬币扔回了他的脸上,这一举动非常重要,因为它表现出玛丽莲虽然心灵受挫,但她依然坚强,这种坚强使她有了自我价值感。它与人类的"自我修复系统"有关,这一进化机制有益于物种生存。人的内心有自虐的一面,就像弗洛伊德理论中提到的本能冲动,但人的内心也有自我支持的一面。人类都有"修复"自己的本能。

幻想是"自我修复系统"的基础,创造的梦想可以如茧一般孵化人的内心,削弱过去的创伤,让人向往积极的未来。玛丽莲经常活在幻想中的世界,她在童年时期常幻想自己是被王子追求的公主,是被世人爱戴的著名女演员,有着一位长得像克拉克·盖博的父亲,在他的保护和关怀下长大。她经常做白日梦,梦境中充满了红色和深红色、金色和绿色,这些颜色正是童话故事中国王和女王的颜色。她在卧室里扮演电影中的角色,为自己创造了另一个幻想世界。

她住在孤儿院时可以透过卧室的窗户看到雷电华大楼上闪烁的标志,雷电华大楼是一座无线电塔。那个标志是雷电华的商标,含义是雷电华将信息传播到世界各地。她的母亲曾在雷电华工作,当玛丽莲看到这个标志时,她会想起格兰戴丝曾经工作过的胶片剪辑室,那里黑暗且有异味,嗅觉是人类最原始的感官,会让人回想起与之相关的事情。玛丽莲用对未来的憧憬颠覆了她对胶片剪辑室的负面印象,她说自己将雷电华的标志看作是指向光明前途的灯塔,像琼·克劳馥和贝蒂·戴维斯这样的好莱坞明星都曾出现在雷电华。这两位女星是伟大的,电影史学家称她们为"口齿伶俐的女性",与玛丽莲想象中的完美女性形象相符。

玛丽莲说自己有一个幻想——穿着一条裙摆拖地的蓬蓬裙在教堂里行走,而此时教堂的会众们都面朝上躺在地上,看她赤裸的下体。这个幻想有色情的一面,但同时也是一个关于征服世界的梦想。这个幻想可能是性侵事件的产物——玛丽莲将五分钱硬币扔在了性侵者的脸上,她的寄养母亲不相信她,她哭了一整夜。这个幻想可能是导致她后来在公共场所暴露自己身体的原因。

据阿瑟·米勒说,玛丽莲认为她的身体归男人所有,当男人想要时,她必须给他们。她告诉编剧南奈利·约翰逊,她和男人做爱是向帮助过她的男人表达"感谢"的一种方式。她告诉W.J.韦瑟比:"我有时觉得自己嗜性如命,就像酗酒者沉迷于酒精，有毒瘾者被毒品吸引到无法自拔。"虽然她有种大家闺秀的风范，但性成瘾也成了她的问题之一，她内心是认同"性自由"主义的。

　　玛丽莲在那么多寄养家庭和一个孤儿院中度过童年的经历可能是极端案例，但在 20 世纪 30 年代的贫困人群中，类似的情况并非独一无二，因为那个年代失业率很高，而国家福利很有限。玛丽莲和孤儿院中的大部分儿童一样，都是"半个孤儿"，没有父亲，母亲穷困，而贫困的家长都打算在财务状况好转一些后接子女回家。

　　绝大多数美国人都不会鄙视孤儿，但玛丽莲并不这么认为，孩子之间可能会互相欺负，会羞辱与众不同的小孩。当玛丽莲说学校里的孩子都把她当作"孤儿"时，她指的是孩子之间有些恶意的言行，而并不是社会现实。如果她的同学知道她的母亲在精神病院，她可能会受到更恶劣的嘲笑。因此，玛丽莲掩盖了事实真相，声称她的母亲和父亲都已去世，她是一个孤儿。这也符合她对自己家庭状况的感受——母亲和父亲都不在身边。

　　1935 年 9 月，格雷丝将当时 9 岁的玛丽莲送往洛杉矶最好的私人孤儿院之一——儿童援助协会孤儿院（后来更名为霍利格罗夫）。它位于好莱坞的中心，距离格雷丝位于洛代街的公寓只有几个街区。它是由一个富裕的洛杉矶女性组织于 1883 年创立的，当时在全国范围内有许多这样的女性组织。它靠近雷电华和派拉蒙，大约有五十个孩子住在那里。孤儿院占地面积为五英亩，有礼堂、图书馆、游泳池等。与玛丽莲住在一起的其他孩子都认为这个孤儿院很好。莫里斯·佐洛托在 20 世纪 50 年代末探访孤儿院时，发现它是一个模范机构，员工很多，每十个孩子就有一个宿舍管理员照顾。工作人员负责洗盘子、清洁浴室，孩子们只需保持宿舍的整洁，并把餐桌上的餐具摆好就可以。

　　根据孤儿院的记录来看，玛丽莲很温顺也很有礼貌。另一位与她同住的孤儿回忆说，她很慷慨，会和同伴分享自己的所有东西。客厅里有一架钢琴，玛丽莲有时会去弹奏。她的运动神经很好，肢体协调能力很强，而且比大多数同龄儿童都高大，所以成了女童垒球队里的明星。但是她性格内向，有时甚至容易受到惊吓。在朋友眼中，身材魁梧却易受惊吓的她好像是一头鹿，一头因为迎面而来的汽车灯光而受惊的鹿。成年后玛丽莲身边的朋友经常用这个比喻来形容她。

格雷丝通常会在周末去看望玛丽莲，带她去看电影，然后去餐厅吃饭，这是她和格兰戴丝多年以来一贯的做法。有一次她把玛丽莲带到美容院，把她的头发打造成波浪卷，还给她化妆，虽然化妆违反了孤儿院的规定，就在几个星期前，孤儿院的另一个女孩因为这样做而受到了纪律处分。但是孤儿院的女主人对玛丽莲很友善，当她带着妆容回到孤儿院的时候，女主人轻拍了一下她的头，然后帮她洗脸，告诉她以后不准再犯。女主人知道她的背景，还有她与可敬的格雷丝之间的关系。

然而，玛丽莲被安置在孤儿院这一事实代表着她所遭受的背叛和抛弃。她曾经在太多寄养家庭中生活过，而且为了在不同的家庭环境中生存，她不断地调整自己。"当我刚来孤儿院的时候，"她告诉乔治·巴里斯，"似乎没有人需要我，甚至连我母亲的好朋友都不需要。"她对格雷丝带她到孤儿院的那个晚上记忆犹新，且与她的描述是一致的：汽车在孤儿院门前停下，当她看到孤儿院的标志时，她的焦虑症发作了。"我的心脏快速地跳动，越来越快。我出了一身冷汗，我开始恐慌，上气不接下气。"一年前的性侵犯事件导致了她的生存综合征——血液中的肾上腺素和压力激素瞬间增多，而被送往孤儿院这一事件再次引发了刻在她大脑记忆中的生存综合征。

随后，以往表现很好的玛丽莲开始发脾气。格雷丝让她下车时，她拼命抓住门把手不放。孤儿院的管理员不得不把她的手从门把手上撬开，然后把她拎到大楼里。"我不是孤儿！我不是孤儿！"她哭着说。她之后的记忆是被带到一个餐厅里，很多孩子正在吃晚餐。她又害怕又觉得羞耻，于是停止哭泣，但却开始口吃。

在孤儿院中生活对于玛丽莲来说就好像是狄更斯①笔下的恐怖故事，无论孤儿院的工作人员如何关心她，为孤儿设立的兴趣活动有多广泛，她都不喜欢。她知道自己有一个母亲，但却不得不谎称母亲已经去世了。她想住在一个家里，而不

---

① 查尔斯·约翰·赫芬姆·狄更斯，维多利亚时代英国最伟大的作家，也是一位以反映现实生活见长的作家，以高超的艺术手法，描绘了包罗万象的社会图景。作品一贯表现出揭露和批判的锋芒，贯彻惩恶扬善的人道主义精神，塑造出众多令人难忘的人物形象。代表作有《双城记》《大卫·科波菲尔》《雾都孤儿》等。

是像她母亲住的精神病院那样的机构。她去诺沃克州立精神病院看望她的母亲时，看见病房里有守卫监视着她的母亲。她还看到走廊里无精打采的病人们自言自语，而且她知道精神病院里关于拘束衣①和连续水浴的疗法。当孩子们看到父母在医院住院时，通常都会很害怕。

在玛丽莲温顺的外表下，隐藏着对孤儿院深深的抗拒。"我身处在一个冷漠无情的世界，不得已学会了掩饰自己。虽然孤儿院的世界离我很近，但我却感到格格不入。"她有时会脱离现实世界，给自己写明信片，并用假想的父母名字签字。她曾试图逃跑，但很快就被发现并被带了回来。之后她开始通过麻木自己的情绪来应对生活中的千变万化。"我学会了不对他人倾诉或哭泣，我不想烦扰到任何人。我也学会了避免麻烦最好的方法就是不要抱怨，也不要要求任何东西。"她经常在独自哭泣中睡去。

1936年初，孤儿院的工作人员开始担忧玛丽莲的状态——她焦虑不安并且一直哭，口吃，经常感冒。孤儿院没有办法给她所需要的心理关怀，因此孤儿院的女主人告诉格雷丝，玛丽莲需要和家人一起生活，于是格雷丝意识到自己必须要做点什么。1936年2月26日，她请求洛杉矶高等法院批准她成为玛丽莲的监护人，她的请愿书一个月后才获得批准。格雷丝于6月21日向孤儿院支付了最后一笔照顾玛丽莲的费用，并于1936年10月向她自己汇了第一笔津贴。在那个夏天的某一天，她开始与玛丽莲生活在一起，直到1940年比比、弗里茨和诺娜搬过来与多克以及格雷丝同住。

1937年11月，也就是格雷丝在支付给自己第一笔津贴之后一年多，她把玛丽莲送到格兰戴丝的弟弟马里恩·梦露的妻子奥利芙·梦露的家中。格雷丝和多克住在好莱坞山，奥利芙·梦露一家住在好莱坞的北边，位于卡胡加山口的上方，离多克·戈达德一家不远。奥利芙·梦露所居住的房子归她的母亲艾达·马丁所有。自从1934年格兰戴丝破产之后，梦露一家的经济状况就没有得到改善，所以格雷丝曾拒绝让他们照顾玛丽莲。但是，现在格雷丝此举自有她的良苦用心。奥利芙

① 拘束衣或称为紧束衣，用作限制穿戴者上肢的活动，目的是保护他人以及防止自我伤害。拘束衣使用坚韧的物料制造，通常无法自行挣脱。拘束衣是由古代酷刑刑具改造而成，广泛用于精神病院，以缓解人手不足的情况。

的女儿艾达·梅与玛丽莲年纪相仿，两个女孩可能会喜欢生活在一起（艾达·梅告诉我，她觉得格雷丝善于操纵他人而且很不善良，所以不太喜欢她）。

玛丽莲搬到奥利芙·梦露家之后，开始和艾达·梅一起玩，她俩睡在同一张床上，成了好闺密。她们曾尝试用酒桶酿造葡萄酒，最终酿得一团糟。她们花了几天时间计划去旧金山寻找艾达·梅的父亲，但却从未踏上征程。那时的她们正处青春期，两个女孩在一起做美梦，幻想着一起冒险。但是，她们家并不是很和睦，奥利芙和妈妈艾达·马丁因马里恩抛弃了她们而愤慨，同时他们也对法律条文感到愤怒——只有在马里恩失踪十年之后，也就是直到1939年，他才可以被正式宣布为死亡，他的孩子才能得到政府救济。格雷丝用照顾玛丽莲就可以得到政府津贴作为诱饵，促使奥利芙·梦露一家抚养玛丽莲。

艾达·马丁的房子里已经有两个成年人以及奥利芙的三个孩子——艾达·梅、杰克和小奥利芙，人满为患。闷闷不乐的玛丽莲是她们的又一个负担，即便她们收到了因照顾玛丽莲而得的孤儿津贴（政府将玛丽莲判定为半个孤儿）。玛丽莲不喜欢和他们一起生活，而奥利芙一家也并不欢迎她。虽然玛丽莲喜欢听七十多岁的艾达·马丁讲述有关水牛比尔①和蛮牛比尔·希考克的故事，但她似乎无法取悦艾达和奥利芙。成年后的玛丽莲谈起童年备受虐待的故事时，常常会把在这家的遭遇作为一个例子，尽管她从来没有提及她们的名字。

为什么格雷丝突然把玛丽莲安置在这种家庭中呢？因为她觉得自己没有其他选择了。在她做出这一决定之前不久，一天晚上多克喝醉后回到家中，试图抚摸躺在床上睡觉的玛丽莲。玛丽莲惊醒后，跑到格雷丝那里告诉她发生了什么事。格雷丝的回应是雷厉风行的——她立刻送走了玛丽莲。她把多克和他的家人排在第一位，所以玛丽莲必须离开。需要钱的奥利芙·梦露一家离格雷丝并不远，她仍然可以去看望玛丽莲。迄今为止，除了格雷丝和多克家之外，玛丽莲曾与以下五个寄养家庭生活在一起：博伦德家、阿特金森家、吉芬家、戈达德家，现在是奥利芙·梦露家。与格雷丝和多克·戈达德同住期间，她还曾被送往孤儿院。

---

① 南北战争军人、陆军侦察队队长、驿马快信（Pony Express）骑士、农场经营人、边境拓垦人、美洲野牛猎手和马戏表演者。美国西部开拓时期最具传奇色彩的人物之一，有"白人西部经验的万花筒"之称，其组织的牛仔主题表演也非常有名。

玛丽莲搬进了奥利芙·梦露家后，她的故事仍在继续。1938 年 3 月，洛杉矶洪水泛滥，摧毁了许多北好莱坞的房屋，包括奥利芙·梦露家的房子（那时还没有像今天这种可以防止洪水泛滥的混凝土河堤）。洪水过后，所有家庭都被重新安置。格雷丝把玛丽莲临时安置到了朋友露丝和艾伦·米尔斯的家里，他们住在圣费尔南多谷，这样玛丽莲能够继续在北好莱坞上学。

　　在学期结束的时候，格雷丝又把她送到了另一个临时家庭中——她的兄弟布莱恩·艾奇逊和妻子洛蒂的家，位于洛杉矶市中心东边的工业城市康普顿，距离好莱坞和圣费尔南多谷很远。玛丽莲不喜欢与奥利芙·梦露一家住在一起，也不喜欢和艾奇逊一家一起生活。洛蒂的工作是把她丈夫制作的家具抛光剂送到洛杉矶县的五金商店，她常常带着玛丽莲一起去送货，即使玛丽莲并不想去。玛丽莲晕车，但是洛蒂对她恶心想吐的症状漠不关心。玛丽莲与布莱恩和洛蒂住在一起的时间是从 1938 年 6 月下旬到 9 月，她上初中后，就搬到了格雷丝的阿姨安娜·劳尔家里，并在那里住了 4 年。

　　于是，在和安娜·劳尔一起生活之前，玛丽莲的寄养家庭增加到了 7 个：博伦德家、阿特金森家、吉芬家、格雷丝和多克家、奥利芙·梦露家、米尔斯家和艾奇逊家。安娜成了她的第八位寄养母亲。除此之外，格兰戴丝在统一电影业公司的同事雷金纳德·卡罗尔一家也曾抚养过玛丽莲。在长期定居在安娜·劳尔家之前，她还曾在几个家庭中短暂居住过，包括萨姆和伊妮德·克内贝尔坎普家，他们是格雷丝的姐姐和姐夫，还有多丽丝和切斯特·豪厄尔，他们是安娜的朋友。克内贝尔坎普家和豪厄尔家都住在离安娜不远的韦斯特伍德，这两对夫妇就像玛丽莲的养父母一样。她称呼伊妮德和多丽丝为"阿姨"，把她俩当成养母一样看待。

　　十几岁的时候，玛丽莲经常帮忙照看豪厄尔家刚出生的双胞胎女儿罗拉利和多拉利。她还和豪厄尔一家一起出游，在他们家里过夜，他们的房子很大，非常符合身为律师的豪厄尔的社会地位。玛丽莲的纪录片有时会包含她少年时期的家庭录像带，影片中她与几个年幼的孩子在沙滩上嬉戏——这正是豪厄尔家的郊游录像。演员霍华德·基尔和哈里·基尔都是豪厄尔管家的儿子，在玛丽莲 13 岁的时候，霍华德·基尔第一次见到了她。在那段时间里，霍华德和玛丽莲约会了。

在霍华德的记忆中，玛丽莲是因还没有找到下一个寄养家庭，所以暂时住在豪厄尔家。

至此，玛丽莲居住过的寄养家庭总数已经达到了11个，她在访谈中经常提到这个数字。但是，她从来没有透露过所有的养父母其实都是格雷丝·戈达德的亲友，在采访中也很少提到任何养父母的名字，甚至暗示说所有寄养家庭都是洛杉矶县福利局指派给她的匿名家庭。玛丽莲不想让外界的新闻去打扰她真正的寄养家庭，她希望自己的童年故事尽可能戏剧化。事实上，在她搬进每一个寄养家庭之前，她就已经认识他们了。县福利局允许格雷丝为玛丽莲找寄养家庭，于是她就在自己的亲属和朋友中物色合适的家庭。

小孩都有强烈的求生欲，往往不会去冒犯他们赖以生存的抚养人，因此有些孩子并不会直接说出自己的真实想法，或者会刻意地压抑自己的感受。玛丽莲从一个寄养家庭转到另一个寄养家庭的过程中，不得不多次适应新的家庭环境。每次换学校也要度过艰难的适应期，因为她会走进新的教室，和新的老师打交道，结交新的朋友。格雷丝尽量不让她换学校，但有时事与愿违。换学校增加了她对被抛弃带来的恐惧，并且这种恐惧伴随了她一生。

然而，经常换环境也使她变得精明而且善于"操纵"他人。诺娜·戈达德在向记者描述玛丽莲时，谈起了自己在寄养家庭中的经历。"当你在多个寄养家庭中生活过之后，你就会对生存法则胸有成竹。你变得小心谨慎、滴水不漏，而且学会了如何从别人身上得到最大的利益。"卢埃拉·帕森斯写道，玛丽莲的童年"教会了她自给自足、过分自信、永远自我保护，这些特质让她变得莽撞，而外界往往把这种莽撞看成是态度强硬"。"当你是一个孤儿的时候，"玛丽莲告诉苏珊·斯特拉斯伯格，"你必须学会如何去得到你需要的东西，只为能够生存下去。"成年后的玛丽莲躯壳里好像住了很多人，其中一个人就是那个寄养家庭造就的、善于"操纵"他人的孩子。

童年时的玛丽莲拒绝批判格雷丝，她知道自己靠他人的怜悯过活，母亲又患有"偏执狂精神分裂症"，她认为格雷丝作为自己的监护人，对自己来说是非常幸运的。此外，格雷丝还很有趣，她乐观向上、活力四射、与人为善，她的大笑好像能传染给其他人，玛丽莲被她的正能量感染了。格雷丝丰富的生活被梦想和各种规划填满，玛丽莲被这些迷住了。据比比·戈达德所说，格雷丝从不会批判他人，你可以对她诉说任何事情，她都会体恤和同情你。她温柔亲切，爱开玩笑，脸上总是带着微笑，会对每个人说善意的话语。玛丽莲在自传《我的故事》中把格雷丝称为"最好的朋友"。

玛丽莲称，如果多克没有出现在格雷丝的生活中，格雷丝就不会把她送去孤儿院和之后的多个寄养家庭。格雷丝失去工作后，无力承担多克、她自己还有玛丽莲的生活开支，加上多克还要给他与前妻的孩子支付抚养费。然而，她的这种说法是值得怀疑的。1935年的《洛杉矶时报》报道说格雷丝是哥伦比亚影业的电影图书管理员，1936年的《洛杉矶市名录》中她的职位依然在列，但是1937年的《洛杉矶市名录》中只列出了她的地址，没有关于她职业的记录。这说明格雷丝的收入在1935年和1936年是稳定的，直到1937年她失业。之后她为了生计开始奔波。玛丽莲记得他们不得不在吃和穿上节省开支，甚至要排长队领免费面包。这些故事都发生在1937年，早前并没有这样的事情发生。

玛丽莲曾提议请本·赫克特执笔她的自传。本·赫克特在采访她的记录中写道，她相信格雷丝对自己行为的辩解：如果没有继子继女，她能为玛丽莲做更多事。此外，如果没有格雷丝的干预，玛丽莲就有可能被安置在一个可怕的公立孤儿院里，比格雷丝为她找的那个私人孤儿院更糟。"我一直都知道她爱我，"玛丽莲告诉赫克特，"我相信所有她对我说过的话，我郁闷的时候就会给她打电话，她是我的知己。"赫克特写下这些文字的前几个月，格雷丝过世了，沉浸在悲伤中的玛丽莲可能夸大了格雷丝的可靠性。

格雷丝1953年的死亡证明上写的死因是自杀。的确，她服下了过量的戊巴比妥，因为她的肝癌到了晚期。年轻时曾是"轻佻女子"的她一直酗酒，与一名喝酒的男人结婚也加重了她对酒精的依赖。玛丽莲独自承担了格雷丝在韦斯特伍德纪念公墓和殡仪馆的开支，那里埋葬着格蕾丝和其他戈达德家的成员。在未公开的评论中，玛丽莲用充满深情的言语描述了格雷丝的外貌。她的尸体躺在殡仪馆的棺材里，殡仪馆里很暗，只有棺材周围的蜡烛闪着微弱的光芒。玛丽莲送来的花是格雷丝最喜欢的颜色——紫色、橙色和棕色。起初尸体让玛丽莲很害怕，她不敢看，但当她想起格雷丝生前是如何爱她，回忆令她鼓起了勇气。她调整了格雷丝脖子上的白色围巾，为她整理头发，抚摸她的皮肤。

格雷丝就像是木偶戏大师，拉扯着线操控木偶，这个女人将年幼的玛丽莲先后送往11个寄养家庭和1个孤儿院，地理位置上几乎遍布整个洛杉矶。虽然格雷丝是善良且有爱心的，但同时她也善于操控他人，她决定了格兰戴丝和玛丽莲的生活走向。成为好莱坞巨星后，玛丽莲一直都不喜欢批评任何人，况且格雷丝还是她童年时代最像母亲的那个人。然而吉姆·多尔蒂像艾达·梅一样不喜欢格雷丝，他认为格雷丝只做对她自己有利的事情。

到了20世纪40年代中期，曾住在得克萨斯州奥斯汀的多克的前妻出现在洛杉矶，显然她的精神疾病痊愈了，并且成为洛杉矶附近一个陆军工程部队的参谋长的妻子。诺娜·戈达德和她住在一起，在比弗利山高中就读一年后，她进入了著名的好莱坞职业学校，开始为演艺事业做准备。20世纪50年代早期，诺娜以乔迪·劳伦斯的艺名成为了哥伦比亚影业令人瞩目的女演员。

虽然她是玛丽莲青少年时期的朋友，但成年后两人却分道扬镳了，因为诺娜与戈达德一家都划清了界限。据比比说，诺娜一直很生气，她认为多克和格雷丝喜欢玛丽莲多过她，于是在1953年写了一封言语恶毒的信给格雷丝，信中描述了她被多克和格雷丝抛弃后的感受。比比认为，这封信正是当年格雷丝自杀的原因。我读过那封信，内容的确令人作呕，尽管格雷丝在服用过量的戊巴比妥之前，她已经因癌症而濒临死亡。诺娜用尖酸刻薄的语言指责格雷丝和多克因拒绝借钱偿还贷款而导致银行收回了她的房子。她在信中写道，他俩总是偏爱玛丽莲，并在结尾说她再也不想看到他俩了。

玛丽莲在电影中很有女人味，她的表演中既有模仿元素，又有自己独一无二的特征，但是诺娜是烈性子，有时会与恋人发生肢体冲突，甚至在1951年的电影《复仇者面具》中伪装成一个男人，那是她的第一部电影。她有才华，但没有特色，无法将自己和其他深发色的女演员区别开来。与玛丽莲不同的是，诺娜没有能力为自己创造出独特的外表，于是随着年龄的增长，她从大银幕上隐退了。

玛丽莲与格雷丝、多克以及其他家庭成员的家庭录像带是在20世纪40年代初制作的，影片从一列移动的火车上开始，然后切到一群人在房子前面扮演小丑。电影中的三个青春期少女穿着毛皮大衣摆造型，诺娜的儿子鲍勃·赫尔告诉我，这三个人分别是比比、玛丽莲和诺娜。格雷丝和多克在电影里庆祝弗里茨·戈达德乘火车回国，他在第二次世界大战期间在军队中服役。家庭录像带把戈达德一家的故事变得更加扑朔迷离。鲍勃告诉我说，他的外祖母是电影中皮草大衣的所有者，也就是多克的前妻，曾被认为患有精神疾病而把孩子安置在寄养家庭中，之后孩子们饱受虐待。令人意外的是，多克与前妻以及他们的孩子看上去似乎相处得很好，竟然为了拍摄家庭录像带而在镜头前扮演小丑。无论如何，这都是有可能的。

玛丽莲 9 岁进入孤儿院，12 岁才搬到安娜·劳尔家中，这段时间里她并不是一个美人。长得不是很漂亮影响了她对自己的看法，这种影响一直持续到她长大成人。和许多快要进入青春期的孩子一样，玛丽莲的身体已经为青春期的激素变化和生理发育做好了准备，她的肢体形态开始变得笨拙且比例不佳。10 岁时，她的身高达到五尺六寸，比同龄的其他孩子都高。她身材挺拔，胸部扁平，头发短而粗，看起来像个男孩。玛丽莲的一些传记作者忽略了这些细节，但这些特征在她少年时期的照片中显而易见。她在这些照片中很少笑，并且看起来很沮丧。

9 岁到 12 岁这段时间对于玛丽莲来说并不快乐，她的小学同学嘲笑她，称她为"豆角"或者"人形豆角"。女孩们对她的衣服评头论足，认为她的衣服质量不好。当她告诉同学她打算当演员时，他们都嘲笑她。艾达·梅记得玛丽莲曾一遍又一遍地告诉她，她长大后不会结婚，她要做一名教师，养几条狗。和许多高大笨拙、尚未进入青春期的女孩一样，她在田径运动上获得了优异的成绩。她的手眼协调能力很好，身形庞大，与她这个年纪的女孩相比较而言，她的腿也较长。换句话说，她是一个天生的运动员。"我是一名出色的运动员。"她告诉乔治·贝尔蒙特。在孤儿院里，她是女子垒球队的杰出球员，在就读的北好莱坞学校，她参加过长跑比赛。

后来玛丽莲越来越厌恶运动，所以把她定义为一名运动员似乎有些不合适。但是她天生就有运动细胞，加上多年来坚持运动，这些都使得她在成为电影演员后，身体状态一直保持得很好。如果你仔细观察她的身体，比如在电影《绅士爱美人》中，你就可以看到她的肌肉。她的裙子在电影《七年之痒》中被吹了起来，她的腿部肌肉在照片中非常明显。

直到1941年她被选为艾默生初中的"魅力女孩"之后，玛丽莲才对自己的外貌有了一些自信。然而即便她被誉为世界上最美丽的女人，她仍对自己的相貌不满意，仍然觉得自己的外表并不完美。她的鼻子上总有些凹凸不平（整容手术没能完全消除），对于时尚界来说她的腿还不够长，下巴也偏大。她常常花好几个小时来打扮自己，但同时又不太喜欢自己的体型。

玛丽莲住在奥利芙·梦露家时并不快乐，能明显地感觉到她的抑郁和失落，这让格雷丝不得不做些什么以改变现状。这些年来，她从一个快乐、有爱心的儿童成长为一个闷闷不乐、即将进入青春期的孩子，格雷丝一直觉得将她寄养在阿姨安娜·劳尔的家里，能帮助她缓解精神上的压抑。玛丽莲和安娜之间如同亲人般的情感早已萌生，她们偶尔会一起度过周日时光。但安娜有些心有余悸，她觉得自己无法抚养一个孩子。然而，格雷丝已经没有其他朋友和亲戚愿意抚养玛丽莲了。鉴于玛丽莲心情抑郁，而且她也不能和多克生活在一起，安娜觉得自己有义务养育玛丽莲。她是基督教科学教会的治疗师，能够帮助人们治愈身体疾病和精神痛苦，而玛丽莲恰好急需治疗。

因此，1938年9月，玛丽莲的新学期刚开学，她便开始与安娜一起生活。这段经历改变了她的一生，不过这次是非常正面的影响。

第 3 章
出类拔萃：安娜和吉姆，1938—1944 年

格雷丝终于为玛丽莲找到了一位合格的养母——安娜·劳尔。安娜是格雷丝大家庭中的"女家长"，她58岁那年，格雷丝搬去与她同住。安娜既威严又有爱心，比比·戈达德形容她是一位"完美的白发老太太"。虽然她只有58岁，但在那个年代，58岁的年龄已经属于年迈。她精明而又现实，经常说"C.S."是基督教科学的缩写，但也可以是"常识"一词的缩写。她和格雷丝一样不爱批判他人，但她不像格雷丝那样有强烈的控制欲和操纵欲。她对每一个人都很随和，浑身散发着灵性，这是一种与环境和谐相处的状态。

她不戴首饰也不穿时髦的衣服，因为她并不看重物质。在1925年的《基督教科学杂志》中，她的头衔是执业医生（治疗师），以《圣经》和玛丽·贝克·埃迪所著的《科学与健康》（教堂的主要教科书）为指导依据，为需要情感咨询或物理治疗的人提供帮助。她热衷于规劝格雷丝、格兰戴丝以及其他艾奇逊家和戈达德家的人转信基督教科学。不仅如此，安娜还致力于帮助他人，她每周去一次洛杉矶监狱，用基督教科学的方式医治犯人。

安娜离了两次婚，且没有孩子。她在洛杉矶西部的萨特尔地区有一幢复式公寓，她自己住在公寓的二楼，那里距离克内贝尔坎普家和豪厄尔家不远，他们是格雷丝和安娜的亲戚和朋友，玛丽莲偶尔会在他们两家寄宿。安娜是在第二次离婚的时候得到了这幢复式公寓和几栋小别墅，但她仍然不是很富有。她把房屋租出去，但租金少得可怜，而且为别人诊疗通常都是免费的。萨特尔地区的居民大多是工人阶级，并且这个地区以众多的日本居民而闻名，他们经营着托儿所和小农场，并为附近富

裕的贝莱尔和布伦特伍德地区做园丁。为日本园丁服务的墨西哥家庭也住在萨特尔地区。直到今天，西洛杉矶的萨特尔大道上仍然有许多日本餐馆和托儿所。

萨特尔地区的居民——无论是来自英国、日本还是墨西哥——他们都很勤劳，并且以家庭为中心。玛丽莲的第一个男友鲍勃·缪尔的母亲多萝西·缪尔就住在萨特尔地区。每当玛丽莲的传记作者将这个地区描述为一个贫民窟时，玛丽莲都会很生气。她说，虽然那里的房屋外观很普通，但是人们都将屋子打理得很干净。即便如此，洛杉矶西区的居民对社会阶层依然非常在意，他们把萨特尔的居民看作是社会底层的人。因为玛丽莲住在萨特尔，所以一开始她并未被艾默生中学录取，这所学校位于韦斯特伍德的高档地区，学生大多来自贝莱尔和布伦特伍德，他们高傲的言行举止形成了学校的风气。"我来自贫困地区，"玛丽莲在《我的故事》中提到，"墨西哥人和日本人都住在那里。"

那年秋天，母亲格兰戴丝重新进入了玛丽莲的生活，她的健康情况有所改善，但仍然是圣何塞附近的阿格纽斯州立医院的病人。在旧金山的一个寄宿家庭中住了一段时间之后，她希望彻底离开州立精神病院以便恢复正常的生活。格兰戴丝在 1938 年秋天写了一封信给格雷丝，要她告诉玛丽莲，她同母异父的姐姐伯妮斯现在 19 岁了，而且最近结婚了。然而玛丽莲并不知道伯妮斯的存在。格兰戴丝此刻想重建家庭的心情，和她在 1933 年与玛丽莲一起搬进阿博尔街的别墅时一样。玛丽莲仍对母亲抱有希望，她没有想过要放弃母亲。玛丽莲想拥有一个属于自己的家庭，因此在听说有关伯妮斯的消息时，她很高兴。现在她和安娜·劳尔住在一起，并与她同母异父的姐姐有了联系，玛丽莲的生活似乎开始稳定下来了。

与安娜一起生活的第一年，玛丽莲的身材仍然显得高挑但又有些笨拙。作为前艾默生初中的学生，她回想起以前的自己"整洁但普通"，"既害羞又爱退缩"。她在课堂上不常发言，成绩平平，并且说话时经常口吃。格雷丝在她入读艾默生初中之前为她买了两件蓝色小西装，让她交替着穿，因此她的同学得出结论说她只有一件衣服——这在这所上流社会的贵族学校中是被人诟病的，所以玛丽莲遭到了同学们的嘲笑。她为了省钱还穿着网球鞋来上学，而这也是不被认可的。

艾默生初中和其他洛杉矶的中学一样，都很大，每个年级有 500 名学生。鉴于如此大的规模，学生之间通常都很不熟悉。初中和高中受欢迎的学生往往需要经过一段时间才会被推举出来，比如学生会主席、班级美女和体育特长生。玛丽莲在艾默生初中的第一年和小学时一样，被许多同学避之不及。然而，和她一起上过几堂课的威廉·莫尼尔回忆说，她爱"傻笑"，很"友善"，在某些情境下会变得开朗起来。

玛丽莲不是一个性格孤僻的女孩。她与艾默生初中的另一名来自萨特尔地区的学生格兰戴丝·威尔逊成为朋友，并与一些年长的学生也成了朋友。成年后的玛丽莲将各类朋友划分成不同的群体，这种分组方式不仅满足了她的控制欲，还可以让她为自己生活中的多面性保密。和她的其他行为一样，这种行为在她初中时便已初露端倪，曾在孤儿院生活过的孩子都有这样的特征。

入读艾默生初中后不久，玛丽莲与鲍勃·缪尔成了朋友，他比玛丽莲高一个年级。1973年，鲍勃的母亲多萝西·缪尔发表了有关他们友谊的文字描述，这在以前的玛丽莲传记作品中都不曾被提及。鲍勃在艾默生初中有一群男性朋友，他们在小学时就认识了。男生到了初中开始对女生感兴趣，想在与女生约会的同时继续男生之间的聚会，所以每个男孩都带了一个其认为特别的女孩，并在他们聚会时把她带在身边。鲍勃·缪尔带来了玛丽莲。

在接下来的几年里，她经常去缪尔家。鲍勃和朋友们一起玩大富翁游戏，用留声机播放唱片，把客厅里的地毯收起来以便在客厅跳舞。玛丽莲在这群朋友中年龄最小，但她却是最好的舞者。他们去附近的圣莫尼卡山爬山，冬天去稍远的圣贝纳迪诺山玩雪，春天去沙漠中看盛开的野花。玛丽莲很活泼，爱讲笑话，多萝西·缪尔回忆说她是一个"让我们都爱上的甜美女孩"。她异常成熟，对他人有同情心，但她不愿讨论任何私人问题，所以多萝西只知道她和她的阿姨一起住在萨特尔。后来她不再去缪尔家了，多萝西听说她开始与一个"年长的家伙"约会了，那个人可能就是吉姆·多尔蒂。

在艾默生初中的第一年，12岁的玛丽莲的生理期来临了。那年夏天，她的胸部和臀部已经发育得有些丰满，这使她吸引了男生的目光。她意识到自己具有了性吸引力，因此她制定了一个使自己更受欢迎的策略——她以自己独特的方式来模仿当时最时尚的穿着。拉娜·特纳在1937年的电影《永志不忘》中穿的紧身毛衣使"毛衣女孩"这一形象登上了《VOGUE服饰与美容》杂志，但这种时髦的穿着在艾默生初中尚未流行起来。

玛丽莲发明了一种模仿流行时尚的方式。在那个年代，十几岁的女孩经常穿着前扣式开襟毛衣，内搭彼得潘（圆领）白衬衫。玛丽莲选择不穿衬衫、胸罩和吊带背心，并将开襟毛衣反过来穿，纽扣在背后。这样穿毛衣突显了她胸部的形状，而这正是"毛衣女孩"的风格。她把那件红色毛衣叫作她的"魔术毛衣"，还为其搭配了一条紧身的蓝色牛仔裤。她在穿着上的聪明才智可谓出类拔萃，这也使得她在女同学中鹤立鸡群。在校长警告她说她的衣着不够端庄之后，她用紧身短裙代替了紧身牛仔裤。她按照格雷丝曾经教她的化妆方式浓妆艳抹，这使得周围的女同学震惊不已，男同学却趋之若鹜。

她的"努力"获得了回报，艾默生初中的男生开始放学送她回家以博得她的关注。每当有人提到她的名字时，班上的男孩有时会集体发出"嗯"的叹息声。女孩们开始留意她，因为她赢得了男孩的瞩目——而这正是这所学校的文化的重要组成部分。临近毕业，她被推选为学校的"魅力女孩"，而她的名字也成了美女的代名词。如果安娜阿姨知道她在学校的所作所为，很有可能会阻止她，但她曾经在寄养家庭和孤儿院中的生活经历教会了她如何保密。她每天早早来到学校，上课之前在女厕所里把妆化好，然后回家之前再把妆卸掉。

玛丽莲还有其他才能。她的机智让人佩服，她的幽默感很"可爱"，比比·戈达德曾回忆说她常常"不经意地展现出她的幽默感"。尽管她的成绩很差，但她却是一位优秀的"作家"，为学校报刊撰写过一些文章，其中有一篇描述了男生眼中完美女孩的形象。她声称自己曾发出过500份关于这个话题的调查问卷，而结果证明男人更喜欢金发女郎。"男士们更爱金发女郎！"她大声说道，而这句话正是1925年编剧安妮塔·露丝的中篇小说的标题（1953年，玛丽莲在电影《绅士爱美人》中担纲主角，这部电影改编自露丝的作品）。玛丽莲说，这个完美女孩应该有金色的头发、蓝色的眼睛，身材凹凸有致，有个性，运动细胞发达，同时她还兼具女性独特的魅力，对朋友忠诚，而这些标准都是在指向自己。

在艾默生初中的最后一年，15岁的她名气和成绩都有所提高。当她在课堂上研究亚伯拉罕·林肯的人生时，她对这位前美国总统产生了浓厚的兴趣。她觉得林肯在肯塔基州的农村长大以及他年幼时丧母的经历与自己很像，她还喜欢他民主的执政理念和对普通百姓的认同感，甚至林肯黝黑的头发、瘦骨嶙峋的体形都很吸引她，成为她想象中的父亲的另一位人选。

她修辞学和口语艺术课的成绩都很差，因为她话到嘴边经常无法说出来。尽管她越来越有自信，却仍然结结巴巴。曾经她在艾默生初中担任英语课代表时，她无法大声朗读出上一次的会议记录。她读到字母"m"时就会卡住，所以说出"上次会议（m-m-m-meeting）中的最后几分钟（m-m-minutes）"对她来说是如此困难。在毕业年鉴中，学生的名字按照26个英文字母依次排列，每个字母都选了一位学生代表，她是这26位学生代表之一。她为自己选择了字母"M"，并写下自己的注释——"诺玛·简（玛丽莲小时候的名字），这个'mmm女孩'"。这是她对自己口吃的自嘲，对男生逐年增加的吸引力的概述。

她在艾默生初中就读的那几年并没有参加田径运动。她在欢乐合唱团唱歌，在多部戏剧中参与演出，但她大多扮演男生的角色，有一次她还饰演了一位王子，因为她个子太高了。但是她在舞台上的表演并不算成功，因为她总是口吃。不过这些失败的经历并没有让她想成为女演员的梦想破碎，她继续看很多电影，在卧室里扮演各种角色，着重训练自己的身体动作和面部表情。她在镜子前不停练习，直到所有的姿势都精准到位，后来这也成为她的一个习惯。据她的好友、摄影师萨姆·肖说，成年后的玛丽莲经常在镜子前练习腿部、手臂的动作以及面部的表情。

邻居给她的电影发烧友杂志上的明星形象让她深深着迷，她熟悉明星们的"每一个动作、每一对漂亮的眉毛、每一双水汪汪的大眼睛"。她从这些杂志上剪下琴吉·罗杰斯的照片，并将照片钉在她卧室的墙上，渐渐地，她收集了24张琴吉的照片。格兰戴丝·威尔逊以为玛丽莲整天活在白日梦里，但她实际上是在规划自己的未来。她发现许多电影女演员在开始自己的演艺事业之前都曾是模特，因此她制定了一个计划：先做模特，再演电影。但那时年幼的她太过害羞，没能把梦想付诸现实。

除了琴吉·罗杰斯的电影之外，她还看过由琼·克劳馥和贝蒂·戴维斯主演的电影，她们俩是她在孤儿院生活时最喜爱的女演员。那个时候，玛丽莲给自己设定的目标是成为一个女演员，而不仅仅是一个画报女郎。

除了上学、约会和看电影之外，其余的时间玛丽莲都和安娜·劳尔在一起，包括上学前、放学后以及周末。安娜常常能给她带来正能量，鼓励她大声朗读以提高她的表达能力，并经常称赞她的歌声，甚至还赞美她吹口哨的声音，玛丽莲弹钢琴时她就站在一旁聆听。安娜认为她需要一个人生目标，因此支持她想成为电影明星的梦想。有一天玛丽莲回到家大哭，因为女同学嘲笑她的穿着，安娜就抚慰她说，女同学对她的评头论足其实并不重要，重要的是她对自己的评价。

此外，安娜还让玛丽莲接触了基督教科学，带着她去基督教科学的星期天礼拜，有时还带她去参加周三的晚间会议。做礼拜包括唱赞美诗、聆听《圣经》和玛丽·贝克·埃迪所著的《科学与健康》。他们的条件有限，没有牧师、布道师或福音派教会做礼拜时的那种激情澎湃。在周三的晚间会议上，成员们纷纷表达对基督教科学的治疗方法的认同，并且玛丽莲和安娜会在一起大声朗读《科学与健康》。教会成为玛丽莲生活中的重要组成部分，按照《科学与健康》中的方式冥想则帮助她找到了生活的目标和意义。

1879 年，玛丽·贝克·埃迪创立了基督教科学教堂。多年来她一直是个病人，很多时候她的情绪都处于一个不稳定的状态，还有身体上一些不明原因的疼痛，她是一个 19 世纪典型的"歇斯底里的女人"。通过阅读《圣经》，她的病情得到了控制，并在这个过程中塑造了强大的自信心。她撰写了《科学与健康》，并把自己变成了一位人格魅力十足的治疗师和领导者，成了一个大教派的创始人。她是女性的榜样，也对玛丽莲产生了举足轻重的影响。

到了 20 世纪 20 年代，基督教科学成为洛杉矶的一个主流教派。它有众多的信徒和教堂，那些建筑甚至可以与福音派教堂的建筑相媲美。那时候和现在一样，教会的成员大多是女性，因为这个教派有许多吸引女性信徒的特点。玛丽·贝克·埃迪信奉的神既是女性也是男性，波士顿的中央教堂也被称为"母亲教堂"，基督教科学的治疗师也多为女性。格雷戈瑞·辛格尔顿在 20 世纪初对洛杉矶宗教的研究中发现，许多离了婚的女性都从福音派基督教转信了基督教科学。格雷丝、格兰戴丝和安娜都离过两次婚，和加入了麦艾梅教堂的德拉·梦露一样，在对男性失望后，她们都转信了由女性主导的教派。

和安娜一起生活了一年后，玛丽莲越发开朗了。她开始变得幽默，从格雷丝的姐夫萨姆·克内贝尔坎普那里学会了如何开玩笑，以此作为应对生活和取悦他人的方式。她爱笑爱嬉闹，同时保持着她在韦恩·博伦德家生活时便有的好奇心。她天生擅长模仿他人，身上有和格雷丝一样的"闪闪发光的特质"。格雷丝将生活中的不愉快掩盖在笑声之下，而玛丽莲也是这样做的。

安娜的威严和灵性也在她身上留下了烙印，她在这基础上创造出了属于自己的独特魅力。她后来表示，安娜在她童年时期对她的影响最为积极。"安娜改变了我的一生，她是一个很棒的人，她鼓励我走向人生的高峰，给了我更多的自信。她从来没有伤害过我，一次也没有，因为她的心中充满了善良与爱。"安娜和她的关系就好像母女，以至于安娜的一位亲戚后来写信给玛丽莲说："我不禁想叫你表妹，因为我最爱的阿姨安娜把你视为女儿一样看待。"

尽管如此，玛丽莲的根本问题并没有得到解决——她梦中的恶魔、她的羞怯和不安，还有她的敏感。她那甜美可人的性格只是她为了隐藏内心的恐惧而披上的一层外衣，她说，在别人取笑她之前，她会先自嘲。格雷丝和安娜都遇到过酗酒的丈夫，都没有生养过孩子，生活也都很拮据。安娜为了应对生活的挫折而转信了基督教科学，之后她的生活慢慢变好了，这让她成了玛丽莲的榜样。1939年，格雷丝加入了这个教派，她觉得这个信仰对她来说很重要。1944年，18岁的玛丽莲也效法她们加入了。

和安娜一起生活的几年里，玛丽莲的脾气不再暴躁，她专注于康复治疗，每天与安娜一起冥想，并没有受到不良情绪的困扰。她小时候一直压抑自己的情绪，和安娜在一起后，她开始慢慢正视这些负面情绪。在基督教科学的帮助下，她呈现出她分裂的人格中阳光的一面。她仍保留着纯真，同时兼具与她年龄不符的成熟。她慢慢有了敢于直视他人眼睛的胆量，这是一个了不起的成就，因为许多害羞的人都无法做到这一点。眼睛是人类沟通的桥梁，我们通过眼睛表达情感、"控制"他人，也可以用眼神隐藏真实的自我。玛丽莲拥有一双大而美丽的蓝眼睛，她的眼神可以勾人魂魄。她通过眼睛传递出一种楚楚可怜、易受伤害的不安全感，这让人们有种想要帮助她的冲动。她似乎是每个人心底的那个孩子，有着所有人类都经历过的伤痛和渴望，需要被爱、被呵护。

对于笃信基督教科学的信徒来说，任何事情都可以依靠上帝的爱来实现。如果没有基督教科学，玛丽莲就不会有胆量去尝试做明星。安娜教导她人生态度要积极向上，并通过治疗传递给她精神力量，玛丽莲逐渐展现出她人格中坚不可摧而又坚定不移的那一面。她反对物质主义，厌恶珠宝，热爱大自然，对金钱漠不关心，一心只想成为"美好"的人——这些观念全都源自于安娜·劳尔。

基督教科学的信徒认为自己是理性的，而不是神秘的。在1944年安娜写给玛丽莲的信中，这一立场显而易见。有一次玛丽莲去底特律见她同母异父的姐姐伯妮斯，之后去了芝加哥看望暂住在那里的格雷丝。她在坐火车时因晕车而感到不适，于是写信给安娜求助。在安娜的回信中，她称晕车为"不存在的"。她说，你在坐火车时依旧是上帝的孩子，晕车是因为你自我控制失调，需要进行修复。上帝的爱永远伴随着你。"我会祈祷上帝去填满你的精神世界，这样就不会有其他剩余的空间会出错了。"在安娜信仰的基督教科学的理念中，玛丽莲的焦虑并不存在，因为"神统治着精神世界，其他都不存在"。

基督教科学对玛丽莲还有其他影响。对于幼年受福音派基督教影响，之后又信奉基督教科学的玛丽莲来说，她体验过与宇宙一体的兴奋感就并不令人意外了。

这种经历第一次发生在1940年，这是她在艾默生初中就读的第二年，当时的她14岁，身体已经发育了，同时也结交了一些新朋友。有一天她和男朋友去海滩游玩，第一次穿紧身又暴露的泳衣。那是一个阳光灿烂的日子，海滩上有很多人，让她觉得自己好像在梦中一样。她眺望大海，海面上漂满了金色和薰衣草的颜色，海水碧蓝，波涛汹涌，海滩上的每个人似乎都仰望着天空微笑。然后她走到海水边，青年男性都尾随着她，对着她吹口哨。但她没有注意到他们，也没有听见他们的口哨声。"我有一种奇怪的感觉，就好像我是两个人。其中一个是来自孤儿院的玛丽莲，她孤苦伶仃没有归宿。另一个我不知道她的名字，但我知道她的归宿在哪里。她属于海洋、天空，属于整个世界。"我们所熟知的那个叫玛丽莲·梦露的女演员正是诞生自她与宇宙一体的兴奋感和万能感。

玛丽莲信仰的基督教科学也有弊端，尤其是教义禁止信徒在患病时服药。她在1938年秋有了生理期之后，经历了严重的痛经和月经不调。作为基督教科学的信徒，她不能服用阿司匹林来止痛。实际上，她患有子宫内膜异位症，她的子宫内膜生长在子宫外，导致她月经期间剧烈地疼痛。人们并不清楚她究竟何时被诊断出患有这种疾病。子宫内膜异位症无法通过隐私部位来诊断，并且病情会随着时间的推移而恶化。在20世纪50年代，这个病只能通过腹部手术来诊断。她的尸检结果显示，在她的隐私部位上方有一道疤痕，这表明她曾在某个时间点接受过腹部手术，可能是在25岁之后（吉姆·多尔蒂认为她的痛经在他们婚姻期间并不严重）。医生可以重新打开腹部的切口，以进入腹腔切除子宫内膜异位的部分。

子宫内膜异位症通常会在性交时引起疼痛。打开切口去除子宫内膜异位的部分可能会导致疤痕组织的形成，而这也会导致疼痛。多年来，玛丽莲常常因为手术而住院，第一次发生在1953年11月4日。报纸通常将这些手术描述为妇科手术，有时称之为"清理输卵管"。这是一个误导性术语，因为这个词可能意味着很多事情，包括清除流产后留下的残留物或者堕胎，也可能意味着由淋病或者衣原体感染所需的手术治疗。

玛丽莲告诉演员罗伯特·米彻姆（他曾是吉姆·多尔蒂就职的洛克希德航空公司的同事，后来成了玛丽莲在好莱坞的朋友），每当她遇到困难时，她的月经就来了。她对纽约的好朋友、制衣商亨利·罗森菲尔德也说过同样的话。她还曾告诉米彻姆和罗森菲尔德她有时连续几个月都不来月经，也就是假性怀孕，当时她的身体出现了怀孕的症状，但子宫中却没有胎儿。这种情况并不常见，但临床上也有过类似的案例。因此，玛丽莲这位世界上最伟大的性感女神的身体，充满了神奇与矛盾。她的外表毫无瑕疵，身体内部却多有缺陷，需要通过手术来治疗。

和她的母亲一样，她为自己是一名女性而感到自豪，将自己在月经和生殖系统方面的问题只告诉了少数挚友。拉尔夫·罗伯茨说，在她的演艺合同中有一条规定，那就是她在月经期间不必演出，但这条规定可能被列在了一个单独的协议中，因为在她与二十世纪福克斯的合同中并没有这样的条款。除了假性怀孕，她还有呕吐、荨麻疹和皮疹等疾病，这些似乎都代表着玛丽莲的身体对情绪起伏特别敏感。

玛丽莲18岁时靠服用药物来缓解疼痛——通常是阿司匹林可待因片，有时候会服用药效更强的药物。医生把巴比妥酸盐处方药开给了格雷丝·戈达德，因为她患有心脏病和肝癌，她需要能使她镇静的药物。格雷丝也给了玛丽莲一些巴比妥酸盐，即使这种药并不能治疗疼痛。然而巴比妥酸盐最终让她上瘾了，一旦遇到艰苦的电影拍摄日程，她就会服用这种药来治疗失眠和焦虑。

玛丽很难对基督教科学保持忠诚，因为教义不允许信徒服药。而该教对性交的消极观点也对她造成困扰。《科学与健康》指出，婚外性行为是错误的，且婚内也应该控制性欲。玛丽·贝克·埃迪深受维多利亚时代对性交的观念影响，那个时代认为应该抑制男性的性欲。"身体上的愉悦并不是真正的享受，"她在《科学与健康》中写道，"男性与女性的和谐应该是精神上的统一。如今，媒体上大肆宣扬的唯物主义和肉欲主义是邪恶的，精神的力量终会证明自己是真实存在的，肉欲主义将永远消失。"安娜·劳尔和她笃信的基督教科学使得玛丽莲解放了天性，但同时也限制了她。虽然信奉基督教科学让她有了超自然的体验，让她的灵魂获得了自由，但与此同时她也是个青少年，在性方面受到了极大的限制。

然而，基督教科学并没有禁止好莱坞的电影人出入他们的教堂，也没有批判这个行业盛行的"性自由"。许多电影人被这个教派所吸引，因为教义中指出人的雄心壮志都能实现，并且有实际有效的方法能让信徒获得内心的宁静，这对于好莱坞的电影人来说非常有吸引力，因为这个行业容易使人焦虑，失败更是家常便饭。玛丽·毕克馥、琴吉·罗杰斯、珍·哈露、琼·克劳馥、多丽丝·戴等都到基督教科学的教堂参加礼拜。琼·克劳馥和玛丽莲的第一次碰面就是在基督教科学的教堂里。但是，基督教科学对性的限制让玛丽莲觉得自己有罪，因为她曾遭受过性侵犯，尽管安娜已经努力教她如何去消除这种内疚感。这些限制让她在约会时拒绝发生性行为，并使得她嫁给了第一个她认为适合她的男人。

除了鲍勃·缪尔，玛丽莲在艾默生初中的最后一年里和很多男孩约会过。和鲍勃一样，那些男孩几乎都比她年长。她和他们一起跳舞、看电影，在沙滩上和他们嬉戏打闹，但她不允许他们随意触碰她的身体。她说，即使在约会之后，"他们所能得到的最多就是个晚安之吻"。由于她着装性感，艾默生的学生都称她是"不雅的"，但同学们依旧认为她是一个"好女孩"。玛丽莲在豪威尔斯遇见哈里·吉尔之后，开始和他约会。玛丽莲喜欢年长的男人，因此愈发迷恋他。1940年，吉尔23岁，是一位有抱负的好莱坞演员，玛丽莲被他深深吸引，但他拒绝了玛丽莲，因为她还没有到 16 岁，还没有到可以发生性行为的法定年龄。在他眼中，14 岁的玛丽莲是个"会让他进监狱的诱饵"。他不再与她约会，他的拒绝伤害了玛丽莲，让她哭了好几个星期。吉尔身材高大、气势磅礴、声音洪亮，之后成了一名音乐喜剧明星。

后来，她和吉姆·多尔蒂在 1942 年春天订婚了，当时他们把车停在穆赫兰街上，这条街位于圣莫尼卡山脉的高处，人们都喜欢在那里停车。他们参加了 20 世纪 40 年代流行的男女朋友长吻比赛，据吉姆说，玛丽莲"熟练地限制了他的性行为"。据吉姆的妹妹说，格雷丝和安娜已经把她培养成了一个好女孩。那个年代流行"双重标准"：好女孩应该帮助男朋友控制他自己。

玛丽莲的行为反映了 20 世纪 40 年代人们对性行为的观念。在第二次世界大战期间，人们崇尚"性自由"，到了 20 世纪 40 年代又开始变得保守。1941 年 12 月 7 日，日本人袭击了珍珠港，之后美国加入了第二次世界大战，导致社会一片混乱。年轻男性都去参军了，年轻女性接管了男性之前的工作。军人都被派往沿海基地，以便随时到海外参加战争，于是年轻女性失去了性伴侣或结婚对象。卖淫在沿海基地是被许可的，十几岁的女孩在这些基地玩得很开心，她们被称作"胜利女孩"或"V 女孩"。她们和 20 世纪 20 年代的"轻佻女子"一样，是新的青少年文化的先锋，她们跟着乐队的音乐跳着吉特巴舞，迷恋着弗兰克·西纳特拉——一个体型瘦弱但声音高亢的年轻男歌手。

几十年来，思想层次较高的家庭都会限制处于青春期的小孩，教堂和女子俱乐部中的保守派也加入了他们的行列。传统主义以"朴素的美国民间主义"的形式出现在 20 世纪 30 年代中期，当时国家内部需要重振民族精神，以应对当时国内的经济大萧条以及海外的极权主义政权——德国有希特勒，意大利有墨索里尼，西班牙有佛朗哥。拥有民主政权和小城镇的美国成了人们理想的国度。诺曼·洛克威尔在他著名的现实主义画作中，将简单的价值观理想化。作曲家阿隆·科普兰也一样，他将民间音乐融入了他的作品。电影中"邻家女孩"和"美国女孩"的形象也体现了新的传统主义。米高梅的路易·B.梅耶创造了这些形象，并席卷了整个行业。在玛丽莲早期的照片和电影中，她经常扮演"邻家女孩"。

玛丽莲和那个时代的许多"好女孩"一样，试图通过没有发生过性行为来赢得人们的尊重。玛丽莲在自传《我的故事》中讲述了她十几岁时的恋爱经历，这个版本不同于其他任何报道。她在自传中表示，她对性没有兴趣，她认为她青春期时性感的身体并非为性行为而生，她觉得凹凸有致的身材就像是一位神秘的"朋友"。她羡慕她周围的男孩，因为他们非常喜欢性，所以她担心自己可能错过了一些重要的事情，不过她依然没有理睬他们。只有在《我的故事》里，她说不确定自己是"性冷淡"还是"同性恋"，然而在其他的报道中她都声称自己被哈里·吉尔那样的年长男性所吸引。随着年龄的增长，她渐渐成了世上最伟大的性感女神，但她却越发被女性所吸引。她吸引着全世界异性的目光，又如何能同时爱上同性？为什么她被赋予了令人惊叹的外表，但身体内部却满是疾病和痛苦？之前的传记作者都没有提到过她是双性恋，但这恰恰是她生命中一个重要的问题，同样的问题还包括她无法找到治愈痛经或生育孩子的方法。

　　鉴于当时的社会风气，玛丽莲觉得自己是个"异类"，因为她无视了追求她的男生。有时她觉得自己不是人类，因为渴望同性而产生了想要离开这个世界的冲动。虽然她在《我的故事》中描述了这些感受，但她的情绪是矛盾的。她爱哈里·吉尔吗？虽然他俩在短暂的约会期间只是亲吻过几次，但吉尔对她有很大的影响，因为吉尔很像她的理想型——克拉克·盖博。此外，玛丽莲喜欢运动型的男生，这是她与高中生运动员吉姆·多尔蒂结婚的原因之一。她也喜欢乔·迪马乔肌肉发达的体型——看起来像米开朗琪罗的雕像。但女性的身材也深深地吸引着她。"还有一件邪恶的事，那就是凹凸有致的女人总是能让我兴奋。"注意，她用了"邪恶"这个词，这表明她承认自己无法控制渴望同性的欲望，并且被自己吓到了。

　　1941年春季是她在艾默生初中的最后一个学期，玛丽莲搬去了格雷丝和多克的家，那时格雷丝有能力抚养她了，因为他们的财务状况终于稳定了下来。由于未来随时可能发生战争，洛杉矶的飞机制造业蓬勃发展，多克成了阿德尔精密零件制造公司的全职员工。他和格雷丝买下了安娜在凡奈斯的一所房子，足够容纳他的三个孩子和玛丽莲。玛丽莲和比比·戈达德一起睡在前廊里。

　　那年秋天，玛丽莲和比比一起在十年级时入读凡奈斯高中，她的妆容和衣着引起了同学们的关注，吉姆·多尔蒂当时的女朋友称她为"性感小野猫"。有一次她去参加学校戏剧演出的试镜，因为她说自己迷恋剧中的主演沃伦·派克。但是她试镜时的表现很尴尬——当老师示意她可以开始表演了，她却站在那里一动不动，无法说出原本已经记住的台词。"我张开了嘴，但我说不出任何话！我在台上一直沉默着，然后就谢幕了！"就像她在艾默生初中时一样，玛丽莲似乎没有表演的天分。凡奈斯高中有一系列的表演课程，四年前吉姆·多尔蒂和简·罗素都曾是表演班上的明星，罗素后来成了好莱坞明星。但玛丽莲并没有参加凡奈斯高中的表演课程，因为她只在那儿读了一个学期。

她仍然梦想着成为电影明星。她在学校时有一个朋友是个墨西哥男孩，他因为自己的种族而被其他学生嘲笑。学校位于富人区，而玛丽莲和那个墨西哥男孩都来自贫困地区。他在学校受到种族歧视后觉得自己格格不入，此时玛丽莲向他伸出了援手。她告诉那个墨西哥男孩，她也觉得自己不适合就读这所高中，因为她是个孤儿。他俩常在课间休息时和放学后彼此做伴。尽管她觉得自己有很多缺点，但她告诉他，自己将成为一个电影明星。

然而，格雷丝为她的未来规划了另外一条路，那就是步入婚姻。1941年秋，阿德尔精密零件制造公司给了多克升迁的机会，让他在西弗吉尼亚州担任东海岸的销售部经理。格雷丝和多克不能把玛丽莲带在身边，因为格兰戴丝和加利福尼亚州的规定都不允许。安娜·劳尔的身体每况愈下，因此她无法长期抚养玛丽莲。而玛丽莲只有15岁，无法自己一个人独立生活。格雷丝询问豪厄尔一家是否愿意收养她，但他们自己已有三个孩子——一对双胞胎再加上另外一个孩子，他们不想再抚养第四个了。

玛丽莲唯一的选择就是回孤儿院生活，直到她18岁成年。但格雷丝知道玛丽莲不会同意，因为她讨厌孤儿院，所以格雷丝给了她另一个选择。埃塞尔·多尔蒂和家人住在戈达德家的对面，格雷丝和埃塞尔·多尔蒂成了朋友。她俩在交谈中想出了能帮助玛丽莲走出困境的方案。她可以嫁给埃塞尔的儿子吉姆，因为他的女朋友已经和他分手了。埃塞尔喜欢玛丽莲，格雷丝也喜欢吉姆。

这个计划其实并不荒谬。玛丽莲在学校成绩很差，她似乎对上课不感兴趣。由于她在舞台上讲话结结巴巴，没有人认为她能成为一名演员，更别说成为电影明星了。与吉姆结婚可以让她的问题迎刃而解。吉姆曾是凡奈斯高中的明星、学校足球队的前锋、学生会主席，还是学校戏剧演出中的主演。到头来还是吉姆有能力成为演员，而不是玛丽莲，毕竟他曾在学校的戏剧演出中与简·罗素演过对手戏。据吉姆的姐姐说，吉姆的表演广受好评，而简的表演却并没有收获太多的掌声。除此之外，吉姆还会弹吉他，和三名墨西哥同学组了一支乐队。玛丽莲入读凡奈斯高中时，他仍然很有名气。他比玛丽莲大 5 岁，充满了阳刚之气且运动细胞发达，为人也很友善。他能够照顾她，而这正是格雷丝想要的。

1941 年的圣诞节，玛丽莲与生俱来的魅力成了让人头疼的问题。12 月 7 日珍珠港被袭击后，驻扎在洛杉矶的军人数量猛增。政府担心日本人会轰炸洛杉矶，因此向洛杉矶派遣了很多部队。圣佩德罗成为部队前往太平洋的登船地点，好莱坞公园和圣塔安尼塔的赛马场变成了军事基地，连凡奈斯也未能幸免，高射炮被安置在城市的各个角落。12 月 10 日，政府关闭了洛杉矶全市的路灯，直至战争结束。吉姆·多尔蒂回忆说："珍珠港事件把整个国家搅得天翻地覆，大家都很害怕。"

与此同时，人们对卖淫和性病的恐惧也开始蔓延开来。1941 年 2 月《洛杉矶时报》提出，年轻女性应该嫁给即将上战场的军人或与之发生过性关系的男性，以加入防止性病传播的"圣战"。这篇文章警告说，"你不能扼杀一个男人的本能"，并指出"大量男性被迫远离家庭将造成他们健康方面的问题"。

安娜和格雷丝担心玛丽莲无时无刻不散发着的魅力，因而时时关注着她的恋情。玛丽莲告诉格雷丝，她对性行为一无所知，格雷丝对此很惊讶，因为她知道玛丽莲曾与很多男生约会过。格雷丝曾是一个私生活混乱的"派对女郎"，但随着年龄的增长，她开始批判这种行为，并希望玛丽莲遵循严格的道德准则。玛丽莲后来表示，她之所以与吉姆·多尔蒂结婚，一部分原因是害怕自己对吉尔过于迷恋。此外，玛丽·贝克·埃迪高度赞美婚姻，安娜·劳尔也支持将玛丽莲嫁给吉姆的计划。也许她们是担心玛丽莲会走她母亲格兰戴丝的老路——深陷"非法"的恋情，坠入摧毁自己的深渊。

玛丽莲并不反对嫁给吉姆，尽管她梦想着成为明星，但她也是一个幻想着结婚的青春期女生。在那个年代，很少有工薪阶层的女孩去上大学，大多在高中毕业后不久就结婚了。足球运动员在战争时期获得了至高的赞誉，因为他们是强硬的战士，是男子气概的代表，是最受欢迎的一类人。学校希望校内的明星运动员与校花结婚，将童话故事中王子和公主的结合在现实中实现。在 20 世纪 40 年代，这种婚姻模式是全国人民的梦想，即使在今天的美国，高中阶段仍被视为每个人生命中的核心时期。

虽然玛丽莲说她喜欢沃伦·派克，但她更喜欢去看挂在戏剧教室外墙上的吉姆的照片，那些照片是为了表彰他在学校演出中的成功。玛丽莲与他相遇时，他在洛克希德航空公司上夜班，赚外快以供养他的家庭。和许多曾抚养过玛丽莲的家庭一样，多尔蒂家也是工薪阶层。给玛丽莲留下深刻印象的，是他过去的荣耀，而不是他的现状。玛丽莲没有幻想过嫁给医生或律师，也没有继续去上学。她忘了自己曾是艾默生初中的校花，她觉得以她这样的家庭背景能嫁给高中里的明星，已经算是一个很大的成就了。

玛丽莲"引诱"吉姆娶她为妻，虽然格雷丝操控着事态发展，但玛丽莲觉得这就是她自己想要的。格雷丝策动吉姆送比比和玛丽莲去上学，并且让玛丽莲坐在他身旁。格雷丝与埃塞尔·多尔蒂合作，说服他带玛丽莲去参加阿德尔精密零件制造公司的圣诞舞会。他们一起跳舞时肢体接触在所难免，此时的玛丽莲散发着致命的吸引力。她很有女人味，说话声音很甜美，总是顺从着吉姆，问他关于他的问题——这是一个取悦男人的诀窍，让男人觉得给出婚姻的承诺是正确的选择。圣诞舞会之后的几天，日本潜艇在圣卡塔利娜海峡轰炸了一艘美国航母，对于处于战争边缘的城市来说，这是一个可怕的信号。

那年春天是他们的热恋期，他们一起去看电影、吃晚饭、在山上徒步旅行。因为格雷丝、多克和比比在 1942 年的春天去了西弗吉尼亚州，玛丽莲便搬回了安娜的家，在西洛杉矶的高中完成了她十年级的第二个学期。吉姆作为一个忠实的追求者，从凡奈斯开车到西洛杉矶看她，途中还要翻越圣莫尼卡山脉。在多尔蒂的家庭野餐会上，她带来了三个自制的柠檬派，她说是自己根据母亲的配方做出来的。她口中的"母亲"可能是指安娜·劳尔。吉姆在那次野餐中负责弹吉他，玛丽莲在他的伴奏下用甜美的嗓音歌唱。

格雷丝在前往西弗吉尼亚州之前，把玛丽莲是私生子的真相告诉了她，而玛丽莲此前并不知情。她只知道她的父亲在自己出生后不久就去世了（但事实并非如此），也没有人告诉她自己的母亲格兰戴丝从未与她的生父结婚，而格雷丝认为斯坦利·吉福德是玛丽莲的生父。格雷丝也把这个家庭秘密告诉了吉姆，她觉得吉姆有可能会因为玛丽莲的身世而取消与她的婚约。但他并没有这样做，他是一个善良的人，并不在乎玛丽莲的身世。他并没有因为玛丽莲的母亲精神失常并且玛丽莲需要经济上的资助而放弃她，他很乐意成为她的救世主，为这个甜美的"非法小孩"撑起保护伞。他并不是最后一个保护玛丽莲的人，20世纪50年代的男性与女友或妻子之间的关系就是成为女性的保护者。他真诚地爱着她，因为她美丽、善良、优雅，并且富有爱心。

他俩在1942年6月19日举行了婚礼，那是玛丽莲16岁生日后的第三周，刚刚达到可以有性行为的合法年龄。她和格兰戴丝一样，都是一到可以有性行为的合法年龄就被安排结婚了，这个巧合不得不让人为玛丽莲担心。玛丽莲和吉姆在豪厄尔的家中举行了婚礼，豪厄尔一家是住在西木区的富有人家，他们豪宅内的旋转楼梯非常典雅，玛丽莲曾在电影中看到过相似的场景。她身着白色的婚纱沿着楼梯走下来，安娜·劳尔用传统的白色缎子和花边制作了这件婚纱，以此送她的养女出嫁。婚礼仪式在豪厄尔家客厅的壁炉前举行。

花童由罗拉利和多拉利·豪厄尔担任。玛丽莲的6位养母出席了婚礼，但并不包括格雷丝，因为她此时正在西弗吉尼亚州，与多克和比比在一起。根据我的调查显示，艾达·博伦德、安娜·劳尔、莫德·阿特金森、奥利芙·梦露、多丽丝·豪厄尔、伊妮德·克内贝尔坎普、莱斯特·博伦德和他的妻子都见证了这场婚礼（格雷丝的兄嫂布莱恩和洛蒂·艾奇逊曾抚养了玛丽莲几个月，但她结婚的时候他俩都不在洛杉矶）。格兰戴丝也不在场，她仍然在北加州的阿格纽斯州立医院。玛丽莲过去多年都寄宿在别人家中，现在她终于有了一个属于自己的家庭。

婚宴和晚宴在当地一家叫佛罗伦萨花园的夜总会里举行，吉姆之前积攒了一笔钱来支付婚礼开支。婚宴上的演出叫"红白与美丽"，表演者们纷纷模仿电影明星，彰显了好莱坞的魅力。舞女们分别演了葛丽泰·嘉宝、玛琳·黛德丽、多萝西·拉穆尔、凯瑟琳·赫本和赫迪·拉玛。其中有一位舞女将吉姆拉上舞台与她共舞，玛丽莲目睹了这一切。好莱坞对她的日常生活产生了不可磨灭的影响，即使在她的婚礼中也一样。

我发现了一封不为人知的玛丽莲写给格雷丝的信，其中她描述了自己如何兴奋地建立起了她的新家。这封信的日期是 1942 年 9 月，是在她嫁给吉姆·多尔蒂的三个月后。她和吉姆租了一间带墨菲床的公寓，他们在晚上需要把床从墙壁上拉下来才能睡觉。虽然房间很小，但她每天把所有的时间都花在了打扫屋子、买菜烧饭上。她说一位朋友曾告诉她，做一名家庭主妇很费时，她很认同朋友的说法。但是在信中她说："做家庭主妇真的很有趣。"她还提到自己对丈夫的爱："吉姆对我很好，我知道即使我再等 5—10 年，我也找不到比他对我更好的人。我们相处得很好，他对每一件小事都很细心。"玛丽莲对格雷丝说的都是真的吗？还是这只是她幻想中的情景？吉姆曾说在他们结婚初期，玛丽莲看起来就像个小孩子在过家家。毕竟，她只有 16 岁。

　　她在信中还提到了他们收到的结婚礼物，都是些在 20 世纪 40 年代的洗礼和婚礼中常被当作礼品的薯片、蘸酱、砂锅、玻璃糖果盘和玻璃沙拉碗。安娜阿姨送了她几套家居用品，包括毛巾和厨房用具。乔治·耶格先生和夫人（他是吉姆在洛克希德公司的同事）送了他们一套酒杯，玛丽莲强调说他们不会用酒杯来喝酒①。黑兹尔和切斯特·帕特森送了他们一个形状像茶壶的"可爱的电子钟"。多丽丝阿姨和切斯特叔叔（豪厄尔）送了他们一幅他母亲画的"非常漂亮"的画。除此之外，他们还收到了用于烘焙的玻璃派雷克斯盘、成套的玻璃盘和玻璃沙拉碗。在那个年代，富裕的人家通常会在婚礼上收到纯银水杯、餐具和水晶器皿，而玛丽莲的结婚礼物中并没有这些。

　　婚后他们花了很多时间与家人在一起。由于多尔蒂家在 20 世纪 30 年代早期非常贫困，当时他们住在公园的帐篷里，在粥厂②吃饭。曾有一个墨西哥家庭可怜他们，允许他们在自家后院的帐篷里投宿。随着战争时期经济复苏，他们家的财务状况也有所改善，但离富裕的标准还很远。玛丽莲性格随和，同时也尽力地取悦家人，于是她很快就融入了多尔蒂家。吉姆的母亲埃塞尔待她如亲女儿般，对

---

　　① 美国法律规定，21 岁以下不得饮酒。

　　② 粥厂是一种民间赈济机构，早期多为临时性设置，是为了应对灾荒时大量灾民的出现。后来随着城市化的发展，城市中出现了大量找不到工作的流民，因而逐渐有了常设机构。粥厂的经费来源有政府拨款、民间捐助和宗教机构出资。

于吉姆的兄弟姐妹来说她更像个妹妹，而玛丽莲也喜欢照顾吉姆年幼的侄女和侄子。她曾被寄养在多个家庭，一次又一次地融入陌生家庭提升了她讨人欢心的能力，她将这种能力看作是自己的行为准则。她根据吉姆的喜好调整自己，这也正是她为之前的寄养家庭所做的。

有时玛丽莲会和吉姆一起去跳舞或看电影，有时也会根据吉姆的想法去打猎和钓鱼，或者与吉姆的朋友聚会。周末，他们会去威尼斯的"肌肉海滩"，那是一个著名的健美运动员的聚会场所，吉姆常常参加那里举行的比赛。玛丽莲很喜欢去"肌肉海滩"，因为海滩上的青年男性会和她调情，直到她举起戴着结婚戒指的手，他们才离开。她喜欢炫耀自己凹凸有致的身材，感受她对男性的吸引力。

吉姆在由他人代写的文章和书籍中，将自己与玛丽莲的婚姻形容为完美。他表示，她愿意跟他一起去打猎和钓鱼，并将家里打扫得一尘不染。她还是一位出色的厨师——她烧的羊肉和野味非常好吃，而且她喜欢去看他的比赛。实际上，她做了吉姆想让她做的任何事情。他还说，他们的性生活非常和谐。

这是真实的情况，还是吉姆编造的谎言？玛丽莲无疑是一位好"管家"，她一生都喜欢做家务和做饭，成了好莱坞明星之后的她只是没有时间去做这些事而已。她曾告诉记者丽莎·威尔逊，她嫁给吉姆后，常常从杂志上剪下食谱，在收音机上收听烹饪专家的节目，还向邻居寻求建议，这就是她学会烹饪的方式。她追求完美的个性使她努力地把自己变成了吉姆的完美拍档。同时她也开始有了在生活中扮演角色的能力，她尽力取悦他人，让自己成为别人想让她成为的人。

随着格雷丝去了别的地方，安娜·劳尔也住得很远，她渐渐变得依赖吉姆。和他在一起时，玛丽莲表现出对被抛弃的恐惧，抱着他并叫他爸爸。这种行为是儿童性侵受害者的典型表现，是他们应对成人生活的方式。在1953年《电影故事》杂志的一篇文章中，吉姆说她很容易变得歇斯底里，在1976年《麦考尔》杂志的一篇文章中，吉姆说她的情绪有时会变得非常可怕，需要给她很多安慰才能让她平静下来。她人格中婴儿的那一面会突然出现，让她的表现就跟婴儿一样，然而，她也会迅速转变为一名成熟女性。吉姆的言论第一个证明了玛丽莲具有人格分裂症。

其他事件则与吉姆描绘的美好景象相矛盾，事实表明玛丽莲有时行为举止很奇怪。一天晚上他们吵架之后，她穿着睡衣跑到外面，回来时抽泣着说有一个男人一直尾随着她（这件事被认为是她患有精神疾病的证据，但也有可能的确有一名男子跟踪她）。此外，她在倾盆大雨中试图把一头牛拉进他们的公寓，以防牛被淹死。她还会在咖啡里放过量的糖，并在饮料中倒入大量的波本酒。她没有安全感，以至于不敢告诉吉姆她其实不喜欢打猎和钓鱼。

至于吉姆所说的他们之间和谐的性生活呢？当他的前妻成了全世界的性感偶像，他身为一个男性的自尊心驱使他声称彼此都在性行为方面表现出色。但玛丽莲说她不喜欢与吉姆做爱。"婚姻对我的首要影响是它让我越发对性生活失去兴趣。我的丈夫不在乎我是否喜欢性生活，也或许是他根本没有意识到这一点。"但她继续说道，他们当时都太年轻了，无法讨论这样尴尬的问题。据伊利亚·卡赞说，玛丽莲曾告诉他，她从来没有享受过与吉姆的性爱，除了他亲吻她的乳房时。吉姆没有努力去满足她，他自己满意后就睡着了。听起来好像吉姆并不了解女性的性反应，这在 20 世纪 50 年代的年轻男女中并不少见。

吉姆常把注意力放在自己身上，把时间花在男人的娱乐活动上。当《电影故事》杂志的记者简·威尔基采访他时，她觉得吉姆虽然身体很强壮，但头脑并不聪明。罗伯特·米彻姆是吉姆在洛克希德的同事，后来他成了好莱坞明星，并形容吉姆大方得体且很幽默。"他看起来像一块大砖头，"米彻姆说，"他的头发是棕红色的，肩膀宽厚，看上去很结实。"吉姆向威尔基承认，他常和朋友一起打台球打到很晚，尽管这让玛丽莲很不高兴。当玛丽莲谈到自己想成为电影明星的梦想时，吉姆回答说，好莱坞有很多女孩都想成为明星，她们都能歌善舞还会表演，是什么让你觉得你比她们更好？吉姆是一个传统的男人，他不希望玛丽莲在外工作。他注意到她花了很多时间打扮自己，每天要洗脸很多次，不停地补妆，吃有益健康的食物，经常运动，他以为玛丽莲只是爱美而已。

但吉姆有时也会表现出善良体贴的一面。玛丽莲告诉吉姆她不想怀孕，因为生育可能会导致她的身材变形，对此他毫无怨言（玛丽莲告诉其他人，她认为在遥远的未来她可能会考虑生小孩，她说自己家族里的女性都没能成为一个好母亲）。吉姆也考虑到她家族遗传的精神疾病，他认为应该等她年长一些才能让她承担生育的压力。玛丽莲也担心自己可能会精神失常，她觉得自己的多愁善感可能代表着她的大脑存在某种异常。诺沃克州立精神病院曾将格兰戴丝的大脑诊断为衰变，她母亲的病症带给她的阴影以及她梦中的恶魔和怪兽都将萦绕她一生。迫于吉姆的压力，她在下体中放了避孕隔膜。

吉姆在1944年的春天报名参军了。他沉浸在男权思想中，响应了青年男性在战争时期应该为国家服务的号召。他所有的朋友都主动或被动地参军了，他不想因为落后而感到羞耻。当吉姆告诉玛丽莲这件事时，她变得歇斯底里。吉姆是她的生活支柱，是她心里那个不会弃她而去的人。吉姆为了安抚她而申请加入了商船部队，因为商船部队比其他部队更有可能从事岸上的后勤工作。后来他被安排到圣卡塔利娜岛工作，那里已经变成了一个商船部队基地。在吉姆被晋升为体育教练并获得了军官的身份后，他被准许在岛上租一间房子，让玛丽莲搬到那里与他一起生活。他们在圣卡塔利娜岛上住了9个月，之后吉姆被派往了南太平洋执勤。

虽然吉姆和玛丽莲在圣卡塔利娜岛上朝夕相处，但是他们的婚姻关系却开始变得紧张——接下来几个月的经历催生了性感女神玛丽莲·梦露。圣卡塔利娜岛的经济支柱是当地的旅游贸易，而这一切在战争期间被迫暂停了。由于渡轮被军队接管，岛上的大部分女性不得不离开这里，留下岛上数千名驻扎在那里的男人。"你从来没有见过那么多水手，那么多男人。"玛丽莲回忆道，她是基地里为数不多的女性之一。其他的官兵也带着妻子住在那里，她与她们相处得很好。她们一起去海滩，交换做菜的心得，玛丽莲还帮她们照顾婴儿。然而，人们都认为她是一个性感的女人，这一名声迅速传开了。当她走进城镇或海滩时，男人们都注视着她。

吉姆是她的保护者，没有人敢侵犯这位强硬的体育教练。玛丽莲经常穿着紧身的毛衣和短裤，或穿着泳衣展示她的身材，这一行为激怒了吉姆。他指责她用这种穿衣方式来勾引男性。"你难道没有意识到，"他对她说，"那些男人正在脑中幻想着强奸你吗？"他的警告让她非常生气，因为她不认为她穿的衣服和岛上其他女人的穿着有什么不同。这是她在婚姻中第一次强调自己的独立性，而她的丈夫却认为自己应该掌控婚姻的全部。

玛丽莲把男人的眼睛当成相机的镜头，成为万众瞩目的焦点。她很诱人，很会摆姿势，俨然就是一个模特儿。她喜欢男人对着她目不转睛的样子。诺曼·罗斯滕是玛丽莲的一位密友，后来为她写了一本回忆录，其中描述了她喜欢男人渴望得到她的想法。"男人的这种想法勾起了她的情欲，让她受宠若惊、兴奋不已。来自男人的瞩目使她内心深处对自己不受欢迎的恐惧荡然无存。"也许她从男人对她的注视中看到了权力，这是一种控制男人的手段。也许她无法阻止自己这样做，也许她对吉姆·多尔蒂的性要求很不满，因而报复他。

后来她成了一名职业模特，大胆地面对镜头，面对男性的目光。摄影师菲利普·哈尔斯曼表示，玛丽莲"深知镜头不只是一只眼睛，而是数百万男性眼睛的象征"。她能够用"她充满魅力的个性"影响整个圣卡塔利娜岛，吸引岛上男人的注意力。她可以在生活中直面人们的目光，她也可以在镜头前做同样的事。

玛丽莲有时会依赖他人，害羞且没有安全感，但她也曾在艾默生初中和圣卡塔利娜岛上展现出独立性。上初中时，她设计了一个不寻常的穿衣方式来吸引男孩的注意，在岛上她用性感的穿衣风格来反抗吉姆·多尔蒂。她还与霍华德·康灵顿成为朋友，康灵顿与她的丈夫在同一个部队里服役，他曾是前奥运会举重冠军，玛丽莲向他学习举重，这是一个叛逆的行为。在 20 世纪 50 年代，女性被允许从事的运动有网球和游泳等，但不包括举重，因为它的目的是锻炼肌肉，而这恰恰是女性不该有的。玛丽莲说，她练习举重的目的是保持胸部坚挺，同时减肥瘦身。她肯定还意识到举重有益于模特和演员的事业——她需要坚强的意志和灵活的身体，才能经受住这些职业带来的严酷考验。

与此同时，吉姆对于玛丽莲与他人调情的行为非常恼火。他需要离开她，冷静一下。他要求被派往海外执勤，于是他就被分配到南太平洋了。玛丽莲突然觉得自己就要被抛弃了，她展现出妻子忠诚的一面，恳求吉姆允许她怀孕，这样她有一个婴儿可以照顾。但他拒绝了，并让玛丽莲去和他的父母住在一起。后来，街上有越来越多的男人拦下她对她说，她可以成为模特儿甚至是电影明星，这种情况远比在圣卡塔利娜岛上发生的还要多。在电影产业主宰洛杉矶的时代，经常有男性在街上对着漂亮女人说这样的话。但玛丽莲无动于衷，直到有一天摄影师大卫·康诺弗发掘了正在飞机制造厂装配线上工作的她，并开启了她作为模特的职业生涯。从此，她的生活有了翻天覆地的变化。

第 4 章
摄影师和制片人，1944—1946 年

1944 年 4 月，吉姆·多尔蒂去了南太平洋，玛丽莲搬去与他的父母同住。曾和格雷丝·戈达德一起计划让玛丽莲嫁给自己儿子的埃塞尔·多尔蒂此刻成了她的养育者，这让她感觉好像又回到了童年的寄养生活。玛丽莲仍然和以前一样，养父母叫她做什么她就做什么，遵从于他人为她做出的决定。后来她变得焦躁不安，开始想要属于自己的生活，于是埃塞尔为她找了一份工作，在位于伯班克的一家名为无线电飞机的军火工厂里做工，埃塞尔则在这家工厂的医务室工作。玛丽莲成了铆钉工罗茜①，她仍然是个完美的妻子，每天都给吉姆写信。

无线电飞机厂制造的遥控无人驾驶飞机是战斗机和高射炮射击试验的目标。玛丽莲最初的任务是检查无人机上的降落伞，后来被分配到涂料室，在那里她的主要工作是把无人机的机身打磨光滑，并涂上清漆。她的工作时间很长，而且大部分时间都是站着，再加上清漆的味道相当刺鼻，让这份工作看上去十分辛苦。这样的工作环境让人联想到她的母亲，格兰戴丝也曾在电影编辑室内闻着胶水味长时间地工作。玛丽莲曾经拒绝从事和她母亲一样的工作，因为她透过孤儿院的卧室窗户看到雷电华的标志后，她就有了成为明星的梦想。不过，玛丽莲在工作中表现出色，她的努力得到了认可，工厂也为她颁发了奖牌。

她不喜欢在涂料室中工作，于是她又在范奈斯的陆军基地找了一份前台的工

---

① 铆钉工罗茜是第二次世界大战时美国女工的统称。

作。但是她很快回到了无线电飞机厂，因为她发现在陆军基地的同事都是男人，这可能会引起与在圣卡塔利娜岛时一样的误会，吉姆曾因那里的男人对着她抛媚眼而生气。而她现在需要面对的是她的婆婆，是她丈夫的"另一双眼睛"。"无线电飞机厂里已经有很多狼了，"她在写给格雷丝的信中提到，"只是还没有达到一支军队的规模。"

尽管和多尔蒂家一起生活，玛丽莲仍然忠于安娜·劳尔和基督教科学。1944年8月，她正式成了基督教科学的教会成员，签署了一份表明她支持教会的文件，其他基督教教会的入会仪式也要签署类似的文件。玛丽莲的入会资料由安娜·劳尔和艾玛·伊斯顿·纽曼作为见证者共同签署，艾玛·伊斯顿·纽曼是一位著名的治疗师，她曾接受过玛丽·贝克·埃迪的培训。与创始人的密切关系赋予了纽曼极大的威望，同时也显示了安娜在教会中的重要地位以及她对养女寄予的厚望。

10月，玛丽莲前往芝加哥探望格雷丝，并去底特律见了格兰戴丝第一次结婚时生下的女儿——她同母异父的姐姐伯妮斯，她们之前曾有信件来往。安娜写了一封信给玛丽莲，指责她不该晕车，因为晕车对于基督教科学的治疗师来说不是病症而是幻想，安娜劝告她要寻求上帝的爱。在伯妮斯写的玛丽莲回忆录中，她提到她们曾在底特律一起购物、一起回忆童年的美好时光，但她注意到玛丽莲说话时结结巴巴的。

12月，玛丽莲在返回无线电飞机厂后不久，她的命运发生了巨大的变化。当时一群为空军服务的电影人来到她供职的工厂为新兵拍摄纪录片，其中就包括海报女郎的摄影师大卫·康诺弗，他一直在寻找合适的年轻女性为《美国人》杂志和《星条旗报》拍摄海报。当他看到玛丽莲在流水线上工作时，立即被她吸引住了，于是上前问她是否愿意接受拍摄，她同意了。康诺弗让她穿上一件毛衣，因为他正在拍摄能鼓舞"士气"的照片，需要展示她凹凸有致的身材。她穿上了一件自己的红色毛衣，康诺弗说："这款华丽的红色羊绒衫把她绝妙的身材衬托得更加惊艳了。"红色毛衣再一次成了她的"魔术毛衣"。她在之后拍摄的其他海报中都穿着这件红色毛衣，因为模特们需要穿自己的衣服。

康诺弗镜头下的玛丽莲非常上镜：她拥有极佳的肤色，她的活力使她在照片上闪闪发光，她看上去还有一种天真无邪。在她早期拍摄的海报女郎的照片中，她非常乐于展示自己的身材以吸引人们的目光。她同时兼具女孩的稚气和女人的性感，时而害羞腼腆，时而奔放大胆，但她从不媚俗。康诺弗对此非常惊喜，他告诉玛丽莲她能够成为杂志的封面女郎，而不仅仅是海报女郎。

这是一个改变命运的时刻，相机的闪光灯发出的光，就像是基督教复兴会中上帝的光芒，使信徒有了"新的人生目标"而重生了。有一天玛丽·贝克·埃迪在读《圣经》时受到启发从而治愈了自己的顽疾，就像《圣经》中有一段讲述的是基督治愈了一个残废的男人——基督告诉他，扔掉拐杖，独立行走。玛丽莲信奉基督教科学，她深受埃迪的人生故事影响，所以她觉得自己的成功应该归功于上帝。其实，她的重生靠的是她自己。虽然除了甜美的外形和与她年龄不符的成熟心智外，玛丽莲目前还没有表现出任何特殊的才能，但她凡事追求完美，这一点体现在她作为妻子和工厂工人的表现上。之前她只是梦想着成为明星，并没有采取实际行动。但当她觉得自己的目标有可能会实现时，她变成了一个"野心家"。康诺弗的照片已经释放出了她体内的一部分欲望。

虽然玛丽莲的情绪起伏依然很大，但她很有活力，这种活力在康诺弗的镜头下表现得淋漓尽致。她的朋友苏珊·斯特拉斯伯格说："当她的生活中没有任何事情能让她投入时，她会变得不安而亢奋。她拥有巨大的能量，在工作、生活中一阵又一阵地释放这些强大的能量，能量彻底释放完之后她又会变得沮丧。"阿瑟·米勒目睹过她的躁狂抑郁症周期："她很想一直活在巅峰期，一直在忙碌中变得越来越强大。"忙碌过后，她会觉得自己一文不值，并且无法入睡。诺曼·罗斯滕用温和的语言描述了她波动的情绪："当她兴奋的时候，她给人的感觉就像是身边有美妙的音乐一直在环绕；当她失落的时候，她就会变得孤僻，并喜欢独处。"

她在情绪巅峰期工作会释放巨大的活力，拍摄完成之后情绪就会低落。她特有的情绪状态慢慢形成了，她的收获也随之出现：在为康诺弗担任模特的两年内，她成了西海岸地区首屈一指的模特，而且在1946年被二十世纪福克斯看中并签约。她仅仅花了6年时间就成了家喻户晓的明星，6年内她展现出了非凡的创造力、胆量和实现目标的能力。她童年的消极情绪慢慢消失了，但她的强迫症开始出现了。

在玛丽莲成为康诺弗的模特后不久，也就是在吉姆·多尔蒂离开9个月后，他第一次回到了洛杉矶。他和玛丽莲一起骑马、看电影、去海滩游玩、去椰林夜总会跳舞，还在圣贝纳迪诺山区的雪地度假村里待了一周。吉姆注意到玛丽莲还像以前一样爱喝混合饮料和姜汁汽水，仍然敏感、害羞、情绪起伏不定，但她似乎比以前更自信了。玛丽莲告诉吉姆她在从事模特工作，他并没有反对，因为他知道无线电飞机厂的工作非常辛苦，而做模特的收入显然更高。但他对玛丽莲依然不愿意怀孕感到困扰，她并不想那么快就生孩子。玛丽莲变得越发独立，这让吉姆担忧起来，他将生孩子视为巩固他们婚姻关系的一种方式。

休假结束后，吉姆被派去保护西海岸附近的船只，他在周末可以回洛杉矶探亲。在接下来的一年半时间里，他被派往远东执行任务，或驻扎在西海岸的船只上。玛丽莲的人生继续发生着变化，她谈论更多关于模特的工作，对于他俩的未来说得越来越少。她也为康诺弗的摄影师朋友做模特，自发地寻找更多的工作机会。有时吉姆周末回到父母家时，她却因拍摄工作而没有赶回去。慢慢地，玛丽莲和吉姆之间的距离越来越大了。

1945 年 4 月，吉姆被派往远东地区。此时，埃塞尔·多尔蒂出面介入了，她对玛丽莲的模特工作越发不满，她经常接到陌生男人打到家里来的电话，之后玛丽莲就和他们出去了。埃塞尔写信给吉姆，抱怨玛丽莲的种种行为。吉姆心烦意乱地写信给玛丽莲，严厉地训斥了她。和大多数 20 世纪 40 年代的美国人一样，他认为男人就应该养家，女人就应该待在家里。吉姆在信中写道，战争期间女性在外工作的情况只是偶然的，战争结束后，她必须放弃模特工作，回归家庭，生个孩子。"你只能选择做家庭主妇。"他写道。

吉姆的信激怒了玛丽莲，她不想再听命于他人。模特事业的成功使她变得更加独立，于是她迈出大胆的一步，搬出了多尔蒂家的房子，住进了安娜的二层公寓。安娜支持她全身心投入模特事业的决定，尽管玛丽莲并未结束与吉姆的婚姻关系。

同年 7 月，玛丽莲与康诺弗一起前往莫哈韦沙漠和死亡谷，在自然环境中拍摄。用大自然作背景是海报拍摄的常用主题，将性感的女性形象与大自然的生命力和纯洁感相结合，以淡化色情的意味。一些玛丽莲传记作者怀疑他们是否真的去了莫哈韦沙漠和死亡谷，因为当时康诺弗只发布了几张照片，而他在洛杉矶当地就可以拍出这样的效果。他因这件事受到质疑时，声称部队突然命令他去海外执行任务，于是他将玛丽莲的照片仓促地邮寄给了一位叫波特·休斯的摄影师朋友，但休斯从未收到过玛丽莲的照片，这些照片可能在邮寄的过程中丢失了。

康诺弗在离开之前嘱咐休斯帮助玛丽莲，而休斯也的确做到了。他不仅亲自为玛丽莲拍照，还将她推荐给了蓝皮书模特经纪公司的负责人埃米琳·斯奈夫利，她在1945年8月2日对玛丽莲进行了面试。同一天，康诺弗在无线电飞机厂为玛丽莲拍的照片上了《星条旗报》的封面。这是一个极大的成就，因为《星条旗报》会被发放给全世界的士兵，发行量非常大。

斯奈夫利在面试中发现玛丽莲的魅力不可阻挡。她当时穿了一件白色的裙子，斯奈夫利觉得她看起来就像教堂合唱团里的小天使。当她走进办公室后便盯着布告栏看，上面贴着蓝皮书经纪公司的模特拍摄的杂志封面。"所有的女孩都非常漂亮，"她对斯奈夫利说道，"我也可以成为一名封面女郎吗？"斯奈夫利回答说："是的，你天生就是一个模特。"然后她给了玛丽莲一份合同。

斯奈夫利回忆起那次面试说道："她的声音好似小女孩，音调很高，惊人的胸围使得她12码的裙子看起来太小了，她对如何摆姿势、如何走路、如何坐都一无所知。"斯奈夫利的话听起来有些有失公允，因为很多摄影师已对玛丽莲的表现赞不绝口。虽然斯奈夫利在造就玛丽莲·梦露的过程中起着至关重要的作用，但她却是一个喜欢夸大自己功劳的人。为了赚钱，斯奈夫利还开了一家模特学校，玛丽莲报名参加了3个月的课程。洛杉矶这座城市有许多这样的学校，旨在教年轻女性如何成为一名职业模特。据斯奈夫利说，玛丽莲是班上最优秀的学生，她从不缺课，从不迟到。她的习惯性迟到是在她开始拍电影之后才出现的。

1945年夏天，第二次世界大战的结束使美国人民为之振奋，玛丽莲就在此时与蓝皮书模特经纪公司签约了，这一举动违背了她丈夫和婆婆的意愿。部队里的士兵都回家了，人们也开始购买新的车子、电器和衣服，各地都在举办花车游行和节日狂欢。8月的时候，日本宣布投降，人们纷纷拥上街头，挽起陌生人的手臂起舞。经过四年的"停电"之后，城市的灯光再次亮起。"炽热的灯泡把整个城市都点亮了，绚烂夺目，"拉娜·特纳回忆说，"闪闪发光，让人兴奋。"

玛丽莲喜欢掌控自己的财务。作为格兰戴丝的女儿和格雷丝监护的女孩，她非常尊重这两位职业女性的价值观。她俩既看重婚姻和生儿育女，同时也重视自己的独立性。她们在玛丽莲的成长过程中向她灌输的思想就是既要结婚，在必要时也要能养活自己。虽然后来她为了事业有更大的发展而和制片人发生性关系，但是这些富有的男人并没有在经济上支持她。如果在性交易之后她拿了钱，那么这就意味着她是一名妓女，而她并不想成为妓女。即便后来她嫁给了乔·迪马乔和阿瑟·米勒，她依然有自己的收入，甚至还在经济上支持过米勒。她为自己能经济独立而感到自豪。

随着她的模特事业越发红火，玛丽莲为自己起了一个她觉得更符合模特气质的名字——简·诺曼，它比自己当时的名字诺玛·简·多尔蒂更高级。她还改变了自己的写字方式，她在童年时期和嫁给吉姆·多尔蒂后书写的字母是圆形的，显得很刻板，看起来像一个孩子的手写体。如今她开始写"草书"了，她的字迹看上去就像她的人生一样活力四射。

青年时期的玛丽莲性格开朗，常用诙谐幽默的口吻与摄影师谈笑风生。她会在摄影师的工作室里摆上几个小时的造型，还与他们有说有笑。有时候摄影师在沙滩上为玛丽莲拍摄，她会跃跃欲试地跑过沙滩，攀上沙丘和岩石峭壁。有一次，摄影师约瑟夫·贾斯古尔在祖马海滩为玛丽莲拍摄，当时她有些情绪低落，于是摄影师让她伸出舌头。这个滑稽的动作引出了她俏皮的一面：就好像一个开关突然被打开了一样，"她飞奔着穿过沙滩来到海边，又像一只被上了发条的玩具一样飞奔回来，兴高采烈地让海风吹拂她的肌肤，让沙粒穿梭于她的脚趾之间"。玛丽莲似乎拥有无穷的活力，"她的热情具有传染性，"布鲁诺·伯纳德说，"连续数小时的拍摄后，她仍然充满活力。"

玛丽莲的身体拥有极好的柔韧性，这使她能够摆出摄影师要求的任何姿势。她每天都坚持用自己在圣卡塔利娜岛上学到的锻炼方法健身——下腰、举重、骑自行车、快步走，并且，玛丽莲与相机之间有种冥冥之中注定的缘分。"她走到相机前，"摄影师威廉·卡罗尔回忆说，"很快就能摆好姿势，就好像她能读懂我的想法一样。在听到相机的快门声后，她会换个姿势，她的造型总是能让我眼前一亮。"由于卡罗尔描述的是他们五十年前的合作，可能夸大了玛丽莲早期担任模特的能力，但他注意到了当时的玛丽莲正在飞速成长。为了能塑造出更完美的自己，玛丽莲会看自己的每一张照片，并向摄影师提问：最好的拍摄角度是怎样的？如何能使她的臀部看上去更小？如何改善她的发型和笑容？玛丽莲回忆说：

"我必须要做到最好，我把自己的照片带回家，研究自己在照片中的样子，并在镜子前反复练习。"

虽然她有成功的决心，但她的情绪依然不太稳定。1945 年 11 月，玛丽莲在经过了三个月的模特培训和与摄影师们的多次合作之后，斯奈夫利觉得她仍然是个"战战兢兢、内心孤独、常穿着清新的白色棉质连衣裙的孩子"。1946 年 3 月，摄影师约瑟夫·贾斯古尔发现玛丽莲有些胆怯和不安。有一次她迟到了一个小时，因为一直担心自己的外表而反复化妆、做发型。同年，摄影师鲍勃·香农在为玛丽莲拍摄时也觉得她情绪不稳定。当他看到玛丽莲因经期腹痛一次性服用了 5 片阿司匹林时，他很担心，觉得她用药剂量太大了。不过她很少服用巴比妥、羟考酮、杜冷丁之类的强效止痛药，因为当时她的子宫内膜异位症和焦虑症还不是很严重。

多尔蒂有时觉得玛丽莲像是活在另一个世界，与现实世界完全脱离。她有时会在家庭聚会时迟到很久，也不作任何解释。"她时常表情空洞，"大卫·康诺弗回忆说，"仿佛迷失了自己。"玛丽莲反复地出现幻觉，时常梦见魔鬼和女巫，她也很担心自己会像母亲一样患有精神病。她曾向康诺弗讲述了一个噩梦，在那个梦中，医院里的男性抓着她，强迫她穿上束身衣，并将她带入一栋看起来像是她曾经住过的孤儿院的楼里。他们带着她穿过一个又一个黑色的门，最后来到一个昏暗的房间，那些男性把她丢在这里就离开了。

在战争期间，越来越多的以裸体女子为特色的"女孩"杂志被推出，对模特的需求量也随之增加。《生活和外观》杂志被《推特》《眼》和《爆炸》等杂志广泛地模仿，在这些杂志中，半裸女郎的照片与时事文章并存，其中还不乏低俗的笑话。杂志的风格起初还比较隐晦，到后来越发低俗不堪。战争结束时，《时尚先生》杂志的编辑们厌倦了邮局的审查，因而不再刊登那些广受欢迎的美女照片。当时的审查员执行的是 1873 年的"康斯托克法案"，该法案禁止通过杂志传播淫秽信息。《时尚先生》杂志的这一举措使得"女孩"杂志不再流行，而"女孩"杂志恰恰是玛丽莲照片的刊登之地。

刚开始的时候，埃米琳·斯奈夫利将玛丽莲定位为海报女郎，因为时装模特大多纤瘦且身材高挑、胸部平坦，这样的身材才会使人们把视线集中在服装上，而玛丽莲丰满的胸部和翘臀只会让人们关注她的身材。她的胸围太大，根本无法穿进时装模特的标准尺寸的衣服。斯奈夫利曾派她去为蒙哥马利·沃德拍摄时装广告，两天后她就被解雇了，因为她太过性感。时装模特走的猫步她也走得很差，她的双膝靠得很近，这使她的臀部格外挺翘，因此在走路时臀部会摇晃。不过后来，她让走路时摇晃的臀部变成了自己得天独厚的标志。

但是，斯奈夫利并不觉得玛丽莲除了丰满的胸部之外还有什么性感之处，布鲁诺·伯纳德有时觉得她努力让自己看起来很性感的样子很可笑。当她半睁着双眼并嘟起圆唇时，伯纳德说她看起来像个"法国荡妇"，于是告诫她还是用原先"女孩般的女人"的表情。其他摄影师却不同意伯纳德的看法，因为他们喜欢她"过分"性感的人设。玛丽莲无意中听到了他们的评论："那个女人就像一台性爱机器，她可以随时展现、收起自己性感的一面。"后来，她把朦胧的双眼和圆圆的嘟唇塑造成了她的经典表情。

玛丽莲富有表现力的双眼和较大的头部在拍摄时占有很大优势，但是斯奈夫利和摄影师们都发现了她脸蛋和身材上的缺陷，有些和格雷丝·戈达德早年发现的一样。玛丽莲的鼻梁上有一块凸起，下巴线条也不够明显，从某个角度甚至能看到她的双下巴。而且她的鼻子太长了，牙齿不够整齐，臀部太宽，双腿不够细长，当时大家都在推崇海报女郎佩蒂和巴尔加斯的修长美腿。

妆容、灯光和拍摄角度掩盖了玛丽莲外表上的一些缺陷。摄影师贾斯古尔通过仰拍的角度让她的下巴线条更明显，并使她看起来更高挑。他通过仔细调整落在她脸上的光线和相机的角度，让她的鼻子看起来更纤细。布鲁诺·伯纳德则认为女性的双腿是最诱人的部位，所以他用能拉长她双腿的角度拍摄，而玛丽莲却质疑他试图把自己变成巴尔加斯。"巴尔加斯有什么不好？"他打趣说。后来，摄影师们继续用这些小技巧来弥补玛丽莲容貌上的缺陷，直到1950年，她进行了整容手术，修复了下巴和鼻子上的瑕疵。

之后，斯奈夫利和贾斯古尔还觉得玛丽莲的牙龈线太高了，他们让她在拍摄时尽量笑不露齿。玛丽莲在镜子前不断练习，直到能露出完美的笑容，但在电影中她依然无法掩饰颤抖的上唇。他们也不喜欢她的卷发，因为当时流行拉娜·特纳的顺滑直发。埃米琳·斯奈夫利和摄影师们也希望玛丽莲染金发，因为他们认为金发比她天然的棕色头发更适合她白皙的皮肤。但她想保持天然的样貌，而且拉直头发和染发的费用对她来说是个难题。在 1946 年 2 月，一家洗发水公司有意向雇她拍摄广告，但要求她染金发并将头发拉直，这家公司答应承担相关费用，于是玛丽莲按照要求做了。

这个过程非常复杂，也非常耗时。首先，发型师用化学剂将她的头发烫直，然后用金色的染发剂染色，接着再把头发烫得稍显卷曲，最后用发夹将卷发固定，并用落地式烘干机将头发烘干。过程复杂而艰难，但玛丽莲愿意尽一切努力成为一名成功的模特。

在玛丽莲职业生涯的这个阶段，她与摄影师合作时几乎从不迟到。她愿意按"协议"为他们工作，这意味着她要免费出镜，穿自己的衣服并自己化妆。在他们售出照片后，她才能按比例分成。即便在这种情况下，许多摄影师依然因拒绝付款而臭名昭著，因此很多模特都拒绝按协议工作。"她是个非常积极能干的人，"摄影师迪内斯说。"如果她之前没有全心全意地与这么多摄影师合作，她就不可能有今天的成就。"她甚至愿意签署摄影师有权发售她的照片的合约，但玛丽莲并没有意识到授予摄影师这样的权利将会引发诸多问题：她可能会被过度消费，从而导致未来的拍摄机会变少，因为广告商完全可以使用现有的照片。在她模特生涯的初期，她觉得自己必须保持随和的性格才能获得更多的工作机会。

与其他模特不同的是，玛丽莲没有能照顾她的母亲，格雷丝和安娜都没有出面帮助她，尽管她当时只有 19 岁。玛丽莲在《我的故事》中称她们当时埋头工作，只顾得上她们自己，因而无暇照顾她，但她并不介意自己打理事业。玛丽莲对她们很慷慨，当她富裕时会给她们寄钱，并时常打电话给格雷丝。玛丽莲可怜的身世激发了斯奈夫利的母性。"她的起点比我以前认识的任何女孩都低，"斯奈夫利说，"但她却是工作最努力的一个。她十分好学，想成为大人物，这种野心我未曾在他人身上看到过。"摄影师们也因得到了她的尊重而格外喜欢她。"当我把她介绍给摄影师时，"斯奈夫利说，"她会直视他的眼睛，不错过他说的每一个字。她让每个与她交谈过的人都感到自己仿佛是世界上最重要的人。"她的个人魅力使她愈加迷人，人们甚至觉得有时她好像闪耀着光芒。

不仅如此，种种迹象还表明玛丽莲有着变色龙一般的适应能力，她能改变自己的习惯以适应不同的摄影师。她是威廉·卡罗尔的红颜知己，她对卡罗尔倾诉她失败的婚姻，她还建议如果他打算在相机店展示她的照片，那么她在拍照时就应该穿短裤或运动衫，而非泳衣，这样年纪大的顾客就不会受到冒犯。摄影师布鲁诺·伯纳德是一个温文儒雅的欧洲人，像父亲一般和蔼可亲，他为玛丽莲拍摄了比基尼泳装照，这件比基尼是玛丽莲自己用几条围巾打结而成的。拍摄时她会再穿一条短裙，但有时一些摄影师会要求她脱掉短裙。这件比基尼十分暴露，凸显了她的小腹和丰满的胸部。1945 年，比基尼泳衣由一位法国的泳装设计师发明，并以南太平洋的环礁岛氢弹测试地命名，当时只有极少数女性穿过，当然其中并不包括美国人。

1950 年，摄影师安东尼·波尚称她的自制泳衣是"爆炸性的"作品，"拙劣地模仿了比基尼"。当玛丽莲为当红摄影师拉兹洛·维林格穿上这件比基尼时，拉兹洛·维林格非常喜欢这样的装扮，他不仅拍摄了玛丽莲穿比基尼的照片，还让其他模特都穿着相似的比基尼拍照。

安德烈·德·迪内斯在回忆录中详细地描述了这个时期的玛丽莲。玛丽莲和迪内斯在 1945 年 12 月去了位于俄勒冈州约塞米蒂的死亡谷，他们去拍摄以自然环境为主题的照片。因为迪内斯的作品闻名国际，所以能担任他的模特对于玛丽莲来说是非常荣幸的一件事情。迪内斯出生在特兰西瓦尼亚，母亲自杀后，他的父亲搬到了布达佩斯，他被一位年长的亲戚抚养长大。18 岁时他搬到了巴黎，作为一名自学成才的摄影师，迪内斯有一天在巴黎拍摄街景时遇到了著名的时尚摄影师乔治·汉宁金·胡恩。年长的胡恩对迪内斯的作品赞不绝口，然后他说他愿意成为迪内斯的导师。

迪内斯比玛丽莲年长十岁，他性情无常，不停地说话，在人们的印象中是个古怪的人。在遇见玛丽莲之前的一年，他为《展望》杂志拍摄了秀兰·邓波儿和英格丽·褒曼的写真。他曾定居在纽约，但在 1945 年年底搬到了洛杉矶，只为寻找一个愿意在西部未开发的自然环境中裸体拍摄的模特。

他让埃米琳·斯奈夫利帮自己物色一个模特。埃米琳觉得玛丽莲已经结婚，会比较习惯于在男人面前呈现自己的裸体。尽管裸体拍摄在当时有伤风俗，但她仍然觉得玛丽莲有可能愿意去做这件事。于是，埃米琳将玛丽莲送到了迪内斯位于日落大道上豪华酒店的房间里。玛丽莲沉醉于奢华酒店的精致，也很欣赏迪内斯之前为明星们拍摄的作品。

玛丽莲的个人魅力使迪内斯对她一见倾心。他在童年时爱上过一位特兰西瓦尼亚的农村女孩，而玛丽莲像极了她。她也有点类似他喜爱的秀兰·邓波儿，她有邓波儿那种天真无邪的神态、卷曲的头发和迷人的笑声。玛丽莲似乎也很欣赏他的幽默细胞和他所说的新奇故事。迪内斯经常爱上他的模特，他曾爱上邓波儿，而现在他迷上了玛丽莲。在调情中，两人仅保持一臂的距离。虽然玛丽莲并没有答应为迪内斯拍摄裸照，但她仍走进了他的浴室，换上了两件套的泳衣，以便他能评估自己的身体。她对迪内斯有着强烈的好奇心，问了他很多生活上和工作上的问题，也表达了自己对他的欣赏。相反，她很少提及自己。

在没有得到安娜·劳尔的许可之前，玛丽莲无法与迪内斯一起去拍照，于是她邀请迪内斯到萨特尔公寓与安娜共进晚餐。玛丽莲告诉安娜他是一个著名的摄影师，同时确保迪内斯会看到家中张贴的宗教图片，并听到她在餐前的祈祷声。这是玛丽莲设定界线的方式，告诉他自己是一个"好女孩"。毕竟，她已和吉姆·多尔蒂结婚。

玛丽莲和迪内斯打交道时，正巧赶上在海外待了好几个月的吉姆回国休假，他搬进了安娜的公寓与玛丽莲同住。玛丽莲以家中需要钱为由，执意与迪内斯一起去拍照。在旅途中她给吉姆寄了一张明信片，描述自己有多想念他。她在卡片上称吉姆为"我最亲爱的爸爸"，自己的签名则是"你的宝贝"。她尽全力展现作为妻子的魅力，让吉姆相信她的忠诚，因为她仍然害怕失去他。

玛丽莲与迪内斯的旅程变成了一场疯狂的冒险。他们驾车驶过无人居住区，遇到过流氓，轮胎也破裂了，还丢了一个钱包。接到格雷丝的电话时，玛丽莲刚从东部结束冒险的旅程回到范努伊斯。格雷丝告诉她，格兰戴丝已经从阿格纽斯州立医院被释放，住在波特兰的一家旅馆里。到现在为止，玛丽莲已经六年没见过她的母亲了。迪内斯同意带她去看格兰戴丝，因为他们本就计划前往那附近。这是一次悲伤的探望，格兰戴丝在大部分时间里都保持着沉默和阴郁。在分离了整整六年之后，格兰戴丝毫无征兆地告诉玛丽莲希望自己能和她一起生活，而玛丽莲毫不犹豫地答应了。

　　玛丽莲在旅途中很安静，迪内斯却一直喋喋不休。她时不时读着基督教科学祈祷书，保持充足的睡眠以防止晕车。迪内斯给玛丽莲朗读一本书中关于伟人的哲学思想的谚语，而玛丽莲给迪内斯朗读她的祈祷书。

　　他们交换了绰号：她叫他 W.W.，意为"担心疣"，他叫她"火鸡脚"，因为当他们到达俄勒冈州的胡德山时，她的双手在寒冷中变成了紫色，像火鸡的脚。这个绰号似乎并不是特别富有感情，但这让喜欢起昵称的玛丽莲觉得很有趣。对玛丽莲逐渐深陷的感情使迪内斯急迫地想要和她发生性关系，但玛丽莲一次又一次地拒绝了，并且一再告诉他自己已经结婚了。然而在他们拜访她母亲的那天晚上，她终于屈服了，迪内斯声称那次性爱是非常棒的(他当然会这么说)。在圣诞节那天，玛丽莲忘记了锁车门，导致迪内斯的一些摄影器材被偷走了。她打电话给安娜阿姨，打断了安娜和吉姆正在共进的圣诞晚餐。她说她很痛苦，想回家。对母亲的探访，紧接着发生了一次充满矛盾的性爱，再加上迪内斯的摄影器材被偷，一连串的事情让她陷入恐慌。玛丽莲从一个无所畏惧的冒险家变成了一个只想回家的小女孩。

　　迪内斯尝试说服她继续冒险之旅，毕竟，他是一位著名的摄影师，并且他决定与玛丽莲订婚，而玛丽莲也陷入了幻想中。他谈到移居沙漠，种植自己的食物，并生养很多孩子。或者他们会在纽约定居，而她会成为自己的女神。当他问玛丽莲在纽约会做什么时，她的回答令他很吃惊，她说自己想去哥伦比亚大学法学院，毕业后帮助穷人。但玛丽莲并不打算嫁给迪内斯。她告诉一位朋友，自己很喜欢迪内斯，但和吉姆在一起多年后已经对婚姻失去了兴趣。

　　迪内斯发现了玛丽莲的非凡之处。无论他们去到何处，玛丽莲都能发现一些自然界令人钦佩的东西：远山上的薄雾，或是她手里拿着的小虫子。她似乎总是处于一个超然的高度看着这个世界。当他们的汽车卡在山上的雪堆中时，她却迷上了被雪覆盖着的寂静山岭。她想要把大自然的香味带在身边，于是用松枝填满了汽车的后座，而那个性感的姿势让迪内斯意乱神迷。

　　当迪内斯得知他在纽约的一位好朋友去世后，两人缩短了行程，然后匆忙地赶到洛杉矶，以便搭乘直达列车到纽约。几个月后他回来时，玛丽莲正和另一个男人在一起，尽管他们只是朋友关系。她和他一起参加了圣地亚哥圣加布里埃尔和圣胡安－卡皮斯特拉诺附近的西班牙任务，在海边，他向她读了几行诗歌，然后她记在了心里。1947年1月，她寄给他一本《科学与健康》，在标题页她写了一段文字——"神圣的爱会永远满足每一个人的需要"。换句话说，她不再想与他有肉体关系了。

迪内斯的照片对玛丽莲的成功起着至关重要的作用。在1945年12月的旅途中，他在不同场景下拍摄了玛丽莲——她是一个森林精灵；一个穿着雪衣在雪地里嬉戏的女孩；一个穿着围裙，抱着一只羊羔的农村女孩。《家庭圈》是一本针对家庭主妇的杂志，而这张怀抱羔羊的照片是她出现在这本杂志上的第一张照片。玛丽莲出现在主流封面上的前五张照片中，有三张是迪内斯拍摄的：《家庭圈》，1946年4月；《美国相机》，1946年5月；《选美》，1946年6月。迪内斯将自己拍摄的照片卖给了欧洲和美国的出版物，同时打响了玛丽莲的知名度，但她从未同意为迪内斯拍摄裸照，1949年她那张著名的裸体照片是由在裸体摄影界享有一定声誉的汤姆·凯利所拍摄的。

当玛丽莲与迪内斯旅行归来，吉姆·多尔蒂把这一切都看在眼里。他搬进了安娜楼下的公寓——玛丽莲曾一直居住的地方。他对妻子的行为无能为力，只能忍耐着，哪怕他发现玛丽莲花光了他工资中的津贴和他们所有的积蓄，她甚至还抵押了他们的珠宝来支付她的模特费用。她总是能够用自己独特的魅力使吉姆原谅她。然而她开始了成名之路：1946年2月，斯奈夫利派她去做著名插画家厄尔·莫兰的模特。在接下来的两年里，玛丽莲每月为他当一次模特，他拍下了她的照片，用炭笔勾勒照片的轮廓，再用彩色笔进行润色，从而创作出一张近乎完美的画像。然而，在莫兰为她设计的许多插图中，她看起来只是另一个金发女郎，没什么特别的。有时她因为半裸而违背了当时的保守主义，但她的表情太普通了，以至于尽管她是个明星，也没有人认出她是这些插图的模特。

著名的好莱坞摄影师们为她拍摄了照片——拉兹洛·维林格、厄尔·利夫、大卫·米勒、厄尔·泰森等（泰森多年前曾在统一电影业公司工作过，并认识她的母亲）。吉姆·多尔蒂惊讶于玛丽莲上过的杂志和拍过的广告数量，包括各种封面、内页、化妆品、洗发水、服装、鞋子还有汽车广告。布鲁诺·伯纳德甚至拍了他的狗和玛丽莲的照片，并把这张照片当作狗粮广告卖给了商家。

玛丽莲与这些摄影师们有过性关系吗？ 1956 年，她告诉科林·克拉克这种情况确实存在。克拉克是一个英国精英，艺术评论家肯尼斯·克拉克的儿子，以及劳伦斯·奥利弗在拍摄电影《游龙戏凤》时的导演助手。1956 年，当玛丽莲在奥利弗对面拍电影时，她与克拉克成了好朋友。1960 年，她还告诉杰克·罗森斯坦她曾与摄影师睡过。罗森斯坦是一位特立独行的记者，他出版了一本时事通讯——《好莱坞特写镜头》，揭露了好莱坞不为人知的性秘密——卖淫、应召女郎电话、敲诈勒索等。他曾经是沃尔特·温切尔的采访助手，后来又成为赫达·霍珀的采访助手，他对他们的报道感到厌恶，因为他发现他们的报道有偏差，有时甚至是捏造。1960 年，他是为数不多在玛丽莲和伊夫·蒙当事件中支持玛丽莲的记者之一，他认为蒙当也是一名勾引者。面对罗森斯坦，玛丽莲给了他一个坦诚的采访，包括告诉他关于她过去的行为。

　　玛丽莲告诉科林·克拉克，她和摄影师上床是为了感谢他们；她告诉杰克·罗森斯坦，她因为要与其他模特竞争工作岗位而与摄影师们上床。在第二次世界大战期间，道德比以往更加没有约束力。随着吉姆经常不和她待在一起，并且不断有男人来到她身边，玛丽莲可能已经成了一名"行为不端的女孩"，成了所谓"放荡"的年轻女性之一。至于为她拍摄照片的摄影师，康诺弗和迪内斯都声称与她有过短暂的性生活。约瑟夫·贾斯古尔表示，他"尊重"玛丽莲的婚姻，只在电影院的后座和她拥抱过。

　　作为一个模特，玛丽莲进入了一个美丽年轻女性和好色男性摄影师的世界，一个充满性的世界。和安娜·劳尔在一起生活使玛丽莲保持了她的贞操完整无瑕，但是在她与吉姆·多尔蒂感情破灭以及 1946 年 8 月与二十世纪福克斯签约之后的某一刻，她开始对自己的身体着迷，常常在私下里一丝不挂，并进行婚外性行为。她内心的恶魔可能在驱使她，但她把这些罪恶视为基督徒的"自由恋爱哲学"，以此来宽慰自己。这种观点在整个二十世纪悄悄流传着，特别是在艺术和放荡不羁的文化人的圈子里尤其明显。它将裸体视为保持健康的终极目标，并将性视为友谊的自然结果。玛丽莲的好朋友，专栏作家厄尔·威尔逊说，"赤裸、裸体、性、自然的宠儿"一直是玛丽莲的准则。玛丽莲的另一位友人，纽约服装制造商亨利·罗森菲尔德说，她认为性是一种让朋友更亲密的行为。这种态度似乎让滥交行为成了一种理所当然。

她可能从摄影师那里得到了一些自由的爱情观点，尤其是迪内斯、维林格和伯纳德。他们都是非常世故的欧洲人，喜欢拍摄裸体照片，并且认为这种方式是美学的，而不是色情的。伯纳德来自德国，维林格也曾在柏林学习，而德国有大量的裸体主义者。伯纳德写道："艺术家对女性身体的迷恋根源不在于简单的诱惑，而在于追求美的过程中获得的审美满足。"当玛丽莲表达性是生命的关键时，她遵循了他们的想法和自由恋爱学说。所有的美学尝试都来源于它——包括文学、艺术、音乐、诗歌。

除了在梦中裸体步行于教堂之外，玛丽莲小时候并未对裸体产生兴趣，尽管这种行为在幼儿中并不罕见。在1945年到1946年间，玛丽莲和吉姆·多尔蒂一起生活时，多尔蒂发现她作为模特在拍照时没有穿内衣。他问她为什么，她回答说，她穿紧身衣是为了突显身材，内衣可能会造成褶皱而影响拍摄效果。后来她也多次重复同样的声明，尽管她的其他行为和观点表明她对裸体的追求深深扎根于她的内在自我。

玛丽莲靠展示自己的身体获得了成功，于是裸体成为她的标志，仿佛这是她最珍贵的财产。她童年时期经历过太多失败了，在她十几岁的时候，她的身体似乎很平凡，但那只是"丑小鸭"的阶段，最终她变身为一只美丽的天鹅。就像她红色的"魔术毛衣"一样，她的身体拥有了女人嫉妒、男人渴望的一种魔力。然而，我们必须记住的是，玛丽莲受她的宗教信仰以及母亲的影响，她还有过很多的谨言慎行。复杂的个体同时表现出对立的行为并不罕见，玛丽莲不得不与这种限制作斗争，将自己变成同龄人中最伟大的性标志。

1946年3月，行业名声不太好的星探接触到玛丽莲，并让她拍摄电影后，埃米琳·斯奈夫利说服国家音乐艺人公司的代理人，同时也是一名基督教科学家的海伦·安斯沃思签署了成为玛丽莲经纪人的合同。她给玛丽莲安排在派拉蒙接受采访，但高管们没有同意。安斯沃思决定等到杂志封面面世之后再给她做推广，与此同时，她将玛丽莲分配给她的助手哈利·利普顿。

1946年4月，吉姆再次被派往海外，此时格兰戴丝离开波特兰，乘坐巴士前往洛杉矶，并搬到安娜·劳尔的公寓里与玛丽莲住在一起，因为去年12月玛丽莲与安德烈·迪内斯一起看望她时，玛丽莲答应过她。尽管她仍然穿着白色的制服，并且痴迷于基督教科学，但她看上去似乎好多了，不再那么激动和忧郁。她帮玛丽莲购物，并为她安排模特的预约工作。格兰戴丝拜访了埃米琳·斯奈夫利，并感谢她对玛丽莲的帮助，她得体的举止让斯奈夫利印象深刻。显然，格兰戴丝认为玛丽莲的模特生涯很受人尊敬。在《家庭圈》的封面上，玛丽莲怀抱着一只羊羔，她希望下一步是登上《女士之家》杂志。当吉姆五月回家休假时，他发现格兰戴丝和玛丽莲住在卧室里，并且她们把他赶出房间，让他去他父母家住。他第一次意识到，甜美的玛丽莲是如此"精明"。不过，他认为他们可以解决这些问题，像往常一样，她会用性爱来抚慰他。

4月的《家庭圈》杂志封面面世后给玛丽莲的模特生涯带来了巨大的成功：她先后拍摄了5月的《美国相机》和6月份的《选美》。7月初，玛丽莲在拉斯维加斯提出离婚，那是格雷丝的另一个阿姨米尼·威利特居住的地方。内华达州规定离婚必须要在本地居住至少6周的时间，于是她搬去和米尼住在一起。玛丽莲害怕吉姆的反应，所以让律师给他写了一封信，通知他离婚。吉姆收到这封信时正在扬子江的一艘船上给玛丽莲买樟脑箱，他立即从工资中扣除津贴，并准备等到9月份回来与她对峙。

在7月份前后，玛丽莲正处于与其他男人们的约会中，他们包括她在拉斯维加斯遇到的大学生比尔·珀斯尔，以及她通过另一个模特公司遇到的演员肯·杜梅。她与珀斯尔朗诵并讨论诗歌，就像她与安德烈·迪内斯一样。杜梅则只是她的一个朋友，当时带着她去了一家好莱坞的夜总会，而当晚的演出嘉宾是雷·波旁，他身着优雅的女性服装扮演着女性角色。由于他的表演风格太有伤风化，以至于《洛杉矶时报》的记者在关于他的报道上嗤之以鼻。玛丽莲喜欢波旁的幽默，她看到了改变性别的角色制造出的喜剧效果，这是她永远不会忘记的一课。

随着玛丽莲登上杂志封面，经纪人海伦·安斯沃思帮玛丽莲再次联系了一些工作。他说服二十世纪福克斯公司的总监本·里昂采访她，于是本·里昂在7月17日会见了玛丽莲，并对她留下了深刻的印象。他认为玛丽莲的镜头感会转化为银幕上的"星光"，让他想起了二十年前他发现的珍·哈露。自1937年珍·哈露去世以来，好莱坞一直希望找到被认为是银幕上最伟大的性感女神的替代品。在里昂看来，没有人能够与她抗衡，包括拉娜·特纳、丽塔·海华丝或贝蒂·格拉布尔。里昂决定让玛丽莲做一次试镜，这是任何一家工作室在与有抱负的演员签合同之前必须要做的事。

本来工作室的负责人达里尔·扎努克负责所有的试镜工作，但是因为他不在城里，所以里昂自己一个人去了。早上五点半，他在贝蒂·格拉布尔制作的电影《素娥怨》的荒凉场景下给玛丽莲试镜。这是一场赌博，因为玛丽莲虽然是一个成功的模特，但她并没有演戏经验。意识到玛丽莲的这个缺点，里昂让她试了一个哑剧，没有任何对话。为了确保高质量的效果，他召集了一批资深电影人，其中包括曾多次获得奥斯卡最佳摄影奖的利昂·沙姆洛伊。

玛丽莲穿着一件紧身而修长的亮片裙子，在场景里来回走动。她坐在一张高脚凳上，点燃了一根香烟，又把它掐灭，然后朝窗户走去。里昂鼓励她："我希望你按照你在静态照片中的样子来展示你的性感。"化妆师怀特·斯奈德也同意里昂的看法，尽管玛丽莲起初对他说话很不客气。被调教过的玛丽莲表演得越来越有张力，她要求化妆师按照她在拍平面照时的妆来化，尽管她被告知这妆容对电影来说太重了。这个不符合情境的妆容还让化妆师受到了责骂。

玛丽莲听到了谴责声，这触发了她紧张的情绪。她开始口吃，面色泛红。怀特让她平静下来，告诉她不必在场景中说话，就像做平面模特一样，然后让她洗掉了浓妆，并重新帮她化了淡一点的妆。玛丽莲永远不会忘记他的善良，所以几年之后，她聘请怀特成为她的私人化妆师，怀特是她组建的团队里十分忠诚的助手之一。在怀特介入之后，玛丽莲平复了自己的情绪，然后她的表演震慑了在场的所有男人，沙姆洛伊也看到了玛丽莲的潜力。"她有一种像葛洛丽亚·斯旺森那样的美妙气质。"他兴奋地说着。

里昂帮达里尔·扎努克完成了试镜工作，但扎努克并没有被打动，他也因为玛丽莲缺乏表演经验而打退堂鼓。由于电影制作委员会可能会反对，因此与一位当红的模特签合同是一个不切实际的提议，所以他在犹豫是否要签约玛丽莲。与此同时，海伦·安斯沃思得到了一个幸运的机会——由于遇到飞机事故而不得不在家休养的霍华德·休斯，看到了8月份的《拉夫》杂志，封面是布鲁诺·伯纳德拍摄的玛丽莲穿着黄色比基尼的照片。休斯有恋乳癖，所以根本没有办法绕开玛丽莲的"比基尼身材"。他腰缠万贯,常常为自己的电影提供资金,然后用电影合约作为诱惑女性的筹码。于是他派他的助手去和玛丽莲签约。

听闻休斯感兴趣,安斯沃思把这件事告诉了赫达·霍珀。赫达在她的专栏中放出了风声,声称休斯将签约玛丽莲。这个消息提升了玛丽莲的竞争力,福克斯不得不在 8 月 24 日与玛丽莲签署了一份合同。

新成员签署合同后,改名是必须要做的一件事,这代表着他们在好莱坞的世界重生了,并允许自己的命运被公司掌控。玛丽莲当时的名字——诺玛·简·多尔蒂是"不合格"的,它没有任何吸引人的地方,而且对于银幕来说这个名字太长了。里昂之所以选择"玛丽莲"这个名字,是因为他认为她神似玛丽莲·米勒,而玛丽莲·米勒是他曾经参与过的齐格菲歌舞团的明星。玛丽莲选择了"梦露"作为自己的姓,因为这是他们家族的姓氏。

马里恩·马歇尔在同一天签了合同。她告诉我,这家公司喜欢 MM 的组合,因为可以主打性感牌。所以,她的名字从马里恩·坦纳改为马里恩·马歇尔,原来的诺玛·简·多尔蒂改为玛丽莲·梦露。但当时的玛丽莲不喜欢这个名字,于是她并没有立即使用这个名字。1946 年 10 月 22 日,她写信给一个朋友,说她认为新的名字应该是克莱尔·诺曼。福克斯新星简·皮特斯建议她使用梅瑞狄斯这个名字,而她有一段时间选择了卡罗尔·林德这个名字。玛丽莲在银幕上的名字直到 12 月初才最终被确定下来。多年来,她在采访中表示,她不喜欢玛丽莲·梦露这个名字,她说她想用自己做模特时的名字——诺玛·简。

一旦签订了合同,玛丽莲就面临着下一个难题——她不得不去学习如何表演。她是否可以将在拍照时摆造型的技巧转化为表演技巧?而且合同的签订也意味着她要解决自己口吃和焦虑的问题,不过本·里昂、利昂·沙姆洛伊和怀特·斯奈德的赞美让她振作起来。1946 年 3 月,她与国家音乐艺人公司签约时,海伦·安斯沃思也给了她莫大的鼓励,她告诉玛丽莲她有拍电影的潜力。"我可以通过你的眼睛看出来。"安斯沃思说。对此,玛丽莲感到很惊讶。曾经有这样一种说法,就是"很多人告诉她,她性感的身体才是她成功的标志,而不是她的眼睛"。但是,利普顿却说:"海伦是对的,玛丽莲眼中有些温暖而柔和的东西,这与性没有任何关系。"

跟安斯沃思一样，本·里昂也在试镜中看到了玛丽莲眼中特别的东西。"我希望你也能看到。"他告诉他的好友卢埃拉·帕森斯，于是帕森斯去看了玛丽莲的试镜，并看到她眼睛里的惊吓和恐惧。"恐惧从她的眼睛里流露出来，让我的同情心开始泛滥。"艺名是卡罗尔·伊登的帕特丽夏·考克斯也感受到了这种恐惧。玛丽莲从小就受到性侵犯，并且她的家庭里出现了不止一个精神病人。这就是从玛丽莲眼睛里流露出来的东西，帕特丽夏说，她永远无法忘记自己童年时期经历的悲伤和恐惧。

与此同时，玛丽莲开始和哈利·利普顿走得很近，并且利普顿代替了海伦·安斯沃思，成为玛丽莲新的经纪人，一直持续到1949年。他帮玛丽莲处理与吉姆·多尔蒂的离婚事宜，并为她去谈合同。在利普顿成为玛丽莲的经纪人后不久，他突然接到她半夜打来的电话。她说自己无法入眠，想和他谈谈她的恐惧。于是利普顿和她聊了一会儿，安抚了她的情绪。这是利普顿第一次接到这样的电话，从此这也将成为玛丽莲的一个标签，就是她在半夜睡不着觉，感到孤独或害怕生活，并想要得到安慰的时候，她会在半夜打电话给她亲密的朋友们。

当玛丽莲与二十世纪福克斯签约时，这个行业的工作方式仍然与20世纪30年代格兰戴丝和格雷丝担任电影剪辑师时大致相同，市场格局也没有太大的变化，五家电影巨头还是二十世纪福克斯、米高梅、派拉蒙、华纳兄弟和雷电华，三个小一点的电影公司分别是哥伦比亚、环球和联美，像共和国制片这样的小企业依然存在，并且由演员和代理人组成独立的制作公司（1935年，福克斯电影公司与二十世纪电影公司合并组建了二十世纪福克斯电影公司）。那些创立这些主流电影公司的人，主要是移民过来的犹太人，他们被称为"大亨"，是公司的首席执行官，大都已经五六十岁了。

这些巨头保留了对电视、外国电影和独立制作公司等竞争对手的控制权，让自己处于行业的顶端。二十世纪福克斯的达里尔·扎努克，哥伦比亚的哈利·科恩以及米高梅的路易·B.梅耶是三个最具影响力的公司负责人，他们参与了制作过程的各个节点，包括项目创建、人员聘用、创作剧本、试镜、服装设计以及宣传。

他们都是精明的商人，严格控制着制作成本。而有时他们也是艺术家，每年都会与明星一起创作优秀电影，并在奥斯卡颁奖典礼上争夺奖项，这是他们在艺术上的追求。

他们既有竞争又有合作精神，在交换信息的过程中保持统一战线。许多制造商发现他们的力量如此之大，以至于把他们描述成类似于曾经的种植园主，而演员则是他们的奴隶。他们创造了美国历史上最强大的统治社会之一。

在签订合同时，玛丽莲试图反抗他们的权力。数十年前，在20世纪20年代后期，公司负责人获得了对演员的控制权，并将控制权写入演员的合同。玛丽莲签署了一份新人统一标准的为期七年的合同，规定她的薪水为每周75美元，每年保证发放四十二周，定期加薪。除此之外，公司还拥有其他所有的权力。并且合同规定每6个月需要考核一次，但演员对考核没有任何话语权，公司可以随时解雇演员。

另外，演员无法控制自己被分配到什么角色，如果一个演员拒演这个角色，那么拍摄这个角色所花费的时间经过预估之后，会被增加到合同规定的七年之外。1944年，女演员奥利维亚·德哈维兰在法庭上成功挑战了这一规定，因为它违反了加利福尼亚州契约合同关于年限的法定限制。此外，演员在"正常工作"以外的任何收入，包括电视节目或平面广告的收入全部由公司收取。

大亨们往往对他们签约的年轻演员表现出一种父爱，以此削弱这些合同的严酷性以及变相加强对演员的操控。他们给演员们关于职业生涯的建议，在他们心情不悦时抚慰他们，借给他们钱，甚至帮他们处理感情上的事。雪莉·麦克雷恩揭露了他们是如何操作的，她写道："这些大人物是强硬的独裁者，他们创造了一个相互关联的专政制度。我们是孩子，只能被领导、引导、操纵、购买、出售和包装。"伊利亚·卡赞称他们为"不可思议的恶棍"。

尽管电影制作法规限制了电影中对性的公开展示，但鲍德梅克发现性在好莱坞无所不在。"那些雄心勃勃的成功者一直在使用性关系来展示他们的权力，在采访和出版物中透露着对性的着迷。整个行业都围绕着性行为来运转。尽管有电影制作法规，但电影屏幕上的性行为无处不在，没有人不通过性就能成为明星。"根据鲍德梅克所说，大量年轻女孩前往好莱坞，希望成为明星，并用性作为战胜竞争者的一种手段。

电影公司的高管也通过操纵整个系统来满足他们的性欲望。路易·B.梅耶是一个喜欢"派对女孩"的老色鬼，被称为"白色毒牙"的哈利·科恩喜欢变态的性爱。关于达里尔·扎努克的故事是，他在第二次世界大战前每天下午都会关闭福克斯的行政办公室，与不同的明星进行性行为。据他的首席传记作者称，扎努克认为他需要尽可能多的女人陪睡，以保持他的男子气概。

他们其中一些人的身高很矮——在5英尺至5英尺5英寸之间，其中包括福克斯的扎努克和米高梅的梅耶。他们似乎是受到一个"拿破仑复合体"的驱使，促使他们通过与本会拒绝他们的美女发生性关系来满足自尊心。当玛丽莲穿着三英寸高的高跟鞋时，身高达到五英尺九英寸。她一定是俯视扎努克和其他人的。

扎努克在看到玛丽莲的试镜时并不喜欢她，且对她的看法多年来都没有改变。他勉强承认她和贝蒂·格拉布尔有相似的天赋，但拒绝让她扮演戏剧中的角色。然而，这只是因为扎努克对金发女性有偏见。在20世纪30年代，他是金发女郎艾丽丝·费伊、索尼娅·海妮和贝蒂·格拉布尔的指导老师。然后，他在二战期间成为驻扎在欧洲的军官，他对女性的喜好也从金发变成了欧洲人的黑发。不亚于玛丽莲，他的童年可能影响了他长大后的品位。他美丽的金发母亲淫乱且喜欢粗暴的性行为，这使他感到很厌恶。作为一个孩子，他听到他的继父殴打他母亲，之后又是激情澎湃的性爱。后来他成了拳击手和马球运动员，身强体壮且肌肉发达。

扎努克是好莱坞的主要制片人。他在第二次世界大战之后回归电影行业，然后拍摄了一些涉及社会问题的电影，其中包括关于反犹太主义的《君子协定》和关于种族歧视的《碧姬》。但他意识到，福克斯在农村地区的主要市场，需要制作一些轻量级娱乐节目。他没有选择让玛丽莲出演正规的电影，而是想要将她打造成下一个贝蒂·格拉布尔，因为格拉布尔的音乐剧为公司带来了数百万美元的收入。从玛丽莲早期的电影生涯开始，扎努克就成了她的对手，与她进行了一场史诗级的斗争。

8月中旬，当玛丽莲一边做模特一边等待她的福克斯合同时，她同母异父的姐姐伯妮斯带着女儿莫娜雷从佛罗里达搬来，要住一段时间。她们搬进了安娜·劳尔的公寓和格兰戴丝住在一起，于是玛丽莲只好搬到好莱坞电影公司俱乐部住一段时间。没过多久玛丽莲回到了安娜的公寓，并和她住在一个房间里。玛丽莲再次想起了重建格兰戴丝家族的计划。当伯妮斯谈到要搬到洛杉矶，以便她们能生活在一起时，玛丽莲对这个提议充满了热情。九月，当吉姆结束最后一次任务回来时，他去了安娜的公寓。在会面时发生的事情有很多版本，据吉姆自己说，玛丽莲想继续和他保持婚姻关系，同时她要追求自己的演艺事业，但吉姆拒绝了。玛丽莲告诉阿瑟·米勒，吉姆想在签署离婚文件之前与她上床，也许他认为这种亲密的行为会改变她的想法。这两个故事听起来都合情合理，因为离婚绝不是一帆风顺的事情。尽管如此，吉姆还是签字了，离婚是最终的结局。当玛丽莲收到离婚协议书时，她在当地一家餐馆与安娜、格雷丝、格兰戴丝、伯妮斯、莫娜雷以及其他戈达德家庭的女性成员一起庆祝。她们看起来像是一个联合女性家庭，举杯庆祝她们现在的家庭里没有丈夫这个角色。

但是这个计划在几个月后结束了。经过多年的模式化生活，格兰戴丝已经难以与其他人生活在一起了。她穿着白色制服，并且大部分时间都在阅读《科学与健康》。她已经注意到自己有了空间上的自由，并经常搬回她自己的住所。理由是想要独自生活。接着，伯妮斯的丈夫决定不搬到洛杉矶，并让伯妮斯回家。伯妮斯是一个有责任感的妻子，不得不回到丈夫身边。最终，他们的"妇女社区"分崩离析了。玛丽莲在 1947 年春天之前一直和安娜一起生活，直到二十一岁的时候，她终于离开了她童年的寄养家庭，同时在她余生中的大部分时间里继续用各种形式重新塑造着自己的人生。

Marilyn Monroe

第二部分
好莱坞，1946—1955 年

　　我知道我曾是个拙劣的三流演员，我也知道自己的资质有多么平庸，它就像我身上穿的廉价衣服一样。但是，我的上帝啊，我太想去学习、去改进、去改变这一切了。

——《我的故事》玛丽莲·梦露

第 5 章
大本营的暴风雨，1946—1951 年

　　1946 年，二十世纪福克斯成了好莱坞众多电影公司中的佼佼者，它拥有 4000 名员工、16 个摄影棚和 75 部正在筹备中的电影。福克斯的总部大楼设有化妆部门、宣传部门、服装部门、摄影部门和管理部门。显然，这座被草坪和棕榈树包围的建筑物更注重实用性，那块占地 300 英亩，被称为"当代世纪城"的露天片场承载了一个梦幻世界，人们在这里搭建了令人望而生畏的鬼城、巍峨的高山，以及像镜子一样的湖泊。正是借助这些布景，一系列风景美如"天堂上的绿洲"的福克斯传奇电影诞生了。这是一个可以散步也可以实现梦想的地方，这是一个可以成为任何历史的地方，这是一个代表着好莱坞的过去和未来的地方。

　　尽管这里的工作常处于特有的竞争和紧张之中，但福克斯还是给人一种家庭般的感觉。这里的每个人都会在员工餐厅享用午餐，门口的保安和每日进出这里的员工们都很熟悉。工人们会在棒球联赛中打棒球，偶尔也会举办一些非专业的戏剧演出。年纪较大的电影剪辑师以及摄影机和照明设备管理人员甚至认识格兰戴丝和格雷丝，他们在玛丽莲还是个孩子的时候就已经和她见过面。他们将玛丽莲视为己出，给予她支持和鼓励，有时候还会教她一些在长期为电影布景中学到的表演技巧。玛丽莲和福克斯公司服装部的女负责人希尔达的关系十分要好，所以她常去参观服装部，在绫罗绸缎中进行天马行空的想象，探索这些衣服里隐藏的好莱坞历史。久而久之，玛丽莲清楚地知道了每一个衣橱里有着什么样的服装，甚至对谁曾在哪一部电影中穿过哪件衣服都了如指掌。即使身为明星，玛丽莲也

会向福克斯的服装部门借用衣服来出席首映式和派对。

1946 年 8 月，玛丽莲在和福克斯签署合同之后，被分配到了由另外八十名同样签署了合约的年轻男女所组成的团队中。这些人需要参加表演课、声乐课和体育课，需要在片场跑龙套，需要拍摄各类宣传照，还需要代表公司参加公众活动。尽管如此，真正能在行业顶层为自己争得一席之地的人寥寥无几。大多数电影公司都有着这样一个合约陷阱，因为这是一个廉价却又能吸引众多外貌姣好的年轻人加入的方式。事实上，大部分签约的演员都会在一年之后被解雇。

在福克斯的第一年，玛丽莲就像一台发电机一样精力旺盛。她喜欢与制片人打闹，跑去观看电影的拍摄过程，还会去观察化妆师们的工作状态。她有时候也会去宣传部门闲逛，和公关人员开着玩笑，并且对各种宣传照的拍摄有求必应。即使公司的大门被锁上，她只要大声地吹口哨，就会有人为她开门，让她进来。为了表示对玛丽莲辛勤工作的感谢，公司把以自己的简报标题为名字的奖项——"黑马奖"授予了她。在表演课上，玛丽莲从不缺席或迟到，本·里昂称她为"这个地区最有责任心的年轻人"。那一年中，她曾在一部关于一个家庭和几头骡子的电影《斯库达，呼！斯库达，嘿！》中出演了多个镜头，但是她的片段都被剪掉了。尽管如此，6 个月后，在 1947 年的 2 月，福克斯和她续约了合同。

福克斯的公关人士在发布关于玛丽莲的宣传资料中声称，她是在帮一个演播室的行政人员照看孩子的时候被发掘的。虽然这听起来有些荒谬，但她差点因此就被选中在电影《妙人奇遇》中扮演一个天真无邪的少女。在这部影片中，慈祥又有趣的克利夫顿·韦伯出演年长的男保姆。玛丽莲最终没能出演这个角色，但却凭此机会在电影拍摄期间拜访了韦伯并和他成了好朋友。他们欣赏彼此的幽默感，且两人都喜欢讲一些十分枯燥乏味的自嘲式的玩笑。作为一名同性恋，韦伯对玛丽莲不会产生男女之间的兴趣，这对玛丽莲来说是一种解脱。同时，作为一名福克斯的重磅明星，韦伯竭尽自己所能地帮助了玛丽莲的事业。

在那之后，玛丽莲得到了一段难得的休假时间。她在 6 月被送到演员进修班学习表演，这是一个位于好莱坞的最好的表演学校之一，这所学校甚至还拥有一个供专业演员表演用的附属剧院。这所学校成立于 1941 年，建立的初衷是那些高收入的百老汇演员们想在这里提高表演技巧，而不受商业化的电影公司影响。这群百老汇演员中的许多人，像菲比布兰德和莫里斯·卡诺夫斯基，都来自于纽约的一个剧团，这个剧团则是在 20 世纪 30 年代时，由左派戏剧的那些人为了创作工人阶级戏剧而建立的，剧团的首席编剧是克利福德。

在进修班里，玛丽莲学到了该如何表演，而在学校的剧场，她看到了许多像奥德茨的《醒来歌唱》那样令她激动不已的作品。"这是我第一次体验到纯粹戏剧中的真实演技，毫无疑问它深深地吸引了我。就像你所理解的那样，它和《斯库达，呼！斯库达，嘿！》一样遥远。"由于和百老汇有联系，进修班的老师可以在好莱坞举办由像埃利亚·喀山这样的杰出人物所主讲的讲座。也因此，玛丽莲开始把百老汇视为演员的圣地。她想更加了解纽约这个"很遥远的地方"，因为她觉得在纽约，演员和导演可以做不同的事情，而不是整天站在那里为一个特写镜头或者摄像机的角度而争论不休。

她还在进修班见到了非裔美国演员，这在承认肤色差异的种族主义时代无疑是一个大胆的进步。得益于此，她与多萝西·丹德里奇成了好朋友，并且由于她与玛丽莲有些相像，所以成了有"黑色玛丽莲·梦露"之称的明星。通过丹德里奇，她开始与其他黑人演员接触，小萨米·戴维斯也是其中之一。丹德里奇的导师兼情人菲尔·摩尔是一位著名的爵士乐艺术家和声音教师，玛丽莲借此机会向他学习了发声技巧。在此期间，玛丽莲还曾与一个黑人男子有染，但他们从未公开此事，玛丽莲说是因为他们太害怕了。"在没有人看见的时候，可以说，我常常溜进他的房间。我们是真心相爱的，但在那样的环境下我们的关系不可能持续下去。打个比方，这就好比你费尽心思去爱一个在监狱里的人。"

在演员进修班学习期间，她遇到了著名的专栏作家西德尼·斯科尔斯基，无论是在福克斯的圈子里，还是在位于日落大道著名的演员聚集地——施瓦布药店，他的影响力都不容小觑。斯科尔斯基在他的专栏里为施瓦布药店做了不少宣传，以此换来了一间属于他的办公室。进修班的学生和有抱负的电影演员偶尔也会在施瓦布的店里闲聊，毕竟那儿的食物很便宜，常客还可以赊账。作为一个为了追赶潮流而染了头发的纽约人，斯科尔斯基从不开车，引用他专栏中的一句话就是，凡是拥有汽车的年轻演员都可以顺道载他。在 20 世纪 30 年代，他写了很多关于不知名的演员的报道，比如卡洛尔·隆巴德和贝蒂·格拉布尔，但他们后来都成了明星。那个时候玛丽莲也拥有了一辆汽车，并且她很喜欢驾驶的感觉，于是她也加入了斯科尔斯基的"驾驶俱乐部"。

进修班的学生也会在一起讨论施瓦布的表演和政治理念。通过讨论，玛丽莲开始了解进修班里的左派观点。到 1947 年，好莱坞俨然成为了众议院非美活动调查委员会（HUAC）①的头号打击目标，电影公司里的左派分子纷纷被召至华盛顿。为了避免被监禁，他们不得不向委员会"公布"一些姓名。但是，对他们的打压远不止如此，即使只是被 HUAC 传唤做证也可能毁掉他们的职业生涯。在政界掀起这场轩然大波之时，玛丽莲却只专注于她的表演，毕竟，她对政治并不感兴趣。但她也不是完全地两耳不闻窗外事，她有着强烈的正义感，她十分认同工人阶级和被压迫的人。

1947 年 8 月，达里尔·扎努克在第一年的考核之后没有再和玛丽莲续约，尽管这个月初玛丽莲才在《危险岁月》（一部关于少年犯的电影）中扮演了一个女服务员的角色。虽然玛丽莲演得不错，但不幸的是，在这部电影中她并没有获得足够多的赞扬。扎努克并没有去细细体会玛丽莲的表演，因为他手里有着太多的金发女郎。除了扎努克，演员进修班的老师们对玛丽莲也没有太深刻的印象。而菲比布兰德觉得玛丽莲有些害羞和缺乏安全感，所以也没有承诺她什么。尽管如此，玛丽莲还是没有放弃。在被福克斯辞退之后，她在床上浑浑噩噩地躺了一个星期，深感沮丧，但经过短暂的消沉之后，她又恢复了以前精力充沛的样子。她继续留在进修班工作，自己付钱去学习那些课程，并且还去了当地的小剧场。在 1947 年的秋天，她在布利斯海登剧院演出的老套喜剧《第一魅力》中得到了饰演一位金发女郎的机会。那时候管理剧院的莱拉对玛丽莲的印象只是一个"天赋不错又谦逊的小女孩"，虽然她在成功后的几年里为莱拉演过几部戏。

玛丽莲通过做模特来维持自己的生计，也会让富有的男人为她解决衣食问题。她时不时出现在制作人的办公室，并且成了电影行业里的"流浪者"。有一次她去哥伦比亚影业公司，罗迪·麦克道尔遇见了她，他在她身边跳起了舞，以此来

---

① 众议院非美活动调查委员会是美国众议院的调查委员会，在 1938 年创立，以监察美国纳粹地下活动。然而，它却因调查不忠与违反道德的行为而著名。当众议院在 1975 年废除该委员会时，委员会的职能由众议院司法委员会接任。

吸引她的注意力。但玛丽莲并没有理睬他。他吃了闭门羹，只能询问旁人为什么她不跟自己说话，而得到的回答是玛丽莲不喜欢男人，因为她觉得每个男人都试图让她"躺下"。但是，为了发展自己的事业，她还是与有影响力的男人发生了性关系。这种潜规则在20世纪50年代就已开始盛行了。

　　无论是在福克斯当演员的那一年，还是1947年8月扎努克放弃她之后，玛丽莲其实都在以"派对女郎"的身份接待重要的"外地游客"。但并非所有的签约演员都会这样做。马里恩·马歇尔和菲利斯·英格索尔告诉我，她们就从不做这种事，尽管菲利斯也表示，那是因为她并不像玛丽莲那样"雄心勃勃"。玛丽莲是一个小傻瓜，男人很轻易就能得到她，她在很多男性杂志中几乎是全裸出镜。作为一个离过婚的女人，她被视为一个渴望性爱的"欲女"，并且她没有必要为自己的丈夫保留贞操——这是20世纪50年代离婚的年轻女性的共同意识。她在孩童时期所遭受的性虐待也在一定程度上迫使她去取悦男人。对玛丽莲来说，她既没有一个强大的母亲来保护她，也没有一个上流社会背景或百老汇的演艺经历来打动电影公司的高层。根据福克斯女演员吉恩·蒂尔尼的说法，正是因为没有这三个优势，玛丽莲一直处于潜规则的旋涡之中。

　　女演员简·皮特斯与玛丽莲一样，曾是福克斯的签约演员。她记得玛丽莲经常穿着一件宝蓝色的毛衫，一条修长的白色裙子和一双白色的鞋子。"在这样的穿着下，她显得格外可爱。"皮特斯说。当时的玛丽莲是单纯而天真的。皮特斯把电影公司的签约人员形容为在一个大学宿舍里，里面全都是值得尊敬的年轻女性。她并没有提到好莱坞的男性。设计师奥列格·卡西尼是一个风流放荡的男子，他来自一个由许多像他这样的男人组成的名为"狼群"的组织。他把那些"自己的"女人们称为"马肉"，而她们大部分来自于公司的餐厅。包括玛丽莲在内的年轻女明星们总喜欢在午餐时间游走于餐厅，卖弄自己的身材并希望以此抓住制片人的眼球。有一天午餐时间，本·里昂因为玛丽莲在穿粉色毛衫时没有穿胸罩而斥责了她。"玛丽莲，"他说，"我曾多次告诫你，员工餐厅里有很多重要人物。你为什么就不能穿得更得体一些呢？"玛丽莲则向同伴说了一句双关语："我想他可能不喜欢粉红色。"

　　西德尼·斯科尔斯基将其称为公司主管们和"外来游客们"的"后宫"。玛丽莲告诉李·斯特拉斯伯格她曾做过来访企业高管的"应召女郎"。她还告诉科林·克拉克和杰克·罗森斯坦，为了得到更好的发展，她和制片人们都睡过。她告诉W.J.韦瑟比："除了我自己，没有人能让我克制。但是曾经有那么一段时期，我习惯了阿谀奉承也习惯了出卖自己的身体，认为这对我的事业会有帮助，而我也承认，当时我是喜欢和我在一起的男人们的。"在《我的故事》中，她把好莱坞称为"过度拥挤的妓院"，或是"有着床的旋转木马"。福克斯杂志宣传部负责人约翰·斯普林格对于高管如此对待她感到震惊。"她只是他们用来取悦前来拜访的大佬们的小金发女郎。"《展望》杂志的出版商迈克·考尔斯在1946年访问了福克斯，来访期间，一位公司主管对他说："我们这儿有一个新来的女孩，她和别人很不一样。她的乳房不是直接伸出来，而是倾斜的（玛丽莲确实是这样）。"为了证明自己的说法，他请来了玛丽莲，她来到众人面前，带着美好的笑容。即便那个人掀起了她的毛衣来确认此事，她仍然保持着微笑。"她总是微笑着。"

"狼群"的领导人帕特·迪西科闯入了玛丽莲的生活。迪西科拥有高大的身材，黝黑的皮肤，英俊的脸庞，他的智慧无穷，内心却很无情，与迪思·马丁极为相似。好莱坞的男人们也喜欢他：因为他擅长玩牌，并且随时做好了准备。他迷上了歌莉亚·温德比并与之结婚，但是婚后他却虐待她，于是他们离婚了。没人能够确切地知道他的财产究竟来自何处，于是针对他身份的传言层出不穷，有人猜测说他是一名黑手党，或是一名星探，还有人说他为霍华德·休斯拉皮条，主要是针对那些与自己签署合同的女性。他于1948年春天购买了雷电华，并且留下了一本地址簿，里面记录了许多与其他好莱坞男子共享的女明星的电话号码，其中就有玛丽莲。与"狼群"的其他人一样，他的名字经常作为明星约会对象出现在八卦专栏中。

迪西科是萨姆·斯皮格尔在比弗利山庄的豪宅中的常客，那也是一个玛丽莲时常会去的地方。斯皮格尔是一位天赋异禀的推销员，一个善于装腔作势的人，同时也是一名出色的扑克玩家。他是一个喜欢并且享受社交的人，除了每周都会在豪宅中举办沙龙，他还在1947年举办了一场著名的除夕派对，共有700位嘉宾到场，其中不乏应召女郎。在他的富豪朋友的支持下，斯皮格尔成了一名制片人，他的作品中最为出名的是《非洲女王号》。

斯皮格尔还在他的豪宅里成立了一个"男孩俱乐部"，这是一个供好莱坞的男人尽情享受玩乐的地方，也是一个可以让痴迷于酒和派对女郎的人得到满足的地方。斯皮格尔在见识过波莉·阿德勒建立于纽约的高档妓院之后，也模仿它自己开了一家。他名下的性工作者聪明而且受过教育。作家巴德·舒尔伯格称斯皮格尔为"有雄心壮志的皮条客"。他打造出了很多非常高端的应召女郎，这对那些正在寻找演艺工作的女性来说，无疑是一个可以让她们更上一层楼的阶梯。斯皮格尔对电影公司的公关人员十分了解，他清楚地知道福克斯公关负责人哈里·布兰德就是一个与玛丽莲保持联系的纽带。

许多著名的好莱坞男士经常光顾斯皮格尔的"男孩俱乐部"，其中包括导演约翰·休斯顿、比利·怀尔德、奥托·普雷明格、奥森·威尔斯，代理人查尔斯·费尔德曼以及最终成为玛丽莲经纪人的约翰尼·海德（休斯顿、怀尔德和普雷明格后来导演了她拍的电影）。当休斯顿的妻子伊夫林·凯斯回忆起玛丽莲时，把她形容为"又一个像娇小的山雀般的，走路十分有趣的小金发女郎"。尽管只是"派对女孩"，但她们也有主动权，她们可以选择自己喜欢的男人，并挑选她们可以接受的性行为方式。

派对女孩的生活有时也挺有趣的。女演员玛米·范多伦说："潜规则确实存在，我甚至偶尔会发现自己也身处其中。我们从事电影行业的大多数人都经历过这些事情，尽管有些人不愿意承认。如果你年轻，身体健康，并且拥有正常的生理需求，那么和一个你觉得印象不错的人来潜规则也是件有趣的事。"专栏作家厄尔·威尔逊写道："玛丽莲做了她本不应该做的疯狂、叛逆、性感的事。"后来玛丽莲的情人，导演伊利亚·卡赞告诫她不要和迪西科一起参加派对。"在那里你只能找到让你鄙视的人，在你诚实又敏锐的内心深处，你鄙视那些混蛋。"

在这样的环境影响下，玛丽莲变得在性爱方面游刃有余。在象征着"男性私人空间"的桑拿房和酒吧中，好莱坞的男人们会讨论他们睡过的女人在床上的表现。在这些只有男人集结的场合中，他们沉迷于替代性的同性恋行为。在《我的故事》中，玛丽莲说她怀疑那些和她约会却询问关于她和其他男伴的性行为的男人，她认为他们的好奇心恰恰代表了他们的同性恋的倾向。

派对女孩处于一个容易引起歧义的地位，有性行为通常并不会受到质疑，然而一旦被贴上"荡妇"的标签，那这个演员的职业生涯就变得岌岌可危了。伊夫林·凯斯表示："当女演员回应他们的性邀请时，电影公司的男人会喜欢这种回应。他们认为，如果他们觉得你是可以亵渎的，那么观众也会感同身受。但如果他们认为你滥交，就不会再为你提供工作。"吉恩·蒂尔尼也同意这个观点。

性爱游戏还有其他危险——曾经在一个派对上有三名男子试图强暴玛丽莲。不仅如此，过多地参与性爱可能会伤害脆弱的内心，而且性爱还伴随着潜在的怀孕和堕胎的危险（艾米·格林和保拉·斯特拉斯伯格都认为玛丽莲曾有过多达12次的堕胎经历）。福克斯的制片人之一大卫·布朗说，派对女孩往往"经历过某种自尊的丧失，或是曾有一种受害的感觉，所以始终渴望通过取悦他人来促进职业生涯的发展"。布朗很了解玛丽莲，也知道他的评论可能会被人套在她身上。他补充说，这种受害也会引起愤怒。一旦玛丽莲成为明星，这种愤怒在她的行为中就会持续存在。

玛丽莲作为派对女孩的工作是间歇性的，她对待人生就像对待朋友一样，同时过着不同的生活。她会去拜访安娜·劳尔和格雷丝·戈达德，有时还会去看她曾经很喜欢的养父母——克内贝尔坎普和豪厄尔。她很少见到比比和诺娜，她们的生活与她的生活不同。比比结婚了，生了一个孩子，成了一名母亲，同时也是一名女服务员。而诺娜则成了一名哥伦比亚影业的签约演员，并对戈达德家族深感愤怒。她把自己变成像电影女演员乔迪·劳伦斯一样黑头发的强硬女孩，也获得了一些名气，但远不及玛丽莲。

玛丽莲也有过固定的约会对象。1946年11月下旬，她作为一名福克斯新星在好莱坞的林荫大道进行圣诞节游行时，喜剧演员艾伦·杨看到了她并邀她出去约会。他到安娜·劳尔的公寓接她，看到了挂在起居室的墙上的基督教科学教会的照片，于是提到他也是基督教科学派的信徒，这让玛丽莲欣喜若狂。那天晚上，她一直不停地表达着自己对这个宗教的喜爱。他们互留了联系方式，但后来他们没有再出去约会过。玛丽莲还与伟大的卓别林的儿子小查理·卓别林约会，他们是演员进修班的同学。小查理·卓别林没有吸引人的外表，又在情感上被父亲的不屑一顾深深伤害，于是他总是借酒消愁，但他并没有像外界宣称的那样成为一名瘾君子。玛丽莲与他的关系大多是柏拉图式的，拥抱多于性爱，这对玛丽莲来说并不特别，比起性，她其实更渴望爱情。

有一天，小查理回到家中，发现她和他的兄弟悉尼一起睡在床上，而悉尼是好莱坞一个风流的男人，长相英俊又幽默风趣，时而还会表现出电影中才有的英雄浪漫主义。即使在这样的背叛之后，小查理和玛丽莲依然是好朋友，她让小查理有了很强的自尊心，并给了他很好的建议。雪莉·温特斯声称，她和悉尼、小查理以及玛丽莲有时会一起约会，享受好莱坞的美好时光。

玛丽莲还与福克斯的签约演员汤米·扎恩约会。他是在一个寄养家庭中长大的孤儿，不仅是一名基督教科学教徒还是一位世界级的冲浪爱好者——这对玛丽莲来说无疑是极具诱惑的。她在圣塔莫尼卡海滩与他一起冲浪，而他会以杂技般的姿势将她举起，为聚集在沙滩上的女孩们表演。玛丽莲曾经只是站在场边的一个观望者，而现在她是一个和冲浪者一起表演的参与者。后来在玛丽莲的生活中处于重要地位的彼得·劳福德也对冲浪很感兴趣。有一天，当他出现在沙滩上时，是汤米·扎恩将他介绍给了玛丽莲。

摄影师比尔·伯恩赛德是玛丽莲的另一位男友，他是英国的 J. 阿瑟·兰克公司在好莱坞的代表，并且在布鲁诺·伯纳德的工作室与玛丽莲邂逅。她喜欢他的学问，他们一起阅读了济慈和雪莱的著作，并在海滩上并肩散步，伯恩赛德被玛丽莲的不同寻常给迷住了。她的思维跳跃，经常从一个主题瞬间转到另一个主题，比如随着突如其来的情绪，她会迅速把话题从"坟墓"切换到"同性恋"，让人难以捉摸。她从不谈论她的私人生活，她对男人的接触十分谨慎，却并没有因此而变得性冷淡。她可能是十分狡猾的，却又"像狐狸一样愚蠢"。

玛丽莲一直保持着天真的表情和态度，但当她发现自己被业界和男性利用时，她展现出了愤世嫉俗的一面。尽管如此，她表面上还是一副甜美大方的样子，她对于这样的"角色扮演"轻车熟路，毕竟长期以来在人们的印象中她都是如此。许多早在她初入好莱坞的那几年就认识她的人把她描述成既是一个流浪者又是一只小猫，这是一种奇怪的描述，她认为对她的这种评价反映了她温顺甜美的性格，以及她偶尔表现出的男孩子气的强硬态度，而跟她的身材无关。米高梅的服装设计师伊迪丝·海德说，她看起来像一只毛茸茸的小波斯猫。《生活》杂志的娱乐编辑汤姆·普利多把她形容为一个"街头顽童"。这就是玛丽莲的"诡计"，获得人们的同情，同时让他们看到"一个小孤儿是如何华丽变身为秀兰·邓波儿的"。作为一个敏锐的"人类行为观察者"，玛丽莲知道男人们都喜欢童颜，同时它还能激发女人的母性情怀。而她变幻莫测的女性气质则是她进行交易的资本。

但是，玛丽莲也可以迅速脱离"孩子"这个人物角色，变成性感的玛丽莲，那个成熟的人物。为她的八部电影设计了服装的比利·特拉维拉说，她喜欢让人们感到震撼，她"肮脏的小屁股"便是其中一种方式。她会通过与人们对视来迷惑他们，特别是男人。"她是我所认识的，最能让男人感到自己既高大，又英俊，还十分迷人的女人，她只需一个坚定的眼神，就能让男人沉溺其中。"特拉维拉评价道。专栏作家莎拉·格雷厄姆称她的模样能让所有遇见她的男人都觉得她爱上了他们。玛丽莲生前的最后一位精神病医生拉尔夫·格林森的女儿琼·格林森说，玛丽莲常常能做到一些旁人甚至都不敢想象的超乎寻常的事情。

她母亲的温柔以及福音派和基督教科学对罪恶的谴责，与她选择的人生大相径庭，很显然，她成功地塑造了一个过于性感的角色。在福克斯，她塑造的"邻家女孩"形象并不成功，而那时的影迷杂志又在呼吁用一种更极端的"性代表"，来与意大利性感女演员竞争，比如"侵入"好莱坞的吉娜·罗洛布里吉达以及电视屏幕上的金发美女。为此，她创造了那个在聚会和首映式上露面时经常扮演的"综合性"的玛丽莲·梦露。然而，在她的电影中，她却完全改变了这个角色。

其实，就在扎努克于1947年8月将玛丽莲从福克斯扫地出门之前，她已经遇到了可以改变她职业生涯的人。这些人中，甚至有米高梅的领导人之一露西尔·赖曼和她的丈夫约翰·卡罗尔，他是一名克拉克·盖博式的人物，且出演了很多动作影片。这对强大的夫妇成为她新的拥护者。本·里昂仍然在帮助她，而他恰好与露西尔是很好的朋友，他们在电影公司里做着相同的工作。1947年初夏，玛丽莲在本·里昂的圣莫尼卡海滨别墅里与约翰邂逅，后来他们发生了一段风流逸事。约翰似乎偏爱金发明星，因为另一位年轻的金发演员莱拉·利兹去年在他们家生活过。

鉴于露西尔在米高梅的影响力，约翰从未想过离开她。事实上，露西尔起初很喜欢玛丽莲，她形容玛丽莲为一个"无家可归的流浪者"和一只相当有魅力的"性爱小猫"。当玛丽莲告诉他们，那年秋天，她在自己的公寓里差点被一名下班的警察强奸之后，他们便邀请她与他们同住。当玛丽莲承认自己已经破产时，约翰表示愿意支付她每周一百美元来帮助她维持生活。而露西尔则把自己的衣橱向玛丽莲开放，任她借用自己的衣物。

在与卡罗尔签的合约中，玛丽莲称自己为"埃弗斯之旅"，这是对她自己"流浪猫"称号的自嘲，因为她把在好莱坞居无定所的自己看作是一个在各地流浪，无法摆脱自己童年阴影的寄养儿童。像许多签约演员一样，玛丽莲在经济上并不宽裕，她要为表演课、声乐课、衣服和一辆汽车付费，还要给朋友送礼物。有一次，她实在是无力偿还债务，于是当时仍是她经纪人的哈利·利普顿默许她预支工资来还清信贷机构的钱。

好莱坞专栏作家称露西尔·赖曼曾是玛丽莲"最好的朋友"，但是多年后露西尔却用恶毒的语言描述她，声称玛丽莲用她所扮演的弱不禁风的角色和她被虐待的故事来获得约翰和她的同情。露西尔声称她一丝不挂地在他们的房子中走来走去，并在周末无缘无故地消失，却不给出任何解释。露西尔否认玛丽莲和约翰的婚外情，并指责玛丽莲捏造了强奸未遂事件。然而哈利·利普顿证实了他们的绯闻，八卦专栏作家也将玛丽莲和约翰当作夫妇。利普顿还证实了强奸未遂事件，因为这件事发生之后，惊魂未定的玛丽莲给他打了电话，他立即冲到她的公寓安慰她。

露西尔还声称，玛丽莲在好莱坞大道上靠卖淫换取自己的前程，但这些说辞难以服众，毕竟，露西尔是一位年长的女人，而她的丈夫却总是关注年轻的金发女郎。前一年和他们一起生活过的莱拉·利兹是一个著名的毒贩，她可能曾是街边的应召女郎，而不是玛丽莲。

不过，玛丽莲倒是有可能被迫进行性交易，不过不是为了钱，而是为了生活。她可能会因为小时候受到的性虐待而刻意惩罚自己，但她并不想把自己当成妓女。

应该是在 1948 年初，玛丽莲遇到福克斯的创始人约瑟夫·申克和其在好莱坞的业务经理，那时的他将近 70 岁，已经处于半退休状态。作为一个风流浪子，他一直关注着福克斯的明星，而玛丽莲看起来是诱人的猎物。露西尔想把玛丽莲赶出家门，让她离开约翰的生活，申克作为露西尔和约翰的朋友收留了她。

1948 年的春天，玛丽莲搬到了电影公司，但她在未来几年却经常住在申克在比弗利山庄的公寓里。那是她为自己准备的，可以暂时从生活的残酷中逃离的地方。

克拉丽丝·埃文斯在电影公司与玛丽莲一起住过。她对玛丽莲的描述与露西尔·赖曼明显不同。克拉丽丝说玛丽莲拥有很多书籍，她致力于基督教科学，参加志愿者活动以及跟着治疗师学习。她每天都在琢磨玛丽·贝克·埃迪的《科学与健康》，并将其当作进步的"药物"。"她从不抱怨，"克拉丽丝说，"面对挫折，她从不逃避，从不去多想自己的失败，而是立即采取积极的行动来应对。"她的座右铭是"努力让自己做到最好，你就能达到人生顶峰，这就是为什么即使只剩最后一分钱，我也要将它用到我的学习上。"她告诉克拉丽丝："即使所有的好莱坞电影大亨都告诉我无法成为人上人，我也不会相信。"

1948 年 3 月，安娜·劳尔因心脏病去世了，她被安葬在韦斯特伍德中部的韦斯特伍德纪念公墓中，格雷丝和玛丽莲都出席了她的葬礼。毫无疑问，玛丽莲失去了自己的亲人。她说，在安娜下葬的那一刻，她的心也被一起埋葬了。虽然这就是安娜的命运，但听起来却像是一出虚构的戏剧，而不是一件真实的事。在安娜生病的漫长日子里，玛丽莲遇到了很多人生导师，特别是露西尔·赖曼和约瑟夫·申克，他们给她带来的影响是不可估量的。到了周末，她偶尔会与怀特·斯奈德及其家人一起去海洋公园码头，享受那里的娱乐设施，或是一起在街机游戏厅里放松自我。在安娜离世之后，玛丽莲时常会去韦斯特伍德墓地祭拜她。有时候她坐在长椅上，在城市的树荫下，静静地读一本书，以此来缅怀安娜。在电影公司的时候，她经常坐在大厅的座机旁，与代理商、制片人以及和她约会的男人煲电话粥。克拉丽丝说，虽然她从未见到过，玛丽莲也从未主动提及，但她知道玛丽莲的确有很多不同的约会对象。

约瑟夫·申克就是玛丽莲众多约会对象中的一个。他在世纪之交时从俄罗斯移民到纽约，并在布鲁克林开了一家以销售药品为幌子，实则进行非法毒品交易的药店，并赚得盆满钵满。约瑟夫有一个兄弟叫尼古拉斯，后来成了米高梅在纽约的负责人，他们两人在新泽西州的帕利塞德合资建造了一座游乐园。到了 1910 年，约瑟夫成了一家全国连锁的歌舞杂耍剧场和一家电影院的负责人。他在 1916 年与诺玛·塔尔梅奇结婚，并一手将她捧红。1926 年，他成了联美公司的总裁，并于 1935 年与达里尔·扎努克一起，通过合并二十世纪影城与福克斯电影而创立了后来享誉无数的二十世纪福克斯。

秃顶、冰蓝色的眼睛、薄唇，约瑟夫看起来像一个谜一般的神秘人物。其貌不扬的他却是一个优秀的倾听者，并且总能给出良好的建议。这些品质让想要和他结交的年轻女性蜂拥而至。

每逢周六，他会在比弗利山庄的豪宅里举行盛大的晚宴，并派豪车接送他邀请的明星们，而玛丽莲是晚宴的常客。来参加晚宴的客人远不止她一人，还有诸如在福克斯工作的医生诺琳·纳什和她的丈夫李·西格尔，经营着一家适合电影人吃饭和举办派对的餐厅的迈克尔·罗曼诺夫和妻子格洛丽亚·罗曼诺夫等。专栏作家卢埃拉·帕森斯也经常出席，玛丽莲喜欢称呼她为帕森斯小姐，告诉她格兰戴丝和格雷丝曾用她的专栏作为引子教她阅读，这让帕森斯对玛丽莲颇有好感。根据格洛丽亚·罗曼诺夫回忆，玛丽莲第一次参加约瑟夫的派对时，戴着白色手套和一顶帽子，看起来就像一位上流社会的名媛。她在派对上品尝着昂贵的香槟，这些香槟成了她日后最喜欢的饮品之一。"每一个弹出的软木塞都像在替她宣告：看着我，我不是被遗弃的孩子，也不是孤儿！"

玛丽莲还会去参加约瑟夫·申克的扑克派对。有传言说，在约瑟夫的扑克派对上，衣不蔽体的"派对女孩"为宾客们端茶送水，并且做好了随时陪他们上床的准备。但马里恩·马歇尔否定了这些谣言，她说，她和玛丽莲的确在派对上开怀畅饮，但大家都穿着得体，没有任何色情的行为。"约瑟夫只是一个孤独的老人，"马里恩说，"他就像一个听人忏悔的神父。"在玛丽莲所回忆的扑克派对上，她安静地坐在角落里，听着他们因为赌博而发出的阵阵恼人的呼声。

约瑟夫被玛丽莲深深地吸引了。他喜欢她用不同寻常的方式讲述自己童年的故事。他很快就邀请到了玛丽莲参加他的晚宴，并和她并肩坐在上座上。帕特·迪西科的堂兄阿尔伯特，是一位电影制片人和扑克玩家，每当玛丽莲出现在约瑟夫的庄园时，都会在那遇到他。阿尔伯特认为约瑟夫对她很痴迷。"他想和这个小甜心成为朋友，很多次我都能从约瑟夫的脸上看出来。当她走进房间时，他的整个世界都变得明亮起来。有时候我们会一起坐在游泳池边上，对他来说，能听到她的笑声就已经是一种极大的满足了。"

玛丽莲请求约瑟夫帮她说服扎努克恢复与她的合约，但约瑟夫却和扎努克意见相左。玛丽莲在《我的故事》中写道："申克先生看着我，从他的脸上，我读出了几千个曾在他面前发生过的故事——其中有失去了工作的女孩的故事；有吹嘘自己，成功时咯咯笑，跌落谷底时号啕大哭的女演员们的故事。他没有试图安慰我，他也没有握着我的手许下任何承诺。我从他疲惫的目光中可以看到他曾见证过好莱坞的历史，他总是说：'继续前进吧。'"当他有性需求的时候，玛丽莲会留在他的公寓。久而久之，他们就变得无话不谈。她会向他咨询工作上的事情，他也乐于为她的职业生涯出谋划策。"他向我描述了'圈内'的运作方式，以及如何应对这些问题。他曾多次为我的人生指路。"

　　家财万贯的约瑟夫曾提出要和玛丽莲结婚，承诺做她的经济支柱，但她拒绝了。她并不爱他，并且告诉他，在经历了与吉姆·多尔蒂的毫无感情可言的婚姻后，她不想再重蹈覆辙。她还表示她不想要钱，她只想成为明星。于是约瑟夫让她在一部福克斯的电影《你是为我而生的》中饰演了一个小角色，但是她的戏份全被剪掉了。她也曾在福克斯员工制作的电影《只为寻欢》中出演。然而约瑟夫最终还是没能动摇扎努克不想和玛丽莲续约的决定。于是约瑟夫说服了一个喜欢玩扑克的好友哈利·科恩，让玛丽莲在哥伦比亚签署了一份为期六个月的合约。

　　1948 年 3 月，当玛丽莲开始在哥伦比亚工作后，她发现这似乎是一次意外的收获。科恩正在寻找能代替女明星丽塔·海华丝的女孩，并且他认为玛丽莲可能就是合适的人选。于是他让造型师把她变成一个魅力女孩，修饰她的发际线，以此来突出她额头的 V 型发尖。然后为了追求性感，她的脸被削掉了一点，这使得她的外观看起来更加精致，并且她的头发被做成光滑的内卷。在哥伦比亚时期，玛丽莲所拍摄的照片中，她看起来就像是年轻的拉娜·特纳。

　　科恩让她出演一部讲述一个母亲和她的女儿组成的脱衣舞团的 B 级音乐剧——《女士们的合唱》。这些"女士"是十分正经的，她们不会做电影分级制度所限制的扭摆下身的色情表演。即使只是出演一部预算很小的 B 级电影，追求完美的玛丽莲也以蒙娜·梦露的身份在市中心的脱衣舞剧场中练习了一段时间。她还与布鲁诺·伯纳德一起观看莉莉·圣西尔的表演。圣西尔是佛罗伦萨花园的顶梁柱，也是伯纳德的签约模特和一位脱衣舞明星。身材高挑，体态丰满，又拥有完美线条的圣西尔为脱衣舞注入了新的优雅和魅力，她缓慢的动作，与以往在脱衣舞表演中占主导地位的粗犷表演形成鲜明对比。

玛丽莲总是准时到场拍摄《女士们的合唱》，她总能准确地记住她的台词。她的演唱很投入，步伐优雅，尽管她看起来更像是一位"邻家女孩"而不是一位魅力女王。在其中一场戏的拍摄中，她带领合唱团唱歌："每个婴儿都需要一个爸—爸—爸—爸爸。"她天真无邪的娃娃脸让人联想到 20 世纪 50 年代关于性别观念的第二个主题——妇女的幼稚化。

在哥伦比亚期间，玛丽莲与她的声乐老师弗雷德·卡格尔浪漫地邂逅了。弗雷德很有礼貌并且受过良好的教育，他会创作音乐，有自己的乐队，并且经常与明星约会。他喜欢玛丽莲内省的一面以及她的神秘感，他认为这是她信仰基督教科学派的结果。心情沉重时，玛丽莲会花好几个小时与他探讨生活的意义，她告诉他，她没有用性来换取她的事业，并且一度只忠于一个男人。但这是一个饱受争议的说法。玛丽莲甚至想嫁给他，但他拒绝了。他谴责她的思维不合逻辑，并且野心勃勃，而且他认为对于自己的女儿特里来说，她不会是一个好母亲。而当我采访特里时，她告诉我弗雷德偏爱刚强独立的女子，所以他的决定是符合常理的。他绝不会和温柔的玛丽莲结婚，特里说，即使她自己很崇拜玛丽莲。1948 年年底，弗雷德和玛丽莲分手了。一些作者认为，她受到了打击，甚至试图自杀，但她在《我的故事》中却声称弗雷德后来希望她能够回来。

玛丽莲因为弗雷德的离开变得意志消沉，这是继与吉姆·多尔蒂的婚姻之后，她第一次正式的恋爱关系。在《我的故事》中，她说，她面对弗雷德时产生的性反应使她意识到自己并不是一个女同性恋。她告诉埃利亚·喀山，他们的性生活非常和谐，她的性欲也因此变得强烈起来。为此，她咨询了一位医生，后者对其进行了调理。无论她的这一举动是为了告诉喀山真相还是试图引起他的兴趣，她的说法都将那些说她冷漠无情的指控驳回了。但这样的一番话却并不能解决她内在的各种痛苦。

弗雷德曾把玛丽莲介绍给了他的家人，他们都很喜欢她，并希望弗雷德能和她结婚。弗雷德有一个庞大的家庭，包括他和他的女儿特里，他的妹妹玛丽·肖特以及她的两个孩子，还有他那失去丈夫的母亲安妮·卡格尔。安妮·卡格尔是一位好莱坞贵妇人，对别人保持着戒备之心。她在20世纪初期放弃了自己的工作，与好莱坞制片人马克斯·卡格尔结婚，但他在婚后几年就去世了，留下两个孩子与她相依为命。安妮·卡格尔早年的这些经历让她在好莱坞备受爱戴。

周日晚上，在卡格尔家的宴会上，弗雷德弹钢琴，玛丽莲唱歌。他们还举办了感恩节和圣诞节派对，玛丽莲一一出席。玛丽莲很受他们家人的欢迎，她与安妮很亲近，在母亲节和生日时送她礼物，并亲切地称她为"娜娜"。她和孩子们打成一片，参加他们的生日派对并跟着他们一起玩游戏。她还给玛丽·肖特起了一个绰号叫"布丁"。玛丽莲和弗雷德的女儿特里也很亲密，她曾带特里一起到基督教科学派服务多年。她甚至还会和弗雷德的第一任妻子帕蒂·卡格尔一起恶作剧：当弗雷德与女演员简·怀曼结婚时，她们在草坪上放置了玛丽莲在《七年之痒》中的全尺寸剧照。

除了卡格尔家之外，玛丽莲也和娜塔莎·莱泰丝愈渐亲密。莱泰丝是哥伦比亚的首席戏剧表演老师，后来成了玛丽莲的私人导师。娜塔莎曾是在柏林和维也纳演出的马克斯·莱因哈特剧团的一员，她和许多来自这个剧团的人以及其他德国犹太人演员一样，当希特勒上台执政时，移民到了好莱坞。娜塔莎自称是另一名移民到好莱坞的犹太难民——德国小说家布鲁诺·弗兰克的遗孀。然而，大多数历史记载中所提及的布鲁诺·弗兰克的遗孀是莉斯尔·弗兰克，不是娜塔莎。与娜塔莎一起学习过的唐纳德·沃尔夫告诉我，娜塔莎其实就是莉斯尔·弗兰克，只不过用着不同的名字而已。但好莱坞德国犹太难民社区的消息来源指出，莉斯尔·弗兰克的生活地址与娜塔莎不同。也许娜塔莎是弗兰克的情妇，而不是他的妻子。

但是，如果娜塔莎真的就是莉斯尔·弗兰克，那她对玛丽莲的影响将会无比惊人，毕竟莉斯尔·弗兰克是柏林音乐厅和维也纳音乐厅的舞台明星费兹·马萨里的女儿，这样的背景，足以让娜塔莎把玛丽莲推上欧洲各个分量十足的舞台。

当娜塔莎在1948年遇见玛丽莲时，她认为她没有什么希望。"她非常压抑，也相当紧张。她没有一句话是能够流畅地说出来的，就好像她已经和现实脱节了一样。"第一次交谈时，她穿着一件红色的紧身低胸针织连衣裙。她的鼻子上有一个用浓妆也无法遮掩的肿块。"她那夹杂着尖锐和呜咽的声音，让我感到紧张，我不得不要求她，在情绪缓和之前，不到万不得已不要开口回答。"在娜塔莎遇到玛丽莲不久之后，玛丽莲出演的《女士们的合唱》就开始了拍摄，而在拍摄过程中，玛丽莲的表达能力又十分正常。也许是娜塔莎的苛刻吓到了她，但玛丽莲决定坚持。她意识到只有像娜塔莎这样会在自己身上花费数小时的女强人，才能把她变成一个女演员。

娜塔莎教了玛丽莲六年，并指导过她的二十二部电影。她总以一种苛刻的方式来让人们从竞争中脱颖而出，毫无疑问她在玛丽莲的演艺事业上起到了至关重要的作用。她还教玛丽莲文学和艺术，把她带到博物馆，通过了解古董的方式来让她学习有关设计的历史，这也促成了玛丽莲终身的爱好。她甚至为玛丽莲列了一个推荐书单，上面有两百本书，玛丽莲把它们读了个遍。玛丽莲告诉摄影师安东尼·波尚："是莱泰丝小姐让我释放了自己，她给了我内心的平和，让我了解生活。可以说，我所拥有的一切都是她赐予的。"专栏作家阿诺德·阿布诺笔下的玛丽莲和娜塔莎是不可分割的。"她们将夜晚以及电影场次之间的闲暇时间全部用在了学习上。"

莱泰丝以回忆录的形式给了莫里斯·佐洛托一个未发表的采访稿，它的草稿现存于得克萨斯大学。娜塔莎在回忆录中以及随后在佐洛托和他的助手简·威尔基的采访中所描述的玛丽莲，都是很难让人理解的。她与男人之间发生性关系，却又对此感到内疚。她患有"坏女孩"情结，她的自尊变得所剩无几。她对自己的一切都守口如瓶，"即使只是简单问候一下她在某个晚上会去哪里，也会被她视为不可饶恕的刺探"。玛丽莲可以做到从现实中脱离，就像藏匿在水下一般。"只有她自己内心的信念能够让她继续前行。"

玛丽莲的生活变得非常复杂。到1948年春，她与弗雷德·卡格尔以及约瑟夫·申克、娜塔莎·莱泰丝、帕特·迪西科、约翰·卡罗尔、露西尔·赖曼等都扯上了关系。米尔顿·伯尔说在拍摄《女士们的合唱》期间与她有染，霍华德·凯尔则坚称他们在那一年旧情复燃。设计师奥列格·卡西尼则说，他为他的妻子吉妮·蒂尔妮设计过一件衣服，玛丽莲在向他请教了这件衣服的设计理念之后，和他发生了性关系，并受邀参加他和吉妮主办的大型聚会。吉妮很愤怒，"你怎么能这样！"她尖叫着，"你怎么能邀请那个小流浪汉！她根本就不配来这儿！"

如果他们所说的事情全部属实，那么玛丽莲如何能在有限的时间里周旋于这么多的活动无疑是令人费解的。当然，这当中很多人的描述肯定是在多年之后凭空捏造的。不过，生性善良乐观，再加上轻快的笑容以及象征着性爱的光环，玛丽莲的魅力的确让人无法抵抗。米尔顿·伯尔说，当他带玛丽莲去夜总会时，她会坐在桌边，睁大眼睛，喜欢问问题，得到答复后通常会大呼一声。据他介绍，他们的婚外恋是一个偶然，也十分短暂。

　　1948年9月，当玛丽莲在哥伦比亚的合约即将结束时，哈利·科恩决定不再与她续约。这和她的表演完全无关，只是因为他曾向她发出邀请，希望能和她一起乘坐自己的游艇前往圣卡塔利娜岛，但玛丽莲表示如果他的妻子也一同前往的话她才会答应。玛丽莲有时的确是幼稚的，刻意提到他的妻子，这对他来说是一种侮辱。科恩愤怒地骂玛丽莲是一个"该死的荡妇"，并告诉她自己再也不想见到她了，就像在外所传言的那样粗鲁。其实玛丽莲拒绝与他一同去圣卡塔利娜岛是明智的，丽塔·海华丝称他为"怪物"，而女演员科琳娜·卡尔韦在几年前和他去过圣卡塔利娜岛之后，就不得不想办法竭力摆脱他。辞退玛丽莲后，科恩的助手马克斯·阿诺认为科恩犯了一个错误。当时玛丽莲刚参加完《绛帐海堂春》的主角试镜，那是一个傻里傻气的金发女郎角色，最终却落到了朱迪·霍利德头上，科恩甚至连玛丽莲的试镜都懒得去看。

　　离开哥伦比亚影业公司之后不久，依靠制片人莱斯特·考恩，玛丽莲在马克斯兄弟的电影《快乐爱情》里饰演了一个性感金发女郎的配角，在一个短暂的场景中，玛丽莲的台词是"有人在跟踪我"，和她搭戏的是格劳乔扮演的私人侦探。然后，玛丽莲扭着屁股走开。格劳乔斜倚在她的背上，说他能帮她弄清这件事。在这段戏里，玛丽莲既性感又有趣，既要保持自己金发碧眼的风格又要模仿戏里的人物特征。虽然她的戏份不多，但是你能在这部戏里看到一个性感而又魅力四射的玛丽莲。

　　经过这次合作之后，玛丽莲给考恩留下了非常深刻的印象。他决定以玛丽莲为模板，在全国范围内组织一场选秀活动，并准备刊登在《生活》和《展望》杂志上。"我刚刚签了一个非常合适的女孩，"他在11月初的时候写道，"她就像是拉娜·特纳和艾娃·加德纳的结合体，比贝蒂·格拉布尔还要会唱会跳。"选秀是在1月份开始的，在纽约等城市展开，但是后来却没有任何收获。3月份的时候，考恩接到了《展望》杂志的一封电报，上面写着："我们已经为杂志定稿了，有可能明天就能制作完成，然后发行到东部去。"这也代表着不管是《生活》杂志还是《展望》杂志，都不会出现玛丽莲了。为什么这一切戛然而止至今还是一个谜，当时考恩的资金已经用光了，并且一年之后仍然没有发行那部电影。尽管如此，在6月和7月，玛丽莲为了宣传这部电影仍然跑遍了纽约和中西部的一些城市。

这真的是考恩自己的计划吗？相比之下，更说得通的解释是，在此之前玛丽莲就已经遇见了好莱坞首屈一指的天才经纪人，威廉·莫里斯经纪公司的副总裁约翰尼·海德。而海德也确实有能力组织这样的全国选秀。1898年，海德和他家族的八名成员从俄罗斯移民到这里，凭借着小巧的身材，他们组成了一支著名的杂技团队。在20世纪20年代中期，海德离开了他们，做了一段时间的团队管理工作后，他加入了威廉·莫里斯经纪公司并搬到好莱坞去从事经纪人的工作。他是外界公认的最好的经纪人之一，他曾帮助丽塔·海华丝和拉娜·特纳成为明星。《快乐爱情》的总监大卫·米勒说，是海德把玛丽莲介绍给莱斯特·考恩的。

1948年，玛丽莲和约翰尼在萨姆·斯皮格尔举办的除夕派对上首次公开情侣关系。斯皮格尔和海德是朋友，当时的海德已经五十多岁了，患有心脏病，他正在为他的生活寻找一个新的目标，于是他把目光锁定在了玛丽莲身上。他看到了她的"明星潜质"，于是决定成为她的导师，想把她塑造成另一个丽塔·海华丝或拉娜·特纳。按照好莱坞的说法，是他"发掘"了她。那一年玛丽莲22岁，而他比玛丽莲大三十多岁。

1949年春天，海德离开了他的妻子和孩子。他在比弗利山庄租了一间房子，玛丽莲有时会住在那里，但她没有退掉自己的公寓，并用自己的收入来支付房租。同时，约翰尼也是她的导师，当她在等待《快乐爱情》的巡回演出开始之时，他把她带到了像罗曼诺夫，西罗和布朗·德比这些"水比较深"的地方。一些重量级人物在桌旁"互相交换着自信"。玛丽莲虽然很少说话，但她学到了很多东西。约翰尼经常劝告她，要成为一个明星，首先要成为一个有存在感的人，要主宰八卦专栏和屏幕。他让她多看无声电影，尤其是查理·卓别林的。他说，有史以来最具表现力的表演就是在无声电影中，演员们在无法用言语表达的限制下，不得不用他们的身体和眼睛来表达情感。

　　春天的时候，玛丽莲的工作变得不那么稳定了，她的大部分收入都来自模特工作。3月，约翰尼从哈利·利普顿手中买下了她的合同，并让她与威廉·莫里斯签约。他带她去见二十世纪福克斯公司的首席编剧南奈利·约翰逊，他与扎努克关系很近，但他对玛丽莲并没有太深刻的印象，他认为她只是一个正在努力成为明星的小女孩。4月，玛丽莲成了著名摄影师菲利普·哈尔斯曼选择的七个年轻女明星中的一员，他准备在《生活》杂志上写明星和他们的演技的故事，玛丽莲离成功又近了一步。他在几种不同的状态下拍摄了每个人的反应——遇到一个怪物时，"听到"一个听不到的笑话时，亲吻一个不可抗拒的男人时。除了亲吻的那组照片之外，玛丽莲表现得并不理想，她十分局促并且做动作的时候全身僵硬。哈尔斯曼认为她渴望兴奋又害怕身体暴露太多，她的心里上演着一场拉锯战。

　　也许玛丽莲也察觉到了他的感受。5月，她决定开始做裸体模特——这无疑是一个令人震撼的决定。电影分级制度和中产阶级的观点都对裸体进行了谴责，他们认为这是不道德的。然而私底下玛丽莲已经沉迷于此，她正努力让她所创造出的"性化"的角色登上荧幕。有些女人会在脱衣舞表演和电视屏幕上展示她们的半裸装扮。达格玛是一个舞队的领舞，同时也是一名电视明星，她的名字家喻户晓。1948年，阿尔弗雷德·金赛所做的以一万名受访者为基础的关于男性性行为的研究一经发表，便在全国引发了轰动，因为结果表明那些在家里进行性行为的男人根本不是清教徒。

　　玛丽莲对自己的身体很有信心，但这种信心可能会与她的谨慎相冲突，这是她受过良好的家教的结果。托尼·柯蒂斯是玛丽莲多次约会的签约演员，他记得她经常穿着透明衬衫，引得男人纷纷驻足观望。她还喜欢在午餐时间在制片厂里展示自己的身材，穿紧身裙而不穿内衣成了她独有的习惯。记者吉姆·亨利汉和莎拉·格雷厄姆在当年春天各自采访了她，两个人都注意到她穿着紧身短裙，上衣里不着寸缕，一对乳房自然地垂在胸前——这样的张扬与她的心情形成鲜明对比：她就像是一只瑟瑟发抖的兔子。她在静态相机前充满自信，在私底下则沉迷于无拘无束的爱情中，当她鼓起勇气不再惧怕生活时，她浑身上下散发着诱人的魅力。对于格雷厄姆抱着一本包含弗洛伊德作品的大书来采访她，她表示无法理解。

也许，在吸引这些电影专栏作家的路上她还有很远的路要走。

5月初，她得知她的母亲与一个名叫约翰·斯图尔特的电工结婚了，这让她十分震惊，并激起了她的叛逆心理，于是她进一步做着母亲并不喜欢的暴露身体的事。她也曾试着与格兰戴丝冰释前嫌，但她总是尝试去和她认为是自己父亲的斯坦利·吉福德见面，虽然他从未回应过，这让她们之间的爱恨关系变得更加复杂。

玛丽莲声称她做裸体模特完全是为了钱——她想要赎回她的车，顺便让信贷机构不再打扰她。那几年，玛丽莲一直都是负债累累的状态。每次做裸体模特给她带来的50美元的报酬远高于做泳衣模特。她尝试过向约翰尼·海德借钱，但他当时正在欧洲参加丽塔·海华丝与阿里汗王子的婚礼。尽管如此，但玛丽莲深以能够自给自足为荣。

玛丽莲曾为厄尔·莫兰做过半裸体模特，她也曾穿着黄色比基尼为布鲁诺·伯纳德和拉兹洛·维林格做过模特。以拍裸照而闻名的摄影师安德烈·迪内斯曾请她做裸体模特，但被她拒绝了。现在她却愿意给另一位以拍裸照出名的摄影师汤姆·凯利充当裸体模特。玛丽莲偶尔会在冲动的时候做出冲动的决定，但是当她思绪冷静之后，她也不会改变之前的决定。

裸体写真的故事始于1949年的初春，在等待《快乐爱情》之旅开始之际，她去了凯利的工作室应征模特。起初她并没有给他留下深刻的印象：她的妆容过度夸张，裙子太紧，衬衫太低。凯利认为她看起来就像一个妓女。但是，当她因为贫穷，不得不用低沉又性感的声音来恳求他时，他动了恻隐之心。当玛丽莲身穿泳衣为啤酒拍摄广告时，他对她的看法发生了变化——他发现她是一名非常专业的模特。她的身材很丰满，双唇微张，嘴边挂着一个嘲弄的笑容。她正在努力塑造一个性感的玛丽莲·梦露。

在那之后不久，全美最大的日历出版公司之一的负责人约翰·勃姆加斯出现在凯利的工作室，来看看他是否有裸照出售。裸体日历仅占勃姆加斯销售额的百分之十，但即使这样，每年的销售额也高达两百万美元。凯利的墙上挂着一幅玛丽莲的照片，勃姆加斯仔细观察着她美丽的身体，并建议凯利为她拍一组裸体写真。

凯利问玛丽莲是否愿意做裸体模特，刚开始她拒绝了，但随后她就想起了她在1947年秋天和凯利偶然相遇的事。那时玛丽莲开车去试镜，她的汽车在凯利的工作室门前出了故障。凯利给了她十美元让她去修车，她却一直没能偿还这十美元。为了和安娜·劳尔的信条保持一致，玛丽莲总是努力还清债务。于是玛丽莲决定答应他的请求。当她因为担心这张照片可能会阻碍她的事业发展而犹豫不决时，凯利承诺他的女合伙人也会在房间里，并且他会修饰那张照片，让别人无法认出那就是玛丽莲。

凯利很快就安排好了一切。他让玛丽莲躺到地板上的红色天鹅绒的剧院幕布上，将红色天鹅绒与女性的性感完美地融合在一起。玛丽莲躺在幕布上时，他站在梯子上，从10英尺高的角度来拍摄她。拍摄期间，他还在留声机上播放了伦巴。在接下来的两个小时里，玛丽莲用自己的身体完全主宰了拍摄过程，凯利则静静地在一旁欣赏她的表演。她的确是一个出色的模特，她清楚地知道如何将自己最好的一面展现给镜头。

玛丽莲所拍摄的两个版本的裸体写真都十分出名。在第一部题为《金色的梦》的作品中，依照女性身体的曲线，她摆出一个 S 的形状，就像在 18 世纪由画家威廉·霍加斯所创立的女性的"曲线美"那样。《金色的梦》以宙斯在金色淋浴中和达那厄进行性爱的故事为背景，展现了粗俗的现代性爱。在第二个名为《新皱纹》的版本中，她将身体伸展开来。"新皱纹"既指天鹅绒窗帘的褶皱又表现了玛丽莲的别出心裁，画面中的她既是一个模特，也是一张新面孔。

她的嘴巴微微张开，似在求欢，但她既没有光泽的嘴唇，也没有淫荡的外表。在《新皱纹》中，她看起来既得意又害怕。她伸出一只胳膊，另一只手伸进头发，看起来好像正要爬上一堵墙——这可以解释为正在追求令人兴奋的未来或是逃避某种威胁。她卷曲并且散开的金红色头发像一朵云一样伏在她的脸上，赋予了这组照片梦幻般的色彩。像丽塔·海华丝一样，玛丽莲让背景成了自己最好的衬托。她会吸引旁观者的眼光，控制着他们的视线，她的身体有一种神奇的张力，沉着地回应着男性的注视。她在这些照片中看起来并不低俗，因为她的隐私部位并没有入镜——或者说，凯利把它修饰掉了。她的乳房看起来不大，但她的身体看起来十分丰满。

当约翰·勃姆加斯收到玛丽莲的裸体写真时，他并没有被惊艳到，也许这些照片对他来说还不够好。他把它们收好，并在 1950 年夏天玛丽莲拍摄的《夜阑人未静》走红一年多之后，才将它们印在日历上。他使用了《金色的梦》——两个版本中更性感的那一个。但那时的销售额很低，在1951年玛丽莲出现在夏威夷之后，销量才好了一些。一直到1952年春天，玛丽莲被认出她就是那个日历上的裸体模特之后，销量才开始飙升。

让玛丽莲觉得荒谬的是，做裸体模特竟让她成了一个主流明星，因为公众对她的大胆行为十分着迷。但是，自那以后她就被贴上了裸体模特的标签，这让她很难参演电影，因为她违反了一条基本原则：明星可以穿性感的衣服，但是做裸体模特却是让人难以接受的。

由于她所拍摄的不是电影剧照，所以并不适用"电影分级制度"，可审查员并不喜欢这些照片。为了解决这个问题，凯利制作了一张备用的照片，他用一件黑色的睡袍遮住了玛丽莲的身体。凯利还组织了一个艺术委员会来对照片进行评价，他们觉得这些照片很有美感，同时也很符合艺术传统。这些没有露出隐私部位的裸体照片成了当时评判裸体照片可接受性的标准。

6月，玛丽莲终于开始了《快乐爱情》的推广之旅，她在纽约和几个中西部城市露面。在纽约时，她与《电影故事》的编辑阿黛尔·怀特利·弗莱彻一起乘火车前往奥尔巴尼附近的沃伦斯贝格，去拜访一位《电影故事》举办的比赛的获奖者。弗莱彻答应会带一个小明星同行，于是她找到了玛丽莲。旅途刚开始，玛丽莲就让弗莱彻火冒三丈。她在列车发车前的最后一刻进入中央车站的女厕所补妆，她差点儿就错过了那趟火车。跟随玛丽莲的弗莱彻的助手说，玛丽莲对她的外表极其不自信，所以她总是要补妆。弗莱彻不喜欢玛丽莲的裙子，因为那是一件满是褶皱的裙子，前面和后面低垂得很不协调，她担心这会冒犯对方。当他们到达沃伦斯贝格时，玛丽莲请求弗莱彻陪她一起去女厕所，因为在坐火车时，咖啡洒在了她的裙子上，她想去女厕所把它洗掉。当时她口吃的毛病又犯了。

在浴室里，她脱掉了身上所有的衣服，赤身裸体地清洗自己的衣服，包括光滑的内裤。一位镇上的女子突然闯进来，看见玛丽莲后，惊恐地退了出去。"她怎么这么冒失？"玛丽莲用一种愤怒的声音问道，这一次她没有口吃。弗莱彻很无语，玛丽莲居然没有意识到，这个女人的反应可能会在城里引起一桩丑闻。她觉得玛丽莲似乎是在跟自己搞恶作剧，并借此来展示她的裸体。玛丽莲是宗教人士抚养长大的，她应该懂得什么是道德。

《快乐爱情》的巡回展演产生了一些宣传效果。考恩的公关人员把玛丽莲称为"口吃女孩"，一些报纸也引用了这个头衔。厄尔·威尔逊在纽约采访了她，但是和莎拉·格雷厄姆和吉姆·亨利汉一样，他对她的印象并不深刻。他认为，她只是个被过度包装的漂亮女孩。他将玛丽莲的日历与"时尚女孩"（克拉拉·鲍）和"毛衣女孩"（拉娜·特纳）进行了比较。鉴于他的地位，他所做出的比较是很有权威性的。他还指出，她正在使用一种不穿内裤的新的宣传手法。在纽约，她遇到了女装制造商亨利·罗森菲尔德，他的品牌被称为"布朗克斯的迪奥"，并以合理的价格为中产阶层制作了时尚的服装。有一次玛丽莲和厄尔·威尔逊一起去纽约一家名为"埃尔摩洛哥"的时髦的夜总会，并且坐在一张普通的桌子旁。罗森菲尔德被玛丽莲所吸引，便邀请他们来他的高档卡座，而玛丽莲也被他的魅力所吸引。在她的余生，她都和罗森菲尔德十分亲密。

巡演期间，玛丽莲展现出了自己人道主义的另一面，她坚持要去探访孤儿院和诊所。在伊利诺伊州的奥克帕克，她和一所州立孤儿院的每个孩子嬉笑玩闹，在新泽西州的纽瓦克，她在一家为贫苦的残障人士服务的诊所里对每位病人嘘寒问暖。她的大方和善良为她赢得了掌声，尽管这看起来有作秀的嫌疑，但那些念头都是真诚的，那是安娜·劳尔的教导和她信仰基督教科学的结果。虽然有其他的"心灵之路"在吸引着她，她也很快就会离开教堂，但她还是在有限的时间里遵守了基督教科学的服务宗旨。

玛丽莲对这次巡演很失望，于是她早早离开并回到家中。考恩对她很生气，但是约翰尼·海德说服扎努克给了她一个角色，是在《去托马霍克的票》中饰演一个酒吧女郎，这是一部恶搞的西部音乐片。海德还与肯·穆雷一起为她安排了一次试镜，以便让她在当时的全国巡演中替代玛丽·威尔逊，后者在一部滑稽剧《灯火管制》中扮演了一个可笑的金发女郎角色。穆雷认为玛丽莲看起来就像一只扇动翅膀的小鸟，但她却擅长用低沉、撩人的声音说话。温柔的玛丽莲说话声调孩子气是一个亟待解决的问题。他遗憾地拒绝了她，因为她的乳房太小并不适合威尔逊的服装。玛丽莲的胸围是 36，而威尔逊的是 46.6。

10 月，在约翰尼·海德的坚持下，露西尔·赖曼向约翰·休斯顿施压，要求他在米高梅的《夜阑人未静》中给玛丽莲一个角色。这部以黑白场景为主题的电影体现了好莱坞侦探影片的特色，并且用冷战时期的恐惧和德国表现主义带来的影响来突出社会的腐败，充满了邪恶的诱惑。在侦探犯罪类型的电影中，大片的阴影突出了一个城市的腐败场景，在《夜阑人未静》中这成了关于抢劫宝石这一案件的故事背景。玛丽莲饰演了一个骗子律师的侄女，叫安吉拉·菲林，她塑造的这个形象非常成功。与娜塔莎·莱泰丝一起工作时，她将一种旺盛的性欲和天真的花瓶形象嫁接到了她的甜美外形上，使她成为"受害者"和"掠夺者"，这也成了玛丽莲·梦露的标志，作为导演的休斯顿也帮她塑造了这个角色。在电影取得成功之后，约翰尼·海德希望路易·梅耶能在米高梅给她一份合约，但他却没有这样做。路易和扎努克很亲近，并且和他交流了对玛丽莲的看法。他觉得他不需要玛丽莲，他完全可以培养其他演员来接替他的金发明星拉娜·特纳。

约翰尼向梅耶的助手多尔·斯卡尔施压，让其为玛丽莲做点事情。斯卡尔正在考虑制作一部电影版《卡拉马佐夫兄弟》，约翰尼说服他让玛丽莲扮演其中的妓女格露莘卡，他说，这将是一个没有任何男人能够抗拒的妓女。斯卡尔给了海德一个剧本，让娜塔莎和玛丽莲试试看。然而事实上斯卡尔并不喜欢玛丽莲在外滥交的名声，但当《夜阑人未静》在导演位于比弗利山庄的豪宅中播放时，所有人都觉得玛丽莲是这部电影的灵魂。

在等斯卡尔的答复时，约翰尼让玛丽莲在《米奇鲁尼的火球队》中扮演一个有些流氓的野蛮女友，并同时让她在米高梅的《右勾拳》里饰演一个夜总会歌手。在玛丽莲早期的职业生涯中，她也并不总是扮演一个"花瓶"。约翰尼拍下了她在《夜阑人未静》中的剧照，并展示给任何一个他能在制片厂里遇到的人。终于，幸运女神眷顾了他，威廉·莫里斯的客户——导演约瑟夫·曼凯维奇正在筹备《彗星美人》的拍摄。约翰尼说服他让玛丽莲来饰演歌舞女郎克劳迪娅·卡斯韦尔。当扎努克的助手卢·施赖伯准备否决这个请求时，约翰尼对他说扎努克欠他一份人情。于是玛丽莲得到了那个角色。

凭借玛丽莲在《彗星美人》中的精彩表现，约翰尼·海德终于说服扎努克给了她一份为期六个月的合同，并且考虑让她在《豆蔻年华》和《无需敲门》中出演。玛丽莲成了当年《电影故事》所讲述的好莱坞崛起的明星故事中的主要人物。约翰尼也说服《生活》杂志将她列入1951年1月刊的"好莱坞学徒女神"的故事中。约翰尼希望玛丽莲能够更加完美。于是在1950年底，他为玛丽莲安排了整容手术。外科医生取下了她鼻子末端的隆起物，又填充了下巴，这让她的脸部轮廓更为分明。

约翰尼有时也很苛刻。就像一些大人物一样，他身材矮小，身高不足五英尺，看起来就像一个侏儒。他对自己性器官的大小十分敏感，久而久之，就形成了厌恶女性的一面，他会把包括玛丽莲在内的所有女性称为"流浪汉"和"蠢货"。他经常光顾萨姆·斯皮格尔的"男孩俱乐部"。在玛丽莲告诉伊利亚·卡赞关于弗雷德·卡格尔和约翰尼·海德虐待她的事之后，卡赞问她是否曾被那些贬低她的男人所吸引，她回答说："我不知道。"这种判断恰恰符合她对自己的看法。

1950年圣诞节前夕，约翰尼因心脏病去世了，玛丽莲再一次失去了亲人。在过去的几个月里他曾向她求婚，但她拒绝了。他的家人要求玛丽莲为他的死负责，因为她总是用自己的青春活力来勾引他进行性生活，他们认为玛丽莲只顾自己享受美好的时光，而忽略约翰尼的心脏问题。在他们眼中，她是一个"流浪汉"，并禁止她参加约翰尼的葬礼。但最后玛丽莲还是出席了，并在他的墓碑前大哭起来。他的家人还拒绝让玛丽莲从他留下的巨额遗产中分一杯羹。

在约翰尼去世后不久，娜塔莎在她们合租的公寓里发现了昏迷不醒的玛丽莲，她的嘴角还残留着尚未溶解的安眠药。她真的试图自杀吗？有的传记作者指责她是在做戏，毕竟自杀是一种矛盾的行为，是一种渴望得到解救又试图结束生命的尝试。幸运的是，这一次娜塔莎救了她，玛丽莲也似乎重拾了生活的希望。她很快就离开了娜塔莎的寓所，同时拜托她的导师帮她出售约翰尼送给她的一件昂贵的皮草外套，以此为她的房子支付定金——她决定重新开始生活。

新年过后不久，玛丽莲将娜塔莎带到棕榈泉附近的赫米特，那里是斯坦利·吉福德的农场。在失去约翰尼之后，玛丽莲更加想找到她的父亲，而且她确信她的父亲是吉福德，而不是莫泰森。她们在到达农场之前就停了下来，玛丽莲给他打了电话。接听的是一位女士，并且在她得知电话这头是玛丽莲之后，尖声叫起来。然而玛丽莲并没有勇气去面对斯坦利，甚至几年后，她带着西德尼·斯科尔斯基来进行同一个"任务"时，还是遇到了同样的阻力。但她一直在努力，因为她极度想要一个父亲。她的愿望看起来也许很过分，但我们必须要知道，她在童年时曾受过一个老男人的性骚扰，并且在二战后，随着弗洛伊德关于恋母情结的理论变得流行起来，男人们也从战争中回归之后，一个女孩与她父亲的关系，开始被认为是她发展成女人的过程中最重要的部分。玛丽莲被时代的进程和她自己的欲望所驱使着，这让她深感疲惫，终于，在她生命的最后两年里，当她的父亲试图联系她时，她放弃了追求。

在赫米特之旅一周后，她遇到了正在拍摄《豆蔻年华》的阿瑟·米勒，那次相遇引发了一场美丽的邂逅，并且在未来的九年中都在她的脑海里挥之不去。她还开始与伊利亚·卡赞发生关系。1950年12月31日，《星条旗报》授予她年度"最甜小姐"的荣誉。这个荣誉在韩国军人中很受欢迎，并对她的职业生涯产生了重大影响。

玛丽莲与娜塔莎·莱泰丝有染吗？以前的传记作者否定了这种可能性，但却有大量证据能证实此事。布鲁诺·弗兰克于1945年去世，到1948年，当娜塔莎和玛丽莲遇见时，所有消息来源都认为娜塔莎是个女同性恋，并且没有固定伴侣。当娜塔莎遇见玛丽莲时，她正处于人生低谷——她被福克斯拒绝了，并在哥伦比亚影业那条岌岌可危的道路上寻求发展，甚至路易 B. 梅耶也对她不感兴趣。当时娜塔莎是哥伦比亚旗下一档节目的负责人。她之前曾在塞缪尔·戈德温工作室工作，在那里指导过几位《黄金时代》中的主要演员。麦克斯·莱因哈特的一张大照片挂在她哥伦比亚办公室的墙上，她的书架上放着西方戏剧文学和经典文学。

为什么娜塔莎会放弃她的职业生涯而去指导玛丽莲？玛丽莲在第一次接受娜塔莎的采访时穿了一件紧身的红色连衣裙，震撼了娜塔莎。后来，苏珊·斯特拉斯伯格和彼得·劳福德证实了她们的关系。玛丽莲的几个朋友告诉我，她在性行为上是"试验性的"，而斯蒂芬·斯科尔斯基，也就是西德尼·斯科尔斯基的女儿说，她的父亲知道玛丽莲是女同性恋的事，但他却隐瞒了这件事。然而，在他的自传中，他指出，经常有女同性恋演员在玛丽莲拍摄电影时访问她。一位以她的"阳刚之气"而闻名的女同性恋者甚至给玛丽莲送去了鲜花（这听起来像玛琳·黛德丽）。福克斯签约演员唐娜·汉密尔顿说，与玛丽莲发生过关系的好莱坞男星太多了，于是她转向女性来寻求慰藉，但她不是一个老道的女同性恋者。同时，伊利亚·卡赞让她远离娜塔莎。"我知道那些类型。"他写道。娜塔莎告诉记者埃兹拉·古德曼："我的抽屉里有她写给我的信，她觉得我比她的生活更重要。"

由于那个时代对同性恋的憎恶，20世纪50年代的好莱坞女同性恋和双性恋文化在公众面前被隐藏起来。"电影分级制度"甚至禁止在电影中提及同性恋。女同性恋明星和男同性恋明星用异性恋的浪漫婚姻来掩盖他们的性倾向。但拉娜·特纳和艾娃·加德纳是恋人却成了公开的秘密。博斯·哈德利采访了以双性恋著称的芭芭拉·斯坦威克，她否认了这个说法，并指出只有欧洲演员才会跨越性别界线。琼·克劳馥也被公认为双性恋——在《我的故事》中，玛丽莲指责克劳馥已经在她身上越界了。有证据表明玛丽莲与被称为"缝纫圈"的女同性恋者群体关系十分紧密，这个群体以葛丽泰·嘉宝和玛琳·黛德丽为中心，她们都和来自柏林的"难民女演员"萨尔卡·维尔特尔十分亲近，而她在好莱坞的家是德国和奥地利难民的中心。布鲁诺和莱斯尔·弗兰克经常出席维尔特尔的聚会。

20世纪20年代初，玛琳和萨尔卡都曾在柏林参演马克斯·莱因哈特的作品，并且这让她们与同样也是该剧团成员的娜塔莎·莱泰丝变得亲近，所以娜塔莎认识萨尔卡、玛琳和葛丽泰是非常合乎常理的，毕竟她们都是在柏林开始她们的职业生涯的。当时柏林在"性实验"方面享有盛名，而且居民是"一切形式的性行为的鉴赏家"。正如约翰·巴克斯特写道："在行业中，萨尔卡、葛丽泰、玛琳加上葛洛丽亚·斯旺森、珍妮特·盖纳和芭芭拉·斯坦威克，她们是好莱坞庞大的地下女同性恋和双性恋组织重要的一部分。"

玛丽莲承认了在她职业生涯中流传的关于双性恋的流言。当韦瑟比问她时，她间接地回答："只要有爱情，任何性别的结合都是没错的。"玛丽莲对女性也有着很大的吸引力，葛丽泰·嘉宝和玛琳·黛德丽对玛丽莲的吸引力就毫不避讳。玛琳说，她觉得玛丽莲很新鲜，"想咬她一口"。葛丽泰说，她想拍一部奥斯卡·王尔德的《道林·格雷的画像》的电影版，她将扮演道林·格雷，而玛丽莲将扮演她引诱的年轻女性之一。当玛丽莲1954年前往纽约时，她告诉记者，玛琳是一位十分亲密的朋友。她向韦瑟比发表了同样的声明，尽管玛琳对此并不买账。

1962年夏天，就在玛丽莲去世前不久，英国《人民报》和其他欧洲小报上发表了对娜塔莎·莱泰丝的采访。当我第一次看到那些采访时，我认为这是骗局。然后我在电影艺术与科学学院玛格丽特·赫里克图书馆的吉多·奥兰多的论文中找到了关于这件事的信。奥兰多和莱泰丝往来的信件讨论了他们之间的对话，并由他写给欧洲各个小报的编辑进行发表。洛约·拉玛丽蒙特大学阿瑟·雅各布斯文件的内部备忘录揭开了娜塔莎·莱泰丝的故事，它被证实确实是一个骗局。那时生活在罗马的莱泰丝已经破产，奥兰多偶然遇到了她，告诉她说，如果她这样做，他可以给她很多钱。最后，她获得了 25,000 美元。

奥兰多作为美国的媒体人是失败的，但他在欧洲取得了成功。不过，由于他以恶作剧闻名，他在卖莱泰丝的故事时不得不保持低调。他在《纽约每日新闻》的记者朋友伯纳德·瓦莱里，在十二小时内录制了对莱泰丝的采访，然后抄录，并制作了五百页的手稿。不幸的是，这份手稿并不在奥兰多的论文中。

在《人民报》的采访中，娜塔莎描述了玛丽莲与霍华德·休斯之间的恋情。玛丽莲和她住在一起的时候，休斯给她们两个人送了几十朵黄玫瑰，他还用一辆豪华轿车带她们去高级餐厅，然后回到她们的公寓中，并与玛丽莲一起过夜。娜塔莎认为，她教给了玛丽莲她所知道的关于性的一切，她还在玛丽莲的床上发现了一堆关于性技巧的书籍，包括一本亚洲的书，可能是《卡玛经》。娜塔莎和玛丽莲像夫妻一样生活在一起，虽然玛丽莲只是想要被人管制着。她就像是一个需要身体抚慰的小孩。

玛丽莲经常一丝不挂地出现在她们的公寓里，裸体似乎能给她带来安慰。她还在有服装管理员、美发师和化妆师的女性员工工作室里赤身裸体。娜塔莎认为玛丽莲的身体是她不可或缺的一部分，使她可以成为任何她想要的样子。娜塔莎鼓励她学习梅·韦斯特的行走方式——趾高气扬地表现出一种幽默和性感。"性感意味着什么？"玛丽莲问道。"这意味着能够与你的身体一起享受。"娜塔莎回答，"就像你吃了一个甜美的果子，你用你的眼睛接受色彩，用你的鼻子来分辨气味，用你的舌头品尝甜美。你陶醉其中，就像被一个美好的男人所爱那样。"

在评估这个消息来源时，我们意识到娜塔莎在玛丽莲的职业生涯中起着至关重要的作用。她几乎指导了玛丽莲从《夜间冲突》到《七年之痒》的每部作品，包括《无需敲门》《绅士爱美人》《愿嫁金龟婿》《娱乐至上》以及《大江东去》。是娜塔莎教会玛丽莲如何运用身体，如何用脸部和声音来表达。换句话说，她让玛丽莲模仿了她。"她在举手投足间所表现出来的，都是我的样子。"娜塔莎说。

娜塔莎不喜欢教条式表演，她想要随意发挥。尽管玛丽莲声称娜塔莎不是她的斯文加利，但这位年长的女士就站在玛丽莲的电影导演身后，通过手和眼睛指导玛丽莲，从而让她表演得更好。

从《夜间冲突》开始，娜塔莎·莱泰丝就和她一起坐在场边，并在场边指导她。娜塔莎声称她其实不喜欢这样，因为如果与强大的导演为敌了，他们的敌意会让她的职业生涯毁于一旦。但是玛丽莲坚持这样做，以此来保护自己，因为她需要一个坚强的女人来挑战那些强硬的男导演。西德尼·斯科尔斯基站在娜塔莎这边。西德尼写道，"玛丽莲虽然静止不动地站在片场，思绪却向四面八方奔去。她需要一个能在片场对她特别关注的人。"

最终，玛丽莲开始憎恨娜塔莎的控制型人格和独裁方式。她意识到自己已经成了娜塔莎的傀儡之后，便去找了其他的指导老师。首先是迈克尔·契诃夫，然后是李·斯特拉斯伯格，他们指导她如何自己来完成这一切。玛丽莲的早期电影能取得成功，娜塔莎功不可没，但玛丽莲发现她需要寻找一种自我激励的方式，就像后来契诃夫和斯特拉斯伯格所给予她的那样。

第 6 章
玛丽莲事业的上升期，1951—1954 年

1951 年 1 月初，伊利亚·卡赞和阿瑟·米勒从纽约坐火车前往洛杉矶。米勒写了一个关于布鲁克林码头工人的剧本叫《钩子》，他们计划前往好莱坞向电影公司的总裁推销这个剧本。卡赞在 1947 年和 1949 年分别执导了百老汇的舞台剧《都是我的儿子》和《推销员之死》，而这两部剧的编剧都是米勒，因此他俩变得亲密无间。他们都是移民的后代，都是思想左派、热爱戏剧的大学生。除此之外，他们还都对工人阶级有着浓厚的兴趣，并且都爱穿蓝色牛仔裤、T 恤和夹克。他们视彼此为灵魂伴侣，关系亲如兄弟。

然而卡赞的这次旅行还有另一个原因，他想把他最好的朋友介绍到好莱坞的"性感剧场"里。这个剧场是他以前访问好莱坞为达里尔·扎努克指导电影时得知的，包括 1947 年的《君子协定》和 1950 年的《围歼街头》。他知道萨姆·斯皮格尔的庄园，也知道帕特·迪西科的书中包含了很多明星派对女郎的名字和电话号码。卡赞的品位慢慢转向了美丽的金发女郎——从高中时他就开始关注她们，虽然女郎们常常嫌弃他骨瘦如柴，或者对他有种族歧视而拒绝他。然而一旦他拥有了名气和魅力，一切都会改变。卡赞的不忠使他的婚姻变得岌岌可危，但他的妻子却选择了隐忍。相比之下，米勒仍然忠于他的妻子，尽管卡赞怀疑米勒对自己的婚姻也感到厌倦，并对美丽且充满诱惑的女性同样产生过性幻想。

在这样的心理活动下，他们遇到了在约翰尼·海德去世后重新回归派对的玛丽莲。在由哈蒙·琼斯执导的电影《豆蔻年华》的片场，他们看见玛丽莲悲伤地

在一个角落里轻声哭泣。米勒走过去安慰她，当他握住她的手时，一阵酥麻的电流穿过了他的身体，不得不承认的是，玛丽莲的魅力像魔法般吸引着米勒。一个星期后，他们在查尔斯·费尔德曼家中的聚会上再次碰面，他是好莱坞顶级的经纪人，也是一位"狼群组织者"。帕特·迪西科和另一位花花公子雷蒙德·哈基姆也参加了派对，包括玛丽莲在内的许多好莱坞明星和好几位好莱坞电影经纪人也在场。这个派对不仅仅是以让人们玩得开心为目的，它还是一个关于性爱活动的秘密场所。

米勒在回忆录《时光枢纽》中写道，玛丽莲对于他来说是好莱坞一种愉悦和危险的象征，同时掌控着人们的性欲。他用一种朦胧的隐喻将他和玛丽莲的关系描述为"某种矛盾的气味混合物，我称之为性潮湿，女人肉体中的水分，加上具有'挑战性'的海盐味道，围绕着航行时令人激动的海洋上的空气，以及被臭氧覆盖的动人舞台"。米勒在自传中的这种表达有些让人不知所云，特别是当他使用这种文学手法时。但是，他以一种既熟练又自我放纵的方式，将他对过去的记忆与对当下的批判巧妙地结合起来。

玛丽莲对米勒产生爱慕并不令人意外，他是百老汇受人尊敬的智者和关键人物，这对于玛丽莲来说已经是一个极其向往并且可以依靠的人了。最重要的是，他似乎不介意玛丽莲的过去——无论她告诉他多少自己过去的故事。迷恋上另一个女人的卡赞，鼓励米勒在费尔德曼家的晚会上与玛丽莲再次聊天。作为一个"派对女孩"，她开着车去派对，第二天再开回家或者乘坐出租车，对男人没有任何负担。但阿瑟坚持要开车送她回家，他尊重她，这在她认识的好莱坞男人中是很罕见的，并且他看起来像她的偶像亚伯拉罕·林肯。他们在派对上跳舞，然后在晚上大部分的时间里闲聊着。他们开车去了穆赫兰道，并停下来欣赏城市的灯光。玛丽莲告诉娜塔莎他们没有做爱，因为她感觉米勒与她认识的好莱坞男人都不一样。

后来，米勒、卡赞和玛丽莲组成了一个三人小团体。他们去书店，然后走在沙滩上，笑着打闹着，开着玩笑。在一家意大利餐厅共用晚餐时，米勒和卡赞争辩了波提切利和达·芬奇的优点。玛丽莲从未听说过这些文艺复兴时期的艺术家，他们的讨论让她感到迷茫，于是她在那个月报名参加了加州大学洛杉矶分校的艺术文学课程，这门课程是向所有人开放的。他们三人有时候也和哥伦比亚影业的负责人哈利·科恩开一些玩笑。有一次米勒和卡赞与科恩会面并讨论剧本《钩子》时，玛丽莲独自前往。他们叫她"鲍尔小姐"，并让她扮演成他们的秘书。当科恩看到玛丽莲时，他多看了两眼，但并没有说什么。他没有购买《钩子》，其他制作商也不会，因为这个剧本对于那个时代来说太左派了。

阿瑟对玛丽莲的感情太深了，并且他不愿意在婚姻里继续妥协了，所以他选择了离开。他做了一个突然的决定——坐飞机回纽约。阿瑟是一个拥有纯正清教徒血统的犹太人，内心充满了自省和浪漫的情怀，所以他将玛丽莲放在梦中，并在作品中表现出她的魅力——这是他在后来的剧本中所做的。他们没有发生性关系，尽管他非常想要得到她。当他离开时，他写道，他有"她手上的气味"。

玛丽莲和卡赞甚至在米勒离开之前就有染了，无论是因为简单的欲望，还是米勒、卡赞和玛丽莲之间的三角恋爱关系，最终她还是在卡赞和米勒之间做出了选择。玛丽莲说，她与卡赞的关系持续了好几年，他爱上了自己，并且想和自己结婚。卡赞在他的自传中暗示，对他而言，这确实属于婚外情。据他介绍，他和玛丽莲主要谈论的还是米勒，那个照片放在玛丽莲床头柜上的男人。

然而在1951年写给玛丽莲的信中，卡赞表达了对她深刻的感情。他说，不管他们在哪里，她都会相随，并且他总是尝试着去和她见面。他对玛丽莲提出了很多建议：不要对每个男人都产生错觉，最重要的是不要依赖男人，一定要远离虐待她的男性；不要随便倾慕艺术领域的男人，要找一个有价值的人结婚；停止乘坐出租车参加派对；不要再和帕特·迪西科和娜塔莎·莱泰丝见面；阅读拉尔夫·沃尔多·爱默生的书并且自力更生。这封信暗示卡赞十分看重玛丽莲，并希望她能变得独立和坚强。

1950年12月，约翰尼·海德去世后，在让玛丽莲演电影这件事上，扎努克没有了任何压力。官方代理人威廉·莫里斯并没有向她提起诉讼，因为约翰尼的死因是疲惫导致心脏负担过重。她投奔知名艺术家协会负责人查尔斯·费尔德曼，他与扎努克是朋友，玛丽莲通过卡赞和迪西科认识了他，也许他可以迫使扎努克制定更合理的合同条约。然后在1951年1月，扎努克兑现了约翰尼·海德的承诺，让玛丽莲在《豆蔻年华》中扮演一位性感秘书的小角色，她也在那部电影中遇到了阿瑟·米勒。然而扎努克还是犹豫不定，一直拖着她的合同，而没有与她签约。

1951年春天，在等待扎努克下定决心期间，玛丽莲开车到圣费尔南多谷的福克斯牧场，去拜访正在那里拍摄《萨巴达万岁》的卡赞。和她一同前往的是这部电影的剧照摄影师萨姆·肖，他是一个不会开车的纽约人。肖与玛丽莲成为亲密的朋友，并在她的生活中发挥着重要作用。他发现玛丽莲亲和的天分，以及她对艺术的极大真诚与渴望。她从不抱怨或对任何人发表负面言论，她的幽默是热情而自发的。没有人能预测她将要说什么：她可能同时面带微笑、反思、伤心等多种情绪，直到她的悲伤突然接踵而至，使她一度变得忧郁起来。她的情感变化总是可以这样快速地来回转换。

萨姆出生于纽约东区的一个犹太人家庭，是一名平民主义者，他拍摄码头工人、爵士音乐家、普通人以及电影明星。他还拍摄了许多纪实照片，撰写了关于工人阶级严酷生活的摄影散文。作为一名文学、音乐和艺术领域的自学者，他喜欢把自己的知识教给别人。玛丽莲是个对知识十分渴望的学生，喜欢听见多识广的人说话，因为可以从中学到很多东西。除此之外，她更喜欢萨姆对政治的看法和他朴实的性格。

萨姆很合群，他接近先锋派电影人，也和乔·迪马乔关系很好，很快便成为玛丽莲一生中十分重要的人物。萨姆喜欢帮助别人，他向摄影师伊芙·阿诺德和理查德·阿维顿介绍了玛丽莲，并在拍摄《生活》杂志时推荐了她。玛丽莲与萨姆的妻子安妮以及他们的女儿梅塔和伊迪丝变得更加亲近，并且在纽约时，她拜访了他们。他们这个优秀的寄养家庭让她试图抹去那些不堪的童年记忆。

那年春天，玛丽莲与雪莉·温特斯短暂地合住在一间公寓里。与雪莉关系亲近的女演员黛德·拉德告诉我，精神层面和政治上的共通将她们聚集在一起，像雪莉一样，玛丽莲相信正义和公平。雪莉是一名左派人士，自从她作为在一家折扣商店工作的青少年加入工会后，她强迫她的朋友与她一起参加政治活动。由于在平民主义观点上保持一致，玛丽莲和她一起去了亨利·华莱士的集会。华莱士是一名左派人士，也是富兰克林·罗斯福时期的副总统，是1948年选举中的进步党候选人。

正如玛丽莲在福克斯那样，雪莉是环球公司的一个"沉默的金发女郎"。根据拉德的说法，像她们这些"有胸和屁股"的女孩不得不隐藏自己的政治和精神信仰，否则就会被嘲笑。雪莉意识到玛丽莲的羞涩，她甚至不敢与英国演员查尔斯·劳顿一起参加雪莉的表演课。但当她谈论她们都想要的一件廉价毛皮大衣时，她比直言不讳的雪莉表现出了更多的自信。那就是玛丽莲，也许做不了最简单的事情，但可以做一些像雪莉这样大胆的人都做不到的事情。雪莉认同玛丽莲的观点，她声称玛丽莲就像她的影子，并告诉玛丽莲她曾在自己的公寓里遇见劳伦斯·奥利弗，并在好莱坞时为狄兰·托马斯做晚餐。

还有一个关于雪莉的故事。在一个星期天她们听着音乐，每个人都列出她们想要的男人的名单。玛丽莲开始说道："在你的腰带上留下痕迹，并与最有魅力的男人睡在一起而不会陷入情感的旋涡，难道不是一件美妙的事吗？"每个人都有自己的一份男人名单，雪莉的是由年轻演员组成的，但玛丽莲喜欢年长的男人——阿瑟·米勒、导演尼克·雷和约翰·休斯顿、科学家阿尔伯特·爱因斯坦——符合她约会和嫁给年长男人的倾向（她曾说男人和葡萄酒一样，年龄越大越有味道）。玛丽莲的最后一位精神病医生拉尔夫·格林森认为，她为她征服年长的男性而感到骄傲，例如约瑟夫·申克、约翰尼·海德、乔·迪马乔、阿瑟·米勒。

一如既往，玛丽莲过着繁忙的生活。她继续她与菲尔·摩尔的歌唱课，保持日常锻炼的习惯，参加她在加州大学洛杉矶分校的夜间课程，并与娜塔莎·莱泰丝共同打磨演技。3月中旬，她在奥斯卡颁奖典礼上为《彗星美人》颁发最佳录音奖，但从此之后她再也没有在颁奖典礼上当过主持人，也从未得过奥斯卡奖。在一年之内，她作为裸体模特的往事被人挖出来，打破了她的生活，这个行业使得玛丽莲产生了矛盾心理，并开始怀疑她自己的从业意图。

在演员进修班于1949年关闭后，玛丽莲必须为自己找到另一条路，于是她投靠了在精神世界吸引着她的迈克尔·契诃夫，开始与他一起学习表演。契诃夫曾是斯坦尼斯拉夫斯基的学生，继承了他老师的大部分绝学，但这却给他的思想层面带来了痛苦以及压抑的回忆，并且使他几近崩溃。

为了医治自己，他把注意力转向了最安静的宗教，特别是人智学，这是奥地利哲学家鲁道夫·斯坦纳设计的精神道路。斯坦纳的人智唯灵论以基督教为基础，提出了一种渗透到宇宙中的精神力量，将自然与人联系起来。它与玛丽·贝克·埃迪的基督教科学有着相似之处——它们都是在世纪之交时反现代世俗主义和科学主义的反现代神秘运动的产物。然而，与基督教科学不同的是，人智学并不禁止其追随者咨询医生和吸毒。这对玛丽莲来说很有吸引力，因为她服用了治疗痛经、失眠、焦虑等的药物，并在白天对于在夜间睡眠时服用药物而感到内疚，她觉得她违反了基督教科学的规定。斯坦纳和他的人智学给了她离开基督教科学的理由。

她喜欢人智学的另一个原因是因为它涉及跳舞。20世纪初许多精神道路的领导人根据古代苏菲派和印度教设计了舞蹈。斯坦纳创造了缓慢的动作，旨在挖掘宇宙的色彩——印度教徒称之为脉轮。斯坦纳称他的舞蹈系统为"和谐"。契诃夫建议他的学生学习舞蹈从而知道如何控制自己的身体并通过舞蹈表达情绪。探索外部因素对他来说也很重要，他尊重自己称之为"大气"的东西，这是他从天然物体中得到的灵感，是一种万物有灵主义。换句话说，天性敏感的人可以接触到更多的活力。他把演员的精神活力称之为"辐射"，并认为大多数伟大的演员都可以拥有它。

和大多数玛丽莲的表演老师一样，契诃夫认为意大利女演员埃莉诺拉·杜斯的职业生涯是在20世纪初期开始的，并且在现代戏剧中是无与伦比的。玛丽莲在她的卧室里放了一张杜斯的照片，她们之间有着许多相似之处。杜斯的人生反映着悲伤和脆弱，她没有接受过正规教育，为了弥补这种知识上的缺陷，她不断阅读。正如玛丽莲后来所做的那样，她精通很多文学作品，为自己的表演找到了精神来源。有人说她在舞台上的时候，会散发出源源不断的灵气。"杜斯知道如何在观众面前散发魅力，并赋予她的身体一种闪耀的光芒。"女演员伊娃·勒·加利恩写道。同样地，玛丽莲也在舞台上和照片中释放着这种光芒。

在契诃夫的推荐下，玛丽莲读了玛贝尔·托德的《思考身体》，这本书深刻地影响了她。托德是哥伦比亚大学师范学院物理治疗系的教授，也是"舞蹈治疗法"的创新者。在1937年出版的《思考身体》中，托德讨论了肌肉和骨骼之间的关系，并提出了锻炼可以促进身体放松这个理论。托德的系统与普拉提这样的当今运动系统是"平行"的。在这个系统中，托德的方法是重新调整呼吸的方向，并控制膈肌和骨盆的运动。

契诃夫安排玛丽莲跟随好莱坞欧洲剧院的另一名德国移民者洛特·戈斯拉尔

学习哑剧。以扮演小丑而闻名的戈斯拉尔，让欧洲和美国的观众感受着舞台上充满热情和悲惨的生活写照，比如一位年轻的芭蕾舞演员拒绝服从她的老师以及一个选秀选手用她的脚拉小提琴的故事。她认为玛丽莲是一部"有天赋的漫画"，尤其是她在电影中为角色带来的浓厚的人情味。在戈斯拉尔的班里，玛丽莲出色地完成了一次排练。在练习中，学生们表演了从婴儿期到老年的衰老过程。她们成了彼此的朋友，玛丽莲经常让戈斯拉尔去看她的作品，并在拍摄时帮助她更好地表演。每年在圣诞节前夕，戈斯拉尔心爱的丈夫去世的那个晚上，她都会打电话给戈斯拉尔，表达对她的哑剧老师的热爱。这种体贴的姿态是玛丽莲的典型表现。

契诃夫告诉玛丽莲，她可以通过在相机前摆出性感姿态从而获得财富。当他问玛丽莲为什么在得知他擅长西方经典传统戏剧角色后，仍然选择和他一起学习时，她回答说："我想成为一名演员，而不是'色情怪胎'。我不想作为春药的代言人出售给公众。第一年还说得过去，但久而久之情况会变得有所不同。"契诃夫鼓励她把演戏看作是转化众生的神圣召唤，这些转化并不仅仅是表演，而是给观众带去能量并改变他们的生活。

这一观点标志着她对演技的态度发生了重大转变。她经常讲述在一次表演中，她扮演女主人公科迪莉娅，而契诃夫可以立刻转变成男主人公李尔王，这一经历使她能够对李尔王的女儿科迪莉娅有着超然的感觉。她越来越相信，在她的演技中加入契诃夫的神秘主义是找到真正自我的方式，她像所有人一样拥有一个"平静超越的中心"。寻找那个神秘而有灵性的中心已经成了玛丽莲的目标。将契诃夫的理论与李·斯特拉斯伯格的方法技巧结合在一起，最终成为她独特的表演方法。

契诃夫告诉演员杰克·拉森，玛丽莲是好莱坞最有天赋的年轻演员。她与杰克以及他的妻子森尼亚成了朋友，并经常去拜访他们。玛丽莲告诉后来成为她私人按摩师的拉尔夫·罗伯茨，她听见了卡赞、克利福德·奥德茨、本·赫克特和其他纽约人在契诃夫家庭晚宴上的对话。回想起那些对话，她都觉得那似乎发生在童话故事中。她与契诃夫的关系也有现实的一面：玛丽莲在附近的贝蒂·罗森塔尔帮他找到了一个秘书。玛丽莲的职业生涯迅速发展起来，直到1951年她开始缴税以及监督自己的商业事务时，即使在格雷丝和多克·戈达德的帮助下，她也无法应付这些需求。

在 20 世纪 50 年代初期，玛丽莲在提升了表演和内在修养后，她的职业生涯变得成熟起来，并逐渐有了名气。她经常出席有很多记者参加的好莱坞鸡尾酒派对，并学会用机智而巧妙的方式介绍自己，那样可能会引起各大八卦专栏的关注。有些愤世嫉俗的百老汇专栏作家乔治·桑德斯在一次派对上接近她，当时他喝醉了，并对她进行了挑逗。桑德斯的妻子莎莎·嘉宝却把责任推到了玛丽莲的身上，并公开谴责了她的"不良行为"。她嫉妒玛丽莲出现在粉丝杂志专栏中的一个小版块上，因为这对推动玛丽莲的名气十分有利。后来玛丽莲发现这些派对其实很无聊，而且也很少有机会能轻易和别人搭讪，但她觉得自己仍然有必要出现在那里。"在社交的路上打开一扇窗户，"她写道，"这是我参加派对最难的部分。"

摄影师菲利普·哈尔斯曼目睹了玛丽莲强迫自己增强自信。"每次她与一个不认识的男人面对面时，我都会感受到她内心的恐惧和紧张。她害怕不被人喜欢，而且她必须争取和房间里的每个人都打上交道。"哈尔斯曼总结说，"她的弱点就是她的实力。"她的策略之一是迟到然后进入会场。她穿着一件黑色或鲜红色的衣服，贴身而精致，领口很低，几乎露出她的乳头。"只要我买得起晚礼服，我就会买让我最亮眼的那一件。这是一件鲜红的低胸礼服，它激怒了房间里一半的女性，因为它太不庄重了。我很抱歉这样打扮，但我还有很长的路要走，'广告效应'可以使我更快速地成功。"

玛丽莲在福克斯宣传部门进行宣传，但她一直掌控着大局。在她早期的职业生涯中，她一直培养着被称为"男孩们"和"她的伙伴"的宣传人员。"他们百分之九十的时候都在咆哮，"她说，"但如果你花心思去了解他们的工作，他们会更多地关注你。"她可能是男人们的知己，就像她曾经和米勒、卡赞以及肖一样。她经常与福克斯的宣传负责人哈里·布兰德争吵。有一个品牌助理听到了对玛丽莲的质疑声，他便总结道："玛丽莲比美国好莱坞公关人物之一的哈里·布兰德更了解美国公众。"

布兰德将悲观的罗伊·克罗夫特分配给她作为私人公关人员。克罗夫特曾在《生活》和《展望》工作过，与那些玛丽莲出现过的杂志都有关系。克罗夫特陪她参加聚会并做公关宣传，经常提一些建议给她。同时，他认为玛丽莲也是一位出色的公关人员，他表示，她的妙语常常是她自己的想法。"这些情况只是发生在她的身上而已，她是一个有文化，有洞察力的女孩，她不需要任何人去改变她的形象与魅力。她活泼有趣，并且幽默感十足。"不过他也会抱怨，当他们一起旅行时，玛丽莲有时会留在浴室里花大量时间去化妆和摆弄头发，所以他必须派女服务员催促她出门。皮尔·奥本海默写道："她的头脑十分聪慧。她仔细地考虑她的每一步，并对自己的成功负责任。"1952年，艾琳·莫斯比总结说，在她的电影生涯开始时，她看起来很像一个"邻家女孩"的类型，然后她的性感才慢慢体现出来。莫斯比认为，她的大部分宣传都是她自己完成的。

她与记者也保持了良好的关系。"她知道所有的记者和摄影师，"西德尼·斯科尔斯基说，"而且她总是让他们觉得和她有机会。"玛丽莲在约瑟夫·申克的晚宴上迷住了卢埃拉·帕森斯，而卢埃拉一直对她十分有好感。专栏作家莎拉·格雷厄姆在1949年采访她时表示自己并不喜欢玛丽莲，但仅仅过了两年他的态度就改变了，他认为玛丽莲变得机智并且有趣。根据格雷厄姆的说法，她可怕的童年总是在采访中出现，但她并没有像大多数明星那样谈论自己。"她会问你你的困惑和兴趣，"格雷厄姆说，"她具有非常大的吸引力。"

玛丽莲会用优美的身姿吸引记者。乔·海姆斯说："她会在桌子下面敲你的膝盖，并时不时地用迷人的眼睛盯着你看。"为了吸引记者吉姆·亨利汉，她的方法不仅仅局限于性感。当玛丽莲在1949年春天初次接受亨利汉的采访时，他认为她太天真了，无法站在演艺圈的顶峰。然而到了1950年，她改变了，使用了更特殊且诱人的方法。她站起来，转过身，让她的臀部朝向他，并询问他她的裙子是否足够贴身。亨利汉想：这只小野猫正在一点点地进步着。一年后，她出现在他马里布的家里。她回忆起可怕的童年，并获得了他的同情。然后他们去了一家酒吧玩游戏机——那是玛丽莲喜欢成为男人"伙伴"的时刻。亨利汉给了她一把仿真枪，并告诉她这是男孩可以送给女孩最宝贵的财产。玛丽莲珍藏了这个礼物，并和他成了朋友。他教她如何把牛排烧成"男人喜欢的口味"，以及如何用辣酱调味汁制作冰凉可口的生菜沙拉。

她给记者麦克·康诺利拍了一张自己的照片，并签了字——"给麦克——我想让你加入我的团队"。康诺利十分欣赏她的智慧。在一次派对上，他无意中听到有人告诉她一个几近低俗的笑话。当时玛丽莲走开了，康诺利询问她是否在生气，她眨着天真的眼睛回答说："不，我是在对自己生气，因为我没有立刻明白故事的笑点。"然后，她对我眨了眨眼！康诺利确实被她的机智所折服。

她在与众多记者打交道的过程中取得的最大成功就是与西德尼·斯科尔斯基变得非常亲近。西德尼在成为专栏作家之前一直是百老汇的公关人员，他的专栏与赫达·霍珀以及卢埃拉·帕森斯的专栏一样重要，甚至在约翰尼·海德去世之前，玛丽莲已经把西德尼带入了她的团队。他们两人经常会面，并且一起对外做宣传。像玛丽莲一样，他是一个经常失眠的人，所以他不介意她在深夜打电话和他倾诉，这是亲密朋友之间才会做的事。她有时会开车带他去预约的地点。当她的情绪低落时，她开着车沿着太平洋海岸高速公路驶向圣巴巴拉，她脸上的阳光很明媚，吹着头发的风也同样温暖，这个时刻她感到十分自由。

当她打电话给西德尼时，她称自己为卡斯韦尔小姐，那是她在《彗星美人》中扮演的角色的名字。根据西德尼的女儿斯蒂芬·斯科尔斯基的描述，她的父亲和玛丽莲因为性格相似而被对方吸引。一封西德尼在1952年4月写给玛丽莲的信件表明，他们不仅仅是朋友，因为西德尼在信中表达了对她的强烈的爱，并称她为"甜蜜的阳光"和"一个无限美丽的存在"。正如其他人一样，玛丽莲已经让西德尼拜倒在了她的石榴裙下。

西德尼很矮，几乎不到五英尺高。他在纽约一个贫穷的犹太人家庭中长大，是一位政治自由派人士。他曾在纽约的集体剧院工作多年，在他的专栏中，他说相比起夜总会和明星，他更愿意接触年轻演员和施瓦布药店。他是纽约大学的毕业生，为《纽约邮报》和《好莱坞公民新闻》撰写专栏，这些杂志在全国范围内都颇有影响。他每一次都以采访女明星的睡前穿着而结束。像玛丽莲一样，西德尼对珍·哈露着迷。作为一名记者出身的制片人，他花了多年时间试图打造出另一个哈露，所以他让玛丽莲扮演她。他经常与玛丽莲讨论这个问题，但从未成功过。

在1951年春天，由于扎努克在她出演电影这件事上犹豫不决，玛丽莲决定不再让自己的职业生涯处于空闲状态，所以她参与了几个性感镜头的拍摄。当她被要求拍摄一张宣传照片时，没想到她成了福克斯公司的代表，她缓慢地穿过福克斯的六个街区，穿着透明的睡衣并光着脚。她在这个地段引起了近乎"踩踏式"

的追捧，因为每个办公室的电话都响起来以确定她到了哪里，那些办公室里的男人冲到窗户和人行道上看着她，甚至追随着她。由于夸张的粉丝效应，杂志纷纷进行了报道。

在3月下旬，她搭上了纽约办事处的负责人斯皮罗斯·斯库拉斯，当时他来好莱坞的福克斯并介绍即将上映的福克斯的电影给各个电影院业主。他在一个被誉为巴黎咖啡馆的地方举行了一场宴会，所有福克斯的明星都出席了。玛丽莲是当晚的热门话题。她迟到了，穿着一件紧身无袖的黑色鸡尾酒礼服，使她在好莱坞派对的入口处就开始散发光芒。外来客聚集在她身边，问是否可以订购她的新电影。相机和闪光灯跟随着她的身影移动，斯库拉斯挽着玛丽莲的胳膊，将她带到了主桌的位置并留在她身边。他命令扎努克不要再犹豫不决，应该立即和她签约。但是他拒绝了玛丽莲对戏剧角色的要求，他对她说："你只需要用你的乳房和屁股赚钱就好了，你的天赋位于你的腰部之上，肚脐之下。"

扎努克从大量粉丝写给玛丽莲的邮件中发现了她的价值。在1950年《星条旗报》授予她"最甜小姐"的称号之后，她被军人粉丝们发送的邮件淹没了，特别是韩国军人。女明星的照片在军队中很受欢迎，而流传最多的就是玛丽莲的身姿。1945年，玛丽莲成了西海岸的顶级模特，并取得了巨大成功。到1951年3月，她的粉丝邮件甚至比许多福克斯的明星都要多。

扎努克在签订合同时犹豫不决，还有一个原因就是玛丽莲要求娜塔莎·莱泰丝也加入福克斯，不过最后他还是妥协了。很明显，是娜塔莎帮助玛丽莲在《夜阑人未静》和《彗星美人》中有了精湛的表演。玛丽莲在5月17日和福克斯签了合同，这是她之前合同的一个升级版本，将她的周薪提高到750美元，月薪提高到3,250美元。虽然这看起来感觉很多，但她的开销也很大——学习演戏、唱歌和跳舞的课程；经济人和律师；衣服和化妆品；给她妈妈的钱；每周花250美元支付娜塔莎的费用（鉴于娜塔莎的薪水来自福克斯和玛丽莲支付给她的支票，她的收入有时比玛丽莲的多）。

玛丽莲与福克斯签约之后，扎努克也在1951年的春天和夏天让她出演了另外两部喜剧——《爱巢》和《让我们堂堂正正结婚吧》。在《爱巢》中，她在一个男性军人朋友的大楼里租了一间公寓，并对他的婚姻造成不小的影响。在《让我们堂堂正正结婚吧》中，她是一位当选"库卡蒙加小姐"的派对女王。性感的标签是在《星条旗报》授予她"最甜小姐"以及《彗星美人》中卡斯韦尔小姐的"科帕卡巴纳戏剧表演学院毕业生"开始的。剧本中玛丽莲扮演一个离婚丈夫的伴侣，她大部分时间里都站在那个男人身边，穿着紧身的衣服和浴衣。在一个调情的场景中，她像她在约瑟夫·申克的扑克派对上一样为正在玩扑克的男士提供饮料。

在这些电影中，玛丽莲主要扮演性感的角色，在有限的几个场景中台词也很少。在表演方面她并没有什么天赋，虽然男性评论家都像她的男粉丝一样，觉得她很有趣。在拍摄这些电影期间，娜塔莎并没有参与其中，这可能解释了为什么玛丽莲表现不佳。此外，她出演的性感角色是让相机徘徊在她的乳房和臀部之间，而其他角色也没有给她足够的尊重。

玛丽莲在推进她的职业生涯的道路上不屈不挠。1951年8月，在完成了《让我们堂堂正正结婚吧》之后，她去了纽约，在《绅士爱美人》的百老汇版本中看到卡罗尔·钱宁出演罗莉拉·李。扎努克正在考虑让玛丽莲出演电影版本的罗莉拉，尽管贝蒂·格拉布尔和其他明星也都想要这个角色，而且钱宁因为她的百老汇的精彩表演而获得一致好评。萨姆·肖是玛丽莲在纽约的指导老师，他带她去布鲁克林看《沃尔特·惠特曼的灵魂》，参加约翰·休斯顿在"21"俱乐部举办的聚会，与摄影师伊夫·阿诺德会面，并去大都会艺术博物馆看一场戈雅的西班牙内战画作。萨姆还带她去演员工作室，并向李·斯特拉斯伯格和马龙·白兰度推荐她。由于她对神秘宗教的兴趣，他将她带到了曼哈顿神哲学会总部。她还在这次旅行中与乔·迪马乔以及之前在摩洛哥饭店见过的帕特·迪西科会面。

她已经在考虑改变她的形象，她已经不想拘泥于限制她发展的性感的金发女郎形象。她与摄影师伊夫·阿诺德谈论新的职业发展，并赞美了玛琳·黛德丽在《绅士杂志》上阿诺德为她拍摄的照片，这些照片中她并没有让黛德丽像以往那样穿着华丽的服装精心打扮。"如果你能够为黛德丽做到这一点，"玛丽莲说，"想想你能为我设计些什么！"在这次谈话后玛丽莲与阿诺德保持着友好的关系，但直到1955年秋天，阿诺德才以各种方式改变了她的金发女郎形象——她让玛丽莲在公园中宽阔的草地上阅读詹姆斯·乔伊斯的《尤利西斯》。

当玛丽莲从纽约回来时，扎努克就考虑让她在《无需敲门》中饰演一个疯癫的保姆。当他犹豫时，西德尼·斯科尔斯基说服杰瑞·瓦尔德在《夜间冲突》中扮演一名年轻的罐头工人，这部剧改编自克利福德·奥德茨的剧本，讲述了在加利福尼亚州蒙特雷的码头工人之间对爱情的背叛。扎努克把她租借给瓦尔德，并收取适度的费用，从而评判玛丽莲是否能在一个复杂的戏剧角色中发挥作用。

为了准备《夜间冲突》，玛丽莲乘坐一辆通宵巴士前往蒙特雷，观察罐头工人和他们上班的情况。事实上她非常成功，因为一位罐头厂老板给了她一份切断鱼头的工作。她独自一人在陌生小镇生活，时刻躲避着男人挑逗的口哨，却也违反了禁止女孩单独出行的禁令。那是她所进行的冒险的一部分，其实玛丽莲喜欢那些挑逗的口哨和街头男人的赞美。回到家中，她是一群意大利男子中唯一的女孩。他们对她的美丽十分钦佩，使她感觉自己像一个女王。她还写了一首关于自身经历的诗歌。

这些迷人的绅士——他们是如此完美
我不仅爱希腊人，我同样爱意大利人
他们既热情，又有趣
并且对我十分友善——
总有一天，我会到达意大利

玛丽莲在《夜间冲突》中的表演获得了成功。她很坚强，也很有活力，完全代表着工薪阶层的女孩。当她傲慢的男朋友告诉她男人有权管教女人时，她站起来反抗他的言论并给了他鼻子一拳。她看起来就像一个男孩，留着卷曲的短发，穿着宽松的牛仔裤，走起路来扬扬得意——或者有时像她在现实生活中扮演的街头顽童。然而，在《夜间冲突》的结尾，她表现出强烈的不安全感，并向她的爱人让步。外界对她的评价和电影票房都大获成功。

1951 年 9 月，《科利尔》为她准备了一个专题并由罗伯特·卡恩撰写，这是她出现在国家杂志上的第一个故事。10 月，鲁珀特·艾伦为《展望》写了一个故事，标题为"一个有演技的严肃的金发女郎"。艾伦是一个在圣路易斯长大并在牛津学习的美国人，也是一位优雅的同性恋者。玛丽莲说服他成为自己的新闻经纪人。

11月，她赢得好莱坞外国新闻协会颁发的"汉丽埃塔"奖，成为年度最佳新人。扎努克对此印象深刻。那个月他把《无需敲门》提上日程，玛丽莲率先被签约，饰演疯癫的保姆。电影名称虽然与电影本身无关，但这是为玛丽莲拍摄的电影，所以电影名称通常具有隐约的性暗示。这些电影名称包括《爱巢》《让我们堂堂正正结婚吧》《未婚伉俪》《热情似火》《让我们相爱吧》。鉴于玛丽莲害怕自己会像母亲一样变疯，她勇敢地接受了《无需敲门》中保姆这个角色。她也可以把她的母亲当作她和娜塔莎创造角色的模板。

在电影中，一对夫妇在外面吃饭时，她被雇佣来照看住在旅馆里的孩子，之后她勾引了住在隔壁房间的理查德·韦德马克。当她尝试诱惑的时候出了岔子，并且被她照看的孩子开始哭闹时，玛丽莲把孩子的嘴巴封住并将孩子绑起来。之后警察赶来了，玛丽莲被逮捕。女演员安妮·班克罗夫特在电影中扮演一家夜总会的歌手。在电影接近尾声的时候她与玛丽莲有一场戏，她们在酒店大堂遇到对方，一名警察押送玛丽莲去警车上。她们的眼睛对视着，班克罗夫特被玛丽莲的眼神震撼了，她说她的眼睛里充满了泪水。班克罗夫特说，"这是我在好莱坞少数几次感受到玛丽莲精湛演技带来的震撼。"

电影《无需敲门》仍有不少负面评论，而且扎努克对它也没有特别深的印象。然而，票房收入依然呈上升趋势，因此他又让她扮演了两个性感金发女郎的角色。她在《锦绣人生》中扮演一个妓女，这部短剧改编自欧·亨利的短篇小说《警察与赞美诗》。而查尔斯·劳顿扮演一个流浪汉的角色。接下来在《未婚伉俪》中，讲述了大约有五对夫妇发现他们的结婚证是无效的，作为一个选美比赛冠军，因为没合法结婚，她突然失去了比赛资格，因为只有美国太太才能参加。制作方允许她扮演的角色穿泳衣，从而吸引了她的男粉丝。

《妙药春情》是她的下一部电影，于1952年3月开始拍摄。这部电影讲述了加里·格兰特扮演的一位化学家发明了一种可以使人变年轻的药，他打算在他的实验室中用黑猩猩做临床试验。然而，在他这样做之前，黑猩猩从实验室的笼子里跑出来，把配方倒入实验室的瓶装饮用水中。人类误打误撞地喝了，导致一切都开始疯狂地错乱。在这部电影中玛丽莲扮演了一位性感的秘书，她的主要特征还是她的身体。扮演格兰特妻子的琴吉·罗杰斯称她为"一个小女孩，半个婴儿"，这是罗杰斯对她性格的恰当描述。再一次，就像玛丽莲以前扮演的性感金发女郎角色一样，相机徘徊在她的胸部和臀部，以此来吸引观众的眼球。

玛丽莲在这部电影中比以往任何时候都更全面地表现了她的性感。裙子会模糊她下半身的曲线，她就把裙子撩到她的臀部之间，好引起观众的注意。比利·特拉维拉设计了一件衣服可以让她在与格兰特轮滑的场景中轻松移动，但是玛丽莲希望通过更紧身的衣服来吸引她的男性粉丝。她在服装设计上与特拉维拉"作战"，当她失败时，她又巧妙地设计出了一种可以实现她想要的感觉的方法。

拍摄《妙药春情》对她来说并不容易。因为她的阑尾直到 5 月份才被切除，在这期间阑尾炎令她十分苦恼。她与这部电影的霸道导演霍华德·霍克斯有过一些矛盾，并且她开始和迪马乔约会。与此同时，传言她为日历拍裸照——这对一颗冉冉升起的新星来说是令人震惊的行为。这足以摧毁她的职业生涯，尤其是考虑到电影合同中的"道德条款"，该条款禁止演员做任何可能会让制片厂蒙羞的事情。她不得不谨慎地处理照片带来的种种问题。

在此刻的职业巅峰时期，记者和狗仔队开始跟踪她的一举一动，她现在必须要对她的私人生活特别谨慎才行。为了摆脱跟踪，她每六个月左右就更换一次住所。即使她住在比弗利山庄酒店或贝尔航空酒店，也有大量迷恋她的粉丝在追寻她的下落。但这两家酒店的安保都很严密，记者们很难找到她。她经常更换电话号码以摆脱骚扰电话，并且伪装之后才能出去。她的声乐老师，即后来成为她情人的哈尔·谢弗说，当她戴着黑色假发，没有化妆，穿着胡乱搭配的衣服时，她没有被粉丝认出来。其他认识她的人也做了类似的观察，有时她戴着一顶红色的假发，有时还戴着一条围巾。据朋友介绍，当她没有化妆，也没有显露出她作为玛丽莲·梦露的特征时，她就不会被发现。

1951 年和 1952 年，她搭上了导演尼古拉斯·雷，他是伊利亚·卡赞的一名门徒，也是雪莉·温特斯以前的情人。粉丝杂志发布了他们在派对和夜总会上的照片。和迈克尔·契诃夫一起学习的尤尔·布莱纳是她的另一个"短暂情人"，苏珊·斯特拉斯伯格和尤尔的儿子洛克·布莱纳确认了这种关系。玛丽莲也跟彼得·劳福德约会过一两次，但他们的关系并没有被公开。有人说他追求玛丽莲但玛丽莲拒绝了，但一个更有说服力的论点是，挑剔的彼得发现玛丽莲太乱了，甚至彼得的好朋友乔·纳尔与彼得共同约过一次玛丽莲。当她忙碌或严重沮丧时，她可能会不注重个人卫生，不洗澡并且穿着同样的衣服，连续几天都不更换。有时候她忘记遛她的小狗约瑟夫，所以她公寓的地毯上有一堆排泄物——当她清理时地板上会留下许多污渍。

玛丽莲与设计师比利·特拉维拉有一段长期的性爱关系，从《妙药春情》开始，她三十多部电影中的八部，都是由比利·特拉维拉为她设计的衣服。他们去中央大街的爵士乐俱乐部听比莉·荷莉戴的歌，他们的亲密关系让玛丽莲慢慢平静下来。玛丽莲深夜无法入睡的时候，特拉维拉会在电话中安慰她。当她情绪低落的时候，他会前往她的公寓，拥抱她并告诉她一切都会好起来。特拉维拉说："这就像帮助秀兰·邓波儿度过了一场噩梦。"

1952 年 2 月底，她正在约会迪马乔，但他经常在城外做棒球节目的采访。那时演员尼克·米纳尔多斯也宣称参与了她的演出。米纳尔多斯是希腊人，身材高大，皮肤黝黑而英俊，他在《妙药春情》中的戏份不多。玛丽莲在那部电影中遇见了他。根据米纳尔多斯的说法，他们讨论了欧斯宾斯基有关如何让内心平静的理论。欧斯宾斯基是一个神秘主义者，他将西方的第四维数学理论与苏菲派关于自我实现的观点结合起来。只有玛丽莲的亲密朋友知道她的精神兴趣，这让米纳尔多斯的说法看起来是真实的。

玛丽莲朋友和恋人的名单人数继续增加着，她仍然和许多男人发生着性关系，并相信男人可以拥有她的身体。她仍然相信自由的爱，真正的友谊应该发展到性爱的关系。作为百老汇经纪人的大卫·马奇在 1951 年 6 月打电话给她后便与她成了好朋友，她和他开玩笑，告诉他自己是一位名叫埃塞尔·哈普古德的家庭主妇（玛丽莲喜欢用假名）。他们俩的关系持续升温，有时候会买来比萨饼，在比弗利山庄一边开车一边吃东西，并讨论了他们的人生哲学。安排了玛丽莲与迪马乔在好莱坞第一次约会的马奇是玛丽莲的朋友而不是情人，她有与男人成为朋友的独特能力。除了马奇之外，萨姆·肖、诺曼·罗斯滕、埃里·瓦拉赫等都是她的朋友。

随着她走向明星之路，玛丽莲面临着许多潜在的雷区。首先是她利用性爱来推动她职业生涯的发展，其次是她的裸照。每一个好莱坞合同都有一个条款，声明演员不会为该电影工作室带来难堪，而玛丽莲可能会因为这个条款受到羞辱和解雇。在第二次世界大战后的保守主义气氛下，20 世纪 50 年代初，女性俱乐部和天主教会以"不道德"为理由让好莱坞再次面临挑战。但为了留住观众，电影公司正在增加电影中的性爱场面，并且比以前更大胆地暴露女性的身体。电影工作室与电影制作委员会之间的矛盾越来越大。

电影工作室赢得了暂时的胜利，因为这些巨头任命了代表他们利益的生产委员会成员，并试图压倒那些道德主义者。电影工作室还通过回扣、派对邀请、旅行以及接触明星等方式控制了那些好莱坞记者，他们写的那些关于明星的报道，必须要提前让电影工作室的公关人员审核。一位业内人士透露说："所有明星沉溺的小把戏都被立刻全面覆盖。"明星结婚、离婚和约会都是好莱坞新闻的主要内容，但是关于性方面的新闻却被湮灭了。西德尼·斯科尔斯基和厄尔·威尔逊写道："这些好莱坞的粉丝杂志奇怪地变成了性冷淡风格，那些黑暗面从未被曝光。"没有人写过关于萨姆·斯皮格尔的"男孩俱乐部"或帕特·迪西科的活动。因为太多重要的人都参与其中。

1941 年，生产委员会平息了霍华德·休斯在电影《不法之徒》中对简·拉塞尔的袭胸事件，但她的职业生涯却受到影响，休斯直到 1943 年才发行这部电影。1949 年，英格丽·褒曼因与意大利导演罗伯托·罗塞里尼有过一个私生子，她的职业生涯就此被摧毁，直到 1956 年才返回好莱坞电影圈。玛丽莲的裸体日历照片可能会引起公众的强烈抗议，因为随着她的知名度越来越高，日历的销量也越来越多。

到 1950 年，西德尼·斯科尔斯基、玛丽莲以及福克斯公关人员合作，开始以她为中心建立一个具有保护性质的"明星文本"。所谓的"明星文本"，就是在报纸文章中描述那些著名电影演员的生活标准，并且把电影作为满足粉丝的另一种方式。"明星文本"赞美了她的美貌和性感，她的称谓包括"金发碧眼的炸弹""最甜小姐"和"火辣小姐"。为了自我激励，西德尼和玛丽莲创造了一个相反的主题——她悲惨的童年经历。这个主题也让她的人设变得单纯而害羞，在好莱坞豪华的生活面前获得了一份微薄的收入。1951 年 7 月，她在《电影界》上的一篇文章说，她在衣服和非必需品上超支了许多，因为她太年轻，不知道该如何打理财产。信用机构开始不断催债之后，她必须学习如何节省开支。

1951年秋季，罗伯特·卡恩在《科利尔》杂志以及鲁珀特·艾伦在《展望》杂志写的文章，就是以玛丽莲的"明星文本"为基础。两人都以称赞她是性爱偶像为开始，然而这两位作家都表示她在镜头外很害羞，而且自卑感很强烈。她不喜欢去夜总会，更愿意晚上在家花很多时间读书，或者参加声乐、表演的课程。卡恩说她正在加州大学洛杉矶分校进修，并且采访了她的老师，老师说她很谦虚，看起来就像一个来自修道院的女孩。

玛丽莲的"明星文本"也强调了她与其他小明星的不同之处：她是独立的，有时也是古怪的。艾伦文章中的一张照片表明她经常健身，这是很多女性都很难坚持的一项活动。另一张艾伦文章中的照片表明她正在和黑人声乐老师菲尔·摩尔一起学习，她穿着紧身裤，衬衫上扎着一个结，并露出腹部。在种族主义时期，这样的照片令人震惊。

在她的"明星文本"中，玛丽莲经常被比作葛丽泰·嘉宝。像嘉宝一样，玛丽莲被描述为一种神秘的存在。玛丽莲越来越厌倦夜总会和派对，然而她性感的身姿已经给外界留下了独特的印象。现在，她只想花大量时间在家里钻研剧本或读书。1951年8月，她有了一个新的称号——"一位现代最传统的单身女孩，一个没时间约会的职业女性"。

在很久之前，外界宣称她是一位躲避好莱坞社会生活的"隐士"，并且有些宣传人员声称她是道德高尚的模范。根据杂志《现代电影》的说法，她是一个"在任何社区都直率且有道德的年轻女士，更不用说好莱坞了"。《影迷》杂志则称谣言在工作室周围流传开来，新的"性感女王"是一位著名电影高管（约瑟夫·申克）的情妇。她当然不属于好莱坞那些疯狂的人，但邪恶的传言和耸人听闻的故事仍在继续。到目前为止，梦露已经不在意所有的流言蜚语。"文章得出结论："《影迷》杂志是站在她这一边的。"有时粉丝杂志指出，她比实际年龄要年轻，例如，她在1951年参演《夜间冲突》时，她已经25岁了，按照好莱坞的标准，她的年纪有点偏大。但她选择逃避年龄这个问题，因为她看起来比她的实际年龄要小得多。

玛丽莲在访谈中的坦诚相见，使她拥有高尚道德的说法得到了记者的共识和支持。"即使经验丰富的记者也会被她的坦诚和诚实所折服，"埃兹拉·古德曼写道，"但她可以用一个迷人的，非常有吸引力的小女孩般的眼神使你无法动弹。"她对记者来说就像一个普通的年轻女人，而不是一个明星，因为他们更喜欢谦卑的人。"她看着你的眼睛，并给你一个诚实的答案，"鲍勃·鲁克写道，"这是我在工作室遇到的几个诚实的人之一，她很乐意直截了当地与你交谈，而不是拐弯抹角地说话。"采访玛丽莲的记者专注于她的工作有多艰辛，记录了她在工作室长时间地工作，并得出结论：她的公寓很乱，因为她没有时间打扫。

她开发了一种特别棒的谈话风格。当她不诚实时，她就用她的门罗主义来招待记者。1952 年 3 月，裸体丑闻曝光后，她得到了大量的外界回应。她把无辜的大眼睛固定在记者面前，扮演了秀兰·邓波儿和小孤儿安妮的结合体，他们被她的这种眼神吸引了。她凝视着记者，低声说着话，听起来好像在忏悔。她告诉他们她想让他们听到什么——她害羞的自我，她的过去，她工作的艰辛，她的道德是如何高尚，并用一些小手段"蒙混过关"。根据历史学家丹尼尔·布尔斯廷的说法，她提供了 20 世纪最好的名人访谈。

尽管她努力了，但她无法完全反驳那些广泛流传的对她的嘲笑。她是一个既迷恋性又对它感到不安的金发女郎，既参与了持续的性革命，也参与了对它的保守抗争。玛丽莲曾经开玩笑地说自己要在有人批评她扮演的角色之前，把角色尽量表演得幽默。《彗星美人》中"科帕卡巴纳"的表演成为喜剧演员和模仿者使用的口头禅。1951 年 1 月，《生活》杂志的"学徒之星"故事将她称为"丰满的伯恩哈特"，这句话引发了许多笑话。裸体日历的照片变得如此有名，以至于当喜剧演员雷德·斯克尔顿仅仅引出一个关于日历的话题时，就博得了满堂喝彩。"请不要让我成为一个笑话。"她向新闻界和公众恳求道。她夹在性感与滑稽之间，就好像走在钢丝上一样，导致她常常被误解。但是，作为她表演风格的一部分，她坚持了这种微妙的自我模仿，因为她总是对她的女性气质感到矛盾，即使她以此为傲。

与玛丽莲合作对于导演和演员来说并不容易。拍摄的时候她经常迟到，而且很多时候她都得 NG 许多回，因为她总是在镜头前出错。直到《彗星美人》（1950）开拍，她才开始慢慢改掉自己爱迟到的毛病。1951 年，她拍摄了喜剧——《豆蔻年华》《爱巢》《让我们堂堂正正结婚吧》——一些制片人经常抱怨她会迟到，但拿她一点儿办法都没有。他们被告知，约瑟夫·申克已经允许她迟到。杰克·帕尔在《爱巢》中与她表演对手戏，也提出她总是迟到这个问题，但每个人都知道这与她在工作室的地位和她作为女演员的能力无关。他经常为她感到难过，因为她不断被贴上"性"的标签。导演《让我们堂堂正正结婚吧》的理查德·萨尔对她感到非常生气，以至于他在演员和剧组其他人面前给她难堪。起初，她非常生气，威胁要让他被"福克斯主要执行官"（约瑟夫·申克）解雇，但她很快平静下来并道歉。

在照相机面前摆拍对于玛丽莲来说毫不费力，但电影需要交流，这对她来说是一个难题。当她在《愿嫁金龟婿》中搞砸一句台词二十二次后，李·西格尔告诉制片人说："她不是在记忆方面存在问题，而是在词汇感知上。"一些传记作者认为，她在 20 世纪 50 年代初期得了梅尼埃病，这是一种容易引发头晕并造成右耳听力部分丧失的疾病。她的口吃仍然对她的表演有着很大影响，而这个问题让她感到十分焦虑。与玛丽莲在《爱巢》中共同出演的琼·哈弗指出，很难去引导她讲出第一句话。根据哈弗的说法，一旦她迈过这一步就没事了。

好莱坞所有男性导演都是暴君，像电影公司的大人物一样，他们通常都有大男子主义。根据帕特里克·麦吉利根的说法，他们"大摇大摆地走路，叼着雪茄，并喜欢观看马球表演"。许多演员都饱受焦虑之苦。由于导演和演员都需要与电影公司签订合同，所以电影公司掌控着他们的命运，并且制片人有一票否决权。他们总是把不满发泄到演员身上。由于玛丽莲曾经是一名"派对女郎"，所以许多人都不尊重她。玛丽莲常常抱怨他们的刻板："他们告诉你要哭一滴眼泪，如果你掉了两滴眼泪，他们就会不满意。如果你将'那个'说成'这个'，他们也会纠正你。女演员不是机器，但他们对待你就像对待机器一样。"

当她为摄影师摆造型时，玛丽莲可以随时控制身体从而摆出好看的造型。因为深处女性化的时尚世界，时尚摄影师对他们的模特很温和。而电影表演是完全不同的，导演、摄影师甚至制片人都对玛丽莲有发言权，她经常不被允许观看样片，即使白天拍摄过的电影晚上会被反复播放很多次。

玛丽莲在与导演关系缓和时表现得最出色。导演亨利·科斯特发现她的工作表现非常出色，并且可以很快适应角色。厄尔·莫兰是亨利·科斯特的岳父，玛丽莲和他聊了很多关于亨利·科斯特帮助自己的事。在拍电影时，玛丽莲最担心的是她的表演，而不是整部电影，因为她是一个完美主义者。她并不是一个"合奏队员"，她在自己的表演中实现完美就已经够难了，更不用说要顾虑其他演员了。

在20世纪50年代初期，为玛丽莲拍摄电影是一件很难的事情，像《夜间冲突》在拍摄期间就遇到了瓶颈。联合出演该电影的芭芭拉·斯坦威克和保罗·道格拉斯是很有经验的演员，然而他们总是感到恼怒，因为记者只采访贴着"巨乳美人"标签的玛丽莲却忽略他们。所以他们在与玛丽莲合作期间，并没有传授她经验，反而合起来威胁并刁难她。当他们发现玛丽莲由于拥有庞大的粉丝群而开始收取出场费时，他们愈加愤怒。玛丽莲第一次在福克斯试镜时，她的皮肤上出现了斑痕，甚至在拍摄之前因身体不适而呕吐。导演弗里茨·朗在20世纪20年代以执导德国表现主义影片而闻名于世，玛丽莲与他也发生过矛盾。朗一直身着西装，戴着一副单片眼镜，常令人联想到玛丽莲童年时代的那些老演员们。他们如此体面的皮囊下，却藏着不为人知的另一面。他希望每位演员尊重并听从他的指挥，否则他就对他们说尖酸刻薄、难以入耳的话。

《夜间冲突》拍摄于《夜阑人未静》之后，在片场，朗发现娜塔莎总是站在自己身后指导玛丽莲，影响了他对玛丽莲的指挥，便试图把她赶出片场，但是玛丽莲又把她叫了回来。有时玛丽莲忘了台词，朗就会立刻大怒，随即玛丽莲便不知所措地哭起来，似乎是因为她无法解决与朗的种种矛盾。但一位名叫詹姆斯·培根的记者在看到玛丽莲就一个镜头重拍了27次后对她有了不同的看法。他问玛丽莲为什么区区一幕都要重拍那么多遍，她回应道："我只是不喜欢那一幕的拍摄方式，当我喜欢它时，我会完美地演绎出来并且一句台词都不落下。"她继续说，"我也无心伤害任何人，但我认为对待一起工作的人太心软会让他们得寸进尺地爬到你头上来要求你，践踏你的尊严。"

想指导玛丽莲并不容易，如果不能按着她的心意来，她会将自己反锁在更衣室里独自哭泣，并说自己头疼，难受想吐。然而莫里斯·佐洛托声称："没有人确定她那些反应是真的还是在做戏。"而玛丽莲也时常为自己辩护，反驳公众对她的那些指指点点。她经常被大家说成是个自恋的女人，因为她总喜欢照镜子，她却反驳说照镜子并不是为了欣赏自己的容貌，只是想多练习一下面部表情，或是重新化妆，或是为了缓解漫长时间带来的焦虑感。她的助理和朋友们都支持她，比如萨姆·肖和鲁珀特·艾伦，毕竟这样的完美主义者前所未见。

随着玛丽莲明星光环的不断升高，她越来越不守时。她总能找到迟到的借口——生病了，钥匙丢了，车坏了……大家也常常怕她哭泣而犹豫是否该指责她。她告诉一些人，她的内心深处一直想要惩罚电影公司里的对手，因为儿时的她遭遇过不友好的待遇，成年之后也被制片人掌控着命运。据卢埃拉·帕森斯表示，玛丽莲从未原谅福克斯公司的高管，因为1947年他们把她开除了，直到1951年才让她回来。那一年，玛丽莲还说，她终于打开了童年的心扉。多年来她一直十分消极，忽略了内心真实的自我。很明显，她表面所说的"真实的自我"其实充斥着怨恨与愤怒。

玛丽莲是个"不专业"的演员，这并不完全归咎于她拍摄电影时自身的问题，因为许多与她合作的导演都像是暴君。1951年12月拍摄的《无需敲门》的导演罗伊·沃德·贝克是一个简单粗暴的英国人，他常常吓到玛丽莲。之后1952年2月到3月执导《妙药春情》的导演霍华德·霍克斯也是个令人心生畏惧、蛮横霸道的人，他身材高大，秃头，冰蓝色的眼睛富有穿透力。他是个凶悍的导演，在第一次与玛丽莲见面时，他叫她"该死的哑巴金发女郎"，这令她感到恐惧。1952年夏天执导《飞瀑怒潮》的导演亨利·哈撒韦被称为"尖叫的亨利"，他在片场总是欺负女演员们。

1956年夏天拍摄《游龙戏凤》期间，劳伦斯·奥利弗扮演的角色像个贵族，但是对待玛丽莲如同平民。据杰克·莱蒙所述，指导玛丽莲拍摄《七年之痒》（1954年10月）和《热情似火》（1958年夏）的比利·怀尔德是当时的一个监工。"他不允许任何演员即兴发挥，听起来这就像是他执导电影的真实态度，但事实并非如此。"他以挖苦讽刺别人为乐，脾气也总是特别暴躁，并且在媒体面前喜欢用一些尖酸刻薄甚至下流的话来评论玛丽莲，尽管最后他会收回之前所说的话。执导《夜间冲突》的弗里茨·朗以及执导《大江东去》的奥托·普雷明格是从德国来的移民，所以他们处理问题时的作风时常像普鲁士独裁者。

与之不同的是，亨利·哈撒韦开始对玛丽莲变得尊重起来。只要他禁止记者来《飞瀑怒潮》片场做采访，玛丽莲就会镇定许多。他发现福克斯公司的高管给她的待遇很不好。当他问玛丽莲为什么没有像大多数明星那样有多余的大衣橱来摆放自己的衣服时，她说自己并没有什么好看像样的衣服，况且她所有的钱基本上都花在表演和唱歌的课程上了，电影公司从来不会为她付这些钱。听到这些不堪的待遇后，他对扎努克愤愤不平地说："这个女孩如此有天赋，为什么你不把她当人看，不好好培养她？"他发现她是一个非常聪明的女孩，但她喜欢将自己塑造成一个笨蛋。她的愚蠢行为全是演出来的，并非真正的自己。他想在《人性枷锁》中签约玛丽莲，让她与詹姆斯·迪恩或蒙哥马利·克利夫特演对手戏，但是扎努克并没有同意。哈撒韦曾花数周的时间去争取让玛丽莲在《手足之情》中饰演格鲁申卡，但电影公司的管理人员嘲笑他。霍亚泰说，他们中没有人读过这部小说。他们也并没有意识到玛丽莲可以表现得比俄罗斯女孩更好。

哈撒韦和玛丽莲成了好朋友，当他看到她的日程安排得十分紧凑时，他开始担心她的身体会吃不消。1952 年，一名记者也发现了这一点，并得出结论说玛丽莲几乎做了十位女性的工作量。五点半的时候她就已经到达片场，为六点开始的拍摄做准备。晚上七点半结束拍摄，她随即与娜塔莎一起探讨背诵明天的台词剧本。总有不同的人不停地将她拉向不同的地方工作，她也会利用好不容易才腾出来的时间去接受各种采访。更夸张的是，有一天她在上午的休息时间里接受了东京记者的电话采访，下午的休息时间里又录制了一段电影专栏作家莎拉·格雷厄姆对她的采访，然后在一天的拍摄任务完成后又去接待了另一位记者。

在《飞瀑怒潮》中扮演玛丽莲丈夫的约瑟夫·科滕为她辩护："几乎所有导演都会认为只要在他们执导过程中有演员违反纪律，就是对导演的不尊重与侮辱。"科滕觉得即使玛丽莲喜欢挑战权威，但在拍摄时并没有什么特别严重的违反纪律的行为。但是他认为，她这些行为的动机比行为本身更让人难以捉摸，科滕无法理解她的内心世界。有时候她欣喜若狂，然后突然地，她的注意力转移到了外太空，整个人也呆住了。这种情况可能发生在任何一个场景中，而想要改变却并不容易。有时候，她对自己保持着一种幽默感，并依靠这种幽默感来拯救自己。

在 1953 年 2 月，《愿嫁金龟婿》的导演让·尼古拉斯科在工作中与玛丽莲擦出了火花。他愿意花时间去了解她，并给予她很大的帮助。尼古拉斯科和她一起讨论艺术，并感受到她对艺术的敬业精神。他觉得她非常聪明，并和她成了朋友。他在自传中写道，她是一个伟大的明星，虽然她有特权，但她依然敬业，并且这样紧凑的日程安排侵犯了她作为一个公民的权利。事实上，这也是法国电影业的态度：电影被认为是一门艺术，而并不是一桩生意。多年来，尼古拉斯科经常重新拍摄她在其他电影中的场景，他们之间建立了融洽的合作关系。她反应敏捷，十分配合他们的工作，和她一起在剧组里工作的人都很喜欢她。

在她的职业生涯中，玛丽莲在舞蹈排练课和声乐课上从未迟到过。福克斯音乐部门负责人莱昂内尔·纽曼说，她经常会提前来录音。当她拍电影的时候，他发现尽管由于缺乏安全感以及追求完美主义，驱使她接受更多的拍摄任务，但她和其他明星比起来很少耍大牌。在解释她准时到达声乐教室和录音室的原因时，必须要指出的是，她十有八九是处于完全放松的状态。而且有口吃毛病的她在唱歌时并不会口吃。

在 1952 年 2 月中旬，娱乐专栏作家提到了"印有玛丽莲裸照的日历"，她很可能很快就被大众公开认定为拍裸照的模特，这个身份可能会摧毁她的职业生涯。与著名棒球运动员乔·迪马乔约会，变成了幸运的转折。约会日期由大卫·马奇安排，当他还是百老汇经纪人的时候，他就已经认识迪马乔了。地点定在了一家酒吧餐厅，风格比较适合男性运动爱好者，在这里迪马乔被当成了偶像。但是这次约会并不是迪马乔和玛丽莲第一次见面，1950 年，约翰尼·海德的侄子诺曼·布罗卡科成了威廉·莫里斯的经纪人，并介绍迪马乔和玛丽莲认识。迪马乔想要她的电话号码，但当时的她并不感兴趣，因为她对棒球一无所知。当她于 1951 年 8 月去纽约时，她在长岛的罗斯福赛道又见到了迪马乔。他带她出去吃晚饭，但他没有给她留下深刻的印象。

然而迪马乔作为民族英雄和男性气质的典范使他拥有了独特的地位。作为纽约洋基队的外野手[①]，他是全美最负盛名的体育人物，受到人们的喜爱，甚至不亚于玛丽莲在人们心目中的地位。他来自旧金山的一个渔民家庭，在家里的九个孩子中排第八，他用自己的努力支撑着整个家庭。1936 年，在北太平洋海岸联盟打了 4 年后，年仅 21 岁的他就获得了一个机会，能让他从一个沙地棒球队员升级为美国最受尊敬的棒球队——纽约洋基队的一员。他安静而低调，从不与裁判

---

① 外野手是棒球与垒球运动中的一个守备位置或该守备位置运动员的统称。外野手分为左外野手、中外野手与右外野手三种，通常负责棒球或垒球场上远离本垒的地区即外野的防守。

或其他球员争吵。作为一名运动员，他身材高大，有让人羡慕的运动天赋，尤其在1941年，当第二次世界大战来临时，他连续五十六场比赛成功击球，打破了1922年以来的纪录，这大大激发了民族的自豪感。因为他无与伦比的力量和人品，他被称为"洋基飞船"。玛丽莲认为他赤裸的身体看起来像米开朗琪罗的雕像。

然而，除了棒球和其他一些运动外，他对类似于拳击和高尔夫之类的运动都没有什么兴趣。他没有读过书，也很少去戏剧或艺术博物馆。他在酒吧和男性朋友一起喝酒，谈论他的职业生涯，以此来度过闲暇时光。所以玛丽莲为什么选择他成了一个谜，尽管他和她一样，很害羞，而且有善良温和的一面。她爱他的大家庭，与他的姐妹们很亲近。他是一个精明的人，知道如何处理棘手的问题，并帮助她走上了人生巅峰。当那些裸体日历上的照片被确定为就是玛丽莲时，他用自己的名声保护了玛丽莲，让她免于陷入一场潜在的风暴之中。

迪马乔约会了很多歌舞女郎和明星。虽然他的第一任妻子是百老汇的女演员，但他已经离婚了，他宠爱他的儿子乔·迪马乔二世，而且他并没有出轨。迪马乔与许多女性发生过性关系，其中包括许多女歌手和女演员。在这方面，他父亲的好朋友，百老汇的票务代理乔治·索洛塔雷经常为他"效力"。迪马乔在黑手党中有朋友，毕竟他是西西里人。他经常光顾像酒吧餐厅这样由黑手党资助的地方。

1952年玛丽莲在迪马乔身上施加的"魔力"奏效了。与许多美女不同，他说玛丽莲不是以自我为中心的那种人，她善良又慷慨，并懂得他的内心，她甚至不介意他总是保持沉默。在他们第一次约会之后的第二天，西德尼·斯科尔斯基在他的专栏上公布了这件事，玛丽莲希望迪马乔能去《妙药春情》的片场探她的班。他们和加里·格兰特一起拍了两张照片。作为一对浪漫的情侣，他们把格兰特从照片中剪掉，并将剩下的照片作为他们俩的情侣照片。

随着迪马乔出现在玛丽莲的生活中，罗伊·克拉夫特与《生活》杂志达成协议，向其提供由菲利普·哈尔斯曼拍摄的玛丽莲的摄影作品。在这样一本值得尊敬的杂志中，有一个叫作《新皱纹》的小作品，并不属于克拉夫特所说的那种"低俗的法国明信片"，并可以将其"合法化"为审美艺术。然后西德尼·斯科尔斯基把玛丽莲的照片给了合众社的艾琳·莫斯比，按照计划，莫斯比的故事重点关注玛丽莲的贫困、诚实和努力工作，也就是展现她作为明星的多样化。拍摄照片时，收音机一直开着，西德尼突然想到了一句俏皮话，于是当一位记者问她在裸体照片上看到了什么时，他回答说："收音机。"整个国家都为他的幽默感鼓掌，公众对这张照片的愤怒也随之消失了。

由于对裸照事件的巧妙处理，玛丽莲不仅渡过了难关，而且也平息了1952年4月一名记者因发现她的母亲在伊格尔罗克的一家养老院工作而引发的讨论。之前玛丽莲总是谎称格兰戴丝已经过世了，于是她公开道歉，表示自己之所以撒谎是因为她不想让记者打扰她的母亲，尽管她现在几乎不与她的母亲见面了。记者们曾提到1949年格兰戴丝与约翰·伊利的婚姻，但他们并没有讨论过多的细节。无论如何，这段婚姻已经破裂。根据格兰戴丝在给波士顿母教会的一封信中所述，卢埃拉·阿特贝里夫人强迫她步入这段婚姻，而当时的伊利性格残暴，总是酗酒并辱骂她，也企图用匕首杀了她，还试图勒死她。更让人惊愕的是，那时候他还有另一个妻子。

格兰戴丝在1952年2月申请离婚，虽然伊利在当月写下遗嘱，会为她留下自己财产的百分之十，这个条件听上去十分诱人。他称她为合法妻子，尽管另一名女士声称即将与他结婚。伊利于4月23日突然死亡，现存文件表明，他的第一任妻子继承了他的所有遗产。两天后，格兰戴丝撤回了她的离婚诉讼。他被埋葬在韦斯特伍德纪念公墓，戈达德一家似乎已经接受了他并且称他为伊利上校，同时也将他埋葬在其他落葬于此的戈达德家族成员附近。根据20世纪50年代已婚女性要修改姓氏的惯例，格兰戴丝此后便称自己为伊利夫人。同年六月，她去了佛罗里达州，和伯妮斯住在一起。玛丽莲很高兴她能这样做。

在1952年5月底，扎努克利用裸体日历的狂潮，宣传了玛丽莲参演的许多电影，如《夜间冲突》《无需敲门》以及《未婚伉俪》。6月1日是玛丽莲的生日，扎努克告诉她，她获得了在《绅士爱美人》中扮演歌舞女郎罗莉拉·李这一角色的机会。同时他也开始投入到新的创作，即一部名为《飞瀑怒潮》的电影。

《飞瀑怒潮》对于玛丽莲来说是一个重要的新起点，这部影片使她成为了一位超级巨星。与她平日里天真无邪的形象截然不同，在这部电影中，她所扮演的角色与一位年轻的情人一同计划谋杀她的丈夫。她自身的性感光环可谓是锋芒毕露，之前电影中的玛丽莲显然只有在某些场景中才可以彰显她的性感。玛丽莲饰演的是一位拥有阴暗过往的女歌手罗斯·卢米斯,与一位在二战中精神崩溃的男人结婚。这是一部充斥着悲剧色彩的电影,她扮演了一个女恶棍——在20世纪50年代的影片中,邪恶女人的经典形象之一,她们专门摧毁那些无法抗拒她们的男人。这种类型的电影是二战后应对冷战焦虑的产物。与其他类型的电影一样,《飞瀑怒潮》反映了全国人民对于女性在战争期间离开家庭去工作的担忧,同时表达了一直以来男性对女性在性方面欲求不满的恐惧。她在1950年拍摄的黑色电影《夜阑人未静》,是一部犯罪情节剧,在剧中她既是掠夺者又是受害者。

玛丽莲在《飞瀑怒潮》中饰演的引诱男人的女性角色,与芭芭拉·斯坦威克和劳伦·白考尔等其他女演员所扮演的坏女人大不相同。玛丽莲表面上与她们一样强硬,但她还表现出与她的邪恶本性不符的柔软,这使她在同一时间变得既冷酷又有人情味。该影片拍摄手法是彩色的,这对于"黑色电影"来说非比寻常。由于《飞瀑怒潮》没有运用常常被用来制造黑色电影中的威胁气氛和危险环境的浓淡阴影色调,所以缺乏这种阴暗色调带来的效果。影片里的风景和尼亚加拉瀑布十分壮观,但它并没有黑色电影中那种自带的神秘感。

镜头总是集中在玛丽莲的身上,她躺在床上展示着自己的裸体,身上只有一条毛巾勉强遮盖着隐私部位,这在20世纪50年代是令人震惊的画面。在电影中,她经常穿红色紧身裙,这也在社会上引起轰动。有一幕著名的镜头,摄像机聚焦在她的背面,她的臀部以夸张而又性感的方式摇摆着,走在铺满鹅卵石的街道上。在那一幕之后,当时的宣传人员授予她"行走的女孩"这一称号。

这部电影的宣传力达到了顶峰。玛丽莲拥有一种无法阻止的自然力量,她是一个能够在摧毁男人的同时激励他们做出伟大事业的女人:她是阿佛洛狄忒与万佩儿的结合。在为电影宣传的广告中,她的照片被悬挂在尼亚加拉大瀑布的顶端,瀑布的湍流从她身下的悬崖倾泻而下——这是一个湿漉漉的非凡的梦境。广告文案暗指莱茵河上神话般的美人,诱惑水手走向厄运,将玛丽莲描述为"罗莉拉在炫耀引诱并毁灭男人的魅力"。

9月,福克斯将她送往纽约进行《妙药春情》的宣传。在那里,她前往大西洋城,在一场巡游中担任荣誉司仪,并启动美国小姐选美大会。毕竟,她曾在几部电影中扮演了选美比赛冠军。她坐在一辆敞篷车后座上,穿着红色的紧身连衣裙,手捧一束玫瑰，一朵接一朵地抛向人群。她是整场巡游的焦点，与她同行的罗伊·克拉夫特说："她完全'杀死'了那些可怜的美国小姐们。"

但玛丽莲觉得并非如此。她告诉拉尔夫·罗伯茨说："被那些清新自然、年轻貌美到令人难以置信的女孩包围着，我非常紧张，对自己不是很肯定。"巡游结束后，参赛者一个接一个地排队与玛丽莲合影，为了公布在她们的家乡报纸上。去年的美国小姐约兰德·贝特比斯对她深表同情，只与她交谈了几句。

自信的玛丽莲再一次把自己害羞的性子藏起来了。随后，她与一群女子军官一起拍摄了照片，其中一位军官突然注意到，有一张照片上玛丽莲的乳房不恰当地露出来了，然而这张照片已经被印刷在全国各地的报刊上，当时做什么都已经无济于事了。玛丽莲就此事件再次选择了扮演无辜的角色，并将矛头指向了摄影师，她回应说，摄影师从她的头顶向下拍摄，暴露了她的乳沟，这和她没有任何关系。她再一次十分明显地否认了这次拍摄事故，并且继续扮演着一个"金发傻妞"的角色。

她回到纽约与歌手梅尔·托梅一起出席夜总会为《妙药春情》做宣传活动，她的行为简直是让人难以捉摸。根据托梅的说法，刚开始她在排练中表现出色。当她笑起来时，她会举起自己的乳房放在你的手臂上并且发出咯咯的笑声。但演出开始前十五分钟，她又会变得镇定自若了。托梅开玩笑地说她回归了正常的自我，然后继续她的演出。

在纽约访问期间，厄尔·威尔逊采访了她。与三年前为推广《快乐爱情》而进行的采访相比，这次她的表现截然不同，这让厄尔·威尔逊感到十分震惊。在之前的采访中，她一直是个木讷、无趣、被过分吹嘘的年轻女孩。然而现在她表现出极大的反差，是一个才气过人、很有智慧的模特。

"你不穿内衣是真的吗？"威尔逊问她。"当然。"她回答。她穿着她在设计师查普曼的专卖店里买来的衣服，并且告诉他，只要他打电话给那里的销售人员，就会知道当她试衣服时她确实没有穿内衣。甚至，她可以让他搜身，她的表现欲有时就是这样极端。然而，似乎为了在大西洋城和纽约证明她的性感行为，玛丽莲展示了她冲动的人道主义性格。在新泽西州的朗波特，她参观了贝蒂·巴哈拉赫的家，这是一个治疗重病的儿童康复中心，尤其是小儿麻痹症，当时这种病很常见。这就是玛丽莲，她爱孩子，并关爱弱势群体。

从《豆蔻年华》到《飞瀑怒潮》，玛丽莲已经从一个性感女郎转变成为一个明星。她塑造了独特的金发碧眼的女神形象，而且已经得到人们的认可。现在她试图去改变，增加喜剧效果，成为美国传统喜剧中最出色的"哑巴金发女郎"，直到她感到被角色困住并不得不逃离它。她已经在游说扎努克让她扮演更多的戏剧角色，但即使是玛丽莲的崇拜者亨利·哈撒韦和让·尼古拉斯科，也无法说服扎努克。金发女郎已经成为了他的鬼话，而玛丽莲已经准备好用好莱坞式的阴暗面来面对他。在他和许多好莱坞男人的眼中，在登往事业顶峰的道路上她已经与太多的男人睡过，因此不值得他们的尊重。现在她强迫他们以明星的身份宣传她，并且她已经受够了将裸体日历与乔·迪马乔掺和在一起。然而尽管她极力争取，他们仍然会继续站在她的对立面。

第 7 章
突破，1954—1955 年

1952 年 11 月，玛丽莲从电影《妙药春情》的宣传之旅回来之后，开始拍摄影片《绅士爱美人》。对于选择玛丽莲，虽然扎努克一直都很纠结，但是他对其他的候选演员都不满意：贝蒂·格拉布尔年事已高，而卡罗尔·钱宁之前已经在百老汇扮演过罗莉拉这一角色——弓形腿，一双婴儿般的眼睛，而且口齿不清。扎努克不希望将他的罗莉拉塑造成一个彻头彻尾的卡通形象。于是他问《妙药春情》的导演霍华德·霍克斯，玛丽莲是否能胜任这个角色。霍克斯向他保证，她能做到。事实上，霍克斯是在变相指责扎努克让玛丽莲出演《无需敲门》，他认为玛丽莲的专长是饰演喜剧角色。"你在和一个非常不真实的女孩谈现实主义，她完完全全就是个小说里的角色。"

霍克斯的评论是片面的、不客观的。玛丽莲在《妙药春情》中扮演的"愚蠢的金发女郎"惊到了霍克斯，而且她在银幕外也扮演过这个角色。霍克斯没有抓住玛丽莲严肃的一面。扎努克和霍克斯都忘记了玛丽莲在影片《夜阑人未静》和《夜间冲突》中精彩绝伦的表演，以及她在影片《热女郎》中婉转动听的歌声。为影片《绅士爱美人》制作音乐的朱勒·斯泰因对她的声音连连称赞。去年春天她在彭德尔顿海军基地大受欢迎，在那里，她演绎的科尔·波特的《让我们再来一次》，博得满堂喝彩。她和菲尔·摩尔的声乐课正在见效。

霍克斯以执导男性冒险电影而闻名，但他也擅长拍摄喜剧，比如影片《妙药春情》就颠覆了传统的性别角色。扎努克让他执导影片《绅士爱美人》，这部影片充满了微妙的性别交叉，女性气质和男性气质混杂在一起。霍克斯接受了这个提议，但前提是要选择一个性格坚强的女演员扮演舞女罗莉拉的闺蜜多萝西，以此弥补玛丽莲性格上的柔弱。霍克斯推荐了简·拉塞尔，他曾经在影片《不法之徒》中指导过简·拉塞尔，扎努克接受了他的建议。玛丽莲签订了20万美元的合同，再加上她的摄影师、理发师和化妆师的薪水。这笔极高的费用使得扎努克更加看重玛丽莲，因为贝蒂·格拉布尔曾想要10万美元来饰演罗莉拉这一角色。要知道，1951年5月的时候，玛丽莲的周薪只有750美元而已。

玛丽莲意识到，她原本可以拿到更高的薪水，但是她希望自己的电影能有更多的艺术价值，并非仅仅是为了赚钱。绝大多数的大明星签订的合同中都包含明确的条款，允许他们在挑选导演、摄影师和电影剧本时有发言权，但是扎努克拒绝赋予玛丽莲这样的权利。于是玛丽莲鼓起勇气，要求扎努克至少要给她一间更衣室，这是每一位明星的标准配置，但对于扎努克来说，这代表着一种妥协。"这是一部关于金发女郎的电影，"她说，"而我就是这位金发女郎。"于是扎努克让步了，把玛琳·黛德丽和艾丽丝·费伊曾经使用过的套间分给了她。这场争论暗示了福克斯的高管们对玛丽莲的蔑视。据演员罗伯特·斯泰克说，扎努克的助手卢·施赖伯之所以没给玛丽莲更衣室套房，是因为他不想让她自以为很了不起。

在《绅士爱美人》这部电影中，玛丽莲饰演的罗莉拉是一个有趣而又难以捉摸的女人，是20世纪50年代最典型的金发女郎，这是她第一次将玛丽莲·梦露的形象充分展示给大家。自从她在《快乐爱情》中扮演了一个跑龙套的角色以来，她就一直在努力塑造这一形象。在《绅士爱美人》这部电影中，罗莉拉和多萝西乘坐远洋客轮前往巴黎，这样罗莉拉就可以和她那位富有的情人结婚了。与小说相比，这部电影虚构了更多的人物角色，包括一位年迈的冒牌百万富翁以及另一位拥有虚假身份的人，他原本是一个10岁的男孩，说话声音听起来好像是狐狸在叫。这部电影为观众呈现了许多复杂的情节，包括一枚丢失的钻石头饰，一幕多萝西冒充罗莉拉的法庭场景，以及一场婚礼。在这场婚礼中，罗莉拉嫁给了她的百万富翁，而多萝西嫁给了私家侦探。影片把焦点集中于罗莉拉和多萝西，不仅仅是因为她俩一起谋划将私家侦探和百万富翁这两个人弄混淆了，还因为她俩在电影里会定期表演劲歌热舞类的节目。"在关键时刻，我可以很聪明，但是大多数男人都不喜欢女人这样。"罗莉拉说，这暗示着她把自己的智慧隐藏在表面看上去有些愚蠢的角色背后。玛丽莲坚持要把这句台词加到电影里面。

在这部影片中，拉塞尔穿的是方肩连衣裙，很好地突显了她那宽大、结实的身材，让多萝西看起来更像罗莉拉的男伴。多萝西参与了罗莉拉有趣的计划，在逃脱侦探的跟踪之后傍上一个百万富翁。多萝西戴着金色的假发，装出一副温柔又迷人的声音，在法庭上生动形象地模仿着罗莉拉的样子，以至于法官都分不清哪一个是真正的罗莉拉。在法官的困惑中，女性气质似乎并不是可靠的依据。同样站不稳脚跟的是，当罗莉拉的那个百万富翁男友的父亲出现在法庭上时，把罗莉拉描述成了一个多变的怪物，这位父亲担心他可能会遭遇很多如此凶恶的女人。"当成千上万个罗莉拉从各个方向我走来，你觉得我会是什么感觉？"在电影结尾，多萝西和罗莉拉在婚礼上穿着同样的衣服，站在一起，看起来就好像是她们正在嫁给对方，而不是嫁给男人。

但男子汉气概也可能是相对的，正如影片《绅士爱美人》里所呈现的那样。电影开始时奥运健儿们正在训练并摆出一副专注于自我的姿态，对多萝西并不感兴趣，正如拉塞尔唱的那样："这里有谁是为了爱情？"他们就像平日里形体杂志上的那些半裸的运动型男人，而这类杂志的销售对象是同性恋者。在影片的其余镜头中，多萝西和罗莉拉轻而易举地击败了男性角色。在《我的故事》这本书中，玛丽莲提到绝大多数男演员都是"脂粉气男子"，因为表演原本就是一门属于女性的艺术。"当一个男人不得不在自己的脸上涂脂抹粉，摆弄姿势，装腔作势，演绎各种情绪时，他不是一个真正的男子汉，因为并不具备阳刚之气。他只是在演戏，他的所作所为跟女人在日常生活中是一样的。"这种表达十分重要——"就像女人在生活中一样"。玛丽莲暗示所谓女性气质就是女性为了符合社会的期望而进行的"化装舞会"。

作为百老汇最具创意的舞蹈编导，杰克·科尔亲自为影片《绅士爱美人》编排了舞蹈。他以一种中性的爵士舞蹈风格而闻名，这种舞蹈汲取了各类舞种的元素，包括芭蕾舞、非裔美国人的舞蹈、东方舞蹈以及滑稽歌舞剧。在性取向方面，杰克·科尔比较倾向于同性恋主题。对于像梦露和拉塞尔这样在舞蹈方面没有受过专门训练的电影女演员而言，科尔是一位特别合适的舞蹈老师。科尔把自己的舞蹈分解成不同的动作，并且会和他的助手格温·维登一起陪演员们练习数小时，直到演员们把动作学会为止。虽然科尔的脾气很暴躁，但他对玛丽莲却很温和。当玛丽莲在拍摄过程中需要表演舞蹈时，科尔会在镜头外陪她一起跳，他通过这种方式来鼓励玛丽莲，并确保舞蹈动作的准确性。这个方法显然很成功。曾为歌曲《钻石是女孩最好的朋友》伴舞的乔治·蔡克利斯说玛丽莲是他认识的所有舞蹈演员中精力最旺盛的一个，可以与传奇人物杰罗姆·罗宾斯相媲美。

玛丽莲坚持请科尔为她后期的作品编排舞曲，包括《娱乐至上》《大江东去》《愿嫁金龟婿》，科尔邀请了集爵士钢琴家和声乐教师美誉于一身的哈尔·谢弗一起来完成。哈尔·谢弗不仅在音乐编排上帮助科尔，而且对于梦露和拉塞尔在影片《绅士爱美人》中的歌唱技巧方面也给予了指导。谢弗曾经也执教过朱迪·嘉兰和佩吉·李。谢弗很温柔，并在使发音更清楚和加强呼吸控制方面具有一种特殊的天赋。在《娱乐至上》中，谢弗指导了玛丽莲的表演，于是两人产生了暧昧关系。

在拍摄影片《绅士爱美人》时，玛丽莲压抑多年的愤怒开始显露出来。当她第一次来到好莱坞时，她没有反驳经纪人的权力，当时她仅仅是一个对角色的乞求者。每当玛丽莲晚到片场或者有人"挑战"她时，她就会泪流满面，似乎对于她来说，退缩到一个离群索居的梦想世界里是一件比较容易的事情。但是，别忘了玛丽莲曾对吉姆·多尔蒂发火，一旦她成为明星，她就会对好莱坞的男人大发雷霆。据服装设计师比利·特拉维拉的助理阿黛尔·巴尔坎说，玛丽莲因为自己的演出服装和特拉维拉争吵时，"你可以听到大厅上上下下都在骚动"。玛丽莲曾就《钻石是女孩最好的朋友》的拍摄次数而和科尔争吵，她要求工作人员一遍又一遍地反复做，当大家决定拿着之前的收入准备离开时，玛丽莲只能向演员和剧组人员道歉。弗兰克·拉德克利夫曾和玛丽莲在《钻石是女孩最好的朋友》以及她后期的音乐剧中跳舞，他回忆道："所谓的玛丽莲脾气暴躁，事实上许多时候是因为她知道自己想要什么。如果她不按自己的方式行事，她就会威胁自己退出拍摄。"其实玛丽莲就是想要追求完美。

愤怒是沮丧的对立面，它可以释放情绪，反之它也可能会被内部消化，从而导致自我指责和自我怀疑。当玛丽莲的愤怒爆发时，它产生的影响是巨大的，玛丽莲将其称之为"怪物"，并且表示她自己无法控制这种愤怒的情绪。这可能就像火山喷发一样，但是第二天她就会忘记昨天的愤怒。比利·怀尔德曾在1954年和1958年执导了玛丽莲参演的两部影片——《七年之痒》和《热情似火》，他认为玛丽莲是个喜怒无常的人。"她的日子里充满了欢乐和悲伤，"怀尔德说，"她千变万化，难以捉摸，难以预测。她情绪容易暴躁，可能会不配合工作，并进行阻挠，但是她也可能会促使事情顺利进行。"

玛丽莲仍然会感到害羞并缺乏安全感，即使是无足轻重的轻蔑也会深深地伤害她。小萨米·戴维斯认为，有时候玛丽莲似乎没有自愈能力。在拍摄影片《绅士爱美人》时，玛丽莲经常迟到，并躲在自己的套房里。怀特·斯奈德告诉紧邻玛丽莲房间的简·拉塞尔，玛丽莲是害怕霍华德·霍克斯，而且被拉塞尔的助理吓到了，而这些助理是霍华德·霍克斯安排的。拉塞尔听后觉得很搞笑。几年前，拉塞尔在一家夜总会认识了玛丽莲，当时玛丽莲的名字还是"诺玛·简"，她和吉姆·多尔蒂在一起。吉姆·多尔蒂是在凡奈斯看表演的时候认识了拉塞尔。在拉塞尔看来，那时候的玛丽莲"还是个小女孩，一头灰褐色的头发，脸上带着甜美的笑容"。不过，现在她看起来还是和以前一样。拉塞尔哄骗玛丽莲上片场，显得既务实又富有母性。她会对玛丽莲说"来吧，金发女郎"，或者是"我们走吧，宝贝"。拉塞尔嫁给了足球明星鲍勃·沃特菲尔德，她觉得自己和玛丽莲之间有一种不解之缘，因为她俩的丈夫都是著名的运动员。

此外，拉塞尔和玛丽莲都是虔诚的宗教信奉者。拉塞尔说服玛丽莲加入她的基督教团体，但是玛丽莲正在研究斯坦纳的人智学和弗洛伊德的理论，于是她很快就退出了基督教这个团体。在接下来的几年里，玛丽莲一直用同一个借口告诉拉塞尔："弗洛伊德就是我的宗教信仰。"这既是事实，又是一种夸大其词的说法。玛丽莲不仅研究弗洛伊德的相关理论，而且还接受了弗洛伊德的精神分析法。与此同时，玛丽莲也研究像人智学之类的神秘宗教，并且运用到她的日常生活中。

玛丽莲的聪明才智给拉塞尔留下了深刻的印象。她经常引用诗歌或谈论各种各样的想法，并且不断地提出问题。一天，玛丽莲在影片《绅士爱美人》的拍摄现场阅读《鲁拜集》，一位波斯诗人海亚姆把神和人之间的爱情写成是两个人之间的爱情，把神和人结合在一起。玛丽莲给拉塞尔读了一篇短文，这篇短文谈论了在人际关系中，即使是在恋人之间，个人独立也很有必要性。

不要把你们的心放在彼此的心里，因为只有生命之手才可以牵制你们的心。站在一起，但不要靠得太近。因为庙宇的柱子是分开的，橡树和柏树都不能够在彼此的阴影中生长。

在处理与乔·迪马乔的关系上，玛丽莲试图遵循海亚姆的建议。她希望与乔·迪马乔建立一种以个人独立为基础的关系，而不是受控于他，然而这正好与乔·迪马乔的想法背道而驰。玛丽莲没有成功。他们两人在玛丽莲的事业发展问题上发生了冲突，尤其是她性感的公众角色。"难道他没有意识到吗？"玛丽莲说，"我是谁？他不喜欢演员们吻我，也不喜欢我穿暴露的衣服。当我告诉他我必须穿那样的衣服去工作时，他却要求我辞职。"但玛丽莲最终还是成了大红大紫的明星，并且她并不打算放弃。玛丽莲对乔·迪马乔并不忠诚，因为她与尼科·米纳多斯关系也很暧昧。此外，1952年3月伊利亚·卡赞来到好莱坞参加奥斯卡颁奖典礼时，玛丽莲半夜出现在他的酒店房间里并与他发生了关系。当他们在房间里时，玛丽莲告诉卡赞说她即将嫁给乔·迪马乔。当时没有人知道那是事实还是玛丽莲为了引起卡赞注意的一种伎俩。

社会上流传着一本以拉塞尔的口吻描述玛丽莲的小册子，颇受大众的追捧。这本小册子讨论了玛丽莲与乔·迪马乔的关系，赞扬了她的女性气质和智慧。据推测这本小册子可能是由一位公关人员写的，但是这并没有使两位"性感女王"开启相互竞争的模式。好莱坞圈内人士对此感到很惊讶，因为通常电影里的女主角都会互相竞争。这本小册子还探讨了拉塞尔和玛丽莲之间的友谊。此外，小册子还提及拉塞尔给予玛丽莲的建议。"把婚姻和事业结合起来，找个管家，"拉塞尔说，"努力提升自己，乔·迪马乔很坚强，他会支持你，赋予你力量。"

两年后，在1954年1月玛丽莲和乔·迪马乔结婚了，拉塞尔为此感到很高兴。但是在他们婚后几个月，拉塞尔才意识到这场婚姻是一场灾难，因为玛丽莲未能将海亚姆提倡的独立哲学融入她与乔的生活中。"面对婚姻，玛丽莲快要奄奄一息了，"拉塞尔告诉安东尼·萨默斯，"因为玛丽莲无法表达自己的感受。"乔·迪马乔在这一点上控制力太强了。

影片《绅士爱美人》的拍摄已经令人疲惫不堪了，而玛丽莲的母亲却还在胡闹添乱。1952年春季，媒体报道了约翰·伊利去世的消息后，格兰戴丝去了佛罗里达和伯妮斯住在一起。然而，9月份，格兰戴丝却出现在住在凡奈斯的格雷丝的家中。她身体状况不佳，伊利的去世，再加上玛丽莲的裸照，把格兰戴丝逼到了绝境。格兰戴丝读了《科学与健康》这本书，她认为性是邪恶的，但是她的女儿却是一个国际性偶像，于是她十分愤怒。格兰戴丝似乎疯了，在前廊上高呼恶魔要抓她，于是格雷丝打电话叫警察来把她带去诺沃克州立精神病院。然而，这只是权宜之计，一旦媒体发现格兰戴丝在一家公共精神病院里，他们可能会严厉斥责表面上让人感觉很富有的玛丽莲，但事实上，考虑到平日里的开销，玛丽莲几乎是入不敷出的。但是为了维护自己的形象以及演艺事业，玛丽莲不得不将格兰戴丝安置在一家私人医院里。

向来都足智多谋的格雷丝·戈达德为格兰戴丝找到了一个疗养院，位于格伦代尔山丘的一个山谷里，靠近主干道上的拉克雷森塔中心。这家疗养院名叫罗克黑文，树木丛生，郁郁葱葱，各式各样的小木屋环绕着中央大楼，所有的建筑都是地中海风格。虽然这里的费用很高，但是住宿者都是女性。在这里大家都能得到很好的照顾，而且可以拥有私人房间。经医生认定，格兰戴丝的病情无法治愈，属于永久性的疾病，因此没有对她进行心理治疗以及休克治疗。1923年，帕特丽夏·特拉维斯的祖母创办了罗克黑文。在格兰戴丝住在那里的14年时间里，疗养院归帕特丽夏·特拉维斯所有并由她亲自经营。特拉维斯告诉我，自从1953年格兰戴丝住进罗克黑文，一直到1962年玛丽莲去世，这期间玛丽莲从来没有看望过格兰戴丝。一想到去这个地方玛丽莲就会感到焦虑。她告诉拉尔夫·罗伯茨，每当这个时候她身体里所有的邪恶都会冒出来，她甚至都不能看见格兰戴丝。玛丽莲不在的时候，格雷丝就去看望格兰戴丝，帮玛丽莲照顾她的母亲。1953年秋天格雷丝去世后，玛丽莲聘请伊内兹·梅尔森作为自己的业务经理兼任格兰戴丝的监护人，她需要像格雷丝那样照顾好格兰戴丝。

1953年2月8日，格雷丝将格兰戴丝从诺沃克州立精神病院迁往罗克黑文。当晚，在比弗利山庄酒店举行的颁奖典礼上，玛丽莲作为年度最佳新人获得了电影故事奖。《电影剧》是美国最受欢迎的影迷杂志，它的奖项和奥斯卡一样重要。但是几周前影片《飞瀑怒潮》就已经上映了，全国各地的妇女组织都在抗议由玛丽莲饰演的人物角色在电影中的不道德行为，尤其是她在影片中穿的那条红色连衣裙备受诟病。尽管受到了强烈的反对，但玛丽莲仍然在颁奖典礼的着装和举止上我行我素。她是在考验道德主义者吗？她是否对自己的母亲感到内疚？她是否被自己的曝光欲望所控制？

迪恩·马丁和杰瑞·刘易斯，这两位著名的喜剧演员在颁奖典礼上都是礼仪大师。当玛丽莲迈着矫揉造作的小碎步走到颁奖台上领奖时，杰瑞跳到了桌子上并且像黑猩猩一样发出嘶嘶声，迪恩则突然跳起了一支摇摆臀部的舞蹈，惹得观众们大笑起来。

在接下来的几天里，各界对上述事件迅速做出反应。专栏作家弗洛拉贝尔·缪尔称赞玛丽莲在琼·克劳馥这样的明星面前出尽风头。克劳馥则回应说玛丽莲穿金色缎面连衣裙以及在《飞瀑怒潮》中穿红色连衣裙的行为冒犯了这个国家。玛丽莲在接受卢埃拉·帕森斯的采访时说，她不明白克劳馥为什么对自己如此挑剔，她只是个初出茅庐的小人物，而克劳馥是个大明星，她之所以穿性感的衣服是为了宣传自己。此外，玛丽莲说自己在影片《飞瀑怒潮》中扮演的角色是一个荡妇，所以她穿红色的连衣裙的另一个原因是为了使角色更加真实。但是对于金色缎面连衣裙的事情，她只字未提。

玛丽莲继续说，现在自己也成了明星，之前的"情爱时代"已经过去了，她将把注意力集中在电影表演上。然后玛丽莲轻描淡写地说，克劳馥的批评特别令人伤心，因为克劳馥身为一名母亲，玛丽莲非常钦佩她。对于克劳馥而言，这是一个微妙的反击，因为众所周知克劳馥虐待她的养子养女，而且她在职业生涯早期就拍了一部未公开的裸体电影。克劳馥和玛丽莲都没有提及前一年的女同性恋插曲。玛丽莲将会在《我的故事》中，把这一插曲作为对克劳馥过去生活的描述。

玛丽莲还在6月份发行的名为《电影》的杂志中，以自己的名义写了一篇文章，以此来回应克劳馥。这篇文章是描写玛丽莲个人的最真情流露的文章之一。玛丽莲说自己是独立的，并简要说明了道德的相对性。她还引用亚伯拉罕·林肯的话说："如果你把尾巴叫作腿，那么一只狗有多少条腿？五条？不是。把尾巴称作腿并不代表尾巴就是腿。"如果按照玛丽莲的古怪逻辑来推理，那么这句话听起来十分符合她的风格。然后，玛丽莲变得更加理性，正如她指出最高法院往往在裁决上存在分歧，其中四名法官意见统一，而另外五名法官认同另外一种观点。

"我们每个人都有权保留自己的观点并行使自己的决定权，"她对克劳馥说，"人身攻击不会改变事实，也不太可能改变我。我喜欢按照自己的意愿过自己喜欢的生活。"

影迷杂志也有大显身手的机会。杂志《电影剧》刊登了一篇题为《好莱坞对决玛丽莲·梦露》的文章，声称"全镇的重炮都被拖了出来，用一连串猛烈的责难来攻击玛丽莲·梦露"。在接下来的一年里，各类杂志继续关注并评论她的行为。于是一些维护明星形象的文字被援引用来为玛丽莲辩护：她品德高尚，性格腼腆，是一个居家的女人。然而，她的支持者抛出了一个新的主题，他们称赞玛丽莲影响了许多好莱坞明星，使很多明星变得更加性感。他们认为，这种改变将使电视观众重新回到电影中来。据莎拉·格雷厄姆说，就连影片《邻家女孩》中的明星也穿着紧身服装，例如珍妮特·利和珍妮·克雷恩。端庄的安妮·巴克斯特把头发染成金色，并在她最近拍摄的一部电影中跳了肚皮舞。

玛丽莲参演的下一部电影《愿嫁金龟婿》于1953年春天开始拍摄。在这部影片中，玛丽莲饰演的角色更加倾向于展现天真无邪的形象，而不是荡妇的形象，尽管她仍然穿着紧身性感的衣服。这部电影是在宽银幕系统下拍摄的，是采用新的大银幕技术以来拍摄的第二部电影，旨在吸引公众的眼球，尤其是考虑到电视荧屏面积很小。这项技术是一个法国人发明的，福克斯从发明人那里买下了整个工艺流程，并且通过这个新的工艺流程拍摄了许多电影，同时租给其他制片厂以获得巨额租金。

在影片《愿嫁金龟婿》中，福克斯将玛丽莲性感的身材优势发挥得淋漓尽致。与此同时结合大银幕技术将整部影片打造成一场"奇幻之旅"，尽管玛丽莲在这部电影中伪装了她的性取向，但是观影效果甚至超过了《飞瀑怒潮》。玛丽莲扮演近视眼的波拉·德贝沃西，有一次当她摘下眼镜时竟然撞到了墙上。作为一个公认的花瓶角色，玛丽莲有着独特的世界观，并且完成了一次精彩的喜剧表演。编剧南奈利·约翰逊表示，他是以玛丽莲的真实生活为基础塑造了波拉这个角色。贝蒂·格拉布尔和劳伦·白考尔一起扮演玛丽莲的闺密，三个人共同主演了《愿嫁金龟婿》（影片《绅士爱美人》里的闺密组合只涉及了其中两位女演员）。她们三个在纽约合租了一套公寓作为香闺，以便实施钓金龟婿的计划，不过最终她们为了爱情还是选择与普通人结婚。

无论是在银幕上还是在场外，女演员们都很友好。格拉布尔像简·拉塞尔一样平易近人，她知道自己的辉煌时代已经过去了。按照行业标准，30 岁的格拉布尔已经算是行业老前辈了（玛丽莲当时 26 岁）。《愿嫁金龟婿》拍摄的第一天，在片场有很多记者，但是这些记者是来采访玛丽莲的，而非格拉布尔。格拉布尔公开对玛丽莲表示欢迎，当玛丽莲对她的女儿曾在骑马时受伤这件事情表示关心时，她深受感动；而片场上其余的人都没有提及此事。在拍摄了几部电影之后，格拉布尔就退休了。

劳伦·白考尔是一位非常专业的演员，对于玛丽莲的迟到，重拍要求，她感到很恼火。此外，玛丽莲总是习惯看着白考尔的额头而不看她的眼睛也使白考尔很生气（抬头看白考尔的额头会使玛丽莲的眼睛看上去更大，她已经知道所有的窍门了）。但是玛丽莲并不刻薄，所以白考尔虽然有时候很恼火，但总体来说她还是很喜欢玛丽莲的。白考尔说，她们两人都是反抗剥削的"叛逆者"。白考尔对玛丽莲说："别让他们摆布你，对他们而言，你只是一件商品而已，所以你真正能信任的人很少。"然而，像其他人一样，有时候白考尔觉得玛丽莲让人难以捉摸。很多时候，玛丽莲的思维逻辑对白考尔来说并没有意义。许多人对玛丽莲持有相似的评价。

南奈利·约翰逊在每一场戏之前都要对演员进行排练。约翰逊为人低调而又彬彬有礼，但是他对演员的要求十分严格。有时候当玛丽莲想要退缩的时候，他就会冷不防地对她格外关注，然后就在其他人面前把玛丽莲描述成一个失败者。导演让·尼古拉斯科努力与玛丽莲成为朋友，但是他有时会觉得玛丽莲似乎生活在另一个世界。尼古拉斯科说："她从你身边走过，目光呆滞，就好像被催眠了一样。"

6 月份，在影片《绅士爱美人》上映不久之后，简和玛丽莲穿着类似的裙子，参加了好莱坞明星的盛大典礼，并在中国剧院印下了她们的手印和脚印。在典礼上，玛丽莲打趣地说，应该把简的胸部和臀部也印上去。然而这句话并不是空穴来风，贝蒂·格拉布尔以她的双腿而闻名于世,并为自己的双腿铸模立在中国剧院里,成为经典。最重要的是,玛丽莲的危机感解除了,并且冲出好莱坞男演员的重围,成为好莱坞不朽的偶像。

1953年,玛丽莲继续和乔·迪马乔交往,尽管他讨厌玛丽莲性感的自我表现,并且拒绝参加好莱坞的活动,因为这些活动都把玛丽莲当作"性"的象征。玛丽莲的挚友西德尼·斯科尔斯基替代了乔·迪马乔,经常陪伴她参加活动。在纽约,乔把大量精力都放在洋基棒球队的赛事报道上。他经常生玛丽莲的气,因为玛丽莲总是出尔反尔。她想通过周末去旧金山拜访他家人的方式来加深他们两人之间的关系,但是她却继续和其他男人约会。

随着玛丽莲对乔的进一步了解,她发现乔手头拮据,而且有些自私自利,是一个喜怒无常、情绪容易低落的人。他不仅干净得要命,而且准时得要命。他最喜欢的活动是:看电视,和他的男性朋友一起玩扑克,在酒吧里喝酒,讨论他的棒球成就。他经常抽烟、喝咖啡,而且脾气暴躁。在乔的帮助下,玛丽莲学会了强硬地面对那些电影大亨。除了弗兰克·西纳特拉,乔不信任好莱坞的其他任何人。弗兰克·西纳特拉是一位意大利人,祖籍是西西里岛。

但是有时候乔也很慷慨。1952年的平安夜,玛丽莲没有和他一起去旧金山,因为她不得不参加工作室的圣诞晚会。玛丽莲回到房间时,发现乔在她的房间里布置了一棵被装饰过的小圣诞树。乔经常送礼物给玛丽莲,包括她珍藏的一件黑色貂皮大衣也是乔在1953年圣诞节时送给她的。在20世纪50年代,皮毛是奢侈的象征。虽然玛丽莲平时并不关注这些,但是她很喜欢这件貂皮大衣。乔开始和玛丽莲的一些朋友亲近起来,尤其是肖夫妇和卡格尔一家。玛丽莲喜欢让年长的百老汇票务经纪人乔治·索洛塔雷经常和乔待在一起,并打理乔的事务,他把玛丽莲当作自己的女儿对待。玛丽莲喜欢孩子,她和乔·迪马乔二世非常亲密,他也很喜欢玛丽莲。

玛丽莲总是说乔是个出色的情人。她还说乔是个击球手,可以把球从公园里打到公园外。玛丽莲说如果婚姻中只有性,她会和乔做永远的夫妻。当我让乔的朋友汤姆·索贝克解释玛丽莲所说的"击球手"是什么意思时,他说乔在满足女人方面做得"好极了",甚至连妓女看到他赤裸的样子,都会"退却"。

乔在黑手党中的朋友们对玛丽莲既害怕又迷恋。大多数乔喜欢去的地方（如夜总会）都有黑帮支持者。在纽约的时候，他去过图茨·绍尔餐厅，这也是西纳特拉经常光顾的一家以男性体育爱好者为主要顾客的餐厅。乔前往大西洋城，去了"500俱乐部"，这家俱乐部是他的朋友帕斯奎尔·达马托开的，他是在二战期间驻扎在大西洋城附近时结识的帕斯奎尔·斯皮尼·达马托。乔第一次见到西纳特拉是在这家俱乐部，西纳特拉常在这里演出。斯皮尼曾因贩卖妇女卖淫触犯了法律而被关进监狱，但即使这样也掩盖不了斯皮尼那温文尔雅的意大利人的气质。

乔的哥哥迈克于1953年5月去世，这使得玛丽莲和乔的关系更亲近了，因为乔向她寻求慰藉。三个月后，玛丽莲开始拍摄影片《大江东去》，这是一部关于19世纪90年代在美国西部生活的影片。拍摄场地在加拿大阿尔伯塔省班夫镇，因为那里的景色与影片的场景类似。玛丽莲之所以同意参演，是因为她欠了福克斯一部电影，而且她为这部影片献唱的歌曲也是她喜欢的。但是在拍摄初期，玛丽莲和电影导演奥托·普雷明格之间就出现了问题。像玛丽莲一样，奥托·普雷明格也欠了福克斯一部电影，因此扎努克命令他必须执导。奥托·普雷明格不喜欢这部影片，也不喜欢玛丽莲的表演。普雷明格和玛丽莲的合作很糟糕，于是，乔坐飞机过去帮助玛丽莲。

在所有好莱坞的独裁导演中，奥托·普雷明格是最糟糕的一个。正在附近拍电影的雪莉·温特斯前去探班，她看到普雷明格恐吓玛丽莲。电影制片人斯坦利·鲁宾成了玛丽莲的保护神，他称普雷明格是"恶霸"。罗伯特·米彻姆发现普雷明格既邪恶又粗鲁，尤其是对女性。在拍摄的第一天后，普雷明格和玛丽莲就互不理睬，米彻姆成了他们的"中间人"。玛丽莲的表现越来越差劲，总是迟到，台词也搞得一团糟。然而，米彻姆指出，这是由于玛丽莲月经不调造成的，而且很多时候，当剧组里的人咒骂她太自私，不配合拍摄时，其实她正在更衣室里因疼痛而抽搐。

不出所料，当娜塔莎·莱泰丝在片场指导玛丽莲的时候，普雷明格和她发生了冲突。于是普雷明格解雇了她，但是玛丽莲又让她复职了。普雷明格经常光顾萨姆·斯皮格尔的"男孩俱乐部"，他咆哮着说玛丽莲应该回到"最初的职业生涯"。

这句话激怒了玛丽莲。有一次玛丽莲踩在一块潮湿的岩石上扭伤了脚踝，但是她绑好绷带后回到了片场，这对普雷明格而言是一种反击。雪莉·温特斯说玛丽莲用绷带绑脚踝是为了让普雷明格感到内疚。温特斯评论道："笨？我的朋友玛丽莲就像一只狐狸。"

《大江东去》是一部关于印度人、胆小鬼赌徒在河边生活的电影。玛丽莲饰演一位歌舞厅歌手，她在米彻姆被莫须有的罪名指控入狱期间照顾他的儿子，最后来到了米彻姆的农场。在整个电影中，玛丽莲要么穿着简约的舞厅服装，要么穿着紧身的蓝色牛仔裤。在一个场景中，当她和米彻姆逃离印第安人，乘着木筏逃跑时，湍急的河水把她淋透了。她湿漉漉的衣服紧贴着皮肤，凸显出了她的身材。

玛丽莲讨厌这部电影，将其称之为是她西部电影的"Z"级别（B类电影中的文字游戏），在这类电影中，演员们排在第三位，即在风景和马匹之后。她在中国剧院和西德尼·斯科尔斯基一起看了这部电影。之后，她在别人看不见的拐角处走来走去，并且吐了。诺琳·纳什和达里尔·扎努克一起观看了这部电影的点映，纳什大声说她不喜欢玛丽莲在影片中的表演。但是不管怎样，在这部影片中玛丽莲并不是一个愚蠢的金发女郎，她饰演的角色坚强而有韧性，就像她曾出演过的电影《无需敲门》和《夜间冲突》一样。她表现出了一名电影演员的魅力，而且罕见地打开了她"性感电压"的按钮。

根据雪莉·温特斯的说法，玛丽莲扭伤脚踝后，服用了复方羟考酮，并且用几杯伏特加冲洗以缓解疼痛。复方羟考酮属于麻醉剂，于20世纪50年代初研发，并且很快就成了治疗剧烈疼痛的主要药物。除了减轻疼痛之外，它还能令人产生兴奋感，但是也非常容易上瘾。

到1952年，玛丽莲开始使用处方药，特别是用于焦虑和失眠的戊巴比妥钠和西可巴比妥，以及让人精力充沛的安非他命。早在几年前，这些药物就已经在第二次世界大战期间提供给士兵，战争结束后便大量销售给平民。它们被称为神奇的药物，可以缓解许多美国人的焦虑和抑郁。然而人们对这些药物的副作用和上瘾的可能性却知之甚少。到1947年的时候，人们大约研发出1500种巴比妥酸盐，其中戊巴比妥钠、西可巴比妥以及异戊巴比妥知名度最高。医生免费给人们开这些药品的处方，它们在好莱坞很受欢迎，因为在那里，与电影制作相关的每个人都会产生紧张焦虑感。安非他命也颇受欢迎，因为它可以被用来缓解巴比妥酸盐引起的晕眩。特别是演员们，必须清早起床，并且在一整天漫长的拍摄过程中保持活力。除此之外，安非他命也被用来帮助节食。

1954 年，福克斯聘请谢瑞·诺斯管束玛丽莲。根据他的说法，福克斯的大多数演员都在服用处方药。"我们工作如此努力以至于睡不着觉，我们必须吃安眠药才能休息。"在派对上给大家分发安非他命和巴比妥酸盐，作为家庭礼物，也用作扑克游戏的筹码。据作家特伦斯·拉蒂根介绍，这些药品以广告的形式刊登在杂志上，并以各种颜色、大小和形状的小药丸的形式在演播室分发，因为它们可以使人保持冷静。

邦尼·加德尔是玛丽莲的化妆师。据加德尔回忆，早在 20 世纪 50 年代初玛丽莲就随身携带着一个装满药片的塑料袋，其中的药品包括兴奋剂和镇静剂。截至 1955 年，玛丽莲对处方药的用量已经很大了。她是个典型的瘾君子，掌握了百科全书般的毒品知识。"如果我之前没有尝试过某种药品，"玛丽莲对苏珊·斯特拉斯伯格说，"那么它根本就不存在。我是一名'夜战老兵'。"玛丽莲的朋友德洛斯·史密斯说她把人生当成了一场俄罗斯轮盘赌。德洛斯说："玛丽莲服用五粒药才能入睡，但是服用七粒会致命，多年来，玛丽莲一直活在剩下那两粒使她远离死亡的药丸里。"玛丽莲经常建议大家一起自杀，她也和其他密友签订了协议，协议中规定如果他们都认真考虑自杀，就会互相打电话给对方。玛丽莲内心的恶魔很难对付，克利福德·奥德茨将其称之为"黑暗的土壤"，她的根在那里觅食。有时她视死亡为一种解脱，苏珊·斯特拉斯伯格说，这是她"倒扣的王牌"。

小萨米·戴维斯很了解玛丽莲，他坚持认为玛丽莲处方药的使用量并不比许多好莱坞演员的使用量高，尽管他可能低估了玛丽莲。巴比妥类药物的危险在于身体要适应它们，并且需要越来越多的药才能使人放松。只有戒掉一段时间，或者把巴比妥类药物换成另外一类药物，例如换成鸦片制剂，才能使人从这种耐药性中恢复过来。一开始上瘾程度并没有那么严重，因此戒瘾症状也不是很剧烈。然而，随着时间的推移，戒瘾症状可能会随之加重，而成瘾会导致失眠、恐慌、情绪不稳定、心不在焉等症状，并且出现幻觉。安非他命也很危险，长期使用后，它们会降低体内储存血清素的中枢释放神经递质的能力，这样会使人抑郁。多年来，玛丽莲的抑郁症状越来越明显。

玛丽莲还用酒精来安抚自己，缓解自己的情绪，但是多年来她一直对自己的饮酒量加以控制。她说之所以养成这个习惯，是因为一位妇科医生建议她可以偶尔喝一小口伏特加来治疗月经痉挛。当小萨米·戴维斯来《绅士爱美人》的片场拜访玛丽莲时，小萨米断定她没有大量饮酒。不过约翰·斯特拉斯伯格说，玛丽莲用李施德林牌漱口水来掩盖酒精的气味。由于体重的增加，玛丽莲开始担心酒水的卡路里含量。1955 年早些时候，玛丽莲和米尔顿、艾米·格林一起住在康涅狄格州，玛丽莲每天吃晚饭时只喝一杯酒。有些朋友说玛丽莲不喝酒，是因为她对酒精过敏，但实际上有时候她不喝酒可能是因为服用了巴比妥酸盐或安非他命。

1953 年春天，在开始拍摄影片《愿嫁金龟婿》之前，除了月经痉挛以及在1952 年 5 月切除了阑尾，玛丽莲并没有病得很严重，但她的健康状况开始每况愈下。玛丽莲得了头痛病、荨麻疹和支气管疾病。有时候在去片场前她会呕吐，她选择的主要药物戊巴比妥钠就容易引起头痛、恶心和便秘。

有时玛丽莲捏造疾病，因为她已经累得精疲力竭，或者是为了和制片人讨价还价。据杰克·科尔说，如果玛丽莲在脸上发现了一条皱纹，她就会打电话请病假。科尔可能有些夸大其词。但是玛丽莲既是一个完美主义者又缺乏自信心，这两点迫使她打电话请病假。通常医生会诊断她患上了贫血症，然后给她注射维生素 B12，这样会使玛丽莲产生一种幸福感。

玛丽莲还患上了过敏症。饮酒和服药都会使肝脏负担加重，而肝脏是人体的解毒中心。过敏包括对食物敏感或者是对花粉敏感，随着病情发展会引起鼻塞，而吸烟会使不适症状加重。然而玛丽莲就像大多数的同龄人一样，吸烟成瘾。如果鼻腔通道被一直堵塞，细菌和病毒很容易侵入，这样就会导致感冒和支气管炎。玛丽莲流产了多少次呢？这足以引起严重的疤痕组织问题。当我问斯蒂芬·斯科尔斯基这些时，她并没有正面回答我。她说在好莱坞圈内这是一种非常流行的节育方式。事实上，尽管玛丽莲在声明中说想生个孩子，但是据苏珊·斯特拉斯伯格说，一方面，矛盾的玛丽莲害怕怀孕会导致她的身体机能下降，而且她害怕承受分娩的痛苦。另一方面，流产导致玛丽莲很抑郁，她觉得自己再也不会有孩子了。

尽管如此，玛丽莲仍然保持旺盛的精力，穿梭于两部电影的拍摄片场，有时只是休息片刻。电影制片厂下定决心让自己投入的钱从明星身上得到回报，于是他们敦促这些演员们一部接一部地拍电影。玛丽莲有抑郁症，但是她把这些隐藏了起来，就像她隐藏了经期的痛苦一样。失眠仍然困扰着她，她体内的"怪物"也是如此。但在这段时间里，她常常显得有一些轻度狂躁。但是通过不断调节自身的情绪，她最终完成了电影的拍摄。

　　1953 年 9 月底，格雷丝·戈达德去世了，这对玛丽莲来说是个打击，在她童年时期格雷丝一直支持着她。多年来格雷丝一直担任玛丽莲的业务经理，为她保管账目，计算税金，并且回复粉丝邮件。此外，格雷丝还定期去疗养院看望格兰戴丝。玛丽莲为格雷丝支付了安葬费，将格雷丝安葬在韦斯特伍德纪念墓园，安娜·劳尔也埋葬在那里。之后乔·迪马乔开始帮助玛丽莲的事业。乔认为玛丽莲需要一位专业的商业经理来打理她的事务，而不是其他的家庭成员，毕竟她是一位大明星。乔通过他的律师劳伊德·莱特会见了伊内兹·梅尔森。伊内兹·梅尔森是一位坚强的母亲，她经营着一家小型的好莱坞管理公司。乔向玛丽莲推荐了伊内兹，玛丽莲也雇用了她。在玛丽莲的众多助手中，伊内兹也是乔的忠实拥护者。

　　玛丽莲喜欢伊内兹，她是另一位值得信赖并且能给予玛丽莲忠告的年长女性。玛丽莲喜欢五颜六色会说话的鸟，于是伊内兹养了鹦鹉。玛丽莲小时候和吉芬一家住在一起，她经常去吉芬家的鸟舍和鹦鹉玩耍；她也喜欢住在好莱坞山上的伊内兹家，和伊内兹饲养的小鸟一起玩。伊内兹在鸟笼里为鸟儿安装了秋千、栖息处以及供小鸟戏水或饮水的盆形装饰物，看起来伊内兹有可能会取代格雷丝在玛丽莲生活中的地位。伊内兹对玛丽莲的一些家庭成员十分友好，比如伊妮德·克内贝尔坎普，但她并没有成为玛丽莲的第二个格雷丝。玛丽莲已经安排安妮·卡格尔、塞尼亚·契诃夫和洛特·戈斯拉尔担任她的年长女导师，有时候相当于是她的母亲。

　　伊内兹接管了照顾格兰戴丝的任务。伊内兹每周都去看望格兰戴丝，并且保证在每个星期日都带她到当地的基督教科学教堂。她为格兰戴丝买了生日贺卡和圣诞卡片，并且署上玛丽莲的名字。格兰戴丝仍然穿着护士的制服，她幻想着自己是一名基督教科学的护士。格兰戴丝花费大量时间阅读《科学和健康》，并且给政府官员或波士顿基督教科学教会的官员写信。伊内兹从未向外界公布过这些。伊内兹忠实地为玛丽莲服务了多年，尽管她对于玛丽莲在遗嘱中没有给她留下任何东西而感到很生气。玛丽莲死后，伊内兹被指派为玛丽莲加州房产的负责人，她保留了在玛丽莲的布伦特伍德家的文件，其中有许多玛丽莲的个人资料。

1953年9月，《展望》杂志派摄影师米尔顿·格林到好莱坞为玛丽莲拍摄专辑。格林去好莱坞时，他已经和玛丽莲相识四年了，但这是他第一次为玛丽莲拍照。现在格林成名了，《展望》杂志刚刚以年薪10万美元作为条件把他从《生活》杂志挖了过来。在20世纪50年代，10万美元是一笔巨款。他在纽约过着一种潇洒而不羁的上流生活，拥有一间工作室，位于列克星敦大街上一栋旧办公楼的顶层。这是一个充满阳光的"洞穴"，是名人的聚集地——爵士音乐人、戏剧演员、电影明星。格林是第一批在康涅狄格把闲置房屋改造成一个家的纽约人之一。他总是穿着黑色衣服，虽然他三十岁了，但是看起来却很年轻。当玛丽莲见到格林时，她对格林说："你看起来像个男孩！"格林回答说："你看起来像个女孩！"

1953年秋，格林又为玛丽莲拍摄了许多照片。有一张是玛丽莲穿着一件普通的连衣裙，依偎着一棵多节的树；在另一张照片中，她穿着一件黑色长毛衣，遮盖着她裸露的身体；最后一张照片中，她抱着一把俄罗斯三角琴，它是演奏俄罗斯民间音乐的主要乐器。这张照片讲述了一个复杂的故事。一个女人演奏弦乐器是西方艺术中的一个标准主题，象征着一个操持家务的女人抚慰着一个家庭，象征着男艺术家或者女艺术家的缪斯。玛丽莲穿着一件长缎子衣服，光着脚，看上去犹如一位艺术女神。这张照片让人觉得玛丽莲可以在影片《手足之情》中扮演格鲁申卡。但是截至1953年，这部电影仍在筹划中，迟迟没有上映。

米尔顿和玛丽莲一样，很害羞，也很内省，总是和蔼可亲，就像是个迷路的小男孩。他也是个口吃的人，有时说话语无伦次，但他的声音温柔而诱人，迷住了他的模特儿，并得到了模特们的崇拜。他喜欢每个人，并善于解决问题，以避免不必要的争论。作为米尔顿的拍摄模特，格洛丽亚·范德比尔特说："他非常巧妙地表达了自己的观点，使我能够全神贯注地进行拍摄。"玛丽莲会成为米尔顿的缪斯，就像朵莲丽和理查德·阿维顿一样。玛丽莲评论说："直到我看到米尔顿的照片，我才真正喜欢上拍照。他是一名艺术家，即使他在创造一些无聊的时尚时，也能做出一些美丽的东西来。"

玛丽莲告诉米尔顿她工作中存在的问题，例如，她的工资不高，达里尔·扎努克拒绝让她出演题材严肃的电影，制片人和导演如何命令她四处奔波。格林告诉玛丽莲，他想开一家电影制作公司，于是在这一点上，他们彼此互相吸引。但是按照约定，格林必须回到纽约与艾米·弗兰科结婚。艾米·弗兰科曾是理查德·阿维顿的模特，她是一个意志坚定的女人，有很强的组织能力和强大的自信心，把自己和米尔顿的生活安排得井井有条。后来，她为玛丽莲也提供了同样的"服务"。

米尔顿和艾米结婚后，他带着艾米一起回到好莱坞为《展望》杂志拍摄了另一组照片。这对夫妻和玛丽莲走得很近，并且带她去好莱坞参加派对，结束了她的"葛丽泰·嘉宝"时期。艾米喜欢参加吉恩·凯利周六晚上的猜字谜派对，因为在游戏中她表现得就像一个神童。相反地，米尔顿和玛丽莲并不擅长这类游戏，于是他们坐在角落里聊天。有一次，艾米和乔·迪马乔都出了城，据说就在那时米尔顿和玛丽莲可能发生了婚外情，尽管艾米一直在否认。但是米尔顿内心里是不愿离开艾米的。乔曾在加拿大对玛丽莲很好，于是玛丽莲决定嫁给乔。

如今玛丽莲已经是一位大明星了。让·尼古拉斯科回忆了11月下旬在威尔希尔剧院举行的《愿嫁金龟婿》的特别首映式。剧院人满为患，一大群人站在外面。就在这时突然传来巨大的呼喊声，一声声尖叫传来："玛丽莲！玛丽莲！"那种感觉"就像一场即将来临的地震"。玛丽莲穿着一件白金相间的连衣裙，白色珠子在雪白的丝绸上闪闪发光，凸显着她身体的每一条曲线。四个警察护送她穿过人群，走进剧院，观众都站在那里看她。为了看得更清楚些，有些人爬到了座位上，甚至传奇人物塞西尔·德米尔也爬到了座位上。尼古拉斯科最后说："我目睹了她爆棚的人气。"

但是玛丽莲的生活却是一团糟。12月，她的裸照《金色的梦》作为裸体照片插页首次出现在《花花公子》杂志上。对于玛丽莲来说，这完全是个意外。除此之外，粉丝杂志暗示她和娜塔莎是情人关系。玛丽莲需要平息这些猜测，尽管是以一种自相矛盾的方式。12月底她开始将自己的"性冒险"写进自传，这本自传由玛丽莲口述，由本·赫克特代笔。尽管玛丽莲和她的经纪人查尔斯·费尔德曼一直在游说，但是扎努克仍然拒绝让她扮演一个严肃的角色。有传言说在《红丝绒秋千里的女孩》和《玛米·斯多沃的反叛》这两部电影中扎努克为玛丽莲安排了角色，但是她拒绝了。前者是因为玛丽莲要扮演的角色很平庸，而后者是因为影片中的玛米·斯多沃分明就是一个妓女，而玛丽莲不想扮演这样的角色。1953年末，扎努克在翻拍的贝蒂·格拉布尔曾参演的一部影片中，把玛丽莲塑造成一个歌舞女郎，这进一步激怒了她。

在她与扎努克的矛盾中，玛丽莲忽视了扎努克在1953年3月发布的备忘录，在备忘录中他取消了所有主题严肃的电影，甚至是那些已经在制作中的电影。福克斯将只拍摄娱乐电影，这些电影大部分都是福克斯用自己的模式拍摄的。许多福克斯电影的票房都很惨淡，包括影片《萨巴达万岁》，即使这部电影的主演是马龙·白兰度和安东尼·奎恩也无济于事。扎努克甚至取消了拍摄哈利·科恩接手的电影《码头风云》。斯皮罗斯·斯库拉斯曾口口声声说，扎努克需要为福克斯赚钱。刊登在报纸上的斯皮罗斯·斯库拉斯的信件表明，扎努克并不想放弃拍摄严肃题材的电影，他只是在按照斯库拉斯的命令行事。玛丽莲被认为是一个伟大的赚钱机器，只需要她扮演一个性感的金发女郎就可以。让玛丽莲参演福克斯的音乐剧可以使扎努克赚大把的钱。

玛丽莲必须做些什么才能获得更高的地位，于是她快刀斩乱麻，嫁给了乔·迪马乔。与美国最受欢迎的运动之王喜结连理后，玛丽莲更加令万众瞩目：她是与明星运动员结婚的女王，这是所有美国人的梦想。当她嫁给吉姆·多尔蒂时，她就已经俘获了一名当地的运动员。但是与乔·迪马乔的结合是史诗级的，是一段"全国级别"的浪漫爱情，而不是"小城镇的结合"。玛丽莲的粉丝团不断壮大，因为乔的粉丝也喜欢她。她不仅吸引了男性体育迷，而且还吸引了那些迷恋乔英勇地位的女性。无论玛丽莲犯下了什么错，乔的美德都能将之从人们的视线中抹除。玛丽莲曾败给了扎努克，因为当玛丽莲没有按要求出演影片时，扎努克把她停职了。但是在玛丽莲嫁给乔之后，扎努克又不得不把她请回来。

这场婚礼于1954年1月14日在旧金山举行。为了满足乔的意愿，玛丽莲穿着一套定制的深色服装，衣领是白色的。这套衣服把玛丽莲包得严严实实，甚至连下垂的领口都没有。近500名记者、摄影师和粉丝挤进了婚礼现场，但是令人意外的是主角却没有出现。当玛丽莲和乔决定出发的时候，玛丽莲给福克斯的公关总监哈里·布兰德打了个电话，并且把相关细节告诉了他。玛丽莲一直都很重视宣传工作。

然而，在与玛丽莲签订新合同时，扎努克不愿意妥协，他仍然拒绝将玛丽莲的创意融入她参演的电影中。扎努克为玛丽莲安排了影片《七年之痒》的主角，这部电影是由比利·怀尔德执导的，在百老汇大热。由于玛丽莲非常想参演这部电影，即使扎努克以要求玛丽莲参演音乐剧《娱乐至上》作为交换条件，她也同意了，但是玛丽莲并不喜欢这部音乐剧里面的情节和歌曲。玛丽莲很害怕与百老汇的一些顶级舞者和歌手一起演出：埃塞尔·梅尔曼、丹·戴利、唐·奥、康纳米以及齐·盖诺。然而，她终究是同意了，并且希望演出能够成功。根据玛丽莲所签订的合同，她参演什么样的电影仍然由制片厂决定。

2月初，乔和玛丽莲去日本度蜜月，棒球在日本很受欢迎，乔将在日本开设棒球训练营并且指导当地的球队，他以前也做过同样的事情。他们所乘坐的航班在到达东京前，经停火奴鲁鲁。就在飞到火奴鲁鲁时，玛丽莲用手摸了摸乔的后背，却被乔弄断了手指。乔不喜欢在公共场合被触摸，当玛丽莲摸他的后背时他吓了一跳，转过身来用他那只大手抓住了玛丽莲的手指，并且折断了她的一根骨头。这可能是一次意外，但也是一种预兆。当记者注意到玛丽莲那绑着绷带的手指时，问她出了什么事时，她回答说："我把手指戳到了一扇门上。"

来到日本，乔本应该是明星，但是人们却对着玛丽莲尖叫。他们叫玛丽莲"蒙禅"，意思是小女孩，或者他们用日语尖叫着"扭起屁股啦"。也许乔以前并不知道，但是现在乔意识到人们想要见的是玛丽莲而不是他本人。抵达日本一周后，玛丽莲前往韩国为军队演出。一位美国将军向她发出了邀请，但她仍然想去朝鲜感谢那些粉丝，因为是这些粉丝的信件使她成了明星。在1953秋天，当威廉·霍尔登参观韩国的军事基地时，他发现玛丽莲的裸照随处可见。扎努克拒绝了玛丽莲去韩国军事基地的请求，但是如今玛丽莲有了话语权，她对扎努克提出抗议。乔可能也曾试图阻止玛丽莲前往，但是她没有听乔的话。在玛丽莲的心目中，她的事业是最重要的。

对于玛丽莲而言，这次旅行使她极具成就感。玛丽莲穿着梅色亮片连衣裙，以她自己的典型方式演绎了《让我们再来一次》。她所到访的十个军事基地里，每一个基地都有上万名男人几近疯狂。据《洛杉矶时报》报道，有一站观众甚至拥向舞台，"就像时代广场上的鲍比·索克斯一样"。在另一站的一次聚会上，军队高层喝醉了，说了一些不恰当的话，有传言说国会对此还进行了调查。《星条旗报》的记者报道这件事说："在本周，这个社会从一种形式的骚乱发展到另一种形式的骚乱。"玛丽莲对此不屑一顾，她总是说这是她职业生涯中的一个高峰。

乔在日本的电视节目中看到了玛丽莲在韩国的表演，他感到很愤怒。回到日本后，乔威胁玛丽莲说，如果她继续这样不加收敛的话，他就会和她离婚。乔经常出其不意地"像狼一样嚎叫"。乔本应该意识到，甜美外表下的玛丽莲其实是很固执的，她根本没打算改变自己。就玛丽莲而言，她再次违背了伊利亚·卡赞给予的建议——1951年伊利亚·卡赞在写给玛丽莲的信件中建议她应该避免与专横跋扈的男人在一起。玛丽莲对男性的吸引力很强，但与此同时这也使她总是陷入被男性控制的风险中。

结束日本之旅后，玛丽莲和乔一起去了旧金山，并且和乔的家人住在一起。现在乔希望玛丽莲能够留在家里，成为一个全职太太，但是玛丽莲却把注意力又转到了好莱坞。3月9日，她回到好莱坞参加《电影剧》的颁奖，她在影片《绅士爱美人》《愿嫁金龟婿》中扮演的角色获得了年度最佳女演员奖。西德尼·斯科尔斯基陪她参加了颁奖仪式。3月21日，在威廉·莫里斯经纪公司已经为玛丽莲服务了一段时间之后，她与这家公司解除了合约，并且与查尔斯·费尔德曼的著名艺术家经纪公司签了约。从1951年起，费尔德曼就代表玛丽莲与达里尔·扎努克进行合同谈判。

5月2日，玛丽莲搬到好莱坞开始拍摄影片《娱乐至上》，乔跟她一同前往。玛丽莲告诉乔，她必须履行与福克斯签订的合同。但乔希望他们能有一段像棒球教练利奥·杜罗彻和电影演员拉伦·戴那样的婚姻，因为拉伦·戴非常专注于自己的婚姻，仅仅拍摄了几部电影而已。然而，这只是一个白日梦。玛丽莲不会因为婚姻而使自己的事业受到阻碍。

1954年春天，玛丽莲对乔的不满情绪变得明显起来，当时她告诉西德尼·斯科尔斯基，她打算嫁给阿瑟·米勒。她是在和斯科尔斯基开玩笑还是表达了她的真实愿望呢？4月份，玛丽莲在《选美》杂志上发表的一篇文章中写到了自己对米勒的钦佩之情，并且向米勒透露自己读过他的大部分作品。无论如何，在嫁给乔之后，很长一段时间以来玛丽莲并不忠于乔，比如那年春天，她开始和哈尔·谢弗有染。这位爵士音乐家不仅是她当初参演影片《绅士爱美人》时的声乐教练，而且在她参演影片《娱乐至上》时指导过她。玛丽莲说，哈尔·谢弗是她所认识的最温柔的男人。乔继续跟随洋基队去纽约做他的电视节目。

乔当棒球运动员的几年时间使他成了"游牧民"，也是他人生旅途中最快乐的时光。玛丽莲和谢弗的婚外情在一定程度上证明了她早些时候和弗雷德·卡格尔的婚外情是真实的，而弗雷德·卡格尔是玛丽莲1948年在哥伦比亚大学学习期间的声乐老师。但与卡格尔不同的是，谢弗想让玛丽莲和乔离婚并嫁给他。玛丽莲同意了，但是有时候她也会陷入自我矛盾之中。玛丽莲告诉谢弗，她会为他皈依犹太教，她还用假发和一件样子不好看的衣服来伪装自己，隐姓埋名地和谢弗在一起。玛丽莲见了谢弗的父母，并且愿意花几个小时听他弹钢琴。"玛丽莲喜欢音乐家的陪伴，"让·尼古拉斯科写道，"她喜欢与音乐家交谈，喜欢与他们开玩笑。当然，音乐家也喜欢她。我一直认为，一个音乐人将会是她正确的婚姻选择。"长期以来，乔忽视了玛丽莲与谢弗的关系，因为据说谢弗是同性恋。

既然娶了玛丽莲，乔·迪马乔希望玛丽莲能服从他，但她没有。玛丽莲在比弗利山庄达西尼大道的一所公寓里住了一年。公寓位于市中心，靠近伊内兹·梅尔森的办公室，而且离好莱坞不远，许多明星都曾在此处居住。公寓被高大的灰色围墙包围，有效地杜绝了记者和歌迷的骚扰。玛丽莲喜欢达西尼大道的公寓，但这套公寓只有一间卧室，然而乔·迪马乔想要一个能够同时容纳他儿子的住所。伊内兹帮他们在比弗利山庄找到了合适的房子，租期为6个月。他们搬了进去，但乔·迪马乔大部分时间都在那里打牌、看电视。他们争吵的次数越来越多，而且他开始对玛丽莲施暴。玛丽莲也许害怕他，但这并没有阻止她做自己想做的事，包括继续维持与哈尔·谢弗的暧昧关系。

由于沉迷于玛丽莲的美色，乔·迪马乔很担心失去她。于是，他找来私人侦探跟踪玛丽莲。7月初，哈尔·谢弗受到乔·迪马乔心腹的威胁，但他自杀未遂。他苏醒后，玛丽莲照顾了他几周。人们推测她和乔·迪马乔渐行渐远了，尽管在拍摄《娱乐至上》"热带的热浪"这一幕时，乔出现在片场。当天的这场激情戏尺度很大，所以玛丽莲邀请乔·迪马乔去现场的原因令人费解。她穿着一件非常暴露的上衣和一条撕裂的裙子，戴着卡门·米兰达头饰，跳着杰克·科尔为她编排的性感舞步。乔·迪马乔一定已经完全意识到，他在试图说服玛丽莲变得端庄谨慎的战斗中一败涂地，这让他怒不可遏。

由于玛丽莲经常打电话请病假，《娱乐至上》的拍摄严重超期。与其他参演的舞者相比，玛丽莲有一种优越感，她觉得与比她矮得多的唐纳德·奥康纳对戏非常滑稽。只有出演音乐剧时她才会热情高涨，除此之外，她似乎厌倦了扮演花瓶角色，即使她这次扮演的角色并不是一个金发傻妞。从内心来讲，玛丽莲希望通过努力，使自己成为专业演员。有传言说，她在拍摄过程中酗酒、吸毒，但当时与玛丽莲在一起很长时间的哈尔·谢弗告诉我，玛丽莲和他在一起的时候没有喝过酒或嗑过药。那年春天，玛丽莲可能遭受了子宫内膜异位症引起的痛经，她在 11 月做了一次妇科手术，其中子宫内膜异位囊肿很可能被切除了。

对玛丽莲来说，1954 年的春天和平常没什么不同，她依旧过着几种生活——嫁给了乔·迪马乔，与哈尔·谢弗暧昧不清，工作上努力完成《娱乐至上》的拍摄，并继续向本·赫克特口述自传。作为丈夫，乔·迪马乔希望妻子在口述自传中还是不要提过去的风流荒唐事为好，但意想不到的事情发生了，在未经玛丽莲允许的情况下，自传里相关的内容突然出现在英国曼彻斯特的小报上！另外，米尔顿·格林依然和玛丽莲保持联系，他们在讨论成立一家制片公司。

那年春天，摄影师米尔顿来到好莱坞，在福克斯的露天片场为玛丽莲拍照。在服装部，他们找到了珍妮弗·琼斯在拍摄《圣女之歌》时穿的服装，那部电影讲述了一个农妇变成圣人的故事。玛丽莲穿着影片中农妇的衣服，用《圣女之歌》电影的原场景，米尔顿为她拍摄了一张照片。根据艾米·格林的说法，这是一个"最大的笑话——让世界上最性感的标志性人物穿上圣女贝尔纳黛特的衣服"。玛丽莲知道服装部管理员希尔达夫人手头拮据，当玛丽莲完成拍摄时，她把一张一百美元的钞票偷偷塞进了希尔达夫人的口袋，这是典型的玛丽莲风格。

到了 1945 年，优雅成了玛丽莲的口头禅，因为受艾米·格林的影响，优雅是当时玛丽莲最希望拥有的东西。玛丽莲总是和格洛丽亚·罗曼诺夫谈论艾米；艾米是怎么打扮的，艾米是怎么表演的，艾米的朋友是什么样的。萨姆·肖说，玛丽莲当时一门心思想要出现在《时尚芭莎》杂志上。她想变得光鲜亮丽，就像艾米这样的高级时装模特一样。电影杂志认为，高挑苗条、胸型较小的奥黛丽·赫本，作为一个高端时尚模特的代表，正逐步取代性感的玛丽莲，成为女性美丽的标准。这让玛丽莲更加担心自己会继续被当作"金发女郎"供人们消遣。

玛丽莲当时已经在考虑搬到纽约，因为米尔顿在那里有工作室。自从在演员进修班开始，玛丽莲就一直梦想着去纽约，因为当时她的老师们高度称赞百老汇。阿瑟·米勒和伊利亚·卡赞都出生于纽约。在 20 世纪 50 年代，对于一个来自洛杉矶的天真女孩而言，纽约有别于美国其他城市，它众星云集，有成熟的出版业、金融业，也是时尚中心。

1950，玛丽莲在书店偶遇一本新的时尚杂志——《弗莱尔》，并立刻吸引了她。这本杂志兼具《名利场》和《大西洋月刊》的内容，迎合了战后的成熟派和先锋派知识分子的喜好，并颂扬了他们对纽约的贡献。它由弗勒尔·考尔斯设计并编辑，后来他成了杂志《展望》的一位编辑。鉴于生产成本较高，《弗莱尔》只发行了一年时间，后来的几年里只出了一本年鉴。

虽然玛丽莲一直向往去纽约，但在 1954 年的 6 月和 7 月间，她仍然在拍摄《娱乐至上》，并于 8 月中旬完成了该电影的拍摄。她没有得到任何休息时间，转天就开始拍摄《七年之痒》。三个星期后，也就是 9 月 9 日，她飞到纽约拍摄《七年之痒》的外景。此行玛丽莲受到皇室般的欢迎，拍摄地的街道被影迷们拥挤得水泄不通，而纽约的报纸也大量刊登了她的照片和故事。萨姆·肖把她介绍给理查德·阿维顿，为她拍摄将刊登在《时尚芭莎》的照片。这时，艾米·格林和米尔顿也在纽约，艾米带她去纽约最奢华的服装店波道夫·古德曼购物。但她走到哪里都会吸引大批人群，于是艾米说服了纽约著名时装设计师诺曼·诺雷尔来玛丽莲入住的酒店套房，讨论为她设计服装的事宜。艾米自模特时代就认识诺雷尔。

在纽约的一周里，玛丽莲与艾米、米尔顿共进晚餐时，讨论了他们要开设的制片公司。当时，许多明星都开办这样的公司，这有助于他们自己的职业生涯。玛丽莲认为别人可以，为什么自己不能？当时乔·迪马乔也在场，他怀疑米尔顿对他妻子有非分之想，但他并不反对开办公司。作为棒球球迷，艾米崇拜着乔·迪马乔，他是她的"众神之一"。艾米利用她对棒球这项运动的了解，不断地和乔聊天。

9月15日拍摄那张著名的照片时，乔·迪马乔也在现场。当时玛丽莲站在地铁站的镂空地面上，吸引了大量的摄影师和粉丝。当乔走上街道时，人们开始为他欢呼，他是一个国家英雄，深受所有人喜爱。然而，当看到玛丽莲的裙子飞起来时，他火冒三丈。几百个男人盯着他妻子的下半身，他觉得这些男人让自己戴了绿帽子。拍摄结束回到酒店后，玛丽莲和乔·迪马乔在房间里发生了激烈的争吵，乔还打了她。事后，怀特·斯奈德用化妆品掩盖了她的瘀伤。玛丽莲回到好莱坞后，有人看到她在比弗利山庄的街头边走边哭。

像往常一样，她再一次利用她与乔的关系，来增加媒体的曝光度。她给哈里·布兰德打电话，说自己要离开乔，并请了著名的好莱坞律师杰瑞·盖斯勒代理这起诉讼。这年10月，在盖斯勒向法院递交离婚文件之前，他在玛丽莲·梦露的住所外面召开了记者发布会，记者和摄影师们聚集在她家门口。发布会的前一天，盖斯勒帮助玛丽莲做好各项准备，西德尼·斯科尔斯基当天也在现场。盖斯勒告诉玛丽莲发布会当天该如何表现，他把斯科尔斯基也纳入到这场"表演秀"当中。发布会当天，玛丽莲煞有介事地扶着盖斯勒的胳膊，步履蹒跚地走向他的车，而西德尼见状赶紧跑过来，扶住她。在如期举行的记者发布会上，玛丽莲表现得非常"出色"。从现场照片来看，玛丽莲·梦露悲惨的样子特别让人心疼。一位美联社记者讽刺地写道，她的表现足以获得奥斯卡小金人。

这年10月27日，离婚听证会如期召开。在起诉离婚的原因中，玛丽莲只提及乔·迪马乔拒绝和她交流，持续冷战，导致感情破裂，她只字未提乔·迪马乔对她实施家暴。伊内兹·梅尔森是她唯一的证人，玛丽莲对乔只有一项指控，就是乔曾经拒绝带她去赛马场，因为她会引起大量人群围观，会导致乔无法通过拥挤的人群，由此影响下注。对于离婚，乔没有任何辩解，也没有参加听证会。玛丽莲被裁定准许离婚，最终离婚判决将在一年后生效。

巧合的是，当时在比弗利山庄租的房子，6个月的租约期刚到，于是玛丽莲搬到了贝尔艾尔酒店。然而，尽管酒店的位置相当隐蔽，影迷还是无处不在，无孔不入，以至于她丝毫没有隐私可言。之后，她在工作室的更衣室里住了一段时间，然后搬进了她的好朋友安妮·卡格尔的家。最后，她租了一套新公寓，说明她还不确定一定会离开好莱坞。在传奇的一生中，她一直与乔·迪马乔保持联系。乔和她的医生里德·克罗恩经常在一起，并且玛丽莲每晚都给乔打电话。这就是典型的玛丽莲的风格，即便她已经和乔离婚了，但依然牵挂着他。

一些人误以为，在这期间玛丽莲与弗兰克·西纳特拉有暧昧关系并搬去与之同住。她之前就认识西纳特拉，并时常与他一起聚会。但西纳特拉是乔的好朋友，正如艾米·格林所言，除非乔和玛丽莲离婚，否则西纳特拉不会和玛丽莲发生任何事情。这两个男人都尊重西西里的道德约束。有的记者发现玛丽莲与乔共进晚餐，便推测他们迟早会和解。

11月5日晚上，弗兰克和乔一起，试图抓获玛丽莲与哈尔·谢弗的奸情。乔可能是想通过暴打哈尔一顿来证明自己的阳刚之气，哈尔认为乔是打算掰断他的手指，这样他就不能再弹钢琴了。伯纳德（伯尼）·斯宾德尔是乔雇佣的私家侦探，他跟踪玛丽莲到哈尔的朋友希拉·斯图尔特的寓所（斯宾德尔和其他人一样，怀疑玛丽莲与希拉有暧昧关系，而不是哈尔）。乔和弗兰克当时用酒精给自己壮胆，于是他们决定破门而入。斯宾德尔和其他几个人跟着他俩一起去了，但是，他们闯错了屋。斯宾德尔怀疑乔是故意为之。强行破门入室的声音震耳欲聋，哈尔和玛丽莲在斯图尔特的公寓里听到后，吓了一跳。他们从后窗爬出去，跑向了汽车。玛丽莲泪流满面，衣着凌乱地回了家。这段插曲被刻意掩盖，直到几年后，加州立法机构对私家侦探公司进行调查，才使整个事件浮出水面，并刊登在报纸上。于是它成为历史上著名的"闯错门事件"。

像往常一样，玛丽莲很快就从低谷中恢复过来。第二天晚上，也就是11月6日，玛丽莲在罗曼诺夫的晚会上露面，庆祝《七年之痒》电影杀青。面对好莱坞精英分子们的爱慕之情，她热情地进行回应。要知道，这些人曾经刻意躲着她。她遇到了克拉克·盖博，她心目中的父亲。《生活》杂志对当天的晚会进行了报道，称克拉克·盖博为好莱坞之王，玛丽莲是好莱坞的"公主"。记者们从来都是口无遮拦的，甚至臆造他们之间莫须有的特殊关系。在晚会结束两天后，她再次进了医院做妇科手术。术后观察五天后，玛丽莲在医院又待了一段时间，进行术后恢复。她可能做了腹部手术，治好了子宫内膜异位症。在玛丽莲恢复治疗的过程中，乔一直在她身边。

玛丽莲和乔正式分居后，她开始和其他男人在一起，但通常不涉及性爱。迪恩·马丁和杰瑞·刘易斯认为玛丽莲很孤独，于是经常带她出去吃饭。他们是在影展颁奖典礼后，和她交上了朋友的，他们喜欢玛丽莲的幽默感。在刘易斯眼里，面对生活的荒诞不经，玛丽莲全盘接受，并"甘之如饴"。她也和米尔顿·格林以及萨姆一起出去，在摄影方面的共同兴趣使他们越走越近。萨姆和玛丽莲像亲人一样，而米尔顿来好莱坞的初衷，就是为玛丽莲开办制片公司树立决心。

通过萨姆，玛丽莲与歌手梅尔·托梅重新开始联系，她是当初在拍摄《妙药春情》的旅途中认识的梅尔·托梅。米尔顿、萨姆和玛丽莲来洛杉矶参加了托梅的一场演唱会。第二天，玛丽莲打电话给梅尔·托梅，并开玩笑地谎称自己叫萨蒂。托梅和玛丽莲一起去多洛雷斯大街吃汉堡包，这是玛丽莲十几岁时最喜欢吃的汉堡。托梅使玛丽莲的心情变得好起来，他发现她固执而聪明，喜欢像个骑兵一样说脏话。托梅欣赏她的大胆，像艾娃·加德纳和伊丽莎白·泰勒一样。

12月初，西德尼·斯科尔斯基带玛丽莲去艾拉·费兹杰拉的驻唱酒吧听她唱歌。玛丽莲对此非常狂热，她长期以来一直在研究费兹杰拉的演唱方式，她决定要捧红艾拉。玛丽莲联系了日落大道一家顶级夜总会的老板，并说服他们聘用费兹杰拉一个星期。玛丽莲答应这一周每晚都带朋友到夜总会给她捧场。然而，根据多萝西·丹德里奇的说法，当时费兹杰拉的主要问题并不是因为非裔美国人的身份，而是她超重，不够性感，没有太大的吸引力。在这家夜总会唱歌成为费兹杰拉职业生涯的转折点，因为在她的简历上有在大型夜总会工作的经验后，她就不用再降级到小俱乐部唱歌了。她很感激玛丽莲，尽管后来因为玛丽莲吸毒，她们并没有成为亲密的朋友。

紧接着，几次打击接踵而至，玛丽莲萌生了搬去纽约的打算。人们对《娱乐至上》的评价非常低，影评家斥责了她在影片中的不端庄行为，尤其是她在"热带的热浪"那部分的表现。随后，扎努克暂缓了她在福克斯的电影中出演角色，也拒绝把她推荐到塞缪尔·戈德温工作室与马龙·白兰度一起出演《红男绿女》。扎努克认为，玛丽莲作为金发女郎的标志性人物，对福克斯来说太有价值了，所以无论福克斯付出多大的代价，都不能让别的工作室来塑造她。

琴吉·罗杰斯、雪莉·温特斯和多丽丝·戴开始了她们作为金发女郎的职业生涯，并开始接演电影角色，但扎努克依然区别对待玛丽莲。他通知玛丽莲为《惊凤攀龙》做宣传，该电影讲述的是一名夜总会的歌舞女郎为了逃避凶杀案之嫌疑，被迫躲进一个大学宿舍而且被催眠，并且她需要表现得非常失败。但是玛丽莲拒绝了，因为这部电影是以玛丽莲为原型的。谢瑞·诺丝取代了她，并且对福克斯高管对待玛丽莲的方式感到惊诧——一直在背后贬低她，更糟糕的是，还称她是一个愚蠢的金发女郎。谢瑞说，他们对玛丽莲的侮辱，简直让人震惊。"这消除了我对明星本质的幻想。玛丽莲有她自己的想法，她敢于与影视圈的固有模式抗争。居然会有这么多关于她的可怕的话，真的吓着我了。我想，如果我有任何个人想法，他们也会那样对待我的。"玛丽莲对谢瑞很好，带她去自己参加的基督教科学教堂。

　　玛丽莲已经受够了，对于福克斯工作室高层将她定性为性感金发女郎角色的举动，她表现出了强烈的反抗情绪。她向一位记者发泄道："他们让我出演《大江东去》和《娱乐至上》这种类型的电影之前，从来没有征求过我的意见，更别提考虑我的意愿了。在这件事上，我没有选择余地。这公平吗？我努力工作，我为自己的工作感到骄傲，我和其他所有人一样，也是个人。如果我继续出演福克斯给我安排的角色，公众很快就会厌倦我。"《大江东去》的制片人斯坦利·鲁宾回忆说，有一次和玛丽莲一起走过福克斯的行政大楼时，她停下来挥舞着拳头说："我不仅仅只是拥有一张脸！听我说，你们这些杂种，我想让你们看着我，我会越来越好！"她告诉另一位记者："我真的很想做别的事情，不停地挤压自己渗出最后一盎司的性诱惑是非常困难的。我想扮演一些别的角色，就像《埋葬死者》里的朱丽亚，《浮士德》里的格雷琴，以及《摇篮曲》里的特蕾莎。"

　　她厌倦了扮演性感迷人的女王玛丽莲·梦露。在过去的三年里，她反复声明她想要演戏剧化的角色，但没有人愿意听她说这些。1954年12月初，她解雇了她的经纪人查尔斯·费尔德曼，并与美国音乐公司沃瑟曼签约。《惊凤攀龙》是最后一根稻草，她决定和米尔顿·格林一起成立制片公司并搬到纽约，挑战扎努克和二十世纪福克斯电影公司。这是大胆而充满勇气的举动，因为她公然向扎努克挑战，等着看他会怎么做。

　　玛丽莲于1953年12月和1954年初春向本·赫克特口述的自传，值得我们特别关注，因为一些玛丽莲传记作家认为这本自传含有编造的成分。我在芝加哥纽伯利图书馆中阅读了有关该事件的文件，看过之后，我确信《我的故事》中的内容是真实的。

玛丽莲之所以考虑编写自传，是因为约瑟夫·申克听到她童年的故事后，多次建议她将这些故事写成书出版，这将是一本很有价值的回忆录，如果她可以自己执笔写一部分就更好了，可以改变别人认为她是一个愚蠢的金发女郎的想法。约瑟夫·申克联系了本·赫克特，他能够在八周内创作一部剧本，而且有多年报道和写作的经验，因此他被认为是完成玛丽莲·梦露的自传的最佳人选。玛丽莲是通过《妙药春情》认识本·赫克特的，剧中的很多脚本都是本·赫克特写的。

本·赫克特为此感到异常兴奋，因为玛丽莲是好莱坞巨星。玛丽莲建议让她自己也参与其中一部分的写作，本·赫克特赞同这个想法。"以她的名字命名的书，"他在写给玛丽莲的律师劳伊德·莱特的信中说，"将会受到全世界杂志的高度关注，这将给她带来一种广受欢迎的宣传方式。"甚至在得到玛丽莲的最终承诺之前，他就与《妇女家庭》杂志以及几家报纸协商谈判后续出版事宜了。

1953年12月，本·赫克特在旧金山会见了玛丽莲，并对她进行了采访。她当时正在旧金山与乔会面，但乔没有接受采访，至少在当时没有。在离开好莱坞去旧金山之前，玛丽莲打电话给露西尔·赖曼，告诉她，自己要把一切都告诉本·赫克特。赖曼吃惊极了，因为她知道玛丽莲的情史。"你怎么能曝光你所做的一切？"她问。玛丽莲回答说："也许公众应该知道我的一切。"旧金山的采访持续了5天，使得玛丽莲的声名远扬，甚至《当代人物》杂志报道了玛丽莲接受采访的事宜。"这次合作将震惊好莱坞乃至全国。"

1月初，玛丽莲嫁给了乔。到了2月，正如本·赫克特所说，由于"蜜月"她消失了一段时间。乔之前并没有介入他们在旧金山的采访，但现在他和玛丽莲结婚了，他可以了。作为一个比较传统的男人，他觉得妻子应该照他说的做，他不想让她透露她的任何一段情史。"在我第一次采访她的5天里，"本·赫克特在写给双日出版社的编辑的信中说，"她百分之百地配合。她结婚之后场地就改变了，……我下一次去采访她可能就得在一个足球公园里。"本·赫克特删掉了已经写好的百分之三十的内容，那部分内容被删除的原因可能是具有"摧毁性"，后来他在好莱坞又花了几天时间来采访她，并完成了大约二百页的新版本。他把稿子大声读给她听，她觉得写得很好，甚至哭了起来。他也将稿件交给玛丽莲，让她编辑一部分，不过她只做了一些小的改动。6月初，她告诉赫达·霍珀，她仍然保留着她修改过的副本。

但到那时，这件事已经被公开了，在没有得到本·赫克特和玛丽莲的任何许可的情况下，自传在英国曼彻斯特的一个小报《帝国新闻》上发表了，本·赫克特和玛丽莲都感到义愤填膺。原来是本·赫克特的经纪人雅克·尚布伦把它卖给了这家小报。二十世纪福克斯公司的高管们对小报上刊登的内容感到震惊，因为它揭露了"潜规则"，尽管玛丽莲说她从未经历过这些"潜规则"。她还拐弯抹角地提到她参加约瑟夫·申克的扑克聚会，然后被"押送"到电影公司一个高层的家中，虽然她没有提及对方的名字。自20世纪20年代早期电影明星的性丑闻暴露了这个行业阴暗的一面以来，电影界就开始了自我审查，最终在1934年出台了相关的准则。

据《国家警察公报》报道称，本·赫克特在采访中说："玛丽莲·梦露把好莱坞的面具撕了下来，它以前从来没有被这样撕开过，尽管报道发布之前，许多明星的名字都被删除了。"厄斯金·约翰逊曾写道，工作室老板对此非常愤怒，于是他们想尽办法阻止这篇文章在美国发布。他们把玛丽莲叫到他们的办公室，严厉地警告她，但她坚持说她没有做错什么。该出版物在美国并没有引起任何强烈的抗议，尽管据《电影界》报道，玛丽莲对这一事件担忧了很长一段时间。

本·赫克特对这件事异常气愤，所以他再没有写这本自传的最后章节，尽管在纽伯利图书馆的论文中能够找到他当时为结尾写的一个提纲。原计划这一部分要记录玛丽莲对格雷丝逝世的反应，讲述《绅士爱美人》和《愿嫁金龟婿》两部电影的拍摄背景，并揭示玛丽莲如果继续扮演"愚蠢的金发女郎"角色而不是戏剧性角色会使她的演艺事业停滞不前。1974年出版的自传，结尾是玛丽莲与乔·迪马乔的婚姻，以及她在韩国访问期间的好心情。但是这个版本的结尾与计划的结局是不同的，原计划是她会用另外的方法结束她痛苦的童年，那就是她自己的孩子，一个全新的"诺玛·简"，她的孩子会像童话里的公主一样长大，并且会成为一个聪明、快乐的成年人。用孩子来克服情绪困扰的方法很可能是一种灾难，就像她试图一直纵容孩子一样。但是玛丽莲从未放弃试图通过生孩子来创造一个完美玛丽莲的梦想。

　　本·赫克特和玛丽莲都没有起诉盗窃犯雅克·尚布伦。他是一个聪明的说谎大师，当他还是一名来自布朗克斯的可怜男孩时，他就冒充自己是一位杰出的法国贵族。他曾经给舍伍德·安德森、赫伯特·乔治·威尔斯以及萨默塞特·毛姆做过经纪人，雅克·尚布伦也从他们身上贪污了钱财。他做了本·赫克特二十多年的经纪人。《我的故事》盗版事件让本·赫克特特别恼火，于是他调查了他的财务记录，发现尚布伦已经就他的作品谈拢了协议，然后把款项存入自己的口袋。这是一个十分可耻的骗局。

　　尽管是一场灾难，但《我的故事》依然是一本不错的作品。在作品中，本·赫克特说他曾试图"与玛丽莲的语言和说话风格结婚"，他成功了。这是本·赫克特最出色的一部作品，甚至比他自己的自传还要好，他的自传《世纪之子》出版于1954年，也就是《帝国新闻》事件发生的那年。本·赫克特完全捕捉到了玛丽莲·梦露讲话的节奏、观念的深度以及她自身的分裂。

　　本·赫克特于19世纪下半叶在芝加哥开始了他的职业生涯，当时他是一家都市报的记者，每天在这座城市奔波，寻找那一天的头条新闻。后来他开始写小说，尤其是短篇小说，并成为"芝加哥文艺复兴"作家群的创立者之一。他的作品结合了城市现实主义和抒情诗的特点，既枯燥无味又多愁善感。他钦佩工人阶级，这一点和玛丽莲一致。时而写引人入胜的散文，时而写真实报道，文字既讽刺又论点清晰，以现代主义写作为主要手法，渗透到文字之中，而且玛丽莲在书中的定位既是生活的体验者，又是生活的观察者。像许多好莱坞小说一样，这是一个流浪故事，就像玛丽莲漫步在好莱坞的街道上，在一个冷酷的不受欢迎的城市，遇见了来自得克萨斯州的一个能说会道的人，告诉她谁是亚伯拉罕·林肯，遇到一个想娶她的传教士，遇到了试图睡她的制片人。有人怀疑本·赫克特或玛丽莲编造了得克萨斯演说家和传道者的故事，但那也可能是真的。正如露西尔·赖曼所说，她就像是行走在好莱坞林荫大道中的"捡男人"。

　　1974年，米尔顿·格林出版了本·赫克特撰写的《我的故事》的手稿。他是如何得到它的？其实答案很简单。玛丽莲在1954年年底搬到格林在康涅狄格州的家中时，带着她修改过的作品副本。因为当时她正和格林探讨一本由格林拍摄的玛丽莲的写真集，并在其中增加描述她生活的文字。但后来他们没有成功，而玛丽莲把那个副本留在了格林在康涅狄格州的家中。后来制片公司解散了，玛丽莲就再也没有见到过格林。也许她忘了自己把手稿留给了格林，也许她还有另一份。当被问及为什么直到1974年才出版时，米尔顿回答说，直到1973年诺曼·梅勒撰写的玛丽莲传记出现之前，他都没找到愿意出版这本书的出版商。其中有一些段落被批评为不真实，比如其中有一部分说玛丽莲作为好莱坞明星，有自杀倾向，这一部分可能是玛丽莲和格林生活在一起的那段时间里加上去的。

玛丽莲嫁给了乔·迪马乔，她对乔怀有矛盾心理，并且玛丽莲陷入了与达里尔·扎努克的博弈中，后者一直认为她是一个"愚蠢的金发美女"，而玛丽莲表现出了要搬到纽约的勇气。直到最后一刻，她也不确定她会不会这么做。但是那里有曼哈顿的诱惑，阿瑟·米勒的存在，还有米尔顿·格林的制片公司。她一直不告诉哈尔·谢弗他们之间已经结束了，直到她离开，对她来说，这是个艰难的决定。但是她征服世界的决心太强了，以至于她不可能和一位温柔并且吸引人的音乐家安稳度过一生。纽约在向她招手，这就是她选择要去的地方。

Marilyn Monroe

第三部分
幕间暂停：无所不能的女性

梦露是一个深不可测的人物和传说，这个"神话"充满了传奇色彩，我或者其他任何人都无法一窥到底。

——莫里斯·佐洛托，《玛丽莲·梦露》

第 8 章
玛丽莲的含义

　　玛丽莲作为那个时代的化身，开创了当时美貌、性感、女性、时尚的潮流，我们可以从这几个方面探寻玛丽莲的生活，而不应仅仅从她的人生年表入手，也就是迄今为止我使用的方式。玛丽莲的生活总是从一条故事主线上分出多个分支，她用过假名，伪装过自己，而且不断地追求自己感兴趣的事物，可以说她同时过着很多种生活。所以，单纯以时间框架来描述玛丽莲的一生，并不能完全体现其所有的生活。于是，在这一章节，为了研究玛丽莲·梦露的人生经历和意义，故事主线的叙述先暂时停顿。

　　为了不混淆视听，我主要关注发生在两个时间节点之间的事件——从她 1946 年进入好莱坞接触电影开始，到她 1954 年飞往纽约为止，可能偶尔也会超越这个时间段。在这几年中，她专注于塑造玛丽莲·梦露——她自信而性感的变身。与此同时，其他的"变身"也出现了：第一个变身就是"性感小猫"玛丽莲，一个在好莱坞街道上流浪的海报女郎，为了生计，她迎合着不同的制片人。然后这个玛丽莲继续变身，变成了喜剧演员玛丽莲，我称之为罗莉拉·李，一个轻松愉快爱开玩笑的角色。还有一个变身是迷人的玛丽莲，结合了 20 世纪 30 年代的凸凹有致的身材和 40 年代更加性感开放的魅力女王，她就好像是 30 年代的玛琳·黛德丽和 40 年代的丽塔·海华丝以及其他喜剧演员和脱衣舞舞者的结合体。

　　然而，到了 20 世纪 50 年代，"魅力"这个词被赋予了更多含义，很多拍摄半裸和全裸女人的摄影师们盗用这个词来描述他们拍的照片。同时，当这个词与精英人群联系在一起时，它保留了原始意义。玛丽莲对细微之处很敏感，这个词两个层面的含义都在玛丽莲身上得到了淋漓尽致的诠释，这也促使她成为那个年代的"魅力女孩"。

有时，玛丽莲在塑造角色时，会融入珍·哈露的开放与性感。在1929年，珍·哈露曾经因为不穿内衣、炫耀自己的身材、把头发染成白色以表达人们内心堕落的欲望而轰动全国。珍·哈露的古怪行为（加上梅·韦斯特的行为）催生了《海斯法典》的出台，该法案禁止在电影中出现开放的性行为，结果导致了"口齿伶俐的女人"的出现，她们与男人用轻浮的话语来调情以取代开放的性行为，并通过这种形式来释放欲望，嘲弄欲望。玛丽莲小时候看过她们的电影，这些女演员们是她童年时代的"乐土"，她们也赋予了玛丽莲挑战电影制片委员会的勇气和能力。影迷杂志的作者说，自从珍·哈露以来，他们从未见过像玛丽莲那样的人，他们说的确实是事实。

按照以上内容，下面我开始转向玛丽莲生活中的分散领域，这些领域包括玛丽莲与她生活的时代的关系、她不同的外表、她的性别观念、她读过的书，以及她强迫性的性欲。总而言之，我展现的是玛丽莲是如何把多元化因素混合在一起的，包括高雅文化和低俗文化、正规舞台表演和滑稽剧/脱衣舞秀表演，20世纪四五十年代，滑稽剧和脱衣舞秀是当时非常流行的戏剧形式。玛丽莲在她生活的时代里如此受欢迎，甚至到现在都经久不衰，想要分析这个现象的原因，最重要的就是要了解玛丽莲的复杂性和她自相矛盾的本性。所以，我会通过分析她拍摄过的一些著名的照片来结束这个小插曲，而她拍摄过的这些照片恰恰证明了她具有戏剧性和迷惑性的一面。

二战之后美国出现的繁荣衍生出一个介于城市和郊区之间的新的富裕群体，这一群体的人们喜欢诸如芭蕾舞和歌剧这类高雅的舞蹈和戏剧形式。优雅的芭蕾舞女演员和高级时装模特被他们视为美女的标准，奥黛丽·赫本和杰奎琳·肯尼迪就是这类美女的代表，他们甚至为她俩成立了粉丝团。赫本是从芭蕾舞者转行做的演员，她又高又瘦，身体笔直，经常在她的电影中为时尚服装代言。杰奎琳·肯尼迪属于另一种优雅的类型，她穿着世界上最著名的设计师们为她设计的服装，在美国刮起了高雅贵妇风。她的表弟兼朋友戈尔·维达尔说，杰奎琳本可以成为一名出色的女演员。

与此同时，一股平民奢侈风席卷了整个国家，其基础是平民的奢侈品，而玛丽莲·梦露就是这种奢侈风的代言人。"美国人陶醉于一种天真的享乐主义。"托马斯·海因写道。这种天真直接反映在当时家居用品花哨的装饰颜色及图案上，那些图案通常都是两边变尖的曲线形状，这种装饰风格无处不在，无论是冰箱上还是汽车上。这些颜色反映了人们在战后的喜悦心情，同时也体现了当时彩色印刷技术的普及和迪士尼动画电影的流行。曲线形状的灵感来自喷气式战斗机，当时喷气式战斗机是美国力量的新象征。当时最能体现平民奢侈风的是外形越来越大的汽车，其普遍是用两种颜色涂装的，同时镀上闪闪发光的铬片，也会在挡泥板的后边画上鲨鱼鳍，但是并没有太大的作用。它们被称为达格马斯。

　　当时最受欢迎的建筑师莫里斯·拉皮德斯，以康尼岛建筑和好莱坞电影中未来世界的设计为基础，创造了一种"欢快"的建筑。拉皮德斯利用优美的线条设计酒店，例如迈阿密海滩的枫丹白露酒店。他的自由式装饰设计，看起来就像线条涂鸦作品或太空船，被称为"woggles"。建筑师韦恩·麦克阿里斯特应用了"未来主义"设计，以南加利福尼亚汽车餐厅的菜豆形状为原型，设计了拉斯维加斯金沙酒店，当时金沙酒店是弗兰克·西纳特拉和"鼠帮"最喜欢住的地方。当时很多女性将类似于这些酒店的线条图案画在身体上，来凸显她们的身材曲线，同时，她们也穿尖鞋尖的高跟鞋，穿紧身衣服以凸显她们的胸部。

　　玛丽莲的喜剧形象罗莉拉·李反映了这些美国社会的主题，但其依然根植于西方戏剧传统。这位女性的漫画形象出自意大利假面喜剧中的一个人物——科隆比纳，她是哈莉·奎茵、皮埃罗以及其他仆人（小丑）的女伴。这些仆人们既顽皮又精明，还经常嘲笑他们的主人。随着时间的推移，科隆比纳成了十九世纪舞台上俏皮女仆的经典形象。所有这些角色所塑造的形象都是"骗子"，以取笑比他们优秀的人为乐，沉溺于孩子气的笑话，放纵对自身的约束。

　　玛丽莲在表演方面受训于德国戏剧演员，多数情况下，是受训于犹太人，那些为了逃离希特勒而来好莱坞发展的人们。娜塔莎·莱泰丝来自德国舞台，当时德国舞台上的表现主义戏剧中已经出现了假面喜剧的小丑角色。她曾经在马克斯·莱因哈特的剧团中参加过表演，通过饰演荒谬的人物，讽刺了第一次世界大战及独裁者们的恐怖，包括他们所带来的残暴的法西斯主义和纳粹世界。小丑角色诠释了愚人的天真和智慧，他们生活在一个天真、虚构的世界里，比如童话故事或马戏团，那里是小丑们特殊的栖息地。马克思·帕伦伯格以饰演小丑角色而闻名，他也许是娜塔莎的父亲；费兹·马萨里在成为首席女主角之前扮演的是轻浮女仆的角色，而且她还是娜塔莎的母亲。她以性感和讽刺的表演而闻名于世，甚至影响了玛琳·黛德丽。

即使马克思·帕伦伯格和费兹·马萨里不是娜塔莎的父母，她也曾在莱因哈特的剧团待过一段时间，可能认识他们。娜塔莎曾经在莱因哈特的剧团里扮演过小丑，并且指导玛丽莲扮演《绅士爱美人》中罗莉拉·李这样的"金发傻妞"角色，因为她就是这方面的表演专家。此外，玛丽莲在好莱坞的戏剧老师迈克尔·契诃夫，以他的丑角和戏剧人物而闻名。他让玛丽莲和著名的哑剧演员洛特·戈斯拉尔一起学习，洛特·戈斯拉尔一般都是以单人小丑表演为主要演出形式。这些演员和老师们把欧洲人的喜剧传统传承给了玛丽莲。

在塑造喜剧角色时，玛丽莲也借鉴了美国音乐厅和喜剧剧院的传统，它们融合了欧洲传统，又在原有的基础上进行了发展。因此，如果不了解当时的女性喜剧演员和脱衣舞娘们，不了解舞台和银幕上那些"花瓶美女"，不了解20世纪30年代电影中的"说俏皮话的美女"，是不可能理解玛丽莲·梦露的。起先，滑稽表演是英国古老的舞台传统，它在19世纪60年代由英国金发女郎带到美国，一群穿着紧腿袜的女演员，进行时事评论，或者在她们的作品中扮演男性角色。低俗下流并且强大的女人是滑稽表演的典型特征，她们的表演使男性喜剧演员黯然失色，在早期的滑稽表演中，她们也会直接扮演男性角色。

到了1929年，由于好莱坞电影的流行，滑稽剧和杂耍表演（杂耍表演始于19世纪80年代，是滑稽表演经过演变后的简版）的观众开始减少。于是，为了振兴滑稽剧表演，脱衣舞表演应运而生，脱衣舞表演就是在原有的基础上又增加了裸露表演。脱衣舞娘——尤其是美国脱衣舞娘——乐于表现她们身体的曼妙曲线，使大乳房成为时尚，但作为曾经典型的滑稽剧演员，她们也嘲讽自己和她们无能的男性伙伴。想想滑稽的马克思兄弟和其他美国传统喜剧中那些无能的"怪人"——劳莱和哈台、启斯东警察、艾伯特和科斯特洛以及杂耍喜剧团队三个臭皮匠。这些滑稽的男人经常有美女环绕。无能的男人，像愚蠢的美女一样，是美国娱乐界的典型喜剧类型。但那些脱衣舞娘可能是 19 世纪的俏皮女仆的后代，她们能侧身翻，说话奶声奶气。她们既是喜剧演员也是情色演员。

脱衣舞和滑稽剧也直接影响了玛丽莲的表演和装扮。舞蹈家杰克·科尔经常去滑稽剧剧场里寻找有趣的素材，他把修改过的性感动作融入玛丽莲的表演作品当中，确保可以通过制片人委员会的检查。比利·特拉维拉在脱衣舞娘们穿的舞蹈服装中找到灵感，虽然在表演过程中衣服会被一件一件地脱掉。比利·特拉维拉在离洛杉矶市中心不远的一个叫格伦代尔的地方长大，在上学的路上，他经常路过脱衣舞娘们表演的剧场。比利·特拉维拉与这些表演艺术家成为朋友，并为她们设计了很多表演服装。

"金发傻妞"式的喜剧也影响了玛丽莲。这种喜剧可以追溯到 20 世纪的杂耍剧院，当时引进了男女二人组表演，他们可以是喜剧演员，可以是高空秋千表演者，也可以是舞者艺术家，但都是以男性为主导。表演组中的女性角色不能讲话，她们都是"哑巴"。在 1910 年，瑞安和李组合中的哈丽雅特·李改变了这种表演形式，她开始奶声奶气地说话，同时也和本·瑞安搭档说笑话。她被称为"女傻瓜"，当时的表演轰动一时并被广泛模仿。到了 20 世纪 20 年代，原来的"女傻瓜"已经变成了一个黑发女郎，叫作"沉默的朵拉"。

安妮塔·露丝将"沉默的朵拉"与金发女郎结合起来，创造了经典的"花瓶美女"形象，也就是她 1925 年的小说《绅士爱美人》中的美人形象。露丝拥有深色的头发，而且很聪明，她是纽约文化圈的常客，也是百老汇合唱团女郎们的朋友。她知道她们与富有的男人交往，期待从那些富人那里得到昂贵的礼物甚至是婚姻。在《绅士爱美人》中，她塑造了两个合唱队女孩——罗莉拉·李和多萝西——她们伪装成传统的傻瓜，这个人物原型在莎士比亚的戏剧中出现过，就是那个戴着"愚蠢面具"的智者。露丝还取笑合唱队女孩是"掘金者"，她们用自己的身体来剥削男人。事实上，她们就是这样做的，但是露丝含蓄地强调那些男人们已经得到了他们应该得到的东西。

在 20 世纪 30 年代，梅·韦斯特以她在《小钻石》中的角色在好莱坞占据主导地位。她模仿了扮演女子的男演员朱利安·埃林格和伯特·萨伏伊，两人都代表了"说俏皮话的美女"，并且进行了诙谐幽默的改编。她穿着六英寸厚的松糕鞋，独有的断断续续的声音非常性感，呈现出一副像面具一样的脸，把头发烫成像头盔一样的大波浪，并摇摆着臀部。玛丽莲经常被拿来与她作对比，虽然梅·韦斯特从未在她所饰演的电影中改变过自己的性格，但是玛丽莲却做出了改变。

当玛丽莲把自己塑造成一个"花瓶美女"时，她走路摇曳生姿，时常噘嘴，半眯着眼睛，用孩子气的声音说话，穿紧身的衣服，并嘲讽自己。玛丽莲的模仿者——无论是简·曼斯费尔德、玛米·范多伦还是谢瑞·诺丝——都不能模仿她感性的女性气质的曼妙之处。伊芙·阿诺德称她为"阵营的实践者"，阵营与性别越界有关，特别是对那些夸大女性气质的易装癖者来说更是如此。但是夸大女性气质的女性也可以被包括在内，玛丽莲就经常这样做，她时常把自己塑造成正常的女子，比如在《夜间冲突》中活泼的年轻女子，但她同时也是个喜欢伪装的"骗子"。她在1949年的《快乐爱情》中塑造了摇曳生姿的角色，格劳乔·马克斯形容她是蒂达·巴拉、梅·韦斯特和小波佩的结合体。玛丽莲喜欢这种评价。她对 W.J. 韦瑟比说："我从梅·韦斯特身上学到了一些技巧，那就是嘲笑、模仿自己的性感形象。"

玛丽莲塑造了很多形象，包括喜剧演员玛丽莲、戏剧演员玛丽莲、迷人的玛丽莲。玛丽莲将摄影、戏剧和文学这些"高级艺术"与滑稽剧、脱衣舞表演和海报照片这些"低级艺术"结合在一起。她在其中来回游弋，将它们分割再结合，创造不同的外表、人物和意义。

无论玛丽莲扮演什么角色，她的形象都不容易被复制。埃米琳·斯奈夫利在1946年记录的内容说，玛丽莲不得不处理她身体和面部问题。电影摄影师利昂·沙姆洛伊，在第一次给她拍摄用于福克斯试镜的视频时，就十分喜欢她在屏幕上的那种冲击力。尽管如此，他对玛丽莲后续的面试形象也变得非常挑剔。"当你分析玛丽莲时，"他告诉记者埃兹拉·古德曼，"她并不好看。她的姿势不好看，鼻子也不好看，她的身材太显眼了，整体形象很糟糕。"她早期的海报照片拍摄者用照明、定位和相机角度掩盖了这些缺陷，后来的摄影师也做了同样的工作。事实上，玛丽莲很少允许别人给自己的侧面拍摄照片，而且她一直严格把控着她照片的所有样片。如果样片她不喜欢，她就会把它删掉。

完美主义者玛丽莲缺乏自信，但追求完美无瑕，往往会在化妆台上花好几个小时以力求呈现完美的形象。1950年她做了整形手术，去除了鼻子上的肿块，让她下巴的轮廓更清晰，但没有完全达到预期的效果，部分肿块还留着，她用化妆来掩盖缺陷。她的个人化妆师阿兰·惠特·斯尼德，花了很长时间来强化她的下巴线条，并试图弥补她面部不对称的缺点，这可以从她的照片中看出来。她脸上的雀斑和毛发，以及胳膊上黑色的汗毛也都被化妆品掩盖了。她戴上假指甲来掩盖那些被她咬过的凸凹不平的指甲边缘。

玛丽莲拥有白皙的皮肤，并且没有被晒黑过。在一个将棕褐色皮肤作为休闲和运动象征的时代，玛丽莲一直保持着自己苍白的肤色。同时她警告人们，不要将皮肤暴露在有害的紫外线下，这会导致皱纹的产生甚至使皮肤过早老化。她使用特殊的面霜，并且经常去纽约的伊丽莎白·雅顿和比弗利山庄的雷娜夫人那里进行面部护理。为了吸引影迷，在早期的电影生涯中，玛丽莲每拍一部电影就改变一次她的发色。"有些女孩喜欢换帽子，"她说，"我只是更喜欢改变我头发的颜色而已。"她在《夜阑人未静》中的发色是黑灰色，《彗星美人》中的发色是金色，《豆蔻年华》中的发色是银色，《让我们堂堂正正结婚吧》中的发色是琥珀色，《爱巢》中的发色是烟熏色的。福克斯的发型设计师悉尼·盖瑞拉弗设计了许多明星发型，他说玛丽莲每部电影拍摄之前，他都为她设计一款新发型。她的个人发型师格拉迪斯·拉斯姆森说，玛丽莲要求在她每次进城时都换一种发型。

玛丽莲·梦露在公众场合看起来总是很迷人。在福克斯的衣橱里，她发现了由让·路易斯和奥列格·卡西尼等设计师设计的缎子和亮片连衣裙。她喜欢无肩带或深 V 领的连衣裙，她穿着镶钻的衣服，搭配钻石耳环，以引起人们对她胸部和脸部的注意。丽塔·海华丝创造了这种穿着打扮的风格，但玛丽莲却把它当成了适合自己的着装风格。她经常说她不戴珠宝，但她所说的珠宝主要是指项链。即便如此，她也戴着珍珠，这是一种标准的时尚配饰，因为珍珠能使脸庞有一种光滑柔软的光泽。20 世纪 50 年代中期，玛丽莲步入了"优雅"阶段，这一阶段的她经常穿黑色的衣服。1954 年她曾说，她喜欢穿紧身黑色连衣裙，戴黑色手套，这是优雅与性欲的结合。那种长手套在 19 世纪 90 年代流行过，20 世纪 30 年代的脱衣舞娘经常戴这种手套，但这种手套每次需要花点时间才能脱下来。玛丽莲泰然自若地告诉媒体："我喜欢穿得很精致或者完全不打扮自己，我不会在这两者之间纠结。"

玛丽莲也穿流行于 20 世纪 50 年代的露肩礼服和露背礼服。露背装这种设计经常用于背心裙，表现了加利福尼亚州南部的休闲风格，同时让女性的乳房看上去很夸张。当时，制片委员会经常专注于打造女性诱人的乳沟，并不在意露背装。比利·特拉维拉借此机会为玛丽莲设计了一身白色礼服，用于 1954 年《七年之痒》的剧照拍摄。当时不穿长筒袜的穿衣风格刺激了一种文化的产生，这种文化对女性的着装要求包括腰带、胸罩以及尼龙长筒袜。玛丽莲却颠覆了那些老传统，而且在那个时代，衣着华丽的女人总是戴着各式各样的帽子，而玛丽莲也打破了这个惯例，她最多在头上戴一顶贝雷帽或其他的小帽子。

　　但当她扮演穿着沙漏胸衣、丝袜和高跟鞋的歌舞女郎时，她也让时尚变得性感起来，成了当时的审片人员所追求的性感偶像，不过他们似乎并不太了解其中的意义，他们只是回想起 19 世纪 80 年代的歌舞女郎，当时非常流行这种风格。梅·韦斯特将它们重新引入电影，尤其是贝蒂·格拉布尔，成功地延续了这一风格。例如，在电影《绅士爱美人》《娱乐至上》以及《大江东去》中，玛丽莲基本都是这样的穿着打扮。电影公司高层似乎又一次没弄明白到底发生了什么。

　　甚至在挑选自己的鞋子时，玛丽莲也要将性感进行到底。20 世纪 40 年代初，她和雪莉·温特斯都穿平底鞋，还喜欢在脚踝上系一个蝴蝶结，她们开玩笑地称之为"我妈的"鞋。1951 年之后，出现了高跟鞋，玛丽莲便开始频繁地穿高跟鞋。她把高跟鞋纳入自己独特的着装风格之中，并且男人们也都觉得高跟鞋更显性感（有点像受虐狂），当然高跟鞋也能让女人的腿显得更纤长。

　　玛丽莲对衣服布料很了解，也很会选择尺寸和样式都合身的服装，这一点令米高梅的著名设计师伊迪丝·海德大吃一惊。算得上是专业裁缝的安娜·劳尔曾教过她基本的缝纫技巧，她还十分在意福克斯的衣服材质，并与为她设计电影中人物造型的设计师商讨。海德发现玛丽莲是一个思想前卫，并且十分开明的人，认为她应该穿得像一个无忧无虑的波希米亚人，而不是像一个放荡不羁的"魅惑女"。换句话说，从来都没给玛丽莲做过设计的海德并不喜欢玛丽莲穿紧身衣，当然，这种类型的穿着是为了把玛丽莲从一个普普通通的女孩打造成为一位性感偶像。比利·特拉维拉的助手阿黛勒·巴尔干曾说，当玛丽莲走进特拉维拉的工作室时，她衣着不整，但做完造型之后走出工作室时，她看上去是"最性感、最优雅的女人"。

1952 年夏天，玛丽莲在许多宣传照片中都穿了一条在《飞瀑怒潮》中穿过的红色连衣裙，这是多萝西·杰金斯设计的。当亨利·哈撒韦得知她有自己的小衣橱时，就把那条裙子送给了她。那年秋天，带上乔·迪马乔给她的一沓钱，她在查普曼纽约精品店买了几件衣服。1954 年之后，她进入优雅风格阶段，她便转而邀请诺曼·诺雷尔和约翰·摩尔作为她的首席设计师。

和好莱坞的许多年轻女演员一样，在日常生活中，玛丽莲的穿着打扮也很随意：T 恤衫搭配卡普里裤，再穿一双蹬踏鞋。在她年轻落魄的时候，她曾从军队的服装店里买回一些蓝色牛仔裤，穿上裤子走进海里，然后再把它们弄干，让它们更凸显自己的身材，产生一种紧身的性感。她是引领这种着装潮流的先驱，这在当时的南加州称得上是一种创新。她曾到比弗利山庄一家别致的服装店购物，这家店专门经营由杰克·汉森设计的剪裁精美的全棉休闲服，而且价格也不是很贵。她以典型的"梦露做派"走进店里，和女售货员尤琪和柯比打招呼，她们都是工薪阶层女性。

在现实生活中，玛丽莲通常喜欢选择高大、黝黑、力量型的男人做伴侣——都是父亲的形象特征，她似乎有恋父情结。但在电影《绅士爱美人》中，她经常与小个子、不讨人喜欢的男人演对手戏，于是她就用称赞他们温柔的方式，给予他们自信和支持。布兰登·弗伦奇在对 20 世纪 50 年代电影中的女性的经典研究中说，喜欢给予对方自信的女性在 50 年代的电影中随处可见。玛丽莲告诉汤姆·厄尔的演员："女人更喜欢温柔的男人，而不是像老虎一样趾高气扬的大块头——给人一种'我好帅，你无法抗拒我'的感觉。"

教会男人如何表现温柔的玛丽莲，是 20 世纪 50 年代能够缓解男性焦虑的人。从战争中归来的士兵们饱受压力之苦，很多男性感到自己对家庭生活充满向往，但又必须承受来自工作的压力。对个人性能力不足以及同性恋的恐惧在当时是普遍存在的现象，尤其是 1948 年，阿尔弗雷德·金赛在《男性性行为》一书中得出这样一个结论：有百分之四十的男性曾有过同性恋经历，并且同性恋在潜伏期的威胁更大。"在一个普遍害怕男性同性恋会引发'变态'的时代，"杰瑟米恩·纽豪斯写道，"夫妻性生活在婚姻里就变得非常重要了。"温柔而性感的玛丽莲，在她的电影中经常和一些普通男演员搭档，所有的男人在她面前总能表现出阳刚之气。

玛丽莲喜欢美化异性恋，她曾说："只要我还是一个女人，我就喜欢生活在男人的世界里。"并因此而闻名。1953年，休·海夫纳选中玛丽莲作为第一期《花花公子》的"花花玩伴"；1956年，《时代周刊》杂志称玛丽莲是"青少年的幻想"。诺曼·梅勒为玛丽莲所写的自传中对她的性欲进行了描写，并主要集中在男人在床上的表现。

玛丽莲是一个拯救者，一个非常放荡的性爱者，兼具华丽、宽容、幽默、顺从和温柔特性于一身。梦露暗示过与其他异性发生关系很难，也很危险！她还调侃道，与她发生性关系的都是易化的冰淇淋。她笑着说："我很轻松，我很高兴，跟你们打赌我肯定是个'性天使'。"

玛丽莲在《钻石是女孩最好的朋友》中充分说明了性别、阶级和性之间的复杂关系。玛丽莲在那首歌里唱的歌词是对爱情的愤世嫉俗，歌词中说，与有钱的男人发生关系，是为了让女人能够从他们那里得到钱来支付房租、购买食物，并让她们老有所依。但歌词告诫人们说，这样的男人一旦和女人发生性关系，在得到之后，往往会抛弃她们。因此，女人应该玩世不恭一些，从这些男人那里得到钻石，因为她们的钱很可能会突然消失，比如遇到了股市崩盘。

一些人惊讶地发现玛丽莲竟然是一个叛逆者，虽然她总是被定义为典型的、不太聪明的女性，并没有与叛逆相关的品质。然而，玛丽莲对性别、阶级和种族持有激进的观点。她认同《绅士爱美人》中的罗莉拉·李，后者在一首歌曲的歌词中所表达的是，她是一个"来自小城的小女孩"，却"与原本的人生道路背道而驰"。她经常宣布声援这个国家一无所有的工人阶级，她和服装店的女售货员交上了朋友，与艾米和米尔顿的管家基蒂·欧文斯，以及她的化妆师、发型师和摄影师都有交情。在《愿嫁金龟婿》中，玛丽莲扮演的角色是三位试图勾引有钱人的"挖金女性"之一，但影片的寓意是，在建筑行业工作、在餐车里吃饭的普通男性往往比那些上流社会的有钱人更受青睐。在那部电影中，贝蒂·格拉布尔与森林结了缘，而玛丽莲与一名因偷税被美国国税局追捕的人在一起。劳伦·白考尔的男友只是个建筑工人，常常被女友斥责太穷，最后却成了百万富翁，不过他却更喜欢像工人一样生活。

在《七年之痒》这部影片中，玛丽莲饰演一个滑稽可笑的电视模特，用滑稽的模仿方式卖一种被称为"炫目"的牙膏。玛丽莲以这种方式含蓄地批判了唯物质论的消费观。玛丽莲曾说"我不想成为一个富人，我只想活得精彩"，成了她的经典语录。在玛丽莲的电影中，她曾饰演过工薪阶级的职业女性，通常是一个表演女郎或模特。她有时候在电影中能搭上百万富翁，但有时候不能。她允许好莱坞用她的身体谋取利益，对待她"就像卖一台冰箱或一辆汽车一样"，虽然她在心里很反对这种行为。玛丽莲的裸体日历照片以副本的形式卖出了数百万张，从扑克牌到托盘，她的照片被贴在了所有东西上，并且在纪念品商店也有出售。但是她并没有从中得到钱，因为她已经把权利转让给了汤姆·凯利。"我不认为自己是一件商品，"玛丽莲说，"但是我确信很多人都持有这个观点。"她陷入了一个自己制造的困境当中。她已经具备了成为巨星所需要的一切条件，但她也认可性欲与销售之间的"资本主义关系"。

玛丽莲还被诠释为纯洁的象征，尤其是在理查德·代尔的作品中。按照这种诠释，她代表着西方社会想象中的纯洁女神，这是与想象中的黑人的本性完全对立的形象，使1933年的电影《金刚》成为史诗级的电影，并与电影《黑湖妖谭》产生了共鸣。在电影《金刚》中，这个黑色生物绑架了一位白人女性，并在被找到和抓住之前，把她带回了洞穴。

很少有确凿的证据支持玛丽莲对种族主义的看法。这个行业的基础是利润，它迎合了这个国家的偏见。此外，制片人相互抄袭，他们一直试图利用性感的玛丽莲，来复制福克斯的成功，当时行业内部一度认为可以通过表现性感的女性来使自己重新焕发活力。电影行业存在很强烈的种族主义色彩，但是到20世纪50年代中期，随着民权运动占领了道德制高点，种族主义便开始衰落了。

玛丽莲没有参加过民权抗议活动，但是她表示支持。她的第一任养父母——博伦德夫妇对民族平等主义的态度影响了她。在好莱坞的前几年，玛丽莲曾和一个黑人约会，并且她认同乔伊斯·卡里的小说《开路先锋》中的英雄人物，一个被英国殖民主义摧毁的尼日利亚年轻男子。对于玛丽莲来说，他代表了"坏人"杀害的无辜的人。她说，"'他们'反对'我们'"的言论无处不在。玛丽莲也有黑人粉丝群体，黑人的报纸宣传她的电影，记录她的事业发展，并把她和莱娜·霍恩、多萝西·丹德里奇相比较。他们记述玛丽莲与小萨米·戴维斯和艾拉·费兹杰拉之间的友谊。

1955 年 6 月，玛丽莲在乔·迪马乔的陪同下，参加了在哈莱姆的阿波罗剧院为小萨米·戴维斯举办的一场义演，观众主要是非洲裔美国人。乔和玛丽莲分别在不同的时间走进场地，观众们非常激动，起身热烈欢迎他们。詹姆斯·鲍德温是玛丽莲的一名粉丝。他同情玛丽莲曾经遭受的童年虐待，并称她是好莱坞体系的"奴隶"。许多黑人对玛丽莲的童年经历都有所回应，认为她是这种制度的牺牲品，就和他们一样。

玛丽莲的政治观点是左翼的，这和她养父母的许多政治观点一致，并且也符合她的工人阶级身份。《我的故事》中写到，玛丽莲读了林肯·斯蒂芬斯的自传，并且很喜欢他对压迫和反抗的讨论。当乔·曼凯维奇听说玛丽莲在读斯蒂芬斯时，他告诉玛丽莲如果制片厂经理发现的话，她可能会遇到麻烦。哈里·布兰德警告玛丽莲："我们可不想有任何人来调查你。"玛丽莲把书藏在了她公寓的床底下，并在晚上的时候借着手电筒的光看书。玛丽莲还被发现在电影片场看其他激进的书。

1949 年，作家诺玛·巴斯曼和她的丈夫，编剧家本·巴斯曼，计划在位于好莱坞山的家里召开会议，讨论如何应对众议院非美活动调查委员会对言论自由的攻击。在他们等待客人的时候，一位年轻的金发女郎在车道上驾驶着敞篷跑车，并向他们挥手。

他们意识到这个女人就是玛丽莲·梦露。玛丽莲告诉他们在这条街的尽头有两个警察正在监视他们的房子。这两个警察让进入这条街的每个人都停下来并对他们进行盘问，玛丽莲是想沿着这条路开车去一个朋友家，她也被拦了下来。之后玛丽莲对诺玛和本说："我很高兴顺便拜访了你们，我真的很高兴有像你们这样的人，试图找出不受人摆布的方法。我不在乎你们是谁，但我很高兴有人这么做。"

玛丽莲通常很同情被剥削的人，几年之后，她就成了一个真正的激进派，甚至反对资本主义。在 1960 年的春天，玛丽莲给她《纽约时报》的一个编辑朋友莱斯特·马克尔写信，表明自己支持古巴的卡斯特罗。到玛丽莲去世的那一年，她给两家激进的刊物捐过款。1962 年 2 月，玛丽莲去了墨西哥城，并表明了自己对民权运动的支持。

1947 年，在《电影故事》杂志里一篇以玛丽莲为专题的文章《如何成为一个明星》中，作者弗雷达·杜德利声称想要在好莱坞取得成功，学习是至关重要的，因为所有好的表演都基于智慧和知识。弗雷达·杜德利建议有抱负的演员应该多阅读优秀的剧本和伟大演员的传记，并至少要上一两年的大学。玛丽莲在好莱坞遇到了一些有文化的人，包括娜塔莎·莱泰丝、约翰尼·海德、伊利亚·卡赞、萨姆·肖以及迈克尔·契诃夫，他们教给玛丽莲艺术和文学知识并给玛丽莲推荐书让她读。比如，获得德国基尔大学犯罪心理学博士学位的摄影师安德烈·德·迪内斯和布鲁诺·伯纳德，他们也是用这种方式来帮助玛丽莲提升自己。

早在 1948 年，与玛丽莲在同一个工作室的克拉丽丝·埃文斯就被玛丽莲的读书量所折服。1952 年，当菲利普·哈尔斯曼在玛丽莲的公寓给她拍照时，他在她的书架上数了数，竟然有两百本书，沃尔特·惠特曼的《草叶集》就放在她的床头柜上。和玛丽莲一起去书店的西德尼·斯科尔斯基发现她喜欢买一些关于自我提升和心理学的书籍，还有最新的戏剧集、诗集以及一切关于亚伯拉罕·林肯的书籍。有时候在谈话中，玛丽莲会提到她读过的书，她也会与简·拉塞尔谈上几个小时关于哲学家的事。拉塞尔曾说柏拉图、圣保罗和《圣经启示录》都是玛丽莲非常喜欢的。玛丽莲收藏了大量有关艺术的书籍，这是她的一位作家朋友鲍勃·罗素给她的。

玛丽莲算不上是一个勤勉的读者，但是她能抓到一本书的主旨。当玛丽莲在匹克威克书店浏览书架上的书时，如果她发现一本书中有比较感兴趣的一段，她就会记住这段，然后继续找另一本书。伊利亚·卡赞向她推荐爱默生，迈克尔·契诃夫则向她推荐鲁道夫·斯坦纳。1954 年，当玛丽莲在好莱坞遇到伊迪丝·西特维尔的时候，她们便一起讨论斯坦纳。西特维尔曾经在英国参加过一个斯坦纳舞蹈团，她对玛丽莲说，那些舞蹈就像和孕育万物的大地母亲相通一样。

玛丽莲成为明星后，她向她感兴趣的各个领域的专家请教，包括宗教、文学，有意思的是，还有股票市场。玛丽莲在好莱坞的早些年，卡梅伦·米歇尔遇到过她，她以为玛丽莲是一个笨蛋，随身携带大量的书籍，但是却不知道书里面的内容是什么。之后她们参加了一场关于弗洛伊德的讨论，玛丽莲对弗洛伊德的理论做了深入的阐述，这让米歇尔对玛丽莲的看法发生了改变。在接下来的几年里，当李·斯特拉斯伯格想征求一部新电影或戏剧的观点时，他总是向玛丽莲请教。

除了像里尔克、沃尔夫这样的诗人和作家，玛丽莲也被西格蒙德·弗洛伊德所吸引，第二次世界大战后，弗洛伊德的理论支配着知识分子和大众的思想。他认为，一种构成人类人格基础的原始身份，会因为根深蒂固的欲望而爆发，在残酷的战争之后，只有理性的自我意识才能控制它。弗洛伊德的思想来源于人类的悲观主义，这对陀思妥耶夫斯基、里尔克和沃尔夫的思想来说是一种负担，虽然他提出了一个具体的计划，让个人通过心理分析的过程来解决自身的症状。第二次世界大战期间，心理分析学家为军队提供缓解精神的服务，他们从战争中崛起，填补了诊所、医院以及社会服务专业的大部分职位。

玛丽莲总是担心自己会像她母亲一样疯掉，弗洛伊德的思想给她提供了一种平衡心态的方法，使玛丽莲不用承受她的母亲曾经忍受过的监禁、不停地洗澡和电击治疗。弗洛伊德有一种救世主的气质，他就像一个现实世界中的先知。尽管玛丽莲不停地探索自己的信仰，并皈依了阿瑟·米勒的犹太教，但她依然把弗洛伊德主义称为"她的宗教"。

玛丽莲告诉安娜，她在1947年的时候读了西格蒙德·弗洛伊德的《梦的解析》中关于"梦见裸体"的解释，那时她才21岁，这给她留下了很深刻的印象。弗洛伊德解释了在公共场合裸露的梦境的意义，这是童年时期某种性暴露的产物。对玛丽莲来说，和一个小男孩玩儿性游戏，因为手淫而遭到艾达·博伦德的体罚，或者被一个年长的男演员性骚扰都符合这种情况。当安娜和玛丽莲玩儿弹子游戏的时候，玛丽莲把球一个接一个地投向安娜。安娜从这个行为以及玛丽莲的其他描述中，总结出玛丽莲渴望和安娜发生性关系，并且她害怕男人。这个分析似乎有些夸张，但是我们不知道在她们的相互交流中还发生了什么。

玛丽莲对恋爱自由的态度，对裸体美的信念以及她认为性是友谊的一部分的观点贯穿她的整个好莱坞时期甚至更长的时间。玛丽莲不断以改革主义的名义为她展示自己的身体辩护，声称这是对20世纪50年代复活的清教主义及其压制性爱的抗议。苏珊·斯特拉斯伯格称玛丽莲为嬉皮士，但在1962年对于玛丽莲的同伴和管家尤尼斯·莫里来说，玛丽莲就像"花之子"，她是倡导自然生活和自由关系的先驱。

在玛丽莲塑造那些性感的人物角色时，她几乎从不穿内衣。玛丽莲告诉很多人，就像她对吉姆·多尔蒂说的那样，她不穿内衣是为了避免穿紧身衣时内衣的地方有凸起。这很有可能是玛丽莲从珍·哈露那儿学来的，珍·哈露就是以不穿内衣而闻名于世。

玛丽莲时常有暴露自己身体的冲动。她告诉她的心理医生玛丽安娜·克里斯，在公众场合，有时这种冲动是非常强大的。1956 年，西德尼·斯科尔斯基说，玛丽莲穿的内裤和文胸基本上都是黑色的，而且次数远远超过她承认的那些。但当玛丽莲脱下衣服去试衣间试装时，她通常都不会穿着内衣。在和乔·迪马乔的大西洋城之行中，他们去见了乔的朋友斯皮尼·达马托，斯皮尼经营着一家俱乐部，玛丽莲和斯皮尼的妻子贝蒂珍一起去逛街，虽然当时贝蒂珍并不认识玛丽莲。当玛丽莲在试衣间脱下衣服试穿她所挑选的衣服时，她没有穿着内衣。当售货员小姐为此提出反对时，玛丽莲就买下了她试穿过的所有衣服。贝蒂珍被玛丽莲的行为惊呆了。

分配给玛丽莲的福克斯广告代理人罗伊·克里夫特，试图不让玛丽莲离开自己的视线，因为玛丽莲的"脱衣"倾向。"她没有穿内裤，"罗伊说道，"当她正好看到有摄影师时，她就会提起裙子，并摆出半裸的姿势。"他很担心"无底线的"照片会泄露出来。当约瑟夫·申克听说了此事，他给了玛丽莲二十多条内裤，并且内裤上印有她名字的首字母缩写"MM"。

玛丽莲有时候拘谨，有时候粗暴，她自由恋爱的思想使得她的性行为合理化了。据新闻记者说，玛丽莲的话震惊了全国，她说："性是生命的一部分，是自然的一部分，我宁愿顺其自然。"玛丽莲对她的朋友亨利·罗森菲尔德说，她相信性使人们在一起并加固了他们之间的友谊。1960 年，玛丽莲与阿瑟·米勒分开，并与乔·迪马乔重新和好。她很高兴迪马乔终于同意了他们之间可以维持一种开放的关系，在这种关系中，他们会是特别的朋友，并且相互允许对方与其他人发生性关系。玛丽莲长期以来一直希望迪马乔能让步。

玛丽莲考虑到，他们当时所拥有的爱情和婚姻，维持下去的前提就是忠诚和孩子。她基本上没有和乔·迪马乔同居过，虽然她和阿瑟·米勒同居了好多年。乔·迪马乔被玛丽莲对裸体和性的观点征服了，她是一个"性叛逆"的先驱，这将逐渐削弱清教主义。一般来说，将人们从保守的性观念中解放出来，可能会激励他们在政治观点上的思想更解放。

当玛丽莲独自居住时，她经常在家里赤身裸体，或者把一块白色的毛巾披在身上。玛丽莲喜欢裸露着皮肤的感觉。玛丽莲说："如果你有一个美丽的身体，为什么不展示它呢？"据詹姆斯·培根说，当"玛丽莲在炫耀自己华丽的身体时"，她的不安感就烟消云散了。1950 年，在拍摄写真时，玛丽莲穿上她那件小而暴露的黄色比基尼后，摄影师安东尼·波尚就注意到了她的转变。赤裸的身体好像是释放了她"灿烂的个性"。一旦她脱掉自己的衣服，玛丽莲就变得活泼起来；她用一种令人愉快的无意识的幽默感说话，并且几乎带着浮夸的自信。卢西勒·丽曼·卡洛尔和娜塔莎·莱泰丝都谈论过玛丽莲对裸体的喜爱。让·尼古拉斯科坚持说玛丽莲感到真正舒服的方式就是赤裸着身体。

玛丽莲有时候在对男摄影师摆姿势拍照，或者试穿服装有男设计师在场时，就喜欢暴露自己的身体——然而这种行为可能对她自己很不利。在第一次与米尔顿·格林和比利·特拉维拉见面时，玛丽莲向他们展示了"用乳房以示欢迎"，这让米尔顿和比利都很尴尬，于是米尔顿不得不说："等一下！"在 20 世纪 50 年代，玛丽莲和乔治·奥威尔有过合作，后者曾经创造了 20 世纪 30 年代许多充满魅力的形象。与大多数为玛丽莲拍摄过写真的摄影师不同，乔治对玛丽莲的印象并不深刻。当玛丽莲从试衣间出来的时候，她"突然"让穿在她身上的长袍滑落，乔治说，她在展示她的裸体。在 20 世纪 30 年代的时候，当乔治给哈露拍摄时，哈露也做了同样的事情。乔治不知道玛丽莲是否在模仿哈露，还是这是她自己的想法，他含蓄地指出，玛丽莲的模仿很拙劣。

有一天，玛丽莲在苏珊·斯特拉斯伯格纽约公寓的书架上偶然发现了一本《爱经》，她惊叫道："哦！天哪！这是一本典型的下流的书！"然后她补充说："不过它不是肮脏的，因为它来自东方，他们对这类事情非常讲究，不像美国人那样清教徒式的。也就是说，它有几百张做爱姿势的图片。"像孩子们玩儿游戏一样，玛丽莲和苏珊穿着衣服表演出这些姿势。当发现很难摆出更难的姿势时，玛丽莲开玩笑地说："我做过最难的是第 69 个。"苏珊问玛丽莲什么意思，玛丽莲回答说："算了，还是别问了。"那时苏珊只有 17 岁，她评论说："玛丽莲表现得好像性是自然的，没有什么可耻的，好像它真的很有趣一样。"

但是玛丽莲的裸体行为却有些丑陋——她这是一种看似强迫的方式，而不是因为叛逆或者追求自由。有个小插曲，1949 年 7 月，玛丽莲和杂志《电影故事》的阿黛尔·怀特利·弗莱彻去纽约瓦伦斯堡的时候，玛丽莲在公共浴室里面，当着一个瓦伦斯堡居民的面脱光了衣服。玛丽莲第一次去好莱坞拜访罗伯特·米彻姆时，她走到壁炉边，掀起裙子来取暖，这让一向桀骜不驯的米彻姆也震惊了，因为玛丽莲并没有穿内裤。这种裸露癖可能意味着引诱或者就是简单的炫耀，但是随着年龄的增长，她身体里的强迫性显露了出来。玛丽莲赤身裸体地让记者进行采访，并且她当众穿着乔·迪马乔在 1953 年圣诞节送给她的黑色貂皮大衣，大衣里面什么也没穿。玛丽莲用大衣紧紧地捂住身体，但她会突然把大衣掀开，让朋友甚至是陌生人看一眼她的身体。1955 年，她习惯晚上在市中心散步中途休息，一个名叫丹·圣·雅克的纽约警察经常在赖克斯咖啡店遇见她，这家咖啡店位于五十七大道，时代广场附近。一天晚上，玛丽莲要求雅克陪她回家，然后她靠在他身上，雅克发现玛丽莲的大衣里面什么也没有穿。

当玛丽莲摆姿势让摄影师拍照时，她有时候会露出生殖器官。1955 年秋天，摄影师伊芙·阿诺德来到玛丽莲纽约的公寓给她看样片，有个记者正在客厅里等着采访玛丽莲。玛丽莲问这个记者她是否可以梳一下头发，这个记者说可以，然后玛丽莲就开始梳理她的阴毛，吓得这个记者落荒而逃。玛丽莲是一个爱恶作剧的人，也许她只是想开一个粗俗的玩笑而已。但是这反映出了玛丽莲分裂的人格。玛丽莲在孩提时受过虐待，她的童年经历导致了她成人后一些不恰当的行为。

自从玛丽莲与阿瑟·米勒结婚以来，新闻媒体就开始关注她和米勒的孩子们的关系以及她为了能有自己的孩子所做的努力。后来，玛丽莲的流产成了全国性新闻，这个国家又一次把焦点放在了她的身体上，只不过这次是以一种新的方式。在《电影剧》的一篇文章中，多萝西·曼宁清楚地表达了对玛丽莲的态度，并且这种态度影响了她——"在成为母亲的这条路上，最重要的是首先要成为一个女人，然后才是性感"。玛丽莲在她未出版的自传中清晰地表达了她对孩子的渴望。自从 1956 年嫁给阿瑟之后，她对孩子的渴望慢慢变成了一种痴迷。

在 1954 年 12 月玛丽莲搬去纽约以及 1956 年春天她去好莱坞拍摄《巴士站》期间拍的三张照片阐明了她人格的复杂性。第一张照片来自"端坐的芭蕾舞女",是由米尔顿·格林在 1954 年 12 月为她拍摄的。伊芙·阿诺德在 1955 年 9 月拍摄了第二张照片,英国摄影师塞西尔·比顿在 1956 年 12 月为玛丽莲拍摄了第三张照片。我把最后这张照片称作"日本人照片",因为支撑她姿势的墙帷上有一个日本人的壁挂。所有这些照片都讲述了充满戏剧性的故事,它们关于玛丽莲对高雅的渴望,关于她在纽约的岁月里想要成为一个有良好修养的人的愿望。然而讽刺的是,它们也嘲讽了玛丽莲的这种渴望,将玛丽莲塑造成一个矛盾体。

大多数时尚摄影师——包括有名的摄影师,像格林和比顿——都很温和,不像好莱坞的制片人和导演。他们经常被牵扯到女性世界的时尚里面,没有什么男子气概。他们中有一些是同性恋,但大部分都不是。玛丽莲不必为他们记台词,也不必盯着主灯光或地板上的记号。她非常善于摆姿势,所以她经常设定节奏,摄影师可以跟随着她的节奏走。玛丽莲用其他的方式影响了摄影师们。玛丽莲曾告诉韦瑟比:"我有时会试图诱惑评论家们,想给他们留下我真的很有吸引力这样的印象,这个方法很有效。有时候也是记者和摄影师,虽然他们都很有经验,但还是逃不过我的手掌心。"

玛丽莲是一位精力充沛的模特。理查德·阿维顿曾在 1954 年为玛丽莲拍摄《时尚芭莎》的照片,并且之后几年,他都在不同的场合为玛丽莲拍摄照片。阿维顿说:"她比任何一个女演员——我拍摄过的任何一个女人——更能给摄影机提供好的拍摄内容。"有时候他们的拍摄会持续整个晚上,阿维顿说,他感到精疲力尽,但是玛丽莲却充满活力,她会说:"让我们再试一次。"玛丽莲是一个完美主义者,她聚精会神地看这些照片,只为了寻找一张"最真实的照片"。

格林在他宽敞的列克星敦大道工作室为她拍摄芭蕾舞女照片,这个工作室里有很多格林这些年来收集的小道具。在这张照片中,玛丽莲坐在一把椅子上,前面是扶手杠——芭蕾舞者的练习把杆。她的乳房从一个无肩带的内衣顶端突出来,光着脚,手指甲和脚指甲都涂成了红色,头发蓬乱着。

玛丽莲的这一形象嘲讽了芭蕾舞女的傲慢,她们是 20 世纪 50 年代时尚女性优雅的代名词,成了全国年轻女孩儿的典范,女孩儿们成群结队地参加芭蕾舞课。

从 19 世纪浪漫主义运动开始，芭蕾舞女就把黑色的头发向后光滑地梳起来，脚上穿着芭蕾舞鞋，身上几乎没什么脂肪。她们的身体始终保持笔直，并且很少微笑。在这些照片中，玛丽莲似乎是赋予了芭蕾舞女一种"人性化"，对于她们僵硬的形象来说，这也算是一种嘲讽，看起来芭蕾舞女似乎永远也不会成为性感的女人。在这几张芭蕾舞照片中，玛丽莲看起来很悲伤，她借鉴了经典的小丑形象，将喜剧和悲剧结合起来，类似于查理·卓别林的《流浪汉》。玛丽莲身上的那件白色礼服其实并不是一件芭蕾舞短裙，那是安妮·克莱因一条裙子上的衬裙，是艾米·格林送的。那件礼服对玛丽莲来说太小了，于是米尔顿·格林让玛丽莲穿上了衬裙。因此，这又为这张照片平添了一个搞笑的因素。

我选择的第二张照片是伊芙·阿诺德在 1955 年 9 月拍摄的，用来说明玛丽莲是一个"爱搞恶作剧的人"。玛丽莲身着豹纹泳衣，穿过一片草丛和泥沼，这让人立即想到《圣经》中，法老的女儿在芦苇中发现了弃儿摩西。阿诺德在长岛玛丽莲的住所附近一个废弃的操场上拍摄了这张照片。阿诺德和玛丽莲到那儿时刚好是凌晨五点钟，摄影师把这个时间称作"魔幻时刻"，此时太阳开始升起来，阳光逐渐变成金色。照片中的玛丽莲看起来像是一个原始人，也可以形容为现实中的夏娃，而不是一个滑稽的女人或者一个"快人快语"的金发女郎。阿诺德仍然记得，"芦苇中的豹子"这个想法引起了玛丽莲极大的兴趣。

1952 年，当玛丽莲和阿诺德在纽约约翰·休斯顿的派对上相遇，玛丽莲曾要求阿诺德为她拍摄一些与众不同的形象，阿诺德确实做到了。与没有上妆并在废弃的摄影棚里拍摄的玛琳·黛德丽不同，这张照片的确从一个全新的角度呈现了一个不同的玛丽莲。正如阿诺德所描述的那样，玛丽莲掌控着摄影的风格和节奏。阿诺德还说："我只祈祷我的反应够快，足以适应玛丽莲古怪的姿势。"

我选择的第三张照片是英国摄影师塞西尔·比顿于 1956 年 2 月在大使酒店他的套房内为玛丽莲拍摄的，也是用来说明玛丽莲是一个"爱搞恶作剧的人"。比顿在 20 世纪 20 年代创造了魅力摄影的概念，他曾先后为《时尚》杂志和《时尚芭莎》杂志工作。比顿作为英国王室的官方摄影师，他是那个年代的一位传奇人物。

塞西尔·比顿拍摄了许多玛丽莲的照片，都集中于她的自然外表。尽管这些照片并不超凡脱俗，但令人印象深刻。有一张非常与众不同，我称之为"日本人照片"，因为在这张照片中，玛丽莲躺在一张床上，一幅日本人壁挂挂在床头。这张照片是玛丽莲众多优秀照片中的一张，具有非凡的意义。《时尚》杂志的编辑戴安娜·弗里兰将玛丽莲和日本艺伎联系起来，解释了壁挂中的人物。"玛丽莲·梦露！"弗里兰说道，"她是一个艺伎，她生来就是为了快乐，并且她的一生都在为大家带来快乐。"

　　"芭蕾舞女照片""夏娃照片"和"日本人照片"——这三幅肖像表明玛丽莲是一个美丽的金发女郎，既有审美趣味又充满戏剧性；是一个讽刺文化偶像的"小丑"；是一个产生共鸣和欢乐的国家象征；是一个嘲笑她作为全世界异性恋女王的跨性别个体。

Marilyn Monroe

第四部分
纽约，1955—1960 年

我目睹了不可思议的奇迹：一个把自己定位成愚蠢的金发女郎的女孩智取了整个好莱坞。

——菲利普·哈尔斯曼

她是如此令人着迷，还有一套自己独创的观点和言论，仿佛她的身体里没有一块骨头是循规蹈矩的。

——阿瑟·米勒，引用自詹姆斯·卡普兰为《名利场》杂志所写的文章《米勒的十字路口》，1991 年 11 月

第 9 章
纽约，1955—1956 年

1954 年 12 月，玛丽莲和米尔顿·格林一起离开好莱坞前往纽约，她将这件事只告诉了几位密友。不久后，玛丽莲突然离开好莱坞的消息以及她的去向之谜就占据了全美各大报纸的头条。《银幕生活》发文称，好莱坞根本没有人相信他们眼中那个头脑简单的金发女郎竟有勇气离开好莱坞前往纽约，要知道在 1954 年 11 月，罗曼诺夫刚为她在《七年之痒》中的出色表演举办了庆功晚宴，当时有一众好莱坞精英出席。

玛丽莲让自己的生活充满戏剧性和神秘性，从而又一次引发了公众的兴趣。玛丽莲用泽尔达·佐克的化名买了机票，和米尔顿搭乘晚间航班飞往纽约，艾米·格林在拉瓜迪亚机场接机。现场并没有记者——瞒天过海的计策成功了。随后他们驱车前往格林在康涅狄格州韦斯顿的家。得知有记者和摄影师在屋外等待拍摄报道，玛丽莲就躲了起来，直到那些人失望地离去。她住在附近的弗勒尔·考尔斯家中，考尔斯是米尔顿在《展望》杂志的编辑，同时也是《弗莱尔》杂志的创始人。

在纽约的早些年，玛丽莲发生了脱胎换骨的变化。她在演员工作室师从李·斯特拉斯伯格，和马龙·白兰度以及阿瑟·米勒约会，还结交了许多朋友，这段时间玛丽莲过上了心之所向的生活。有时她甚至觉得自己就像是《弗莱尔》杂志中的人物一样。她和米尔顿·格林合伙成立了制片公司，和阿瑟·米勒喜结良缘，可以说是走向了人生巅峰。埃里·瓦拉赫说，玛丽莲在纽约得以重生。对她来说，这的确是一段太平时期，但她仍然依赖药物，这预示着玛丽莲的未来岁月将会波折不断。

圣诞节前夕，玛丽莲从弗勒尔·考尔斯家搬到格林家，她预计自己将会在那里住一段时间，所以把在加州的所有家具都搬了过去，包括一架白色的钢琴。圣诞节的时候，他们三人去了克利夫顿·韦伯的公寓，参加为英国演员诺埃尔·考沃德举办的欢迎宴会，正好考沃德也想见见玛丽莲。在格林家，她有时会花很长时间泡澡，在树林里散步，与艾米一起逛古玩店，天气好的时候则会打理花园。她还会和格林的儿子一起玩，在周末的家庭晚宴上与格林的朋友们欢聚。参加格林家派对的有一众知名的艺术家，他们在康涅狄格州韦斯顿附近有住所，比如交响乐团指挥、作曲家伦纳德·伯恩斯坦和他的妻子费利西亚，创作出音乐剧《俄克拉荷马》的作曲家理查德·罗杰斯和妻子多萝西，张扬浮夸的戏剧制作人麦克·陶德等。

玛丽莲会在厨房帮忙，比如削土豆、剥青豆、洗碗。她和格林的管家兼厨师基蒂·欧文斯成了朋友，基蒂·欧文斯是一名非裔美国人，她的祖辈曾在美国南部地区务农。玛丽莲告诉基蒂，她想要三四个孩子，但也打算收养几个不同种族的孩子。当玛丽莲听说印第安人的孩子不好养的时候，她很不高兴，基蒂则告诉她不要听信这些胡言乱语。

每逢星期天，设计师诺曼·诺雷尔和他的徒弟约翰·摩尔会来格林家。他们坐在起居室的壁炉前，诺雷尔向玛丽莲讲述他在 20 世纪 30 年代为百老汇明星设计服装的故事，那个时代百老汇的舞台剧服装优雅而华丽。诺雷尔看起来像一个贵族，他生于美国印第安纳州，父亲经营着一家男装店。他说话很淳朴也很接地气，会用许多俚语和俗词，并且说起话来节奏轻快，玛丽莲很喜欢这种说话方式。诺雷尔和摩尔是同性恋，玛丽莲和他们相处时感到很安全。

玛丽莲在纽约期间，诺雷尔和摩尔曾为她设计过服装。他们让她穿着朴素的裙子和衬衫，米色或黑色外套，搭配白色手套和珍珠。他们为玛丽莲设计的日装是简单的黑色丝绸紧身连衣裙，配细肩带和短夹克，晚装则缀有缎面和亮片。诺雷尔因擅长设计缀有闪光装饰片的美人鱼晚礼服而闻名，玛丽莲就有一套。有时她还会穿贾克斯品牌的休闲装和安妮·克莱因品牌的棉质连衣裙。有一段时间埃米利奥·普奇设计的丝绸连衣裙开始流行了起来，那时她也常身着这种款式的连衣裙。时尚评论家曾经看不上她的穿衣品位，但在几位大牌设计师的帮助下，她的衣品越发优雅。

在格林家借宿期间，玛丽莲读了藏书室里的很多书，包括迈克尔·契诃夫为她列的书单中的书，其中有很多名人的传记，比如女演员埃伦·特里和帕特里克·坎贝尔夫人，还有"征服者"和国王的配偶，如法国国王路易十六的妻子玛丽亚·安东尼特和拿破仑之妻约瑟芬。她读了舞蹈演员伊莎多拉·邓肯的传记，邓肯是 20 世纪初"新女性"的代表性人物。在阅读这些书籍时，她可能把百老汇幻想成了一个表演王国，而阿瑟·米勒就是她心目中的白马王子，但弗勒尔·考尔斯建议她嫁给摩纳哥的王子雷尼尔，当时雷尼尔正在考虑娶一位电影明星为妻，以提高摩纳哥作为旅游胜地的人气。可还没等玛丽莲回复，雷尼尔就选定了另一位影星格蕾丝·凯利。

在圣诞节期间，米尔顿在他位于列克星敦大道的工作室里为玛丽莲拍下了一张著名的写真照——"端坐的芭蕾舞女"。1 月 7 日，米尔顿在他的律师弗兰克·德莱尼位于纽约的别墅里举行了鸡尾酒会和新闻发布会，宣布玛丽莲·梦露电影制作公司（MMP）成立。德莱尼宣布，玛丽莲与福克斯的合同已失效，因为已经过了合同规定的截止日期。但福克斯方面并不承认此事，第二年，福克斯电影公司的律师与 MMP 的律师就此事争论不休，双方就玛丽莲的新合同展开了谈判。应艾米的要求，诺雷尔为玛丽莲出席新闻发布会设计了一条白色吊带裙，玛丽莲佩戴着钻石耳环，穿着白鞋白袜和白色的貂皮大衣。艾米喜欢服装的颜色统一，而米尔顿为玛丽莲选择了白色。报道此事的记者颇具讽刺意味地写道：钻石和皮草与原来的玛丽莲很搭，而如今，玛丽莲已摇身一变，成了公司老总，钻石和皮草就显得格格不入了。发布会上玛丽莲又迟到了一个小时，这让记者们很恼火，而且从发布会的情况来看，她对自己新公司的情况并不是太了解。

记者问玛丽莲想扮演什么电影角色，她回答说想饰演《手足之情》中的女主角格鲁申卡。在场的记者们捧腹大笑，因为他们觉得玛丽莲这样一个胸大无脑的金发女郎怎么可能饰演陀思妥耶夫斯基作品中的角色（其实记者们不知道多尔·沙里导演曾考虑过让玛丽莲出演格鲁申卡，玛丽莲也十分符合小说中格鲁申卡的形象）。连比利·怀尔德也讽刺地说，如果玛丽莲参演《手足之情》，他会导演一部续集，名字就叫《两傻大战手足之情》（演员巴德·阿伯特和卢·科斯特洛曾合作出演《两傻大战科学怪人》）。赫达·霍珀和多萝西·基尔加伦批评玛丽莲时尤其毒舌，但卢埃拉·帕森斯和厄尔·威尔逊则选择支持玛丽莲，他俩和很多记者一样，认为玛丽莲自从搬到纽约以来，变得更专注，更成熟了。

1月中旬，玛丽莲与米尔顿以及艾米一起去好莱坞拍《七年之痒》的最后几场戏，拍摄持续了一个星期。福克斯高管想让玛丽莲出演《惊凤攀龙》，但她婉言谢绝了。八卦专栏报道称，玛丽莲说她特别喜爱纽约，不明白自己当初为何会忍受好莱坞的种种待遇。回到纽约后，她搬到米尔顿工作室附近的格莱斯顿酒店。她在纽约有很多活动，需要一个稳定的住处，还需要一个和阿瑟·米勒约会的场所。有传记作者认为两人是在那年春季的一次鸡尾酒会上再次邂逅的，但艾米·格林表示，玛丽莲搬到康涅狄格后两人就已经重新联系上了。随后他们开始了一段恋情，这也表明，自1951年1月第一次见面以来，两人有可能一直保持着联系。不过有一件事可以确定，那就是有一次玛丽莲飞往纽约，满怀期待地想在酒店里和阿瑟见面，但阿瑟并未赴约。

事实上，1951年阿瑟离开好莱坞之后不久就开始创作两部戏剧，这两部剧的情节设计表明，阿瑟并不认为自己能和玛丽莲走到一起。第一部剧的暂定名为《第三出戏》，讲述的是一个性情放荡的女人和两个男人之间的暧昧故事，阿瑟为这个女人取名为"洛莲"，影射的就是玛丽莲。这两段暧昧关系都以惨痛的结局收场，洛莲抛弃了第一个男人，并且深深地伤害了他，而第二个男人虽然和他的妻子在一起，但境况同样悲惨。这个剧本未能完稿，最终成为《堕落之后》的前身。

第二部剧《萨勒姆的女巫》的故事是根据1692年在萨勒姆镇发生的一桩株连数百人的"逐巫案"而创作的，影片讨论了有罪、无罪以及人民的法律责任等问题，影射当时众议院非美活动调查委员会对无辜人士的迫害。剧中一位农民和一位年轻女子发生了婚外情，他的妻子不能容忍两人的奸情，但是那名年轻的女子试图再次勾引他。遭到拒绝之后，那名女子便污蔑他是巫师，后来农民就被绞死了。这一剧情与阿瑟、他的妻子玛丽和玛丽莲三人之间的故事惊人地相似。从剧情来看，当时的阿瑟认为他与玛丽莲的恋情不会开花结果。后来他在纽约与玛丽莲重逢并再次义无反顾地爱上她时，他似乎将这些戏剧的结局都抛诸脑后了。

艾米反对两人在一起，她说过自己不赞成婚外恋，也不会允许他们在自己家里见面。她可能知道玛丽莲与米尔顿也有暧昧关系，但她一直对外界否认这些传闻。她不想因为玛丽莲而与阿瑟打交道，同样地，阿瑟也不想和艾米打交道。所以玛丽莲索性搬到了格莱斯顿酒店。

与此同时，艾米开始全面"掌管"经常活得一团糟的玛丽莲，把她的生活打理得井井有条。她鼓励玛丽莲多看电影和戏剧，因为阿瑟仍在和妻儿一起生活，每周只有两个下午能和她见面。于是玛丽莲空闲的时候去参观了博物馆，还逛了第二大道上的许多古董店。艾米说，玛丽莲不喜欢晚上独守空闺，所以经常开车去康涅狄格州和他们住在一起。

2月初，玛丽莲开始在戏剧指导康丝坦斯·柯莉儿的指导下研究《哈姆雷特》中奥菲莉亚一角。康丝坦斯·柯莉儿曾是伦敦爱德华时期舞台剧的著名女演员，也是女同性恋圈子中的一员，这个圈子里还有葛丽泰·嘉宝和玛琳·黛德丽。柯莉儿曾和女明星凯瑟琳·赫本交往过。柯莉儿办过几次午餐会，邀请玛丽莲出席，于是再次将她拉进了这个圈子。艾米忆起她和玛丽莲以及米尔顿一起去参加舞会，在舞会上柯莉儿曾试图勾引玛丽莲。当时柯莉儿已经77岁，她的面孔非常男性化，还长着一只鹰钩鼻，而这种面孔在爱德华时期极受欢迎，但在20世纪50年代却被认为是巫师似的脸，玛丽莲可能有些怕她。当柯莉儿把玛丽莲的表演天赋比喻为一只振翅飞舞的蝴蝶时，她可能察觉到了玛丽莲与她相处时内心的不安。4月底，柯莉儿去世了，玛丽莲的学习之路也就此中断。

有记者拍到玛丽莲与乔·迪马乔在图茨·绍尔餐厅出双入对，迪马乔曾帮玛丽莲搬到格莱斯顿酒店。1月下旬，玛丽莲与他一起去波士顿待了几天，为自己的电影公司MMP筹款，还拜访了迪马乔的弟弟多明尼克·迪马乔，多明尼克曾是波士顿红袜队的外野手。两人还一同去了新泽西州拜访安妮·卡格尔的女儿玛丽·肖特，肖特搬到新泽西州与驻扎于此的军官丈夫团聚。玛丽是一位出色的高尔夫球手，乔也很喜欢和她一起打高尔夫。玛丽莲是不是把迪马乔当作挡箭牌来掩盖她与阿瑟的恋情？我认为有这种可能。

为了回应福克斯在报纸上对玛丽莲所做的负面宣传，玛丽莲一连参加了几场慈善活动。3月20日，在麦迪逊广场花园举办的晚会上，玛丽莲骑着一头身体被涂成粉红色的大象出场，为关节炎和风湿病基金会筹集善款。当时她穿着一件歌舞女郎式的束胸衣，上面缀满了亮片和羽毛。这场活动以节日为主题：滑稽演员穿着代表圣帕特里克节的绿色制服，花样滑冰明星索尼娅·海妮坐着圣诞节特有的花车，玛丽莲的装扮则代表着新年的第一天，也称"愉快的宿醉日"。大象的表现无可挑剔，对着一众名人和肖特的孩子们鞠躬，当时乔·迪马乔就和这些孩子在一起。骑粉象出场是米尔顿的创意，但是有些记者说，玛丽莲其实本想为自己塑造一个公司总裁的新形象，但是她穿着歌舞女郎的衣服出场，效果适得其反。

玛丽莲和米尔顿从"粉象活动"中获得了很大的成就感，的确，这场活动造成了很大的轰动。但是这种成就感并未维持多久，1个月之后，他俩和艾米一起参加了爱德华·罗斯科·默罗主持的电视节目《面对面》，节目里玛丽莲的表现差强人意。这集节目共15分钟，是在格林位于康涅狄格州的家中拍摄的。玛丽莲和米尔顿为了艾米才安排了这次拍摄，因为艾米是默罗的忠实粉丝。节目录制过程中，在玛丽莲和米尔顿无话可说时，艾米就会立刻接过话茬。她像发电机一般表现得异常活跃，一直在提示玛丽莲接下去该说什么，而玛丽莲的声音则越来越弱，回答默罗的问题时也开始变得结结巴巴。批评家们指责玛丽莲的糟糕表现，而有几部电影制片人则向艾米抛来橄榄枝，表示愿意让艾米在电影中出演主角，这让玛丽莲怒不可遏。这些邀约的背后可能是达里尔·扎努克在插手，因为他打算离间玛丽莲和米尔顿。艾米拒绝了所有的片约，但由于玛丽莲的性格太过敏感，两人的关系还是不可避免地打了折扣。

1955年6月1日，乔和玛丽莲出席了在时代广场的勒夫国家剧院举办的《七年之痒》首映式。玛丽莲在片中饰演一位模特，租住在汤姆·伊威尔饰演的角色家的楼上。她精灵古怪，将自己的喜剧天赋发挥到了极致。在《七年之痒》中，玛丽莲仿如一位神仙教母，为了治愈汤姆·伊威尔饰演的角色对女性的恐惧而下凡。这部电影里充斥着撩人的性感镜头，比如玛丽莲在洗泡泡浴时不小心把脚趾卡在了排水口，水管工必须帮她把脚趾拔出来，但是不能看泡沫之下她的裸体。比利·怀尔德能让这样一部充满性挑逗的电影过审实在是一个奇迹。片中还有这样经典的一幕：玛丽莲站在纽约地铁的通风口上，地铁过站时带来的风吹起了她的裙摆。除此之外，伊威尔饰演的角色还幻想自己是一名恋爱高手，和经典电影桥段里的美人共赴巫山，就好像《乱世忠魂》中伯特·兰卡斯特和黛博拉·蔻儿在海滩上热情拥吻的一幕。在《七年之痒》的一段幻想镜头中，玛丽莲戏仿了影星梅·韦斯特，但是导演怀尔德最后还是把这些镜头剪掉了。

在《七年之痒》的首映式上，玛丽莲第一次展现出了那经典的、成熟性感的梦露形象，这是乔首次在公众场合见到这样的玛丽莲，但也是最后一次。首映式之后，在玛丽莲生日那天，乔在图茨·绍尔餐厅为她办了一场庆功宴。然而当晚两人起了争执，是萨姆·肖把玛丽莲送回了家。那次争执之后，直到玛丽莲离开纽约之前，两人都没有再见过面。他们再次重逢已是1960年秋天，那时她刚和阿瑟分手。看样子玛丽莲坚定地告诉过乔不想和他结婚。

尽管玛丽莲的拒绝让乔很伤心，但他并没有就此一蹶不振，相反，他开始自我调整，努力去遏制自己的愤怒情绪。他接受了治疗，之后还去了意大利西西里拜访了祖宅，全程由摄影师萨姆·肖作陪。后来乔在莫耐特公司做宣传工作，这是一家向全球供应军需品的公司。他和士兵们一起打棒球，向他们推广这项运动，重新过上了他喜欢的四处游历的生活。他和形似玛丽莲的女人约会，这说明他还是希望玛丽莲能回心转意的。但这时，他已经从玛丽莲的生活中消失了很长一段时间。

1955年春，玛丽莲开始在纽约的演员工作室进修表演，是伊利亚·卡赞把她带到了那里，当时他还没有和李·斯特拉斯伯格分道扬镳。与好莱坞的演员进修班相比，纽约的演员工作室既不是正规的表演学校，也没有附属剧院，这只是一个艺人努力提升演技的训练场，由伊利亚·卡赞和其他几位电影人在1947年成立。但是卡赞还要忙于执导戏剧和电影，相比担任表演老师，他更喜欢做导演，于是他请李·斯特拉斯伯格来主持工作室。两人在纽约格普洛剧院就已相识，从那时起，斯特拉斯伯格既做演员又做表演老师，但只能维持生计，并没有多大成就。但是成为演员工作室的负责人之后，斯特拉斯伯格终于有了用武之地，个人魅力也得以施展。

与迈克尔·契诃夫以及好莱坞演员进修班的老师一样，斯特拉斯伯格的表演方法传承自斯坦尼斯拉夫斯基。然而，与契诃夫以及好莱坞的老师相比，斯特拉斯伯格更强调"情感记忆法"。他为演员设计了一系列练习方法，帮助他们寻找与所饰角色相关的记忆，从而调动他们的情绪，激发他们的表演欲望。他认为，如果演员使用近期的经历进行表演可能会造成较大的心理创伤，于是他设定了7年的分界线，要求演员回忆7年前的自身经历。

迈克尔·契诃夫在使用情感记忆法时经历过精神崩溃，为了不重蹈覆辙，李·斯特拉斯伯格让玛丽莲这样内心脆弱的学生在专家的指导下进行心理分析，一起研究创伤记忆。1955年春，玛丽莲花了很多时间来回顾她的过去，有时在李·斯特拉斯伯格的引导下，有时则在心理医生玛格丽特·霍恩伯格的指导下，后者也治疗过米尔顿·格林。不断地回顾往事使得玛丽莲越发沉迷于她的童年，鉴于玛丽莲儿时曾经遭受过性侵，心理分析可能并不适合用来治疗她。弗洛伊德精神分析学派的心理医生则喜欢强调俄狄浦斯情结，又称为恋母情结——儿童对父母中的异性容易产生与性相关的情绪。有些心理医生对性侵不够重视，也有一些医生认为性侵不会对孩子的成长产生消极影响。

像大多数表演老师一样，他为学生设计了一些能使其放松或专注的即兴训练，这些动作还能激发演员的自主性。有一次，他给玛丽莲的训练项目是饰演一只猫，在登台模仿前，她花了一个星期的时间观察一只猫的举动。工作室的其他旁听学员都说玛丽莲表演得非常出彩，这并不令人意外，因为她的行为举止本来就和猫有几分相似。后来在拍摄好莱坞电影时，玛丽莲有个习惯就是在开拍前剧烈地摇动双手，这让在场的其他演员都摸不着头脑，其实这是斯特拉斯伯格专为玛丽莲设计的自我放松动作。

非裔美国演员小路易斯·格赛特与玛丽莲同在工作室学习，他不喜欢斯特拉斯伯格的表演方法，但是他认为玛丽莲是工作室中最有天赋的演员。让他印象最为深刻的一件事就是玛丽莲邀请他表演《玫瑰梦》中的一段感情戏。格赛特问玛丽莲："你的出演会打破种族之间的隔阂，而这恰恰是个禁区，你意识到这件事的严重性了吗？"玛丽莲坦率地答道，她并不支持种族隔阂。虽然最后他们没有一起演这场戏，但格赛特永远不会忘记她的慷慨大度。

初次面试时，斯特拉斯伯格就觉得玛丽莲有天赋，但同时也发现她有点缺乏自信。他对玛丽莲的态度很温和，一开始先一对一给她指导，等她逐渐适应后，再让她加入到小组学习中，最后再参加所有成员都参与的课程。斯特拉斯伯格意识到，在玛丽莲甜美的外表下，隐藏着愤怒的灵魂，于是他与玛丽莲一起，努力让她那种愤怒的情绪浮出水面，继而找到她愤怒的根源，并加以解决。有时玛丽莲怒不可遏，甚至说出了污言秽语（苏珊·斯特拉斯伯格就曾听到他俩在一对一上课时对骂的声音）。没过多久，玛丽莲就开始将斯特拉斯伯格视作自己的父亲和导师了。玛丽莲主动向他献身，但斯特拉斯伯格婉言谢绝了，因为他不想让男女关系影响到工作。

此时的玛丽莲已经放弃了寻找父亲，但被斯特拉斯伯格拒绝仍然让她感到十分痛苦。一天晚上，在派对上玩幻想游戏时玛丽莲说，她想乔装打扮，去勾引自己的父亲。这一幻想是复仇与惩罚这两种欲望交织结合的产物，或许也正是由此，造成了玛丽莲在与男性相处时虐恋的状态，她时而是施虐者，时而又成了受虐者。多年前，伊利亚·卡赞就曾提醒玛丽莲在与有权有势的男人交往时要多加小心，但卡赞并没意识到，玛丽莲不仅是受虐的一方，同时也是施虐的一方，她在与阿瑟·米勒和乔·迪马乔的两次婚姻中都是如此。

演员工作室总是入不敷出，工资拖欠的情况也时有发生。玛丽莲自掏腰包，把钱捐给工作室，还支付了大笔费用给保拉·斯特拉斯伯格，她是李·斯特拉斯伯格的妻子，以前是一名女演员，玛丽莲请他们二人同时来指导自己。此外，她又给了李一万美金，为他去日本研究歌舞伎^①、能剧^②提供经费。1954 年玛丽莲与乔一起访问日本时，日本天皇送了她珠宝，她把这些珠宝转送给了保拉。玛丽莲曾送给苏珊一幅价值连城的夏加尔的画作，还送给约翰一部雷鸟汽车。终其一生，玛丽莲对很多人都非常慷慨，但她对斯特拉斯伯格一家的慷慨程度尤其惊人，这也反映出玛丽莲认为他们在提升自己演技方面所提供的帮助非常之大。

从孩提时代起，玛丽莲就习惯把自己的东西送给孤儿院的其他小孩。从各方面来看，玛丽莲都是一个慷慨的人，她会给朋友送礼物，送钱给剧组的幕后人员，甚至还会支付工作人员的医疗费用，这样的事例不胜枚举。她曾送给娜塔莎·莱

---

① 歌舞伎是日本独有的剧场艺术，同时也是日本的传统文化之一。传统的歌舞伎于 2005 年被联合国教科文组织评定为"杰作"，2009 年 9 月正式列入非物质文化遗产代表目录。

② 能剧，是日本独有的一种舞台艺术，为佩戴面具演出的一种古典歌舞剧，从镰仓时代后期到室町时代初期之间创作完成。能剧在日本作为代表性的传统艺术，与歌舞伎一同在国际上享有高知名度。

泰丝一件皮草、一辆汽车，还帮她付了房子的首付，在她生命的最后两年里，她送给她的宣传人员帕特丽夏·纽科姆一件皮草、一辆汽车，以及西纳特拉赠予她的祖母绿耳环。她的助理惠特尼·斯奈德都不敢再夸赞她的物品了，因为怕她第二天就把东西送过来。玛丽莲常在疯狂购物之后，将自己刚买的衣服送人。

在纽约，玛丽莲让她遇到的每一个人都为她倾倒。她充满魅力，并且让人无法抗拒，甚至在纽约文艺界引起了一场轰动。据女演员伊莱恩·邓迪回忆，1955年3月，在《朱门巧妇》首演后不久，田纳西·威廉斯在圣瑞吉酒店为他的母亲举行了一场宴会。当时，文艺界的所有重要人物都出席了这场宴会，玛丽莲姗姗来迟。在她翩然现身的那一刻，人群骚动了起来，随后，所有人都停下了手头的事，仿佛时间静止了一般，"那些拿着饮料、夹着开胃菜、握着香烟的手都仿佛静止了一般"。人们为玛丽莲让开了一条路，让她通行。她穿了一条简约的黑色吊带裙，肩带纤薄，并且真空上阵（这件衣服由诺雷尔和摩尔设计，玛丽莲定制了很多件，经常换着穿）。她的皮肤就像闪耀着光芒的大理石，略带珍珠蓝色和玫瑰色。邓迪从未在画作之外看到过这样的肤色，玛丽莲真人比电影中更加美艳动人。

玛丽莲在纽约交友甚广，那些说她形单影只的说法是不正确的。玛丽莲与田纳西·威廉斯及杜鲁门·卡波特的结识还要追溯到好莱坞时期，当时他们两人在好莱坞担任编剧，之后玛丽莲在纽约又见到了卡波特。卡波特很喜欢和女明星交朋友，伊丽莎白·泰勒和杰奎琳·肯尼迪都是他的好朋友，他经常给她们合理的建议。卡波特是个同性恋，所以从未勾引过她们。玛丽莲和卡波特会聊些很私密的内容，其中不乏桃色新闻。卡波特机智幽默又爱装模作样，有时还会讲些荤段子，他创作的《蒂凡尼的早餐》中，霍莉·戈莱特丽这一角色的部分原型就是玛丽莲。在科帕卡巴纳，玛丽莲·梦露曾和卡波特一起轻歌曼舞，穿上高跟鞋的玛丽莲有5英尺8英寸高，比身高只有5英尺3英寸的卡波特高出了半个头，所以她光着脚与他一起跳舞。还有人在夜店里见到玛丽莲与杰克·科尔以及作曲家哈罗德·阿伦在一起。

玛丽莲和演员工作室的演员们关系也不错，课后会和他们一起去附近的酒吧和咖啡馆喝东西。她与埃里·瓦拉赫的关系就像兄妹一样，因为瓦拉赫当时正在百老汇出演《秋月茶室》，所以玛丽莲称他为"茶点"。玛丽莲与瓦拉赫的妻子——女演员安妮·杰克逊也是朋友，她有时会帮忙照看他们的孩子，有时还会和瓦拉赫一起跳舞。瓦拉赫十分倾慕玛丽莲，但又担心玛丽莲会因此而疏远他，便将这种情感藏在了心底。每晚百老汇的演出结束后，演员们会聚集在百老汇的唐尼餐厅喝点东西，聊聊天，有时玛丽莲也会去参加他们的聚会。唐尼餐厅的墙上贴满了百老汇演员的照片，玛丽莲也希望自己的照片能在上面有一席之地，但前提是她必须出演百老汇的剧目。瓦拉赫给了她一个角色，让她在《茶馆》的一场群戏中饰演一名日本妇女，如此一来，她就获得了头像被挂在唐尼餐厅墙上的资格。果然，不久之后她的照片就被挂了上去。

玛丽莲还与马龙·白兰度交往过，两人有时会共进晚餐，有时还会一起过夜。据苏珊·斯特拉斯伯格称，玛丽莲在东区有个秘密的小公寓。她会在那练习台词、研读剧本、看书，那里也是她密会友人的地方，其中包括阿瑟·雅各布斯公司的宣传人员沃伦·费舍尔，玛丽莲经常在周五和他一起去圣瑞吉酒店喝上几杯。她还与纽约著名专栏作家莱昂纳德·里昂成了朋友，里昂后来也取代了西德尼·斯科尔斯基在她生命中的位置，他将玛丽莲介绍给小说家和剧作家，这些人都是她的贵人。

玛丽莲住在格莱斯顿酒店期间还结识了当地的其他名人，包括小说家卡森·麦克古勒，他的小说记录了美国南部黑暗的哥特式行为①。玛丽莲和格洛丽亚·范德比尔特的关系也不错，当时也住在格莱斯顿酒店的格洛丽亚正和丈夫办理离婚手续，她丈夫是交响乐团的指挥莱奥波德·斯托科夫斯基。玛丽莲和格洛丽亚有许多共同之处：都曾置身好莱坞，都是模特兼演员，此前都与帕特·迪西科恋爱过。后来，格洛丽亚搬离了格莱斯顿酒店，嫁给了电影导演西德尼·吕美特。他们住在东区的高档公寓里，有时候玛丽莲也会去他们家参加派对。为了保持低调，玛丽莲穿得很简单——休闲裤搭配宽松的毛衣，出门也不施粉黛。格洛丽亚和帕特·迪西科结婚后，一度传出家暴的丑闻，而玛丽莲也同样遭受过乔的虐待，相同的遭遇可能使得玛丽莲对格洛丽亚产生了亲近感。她告诉格洛丽亚，乔·迪马乔让她

---

① 哥特文化衍生出相关的音乐、美学和穿衣风格。哥特音乐包含不同的类型，共同特色是哀伤而神秘。衣服风格则包含死亡摇滚、朋克风、双性、维多利亚风以及一些文艺复兴和中世纪时期的衣服样式，或者是上述各项风格的结合。另外还经常搭配黑色的服装、彩妆和头发。

感到恐惧。

像往常一样，萨姆·肖又给玛丽莲介绍了新朋友，带她到布鲁克林去见诺曼·罗斯滕和赫达·罗斯滕，两人在密歇根大学上学时就已结识也在那里就读的阿瑟·米勒和他的第一任妻子玛丽。罗斯滕一家返璞归真和闲情逸致的生活方式对玛丽莲很有吸引力，她常参加他们在布鲁克林的公寓举办的诗歌朗诵会，还会和他们一起在附近吃饭、看电影。玛丽莲的曾用名"诺玛"与"诺曼"这个名字读起来很相似，这让玛丽莲觉得很有趣，她与诺曼·罗斯滕、萨姆·肖和埃里·瓦拉赫称兄道弟，还给他们分别取了绰号：诺曼的绰号是克劳德，因为她觉得诺曼长得像演员克劳德·雷恩斯；萨姆·肖的绰号是萨姆·斯佩德，取自犯罪片中常用的侦探名；而埃里·瓦拉赫的绰号是茶点。

玛丽莲和诺曼都很喜爱诗歌，这让他们走得更近了。玛丽莲喜欢朗诵诗歌，自己有时候也会写诗，碰到自己喜欢的诗人的作品还会背诵下来。她特别喜欢吟诵关于爱的承诺和爱之危险的诗歌，以及关于死亡无所不在的哀歌。爱情与死亡，是玛丽莲生活中的两大主题，就像欧洲文学中时常描写的那样。诺曼写道："玛丽莲天生具有诗人的气质，她总能细致入微地领会诗歌的本质。她能融入诗歌所营造的世界之中，洞悉诗歌本身所蕴藏的奥秘和惊喜。她的内心领悟了一个真理：诗歌与死亡相伴相生。陶醉与喜悦是哀歌的另一面，爱情和死亡，对立却统一，诗歌依此分为两类，她的人生也始终围绕着这两个主题。"

在罗斯滕家的聚会上，她朗诵过一首威廉·巴特勒·叶芝[①]的诗，这首描写爱情危险的诗歌对她具有特殊的意义。就像在拍摄《绅士爱美人》时，她朗诵《鲁拜集》中的诗句给简·拉塞尔听，建议恋爱中的人保持独立。罗斯滕说，玛丽莲对爱情总是充满恐惧，正如她读的那首叶芝的诗的名字一样——《切莫将心尽献》。

切莫将心尽献

---

① 叶芝，爱尔兰诗人、剧作家。叶芝是爱尔兰凯尔特复兴运动的领袖，也是艾比剧院的创建者之一，还曾担任爱尔兰国会参议员一职。他十分重视自己的这些社会职务，是爱尔兰参议院中有名的工作勤奋者。叶芝曾于1923年获得诺贝尔文学奖，获奖的理由是"以其高度艺术化且洋溢着灵感的诗作表达了整个民族的灵魂"。1934年，他和拉迪亚德·吉卜林共同获得歌德堡诗歌奖。

因为爱似乎不值得反复斟酌

那些激情似火的女人

她们定未在梦中预见

爱会在次次亲吻中淡去

一切美好的东西

不过是昙花一现，不过是梦境中的片刻欢喜

啊，切莫将心尽献彻底

因为有些女人自诩

已为爱献出全部

但是，真正全心全意去爱的人有如耳聋、舌拙、眼盲之人

如此投入之人又怎能在爱的游戏中得心应手？

作此劝之人必定知道爱的代价昂贵无比

因他曾将真心尽献而后损失殆尽

  罗斯滕认为玛丽莲写的诗歌既黑暗又险恶，她喜爱的别人所作的诗也是这一风格。在玛丽莲的诗中，遭弃是一个常见的主题。她是坐在陌生人推车里的玩偶，对生活充满恐惧，被死亡深深吸引。世事多艰，似乎通过死亡来逃避现实反而是更好的选择。她写过一首有关自己善变的诗，描写了自己快乐又悲伤、理性又感性、强大又柔弱的双重人格。在诗中，玛丽莲称自己像蜘蛛网一样强壮，虽然常因寒霜的重负和生活的欺骗而下坠。玛丽莲在好莱坞的朋友抱怨她少有联络，简·罗素就因此而感到很受伤。这种疏忽也使得流言甚嚣尘上，人们说玛丽莲并不珍视友谊，一边对老朋友弃如敝屣，一边广交新朋友。但事实是，因为她认识的人太多，要想和每个人都保持联系对她来说太难了。所以她有时没有与朋友联系，只是因为过于繁忙，而非刻意疏远。唯一的例外是她与娜塔莎·莱泰丝的关系，她甚至一句话没说就与娜塔莎断绝了来往。这也可以理解，因为她不想让她是女同性恋者的谣言再次出现。

  到纽约后，玛丽莲再次为自己"培养"了许多供养她生活的人，比如格林一家，他们在玛丽莲与福克斯签订新合同之前，一直为她提供财务上的支持。她之前在

二十世纪福克斯领到的薪水远不足以让她有一笔丰厚的积蓄。然而，她为了维护自己魅力无穷的形象而耗费巨大，她不希望福克斯的高管们看见自己穷困潦倒的模样而认为自己经济窘迫。阿瑟·米勒则是她身边另一个财务支持者，虽然两人一直将恋人关系保密。她同时还与马龙·白兰度和亨利·罗森菲尔德交往，亨利是服装业巨头，他与玛丽莲在1948年《快乐爱情》的纽约宣传路演中相识。有时亨利会给玛丽莲一些钱。赫达·罗斯滕与诺曼·罗斯滕的女儿帕特丽夏·罗斯滕记得，玛丽莲和自己的母亲从罗森菲尔德的工厂回来时，常常带回来成堆的衣服。

斯特拉斯伯格夫妇及他们的子女苏珊和约翰是玛丽莲在纽约生活时的第三个供养方。玛丽莲非常依赖李·斯特拉斯伯格和保拉·斯特拉斯伯格，以至于苏珊和约翰感觉自己的位置被玛丽莲抢了去。玛丽莲常去李和保拉的公寓，李总是在忙工作，而保拉则是个典型的犹太母亲，常为运气不佳的演员们提供食物和建议。对百老汇演员来说，星期天在斯特拉斯伯格家吃早午餐是保留节目，同样必不可少的还有除夕派对，无论是著名艺术家还是穷困潦倒的艺人，都会受到邀请。在接受众议院非美活动调查委员会质询前，保拉是集团大剧院成员及百老汇的女演员。她在受质询时指认了一些人，这也让她上了百老汇制片人的黑名单。保拉通过虐待自己的身体来表达不满，结果成了个超重的胖子。为了掩盖体重，她会穿上昂贵的黑色丝绸袍子，戴上金项链，有时还会戴一顶黑色帽子来遮阳。演员中有很多人都崇拜她，喜欢她的人认为她个性鲜明，讨厌她的人觉得她不可理喻。巴兹尔·雷斯伯恩曾扮演过一个身材高大、气势汹汹的角色，名为"黑巴特"，玛丽莲就把这个角色的名字当成了保拉的绰号。

保拉对李一心一意，而李却对她极其冷淡，不但拈花惹草，还乱发脾气。这让个性倔强又情绪化的保拉难以忍受，于是她便不时以自杀来威胁李。1956年，18岁的苏珊凭借《安妮日记》中的安妮·弗兰克一角在百老汇一炮而红。从那以后，保拉便开始扣下苏珊的薪水来贴补家用，并满足李喜欢购买戏剧类书籍的癖好。随着李的名气越来越大，他的工作也越发繁忙，保拉便接管了李的课堂，并相应减少了自己以往所负责的家庭事务。和李一样，保拉与玛丽莲越走越近，对她的演技、美貌、温柔的个性以及所有的一切都赞美到无以复加。

此时，除阿瑟以外，玛丽莲还可以依靠斯特拉斯伯格一家、格林一家、肖一家以及罗斯滕一家，他们都在午夜接到过玛丽莲打来的电话。作为慢性失眠患者，玛丽莲常常说电话是她最好的朋友。她试图控制服药量，有时能控制住，但基本已经离不开安眠药了。艾米·格林说，玛丽莲在她家借宿时会把安眠药交给她，让她分批发还，但毫无例外地又会把药要回去。苏珊·斯特拉斯伯格说，玛丽莲在同她的父母建立起紧密的关系后，有时会在半夜乘出租车到他们的公寓，李会抱着她，轻轻摇晃哄她入睡，然后将她带到约翰的卧室，让她睡在约翰的床上。玛丽莲在他家时，约翰就睡在客厅的沙发上。约翰记得，在他 16 岁那年，有一天晚上玛丽莲爬到他睡觉的客厅，抚摸他，在药物的作用下，她似乎不是很清醒。在约翰眼中，这种行为带有性意味，这让他又惊又怕，但幸好他成功地让玛丽莲回到自己的床上继续睡觉，才避免了性行为的发生。

6 月份，玛丽莲从格莱斯顿酒店搬到了华尔道夫酒店的顶层套房，这套房子是诺曼帮她从朋友那转租过来的，价格很优惠。她在那里度过了整个秋天，直至搬入米尔顿名下的萨顿酒店。在华尔道夫时，玛丽莲用酒店的文具随意写下了一些日记片段，用拉尔夫·罗伯茨的话说，玛丽莲写下的想法和回忆就像"她头脑中奔腾呼啸的风暴"。她在日记中写道，她害怕自己配不上那些溢美之词。她还有一些更阴暗的幻想，比如，李是外科医生，要给自己开膛破肚做手术。因为她的精神科医生玛格丽特·霍恩伯格对她做出过诊断，并进行了麻醉，她也就觉得无所谓了。这个手术是为了治愈她所患的疾病，用她自己的话说，"鬼知道是什么毛病"。打开切口之后，李却发现除了锯屑什么都没有，就像是布娃娃里面的填充物。

1955 年夏天，她的周末都是跟斯特拉斯伯格一家在他们火岛上的小屋里一起度过的，火岛是长岛外的堰洲岛，也是纽约的艺术家和作家的度假胜地。一如往常，影迷会尝试接近玛丽莲，引起她的注意，她对这种行为又喜又怕。玛丽莲曾对苏珊·斯特拉斯伯格说："他们有时很吓人，仿佛要从你身上拆下点零件带回家作纪念似的。"在火岛时，玛丽莲原本同苏珊住在一起，苏珊前往好莱坞拍摄电影《野宴》后，女演员艾琳·阿特金斯搬了进来。李希望阿特金斯的自信能感染玛丽莲。两人也确实会一同在海滩上散步，并且会促膝长谈，直至深夜。

一次周末，玛丽莲画了两幅肖像画。一幅画了个小脸黝黑、衣衫褴褛的悲伤小女孩，另一幅画了个性感的猫脸女人。脸黑黑的小女孩是谁呢？"或许是我自己吧。"玛丽莲说。那猫脸女人又是谁呢？玛丽莲说，这个形象阐释了她的座右铭——生活绚烂，及时行乐！这种态度反映了玛丽莲对发疯的恐惧，这种恐惧既使她考虑自杀，也使她想要趁着意识清醒及时行乐。

8月份，玛丽莲在伊利诺伊州的比门特待了一天。这里是亚伯拉罕·林肯和史蒂芬·A.道格拉斯进行著名辩论的地点之一，当地每年8月都会举办一场名为"林肯之地"的庆典。曾在演员工作室与玛丽莲一起学习的汤姆·查瑟姆就来自比门特，国家艺术基金会的主管卡尔顿·史密斯当时也住在那里，因为玛丽莲很敬仰林肯，所以两人便说服她出席了这一庆典。史密斯还邀请她加入访问苏联的代表团，在国家艺术基金会的支持下推进跨文化交流。玛丽莲申请了前往苏联的签证，但并未成行。申请签证一事加上她与阿瑟·米勒的关系，使得FBI对她展开了监控，这种监控将伴随她的余生。

在比门特，她发表了一篇有关林肯的简短演讲，并担任了一场蓄须比赛的裁判，参赛的男人们都蓄须达六个月之久。伊芙·阿诺德与她同行，帮她拍照。因为玛丽莲当时正经受肾脏感染的折磨，所以阿诺德对她的身体状况很担心。但多年以来的"甜心"造型已经让玛丽莲产生了条件反射，只要出现在镜头前，就会自动做出反应。她胸部前倾，扭动臀部，露出微笑——经典的玛丽莲·梦露"上线了"。

1955年8月下旬，迈克尔·契诃夫去世了。她前往好莱坞参加他的葬礼，葬礼在一间小小的俄罗斯东正教教堂举行。9月，伊芙·阿诺德在自己长岛的家附近一个荒凉的操场上给玛丽莲拍了第一组大片。在一张照片中，玛丽莲手捧詹姆斯·乔伊斯的《尤利西斯》，摆出阅读的造型；在另一张照片中，玛丽莲穿着豹纹泳衣，在泥泞的沼泽高高的芦苇丛中滑行，看起来就像是"夏娃的重生"。如果摄影师技术精湛，玛丽莲的照片可以具有极大的话题性，阿诺德拍的这组照片就是典型的例子。

10月份，玛丽莲要求伊利亚·卡赞让她出演《娇娃春情》一片的女主角，该片将由卡赞执导，编剧是田纳西·威廉斯。卡赞没有答应，理由是玛丽莲年龄太大（玛丽莲当时29岁），但其实这只是一个借口，卡赞不想面对玛丽莲的神经质才是更重要的原因。卡赞与好莱坞的其他导演一样严苛，实际上，他从未执导过玛丽莲出演的影片，在自传中，他将玛丽莲视作一个优秀的戏剧演员，但也不过如此。同月，《成功之道》在百老汇开演，这部恶搞玛丽莲的滑稽剧由简·曼斯费尔德主演。尽管玛丽莲生性敏感，但她似乎并未将此事放在心上。该剧的作者是乔治·阿克塞尔罗德，他曾写过一部戏剧，后来改编成了电影《七年之痒》，他还创作了好莱坞版《七年之痒》的电影剧本和威廉·英格的《巴士站》的电影剧本，电影版《巴士站》是玛丽莲最成功的电影之一。

从 1955 年春季到秋季，玛丽莲与阿瑟远离城市的喧嚣与纷杂，在华尔道夫酒店顶楼的套房里度过了许多美好时光。有时他们会在远离记者的布鲁克林骑骑自行车，但还是会避免一同出现在公共场合。阿瑟一直很喜欢骑自行车，因为骑车让他感觉很自由，对玛丽莲来说也是如此。由此，骑车也就成了两人最喜爱的活动。

4 年后重聚，两人的感情更加炽热强烈。"她就像一道炫目的光，充满矛盾，神秘诱人，时而释放街头的狂野，时而如青春期少女般敏感，那种敏感如诗如歌，成人身上很少有这种特质。她魅力无穷，不拘常规，清新脱俗。"阿瑟如同被裹挟在一股大潮之中，无法自拔。在玛丽莲搬到纽约之前，阿瑟通常是个阴沉的人，这点从他那亚伯拉罕·林肯般严肃的面容上可以看出来，而他之所以如此，部分原因就是婚姻的不幸。但玛丽莲就是喜欢他这样，那是她理想中父亲的模样。

一如林肯解放了奴隶，玛丽莲认定阿瑟就是解放她的人，能够让她脱离好莱坞的枷锁，摆脱玛丽莲·梦露这个形象给她带来的负担。玛丽莲相信，像阿瑟这样的天才人物，一定能成为理想中的"父亲"，他优秀的基因也将弥补自己基因里的一切不足。一方面，两人对破坏了阿瑟的婚姻感到心烦和内疚；另一方面，他们又沉浸于对完美婚姻的幻想之中，相信两人的结合将会创造一个时代的典范。

或许阿瑟在玛丽莲身上能感受到些许相通之处，好莱坞对玛丽莲的演技评价很低，而他作为剧作家的声誉也正在走下坡路。《萨勒姆的女巫》以及他的最新作品，包括改编自易卜生的《人民公敌》的作品，还有改编自《桥头眺望》的独幕剧，均遭到了批评家的猛烈抨击。尤其是《萨勒姆的女巫》，因为其隐晦地抨击了强权机构众议院非美活动调查委员会，此举更是激怒了某些势力。原本对阿瑟采取放任态度的那些人，开始考虑对他进行调查。在纽约，他们不再资助阿瑟创作的有关纽约帮派的戏剧，这些戏剧也因此胎死腹中。

10月份，玛丽莲和乔·迪马乔的离婚申请获得批准，当月，阿瑟也和他的妻子分手。玛丽莲出席了《桥头眺望》的首演，在那里，她遇到了阿瑟的母亲奥古斯塔（古斯）。她和阿瑟在公开场合出双入对似乎更加自然了，与此同时，弗兰克·德莱尼正与福克斯商讨签订一份新合同，新合同将认可MMP，并保证玛丽莲在自己的电影中拥有一定的发挥创意的空间。这样的电影制作公司并不罕见，玛丽莲的独特之处在于，她坚持在公司名中加上她自己的名字，尽管美国国家税务局可能会怀疑该公司是她为了避税而成立的，并因此调查她的纳税申报表（实际上也确实查了）。但是玛丽莲的态度依然十分坚定，她这样做是为了让所有人都知道她创建了一家公司，证明自己不只是一个"无脑的金发女郎"。玛丽莲作为公司总裁，持有51%的股份（她坚持要这样做），米尔顿持有49%的股份。

1955年春，有记者采访了玛丽莲，她向记者展示了自己在公司注册、投资和合同等方面渊博的知识，令人印象深刻。曾经在德莱尼的公寓举行的新闻发布会上，玛丽莲表现得像个一问三不知的笨学生，因此接下来的几个月里，她做了很多功课。4月份，厄尔·威尔逊在采访玛丽莲时发现她气定神闲、充满自信，而且回答问题非常专业，两人一起深入探讨了很多生意上的问题。然后威尔逊要求给她拍张照，她呼了口气，摘下眼镜，转眼之间就变成了那个性感的玛丽莲。

在MMP没有波澜的日子里，玛丽莲和米尔顿也有意见相左的时候。NBC投资300万美元，让他们自选六部电视剧进行制作，要求玛丽莲在其中两部中出任主演，但米尔顿以电视剧不适合她为由婉言谢绝了。这让玛丽莲怒不可遏，直到后来米尔顿说服劳伦斯·奥利弗在《沉睡王子》中同她搭档，她才消气。这部电影是根据奥利弗与妻子费雯·丽一起出演的戏剧改编的，电影版更名为《游龙戏凤》。玛丽莲激动万分，因为奥利弗是当时世界上最伟大的男演员，同他搭档肯定能证明自己的演技。于是，玛丽莲接受了奥利弗的请求，让他执导电影并担纲主演。可惜，她并未将李·斯特拉斯伯格的忠告放在心上——奥利弗反对方法派演技，这种理念分歧会在拍摄过程中造成很多问题。

与福克斯的谈判并不顺利，因为福克斯声称，玛丽莲在1951年签署了一份7

年合同，仍应受该合同的约束，他们坚持认为，这一合同的效力应延续至1958年。福克斯否认由于他们未能遵守其中的一些条款导致合同已然失效，而且对于新合同中的每一项条款，他们都吹毛求疵。米尔顿的资金不是无穷无尽的，玛丽莲除了福克斯公司的工资外也没有积蓄，并且这些工资她又原封不动地退还给了福克斯，因为如果她兑现了福克斯的任何支票，就相当于向他们妥协了。6月份，《七年之痒》开拍了，这是一部大作，于是有大量资金流入公司账户。玛丽莲看似就要大获全胜了，但事与愿违，谈判又持续了半年。扎努克不愿弃械投降，但在斯皮罗斯·斯库拉斯和纽约的福克斯董事会的指示下，扎努克也妥协了。随着《七年之痒》大获成功，玛丽莲对福克斯的经济价值也越发凸显。所以，无论她想要什么，都得让她如愿以偿才行。

合同是在当年的最后一天签订的，为的是在纳税方面对自己更有利。玛丽莲几乎大获全胜，她为MMP争取到了合法地位，为自己争得了挑选导演和摄影师的权利：她会向福克斯提供一份她认可的导演和摄影师清单，由福克斯做出最终选择。从二十世纪福克斯以外获得的收入，玛丽莲可以自己保留，她的片酬是每部电影10万美元。在7年的合同期内，她每为自己的电影制作公司拍一部电影，就要相应地为福克斯拍一部，最多拍四部。她并未得到审核剧本的权利，这在当时看似无关紧要，但后来却令她困扰不已。

米尔顿还请玛丽莲担纲《巴士站》的主演，该片原定由MMP与福克斯联合出品。同名舞台剧曾在百老汇大受欢迎，金·斯坦利饰演切丽——一位低俗的舞厅歌手，在剧中，有一位名叫波的单纯牛仔追求她。电影版由玛丽莲取代斯坦利主演，这本身就是一种成就。但在对MMP的认识上存在一个问题，这个问题会在以后浮出水面。米尔顿认为这是他自己的公司，而玛丽莲是他手下的大明星。除了玛丽莲之外，他也希望马龙·白兰度等演员加入公司。玛丽莲赞同这个想法，但条件是她要掌握控制权。除此之外，米尔顿比较担心资金问题，所以希望玛丽莲继续出演金发女郎的角色，这样可以保证有钱可赚。另一方面，约书亚·格林告诉我，米尔顿已经拿到《手足之情》的改编权，计划把它拍成玛丽莲的下一部电影。

1956年初，玛丽莲精神高涨。1955年秋，她在演员工作室课堂表演的第一场戏中表现出色，她当时饰演的是《金童》中的妓女洛娜·莫内，后来洛娜坠入爱河,于是开始改邪归正。玛丽莲最终还是战胜了福克斯,MMP也蒸蒸日上。米尔顿说服福克斯让她出演《巴士站》,而劳伦斯·奥利弗已经签约出演《游龙戏凤》。她与阿瑟的恋情似乎也很稳固。

1月份,劳伦斯·奥利弗前往纽约进行《游龙戏凤》最后的商谈。在那里,他遇见了热情洋溢、美丽性感的玛丽莲,并且对她一见倾心。他在自传中写道:"她是如此可爱,如此机智,如此风趣,令人难以置信。"当时,他正在考虑和妻子——女演员费雯·丽离婚,因为她的情绪极不稳定,甚至需要接受电击治疗。奥利弗对玛丽莲着了迷,一度认为她也许就是替代费雯·丽的最佳人选。

奥利弗还不知道玛丽莲有多厉害,尽管她在广场酒店举行的一场大型新闻发布会上轻而易举地就抢走了他的风头。发布会是为了宣布《游龙戏凤》的演员阵容,奥利弗是发布会的主角,所有问题都由他来回答,甚至那些问玛丽莲的问题他也抢着回答。玛丽莲对奥利弗这种做法忍无可忍,于是用自己惯用的方式夺回了控制权。她可以预见奥利弗的反应,所以她故意松开了衣服上的一条吊带,当吊带从衣服上滑落时,所有眼睛齐刷刷地看向她。后来她从一位女记者那里借了一只安全别针,将吊带固定在裙子上,发布会才得以继续进行,但这时她已经抢走了所有风头。第二天的报纸头条全是玛丽莲,丝毫不见对奥利弗的报道。

2月份,玛丽莲去做了摄影师塞西尔·比顿的模特。当月,她还参加了尤金·奥尼尔的《安娜·克里斯蒂》一剧的开场戏,为的是成为演员工作室的会员。扮演安娜·克里斯蒂这个角色对她而言定然不易——安娜的母亲已经过世,父亲抛弃了她,哥哥又强奸了她,最后她只能沦落风尘。"男人,我讨厌他们,"安娜说,"我讨厌所有男人!就是农场的那些男人使唤我、打我,让我从小在错误中长大。"在饰演安娜·克里斯蒂的时候,玛丽莲并没有沿袭她一贯的好莱坞表演风格——性感的步伐和娇喘的声音,而是使用人物特有的抒情方式,表现出了那种朴实的性感和忧伤。演出结束后,台下掌声雷动,如此高度的认可在工作室的历史上前所未有。工作室位于一个前希腊东正教的教堂内,工作室成员称之为"寺庙",因为他们将表演视为一种宗教仪式。鼓掌从来不是他们的风格,但玛丽莲的表演让他们觉得非鼓掌不可。著名的女演员金·斯坦利回忆称,当玛丽莲首次出现在工作室时,很多学生都认为她不够资格。"但是,她在《安娜·克里斯蒂》一剧中的表演让人感到吃惊，所以我们中的一些人私下找她道歉——尽管那些人只不过是私下里对她有些负面评价，从未在人前贬低过她。她赢得了我们所有人的认可，不仅是工作室成员，还包括知识分子等。总之，她赢得了每个人的认可。"玛丽莲以为自己演砸了，但那是源于上天对她的诅咒——她只是缺乏自信。

同时，达里尔·扎努克辞去了二十世纪福克斯公司制片主管的职务，创办了自己的电影制作公司，然后前往欧洲发展。他与福克斯签订了一份特殊的合同，并在欧洲制作了一系列电影，主要是艺术片。斯皮罗斯·斯库拉斯的文集中包含一些信函，其中显示，扎努克不想局限于制作娱乐电影，但斯库拉斯规定他只能这么做。尽管扎努克还持有不少福克斯的股票，但是巴迪·阿德勒受任成为福克斯的新制片主管后，扎努克便不再拥有对玛丽莲的直接控制权。

此时杂志和报纸上铺天盖地的都是对玛丽莲的赞扬。《展望》杂志就发表了一篇不吝溢美之词的稿子。"1956 年，玛丽莲·梦露创造了历史。"《展望》声称，这段历史将成为"未来很多年个人对抗集体的经典案例"。这是"一位女性真诚地渴望改进自我，克服一切困难取得进步的励志故事。而且哪怕世事多艰，她还是功成名就，效仿她的人定会接踵而至"。作者总结道，玛丽莲·梦露"在全美乃至全世界都将是女演员和成功人士的典范"。

3 月底，《巴士站》在好莱坞开拍，百老汇著名导演约书亚·洛根担任导演。他很清楚与玛丽莲打交道可能会遇到困难，但是李·斯特拉斯伯格曾告诉他，玛丽莲和马龙·白兰度一样，是全美最具天赋的演员，于是他欣然受命。洛根在康涅狄格州的格林家参加晚宴时遇到了玛丽莲，并且被她的机智和银铃般的笑声所吸引，这给他留下了深刻的印象。这是他第一次意识到，智商可能与受教育程度无关。"也许有一天，"她说，"有人会让我在《手足之情》里饰演格鲁申卡。"

有一次，在《巴士站》的片场，洛根和玛丽莲结成了同盟：他们一起否决了福克斯设计师设计的优雅服装，反而去福克斯服装部找来破旧的沙龙女郎服装，只是因为切丽是一位在沙龙驻唱而且没什么话语权的乡村歌手。米尔顿认为玛丽莲的妆应该化得白一些，因为切丽的生活黑白颠倒，但是惠特尼·斯奈德给她涂上了一点色彩，以免她看起来像个小丑一样。福克斯的高管颇为不爽，但这次米尔顿和洛根非常强势。

玛丽莲虽然很难相处，但她从不走极端。有时她会迟到，这让其他演员有些愤愤不平。由于患上了支气管炎，玛丽莲住了一周院，当然也可能只是因为疲劳过度。从 5 月 1 日起，接下来的六个星期里，阿瑟都在里诺办理离婚手续，其间他还悄悄地回来，与玛丽莲在好莱坞的马尔蒙庄园酒店共度周末。在那之后，她因为阿瑟不在身边而身心乏力，抑郁不堪。有一次，她在更衣室里陷入了恍惚，洛根不得不把她拖出来。作为 MMP 的总裁，玛丽莲主要负责拍摄工作，有时会就走位问题提出自己的建议，有时也会决定拍摄角度。对于玛丽莲的干涉，洛根并不介意，他和其他人都发现，在好莱坞的几年里，玛丽莲已经成长为电影制作方面的专家。在制作《巴士站》之前，她已经完成了 24 部电影。

但玛丽莲需要记很多东西，尤其是她坚持新方法派演技。她要"花一分钟"才能进入角色，表演时，她的精神高度集中，如果在她表演完之前突然喊停，她就很难重新回到角色中去，所以洛根让摄像机一直开着，从不中途喊停。如果她忘词了，洛根会安排一个人给她提示，所以最后拍了很多没用的镜头，需要进行大量的后期剪辑。洛根认为，玛丽莲可能天生就是一位舞台剧演员，无论她多么喜欢拍电影。洛根还记得有一天，玛丽莲发现自己的头部特写镜头居然有望做到像嘉宝那样大，她高兴得手舞足蹈，像个小孩子一样。

和玛丽莲搭档的唐·默里发现很难与她共事，因为她总是迟到，而且注意力只能集中一小会儿。为了让玛丽莲集中注意力，洛根让默里把手放在她的臀部，但她还是经常走神。有一场戏是玛丽莲躺在床上，用一条被单盖住自己，但下面是全裸的，默里要不停地给她盖被单，因为她总是想一展自己的胴体。默里对于她要做这些事感到困惑不解，因为玛丽莲已经是大明星了，而他只不过是个电影新人而已。此外，玛丽莲经常在镜头前脱妆，于是只能停拍，给她重新补妆来遮瑕。

玛丽莲需要指导吗？曾对李·斯特拉斯伯格进行过深入采访的传记作者弗雷德·吉尔斯给出了肯定的回答。根据吉尔斯的说法，玛丽莲经常用诗歌的形式抛出一些隐喻，必须得有人进行解释，否则普通人很难理解，可能就是因此才有人认为她"脑子不清楚"。李将表演技巧传授给玛丽莲，保拉则负责补充一些细节。洛根说："斯特拉斯伯格解放了她的思想，让她对自己有信心，对自己的思考能力和创作角色的能力有信心。"苏珊·斯特拉斯伯格认为，玛丽莲和她的母亲保拉开发出了一种特殊的语言沟通方式。

影片拍摄期间，粉丝和媒体蜂拥而至，为此，米尔顿·格林不得不禁止他们出现在片场和周边地带。拍摄地有三处——好莱坞、凤凰城和爱达荷州的太阳谷。即便没有粉丝和媒体的追逐，在这些拍摄地之间来回奔波也不是一件轻松的事。尽管困难重重，玛丽莲在《巴士站》中的表演却堪称完美。电影的剧情是，奥扎克山区的乡村女歌手从密苏里州来到好莱坞发展，天真的农场工人唐·默里开始追求她，想要娶她为妻。默里尊重玛丽莲的演技，但他觉得她还是个孩子，不够成熟。尽管如此，当我在电影拍摄五十周年之际采访他的时候，他表现得很圆滑，对所有参与者都不吝赞美之词。

在拍摄《巴士站》的过程中，玛丽莲的宣传公司阿瑟·雅各布斯公司派帕特丽夏·纽科姆来负责宣传工作。帕特丽夏和玛丽莲在拍摄期间发生了争执，于是被解雇了。官方的说法是，因为帕特丽夏伪装成玛丽莲（帕特丽夏本身就是一位漂亮的金发女郎）和一位有意结交玛丽莲的男人约会。鉴于玛丽莲和阿瑟正在约会，再加上拍摄《巴士站》遇到了一些困难，她不可能还有时间去见其他男人。无论事实如何，帕特丽夏在 4 年后，即《乱点鸳鸯谱》拍摄期间，重新进入了玛丽莲的生活，而且在她人生的最后两年扮演了至关重要的角色。

与此同时，阿瑟给玛丽莲写信，发泄他对米尔顿的不满，说米尔顿是小商人心态。他赞扬了玛丽莲在独立性和艺术性方面的进步，但是米尔顿表现得好像能控制住玛丽莲一样，始终处于主导地位，这让阿瑟有些担心。亨利·罗森菲尔德送给玛丽莲一只钻石手镯，这也让阿瑟困扰不已，他可不喜欢有人与他抢玛丽莲。

5 月下旬玛丽莲回到纽约时，阿瑟已经办完离婚手续从里诺返回，但却陷入了新的困境——众议院非美活动调查委员会要求他出庭受审。几年前，有人指认阿瑟是反动分子，但委员会知道这是无中生有的事。尽管他签署了左派请愿书，但他从未有过反动思想。不过，阿瑟后来申请前往伦敦参加《桥头眺望》的首演，这件事引起了委员会的注意。到了 1954 年，委员会的权力逐渐削弱，他们认为需要起诉一个大人物来重振威风，于是把目标锁定在阿瑟身上。他们希望通过恐吓的方式让阿瑟交代他的"同伙"，从而巩固自己的权力。这个策略曾经屡试不爽。

玛丽莲也与这件事扯上了关系。在6月21日的听证会上，委员会问米勒为何要前往英国，他回答说要去参加《桥头眺望》的首演，还表示他想和妻子一起去。听证会休会期间，有记者问他"妻子"指的是谁。他的回答很大胆，他告诉记者，在玛丽莲前往英格兰拍摄《游龙戏凤》之前，他会和她结婚。当时玛丽莲正在电视上看实况直播，听到阿瑟的回答大吃一惊，因为他还没有向她求过婚。拉尔夫·罗伯茨和鲁珀特·艾伦认为阿瑟是在利用玛丽莲，寄希望于委员会不会监禁世界上最杰出的电影明星的未婚夫。通过以上表态，他转瞬之间就把自己从一个危险的反动分子塑造成了一个恋爱中的男人。阿瑟拒绝向委员会指认其他人，随即成了左派的宠儿。

阿瑟此举也许增加了玛丽莲对他的钦佩之情，所以尽管阿瑟未经她同意就宣布订婚的事，她也并没有计较。当然还有她的善良在起作用，她觉得在当时那种情况下拒绝阿瑟非常不合时宜。"她就像敦促王储战斗到底的圣女贞德一样，"苏珊·斯特拉斯伯格写道，"她是一位女战神，十分警惕，并且气势汹汹。"在阿瑟宣布婚讯之后，出现了一些两人在一起的镜头，看起来非常恩爱。

在阿瑟陷入困境的整个过程中，玛丽莲始终坚持自己的立场。委员会一名成员表示，如果玛丽莲在他的下一次竞选活动中与他合影，就撤销对阿瑟的指控，但是她断然拒绝了。后来斯皮罗斯·斯库拉斯向她施压，让她说服阿瑟指认一些人以便脱身，她再次断然拒绝，尽管斯库拉斯威胁要毁掉她的电影事业。玛丽莲告诉他，如果他真这么做了，她和阿瑟就远走高飞，到丹麦去。二战期间，丹麦国王就曾为了抗议希特勒对犹太人的歧视政策而佩戴黄色六角星[①]。不过为了电影公司的票房，斯库拉斯最终妥协了。他无法阻止听证会继续进行，但他帮阿瑟弄到了去英格兰的护照。

玛丽莲和阿瑟宣布婚讯时，原本想避开新闻媒体，但终不可行。他们最后同意于6月29日在阿瑟的罗克斯伯里的家中召开新闻发布会。在前往那里的途中，

---

① 犹太人历来把六角星视为他们最尊敬的以色列第二位国王大卫的象征。在犹太教里，六角星意味着大卫的盾牌，有驱逐恶魔的神圣力量。到了17世纪，六角星已经成为居住在欧洲的犹太人共同的象征，也成了犹太教的一种象征标志。

一位女记者偶遇阿瑟和玛丽莲的座驾，于是开始在康涅狄格州狭窄的道路上紧跟不舍。她的司机一个急转弯，没想到撞向了一棵大树，导致她严重受伤，几个小时后，不幸在医院去世了。玛丽莲听闻大惊，这对他们的婚姻而言可是个不祥的预兆。两人在罗克斯伯里召开了一个简短的新闻发布会，有400名记者出席。然后，两人驱车前往纽约州怀特普莱恩斯的韦斯切斯特县法院，当晚就算正式结婚了。

这只是民间仪式，两天之后，两人又举行了一场宗教仪式，在阿瑟的经纪人凯·布朗位于纽约卡托纳附近的家中举行。拉比·戈德堡说，他们之所以先办民间婚礼，再办宗教婚礼，就是为了隐瞒后者。第二场婚礼由艾米·格林筹办，米尔顿和阿瑟似乎已经冰释前嫌。婚礼上，玛丽莲戴着婚礼面纱，面纱在茶中染过色，以配合整个婚礼的米色色调。婚纱由诺曼·诺雷尔和约翰·摩尔设计，艾米还特别设计了米色连裤袜。玛丽莲穿着米色鞋子，彻底实现了艾米的"时尚标准"——整个婚礼全用同一种颜色。玛丽莲手捧一束米色兰花，这束花是从音乐制作人亚瑟·弗里德的温室里摘来的。阿瑟·米勒没有深色西装，米尔顿极不情愿地为他买了一套。

李·斯特拉斯伯格充当了玛丽莲父亲的角色，赫达·罗斯滕和艾米·格林是伴娘，基蒂·欧文斯制作了婚礼蛋糕。玛丽莲背诵了《旧约全书》中向婆婆表忠心的一段话："你往哪里去，我也往哪里去；你在哪里住宿，我也在哪里住宿；你的国就是我的国，你的神就是我的神。"玛丽莲这些话是对阿瑟说的，但却让阿瑟的母亲感到非常欣慰。众人纷纷道喜，然后阿瑟与玛丽莲深情拥吻，仪式就这样完成了。玛丽莲的戒指上刻着：阿瑟·米勒送给玛丽莲·梦露，此刻即永恒。这句话有些模棱两可，一方面，它可以指两人的爱直到永远；另一方面，也预示着两人的爱情只如昙花一现。这倒是正符合米勒的存在主义信念。

接下来，玛丽莲要在两周后前往伦敦拍摄《游龙戏凤》，艾米、米尔顿、阿瑟、保拉陪她一同前往。玛丽莲是否意识到自己正在创造一个险些将她吞噬的旋涡？1956年，玛丽莲30岁，从未离开过美国。她周围有很多密友，她以为一切尽在掌握之中，但灾难却将再次降临。

第 10 章
阿瑟，1956—1959 年

如果你不了解阿瑟·米勒，就不可能了解玛丽莲，因为两人曾一起生活过近五年。阿瑟在其自传《时光枢纽》中写到了自己的思想、行为、希望和梦想，且常围绕玛丽莲展开。在了解两人的关系前，要先弄清楚成名给他们带来的巨大压力。他们的结合从来都不是一件容易的事情，首先就是公众对玛丽莲的偶像崇拜带来的问题。玛丽莲走在街头会被粉丝拦住，会被记者和狗仔队尾随，还会接到各种匿名电话。迪马乔和阿瑟在不同场合都说过，和她在一起就好像生活在金鱼缸里，一切都是公开透明的。除了来自公众和媒体的压力，阿瑟和玛丽莲还要时常面对各种复杂的人际关系，这使得他们的精神压力巨大。他们都是理想主义者，所以要努力控制和改善自己的情绪。他们又都十分自恋，追求的事业同时也很容易引发事端。

1955 年冬，阿瑟和玛丽莲在纽约重新取得了联系，当时他与玛丽·格雷丝·斯莱特里结婚已有 15 年，两人在密歇根大学读本科时结识，而且都喜欢参加激进的政治活动。婚后，两人定居在纽约，玛丽在出版社担任助理编辑职位，而阿瑟以撰稿为生。他们生育了两个孩子，儿子叫罗伯特，出生于 1941 年，女儿叫简，出生于 1944 年。早在 1951 年，阿瑟在《豆蔻年华》的片场便与玛丽莲结识，当时阿瑟的婚姻已然没有激情可言。然而阿瑟心怀愧疚，无法断然抽身，这种状态同样在与玛丽莲的婚姻中出现过。

玛丽·斯莱特里·米勒并不精于世故，亦不追求时尚。阿瑟成名后，接触到了不少世俗圈子，作为一个小城出身的女孩，玛丽深感不安。她从小就是一名天主教徒，从未抛弃天主教严苛的道德标准。对于阿瑟与玛丽莲在1951年的首次会面，玛丽毫不知情。但有一次阿瑟与一位女性发生了关系，然后对玛丽实言相告，这让她怒不可遏。玛丽认为这是最彻底的背叛，于是开始变得冷漠，对待性生活的态度也越发冷淡。1955年，玛丽莲出现在阿瑟的生活中，玛丽发现了蛛丝马迹。有朋友建议玛丽应该穿得性感一些，再化上妆，重整一下发型，但她不愿与玛丽莲竞争。

阿瑟被玛丽莲所吸引，是因为她的美貌、机智、乐观以及对工人阶级的认同，他将这种认同培养成了左派自由主义立场。同时，玛丽莲也满足了阿瑟的深层需求，只是他自己也不是完全明白这种深层需求是什么。玛丽莲就像是阿瑟家族中的某些浪荡女性，这类女性总是能吸引他。阿瑟的母亲古斯和舅妈史黛拉都热衷于讲"黄色笑话、肮脏的妙语和性丑闻，这是亲密女伴之间私下里讲的悄悄话"。阿瑟很喜欢他的舅舅曼尼·纽曼，因为他的房子有些"温乎乎的，满是性爱的味道"。甚至当阿瑟还是一个孩子时，他就与曼尼的儿子艾比暗自竞争。艾比一事无成，变成了一个浪荡公子，在性爱方面让阿瑟相形见绌。有一次，阿瑟前往艾比的公寓，正好碰见两名妓女离开，显然三人刚刚发生过关系。现在阿瑟与玛丽莲·梦露成了情侣，而玛丽莲·梦露又是举世闻名的性感女神，阿瑟终于"站上了世界之巅"。

阿瑟的回忆录《时光枢纽》的开场颇为耐人寻味。五岁那年，小阿瑟躺在自家地板上，仰望着母亲被衣服遮住的身体。他看到"一双尖尖的黑色小牛皮鞋……再往上面是梅红色的裙子，从脚踝向上延伸，上身穿着一件衬衫"。他坦承自己对母亲有乱伦之念。"虽然我五岁时懵懂无知，"他写道，"但我仍然意识到女性之间有一种令人兴奋的私密生活……而且我还知道，在我的性焦虑背后是我对姐姐和母亲的乱伦倾向。"他将自己的乱伦欲望视为一种隐喻，而非现实，是弗洛伊德所谓"俄狄浦斯情结"的必然组成部分。

最初，阿瑟、玛丽莲、伊利亚·卡赞（阿瑟的"骨肉兄弟"）形成了三角男女关系，玛丽莲显然处于中间位置。但三人的"友谊"于1952年分崩离析，卡赞在众议院非美活动调查委员会接受质询时指认了一些"同伙"，此举让阿瑟甚是不齿。他在 1953 年创作的《萨勒姆的女巫》中批评了卡赞，不仅含沙射影地攻击了非美活动调查委员会，还攻击了那些出卖朋友的所谓的检举者。不过，到了 1955 年，阿瑟和伊利亚又慢慢恢复了联系。1956 年 6 月，阿瑟在委员会接受调查时，拒绝指认任何人，但同时也批评某些组织的反美属性。阿瑟和卡赞都成了左翼自由主义者。

阿瑟初遇玛丽莲时，对她的性史视而不见。在《时代周刊》杂志的一次采访中，他坚称，虽然玛丽莲有过不少恋人，但她并没有滥交。"她曾经拥有的任何关系对她来说都有意义，都是建立在希望的基础之上，当然也难免遇见错的人。"他最后总结道："我认识不少社会工作者，她们的性史比她要不堪得多。"

艾米·格林说玛丽莲鹦鹉学舌，照搬阿瑟的政治观点，此言非虚，但阿瑟也深受玛丽莲信仰的影响，他称之为"革命理想主义"。当他开始探索存在主义和弗洛伊德主义时，玛丽莲为他提供了另一种可能。"现在我更加了解她了，"阿瑟写道，"我开始像她一样看待这个世界，她的观点既新颖又危险。"玛丽莲不满 20 世纪 50 年代的性保守主义，认为那是虚伪的表现。阿瑟写道："美国仍是处子之身，仍在否认自己的非分之想。"于是玛丽莲成了美国根深蒂固的清教主义的主要攻击目标。在阿瑟看来，20 世纪 90 年代的萨勒姆深受清教徒的影响，崇尚性压抑。阿瑟将 20 世纪 50 年代的新清教主义解释为一种道德领域的反动主义。

"多年前，她就已经接受了自己作为社会弃儿的身份，甚至标榜这种身份。"他在《时光枢纽》中这样写道。她首先将自己打造成"清教排斥主义的受害者，然后以胜利者的姿态特立独行，从拒绝戴胸罩到笑着承认自己拍过裸体日历照片"。"她的坦率是健康向上的，这是一个放弃了对按部就班的生活进行幻想的人才能具有的力量。"阿瑟替她辩解道。阿瑟认为玛丽莲颇有几分英雄气概，"散发着自由的气息，自由的喜悦"，还说她"健康、大度地完成了与灾难的对抗。她走出了泥泞，迎来花团锦簇的绚烂人生"。

她的性感身姿也令阿瑟倾倒。玛丽是阿瑟认真相处的第一个对象，后来他娶了她。除了那次他坦白的一夜情，阿瑟对她的忠诚十五年如一日，从未改变。当阿瑟遇到玛丽莲时，他在性方面只能算个无知的孩子，而玛丽莲已经是个久经沙场的老手了。在《时光枢纽》中，阿瑟将她的性欲描述为一团旋转的火焰，伴随着诱人的灵性，令他难以抗拒。在改编自《堕落之后》的剧本中，阿瑟说玛丽莲"就像是来自大海的裸体精灵，有着如此纯粹的爱，如此绝对的无私精神……近乎神圣。她生病时，我也忧心成疾。她的肌肤、她脸上的红晕、她瑟瑟发抖时的恐惧，我都感同身受。"玛丽莲已成长为一位伟大的女演员，她在私生活中的演技比在银幕上还要厉害。别人想听什么，她就说什么；别人希望她是什么形象，她都能感觉得到，然后努力变成那种形象。

鉴于玛丽莲有狂躁抑郁的倾向，以及显而易见的愤怒情绪，跟她和平地朝夕相处并不容易。"她会说一些让我如鲠在喉的话，既残忍又恶毒。"阿瑟写道，但她知道如何利用性来吸引阿瑟，于是很快就摇身一变，又成了他深爱的那个女人。"有些人很容易将妻子误认为是上帝，"他写道，"哪怕只是让她享受床笫之欢，你都会感觉自己为全人类做出了贡献。妻子满意的笑容就是你活着的全部意义。"两人的关系乃至婚姻都是靠美妙的性生活才得以维系。

阿瑟也有自己的权力欲。在某种程度上，他喜欢扮演玛丽莲赋予他的救世主的角色。玛丽莲私下里叫他阿瑟爸爸（她对几位前夫也是一样），公开场合则称呼他为阿图罗[①]。像李·斯特拉斯伯格和玛丽莲最后一位精神病医生拉尔夫·格林森一样，阿瑟也认为在他的影响下，玛丽莲的精神状态会更加稳定。阿瑟知道自己是玛丽莲的主心骨，可以帮她忘记儿时被遗弃的伤痛。但阿瑟并没有意识到玛丽莲可能会利用他的自虐倾向以及对他的依赖来控制他，阿瑟的自虐倾向连他自己都没有察觉到。刚开始的时候，玛丽莲将阿瑟理想化了，后来她才发现阿瑟克尽节俭、耐心不足且自以为是。她写信给伯妮斯·米拉可说，阿瑟的这些性格让她感到紧张。用不了多久，这些性格就会让她忍无可忍以致勃然大怒。

和玛丽莲一样，阿瑟当时正专注于发展自己的事业，并且野心不小。两人发生争吵时，他会变得沉默寡言，这只会让气头上的玛丽莲更加沮丧和愤怒。从某些角度来看，阿瑟很像乔·迪马乔，后者在这种情况下也会陷入长时间的沉默。有人说，从远处看，阿瑟和迪马乔就像是一个人。对此，诺曼·罗斯滕进行了思考和对比：两人都属于不苟言笑、威严而又有权有势的公众人物，可见玛丽莲有

[①] 阿图罗是意大利语和俄语版本的"阿瑟"，在英语中，这样的称呼更具性吸引力。

多喜欢权力。根据罗斯滕的说法,这种男性形象能够给女性"安全感和免罪感"。另一方面,这样的人以自我为中心,喜欢操控别人。

即便在青年时代,阿瑟也是一名工作狂。他把自己的情绪都写进作品,却不会被他人轻易看穿。1929 年的股市暴跌让米勒家一夜之间陷入贫困,面对阿瑟母亲的愤怒,他的父亲同样龟缩到自己的世界里寻求庇护。阿瑟用自己人生的第一桶金在康涅狄格州买了一座农场,他在那里建了一间独立的工作室。许多成功的纽约艺术家和作家都在康涅狄格州拥有第二套房产。在这里,阿瑟可以享受孤独、自由写作,同时也可以从情感冲突中暂时抽身。

玛丽莲和阿瑟之间还有另一点相似之处。玛丽莲是在工人阶级和中下阶层家庭长大的,而阿瑟也是一位普通大众。他的父亲伊西多尔·米勒出生于一个波兰小镇,儿时就被送到纽约的亲戚家中。伊西多尔成人后在一间公寓里创办了一家服装公司,像很多犹太人那样,通过做生意发家致富。到了 20 世纪 20 年代,伊西多尔把公司发展成了全美最大的女性外套生产商之一。所以在 20 世纪 20 年代,阿瑟住在中央公园附近,过着富家子弟的生活。1929 年美国股灾之后,伊西多尔赔得血本无归,于是一家人搬到了布鲁克林区的弗拉特布什一个不起眼的小房子里,只能勉强度日。

1956 年 7 月 14 日,玛丽莲刚完成《巴士站》的拍摄不到 6 周,她和阿瑟结婚也才 2 周,两人就从纽约飞往伦敦拍摄《游龙戏凤》。在伦敦的生活与往常一样,节奏飞快。他们在艾德威尔德机场起飞时,粉丝如潮水一般将两人淹没,另外,在伦敦的希思罗机场还有 400 名记者、摄影师和粉丝在等候。几天后,米尔顿·格林租用了伦敦萨沃伊酒店的一间舞厅召开新闻发布会。有 700 名记者和摄影师到场,劳伦斯·奥利弗称其为"英国有史以来规模最大的新闻发布会"。

英国公众甚至比美国人更热衷于尾随玛丽莲。她在摄政街一家餐馆用餐时,需要派 8 名警察来控制秩序,维持治安。她在百货公司购物时,普通民众一律免进。她的穿着也被人反复提及。当年上镜最多的衣服是她在萨沃伊新闻发布会上穿的那件紧身黑色礼裙,颈线部位是量身定制的,由透明面料制成的边带使得她的腹部尽显。《国际先驱论坛报》报道称:"你可以看到梦露小姐身体的某些部位,从臀部以上直到胸部以下。"随后,诺曼·诺雷尔设计的这件礼裙广为流行,甚至连家用缝纫类书籍中都以其为特色服饰。

电影拍摄期间，玛丽莲和阿瑟被安置在温莎大公园外的一间11层的乔治亚式豪宅中，伊莉莎白女王的城堡就在附近。这座豪宅的总面积达10英亩，附近有一个小湖，常有天鹅出没。豪宅配有一众家庭服务人员，除了玛丽莲和阿瑟，玛丽莲的指导老师保拉·斯特拉斯伯格和现任秘书赫达·罗斯滕都住在这里。赫达曾经与阿瑟的第一任妻子玛丽私交不错，但此时她只忠于玛丽莲。赫达以前是一位心理咨询社工，后来放弃了事业专职抚养女儿帕特丽夏。阿瑟·米勒后来表示，在女权主义出现以前的很长一段时间里，赫达都认为玛丽莲是男权主义受害者的典型代表。米尔顿是电影的制片人，但他和艾米住在伦敦其他地方。艾米与奥利弗优雅的妻子费雯·丽越走越近，和玛丽莲的关系却变得越来越疏远。费雯·丽曾在戏剧《沉睡王子》中扮演过歌舞女郎，她决心要超越玛丽莲，这让玛丽莲感到不安。费雯·丽在拍摄过程中像个疯子，既美丽迷人又百般挑剔。惠特尼·斯奈德和西德尼·吉拉洛夫担任玛丽莲的化妆师和美发师，同时也给予她情感上的支持，但他们对参演明星之间的明争暗斗无能为力。

玛丽莲和奥利弗之间很快就出现了问题。玛丽莲发现奥利弗有些居高临下，特别是他要求玛丽莲复刻费雯·丽饰演该角色时的表现。奥利弗想要控制玛丽莲，但是曾在《巴士站》中执导过玛丽莲的约书亚·洛根告诉他，应该让玛丽莲大胆地去表演，摄像机不能停机，最后再进行剪辑，这样才能得到最佳的效果。但奥利弗不听劝告，一意孤行，直到几周之后才不得不听从洛根的建议。阿瑟和奥利弗一起出去喝酒，对彼此难以相处的妻子互表同情，并且阿瑟发现奥利弗总是发表一些让人不舒服的言论，比如他曾告诉玛丽莲要"性感一点"，这种话让她很受打击。然后奥利弗告诉玛丽莲她的牙齿看起来很黄，应该用柠檬汁和小苏打美白一下。这个建议让玛丽莲怒火中烧，她才是美容专家，而奥利弗什么都不是。从此以后，玛丽莲开始和别人一样，不再直呼其名，而是叫他"爵士先生"。

玛丽莲退而寻求保拉·斯特拉斯伯格的保护，让保拉作为她与奥利弗的中间人。奥利弗与玛丽莲一起排练的时候，会给她做示范，告诉她如何去演，然后玛丽莲就会去咨询保拉，导致奥利弗经常要等着她开拍，因而有一种大受其辱的感觉。有时玛丽莲会在表演过程中喊停，然后打电话给纽约的李·斯特拉斯伯格寻求建议。

奥利弗试图让保拉远离片场，但玛丽莲又把她请了回来。毕竟，玛丽莲的制片公司负责拍摄，而玛丽莲又是公司制片人，尽管大部分制片工作都是由米尔顿·格林完成的。玛丽莲努力维持自己的外在形象，并且凭借这样的形象建立起了一个"庞大的帝国"。她坚称自己作为制片人拥有特权，所以她会在拍摄过程中喊停，来打理头发、整理妆容，或者弥补她觉得有缺陷的其他地方。

阿瑟在玛丽莲面前为奥利弗辩护，他认为玛丽莲对奥利弗的态度有些过分了。但阿瑟很快意识到，就像他的前妻一样，玛丽莲看待世界的方式是非黑即白，她把世界上的人分为两类——支持她的人和反对她的人，她很难理解有些人处于中间地带。阿瑟知道玛丽莲对自己为奥利弗辩护的行为不满，为了息事宁人，他开始谨言慎行。

随着拍摄的进行，玛丽莲的失眠症越发严重，而常用的药物已然失效。米尔顿·格林从美国的医生那里帮她拿药，因为处方药在英格兰受到严格监管，对于此事米尔顿却矢口否认。他承认自己按照玛丽莲的要求在早茶里加了伏特加，不过他说他总会加水稀释一下。对于此事，玛丽莲辩解称："和我搭档的是世界上最伟大的男演员，我要拿出能够相匹配的表现。可如果没有伏特加的话，我是做不到的。"

据玛丽莲的一些朋友称，她的服药习惯正是从拍摄《游龙戏凤》时开始的。多年来，她总是会在电影拍摄期间服药，但拍摄《游龙戏凤》时问题尤为严重。阿瑟负责监管玛丽莲的药物，为了控制她的服药量很晚才睡。白天的时候，保拉定时定量给她安非他命，让她保持工作状态。然而，尽管玛丽莲身体不适，但在拍夜场戏的时候却看起来精神振奋，容光焕发，而且她古灵精怪的个性影响着整部电影。另一方面，奥利弗却看起来十分木讷，他在片中饰演巴尔干公国的统治者，为了模仿皇室装束，他穿着厚重的毛毡服，佩戴着笨重的奖章。此外，他还化着浓妆，戴着单片眼镜，很难想象一名歌女会被他这样的人吸引。英国传奇女星西比尔·桑迪克在电影中饰演一位女王，她说："这个小女孩（指玛丽莲）是唯一一个知道在镜头前如何表演的人。"

在四个月的拍摄期间，玛丽莲的痛经问题和结肠炎又发作了。她去看了医生，整日卧床养病。有传言说她流产了，这让她变得更加抑郁。拍摄开始几周后，发生了一件很不愉快的事。阿瑟在书桌上的杂志里记下了一些想法，想用到剧本里，却被玛丽莲在找剧本时偶然发现了。当时杂志恰好是打开的状态，露出了阿瑟写下的文字。玛丽莲读过之后，不禁怒从心起，甚至在未来的很多年里，她都对此耿耿于怀。她把杂志拿给保拉·斯特拉斯伯格看，后者看到阿瑟在其中写道："我又重蹈覆辙了，我以为我娶到了一位天使，最后却发现娶的是一个妓女。"他还写道，玛丽莲让他极度失望，他不知道在奥利弗面前如何为她辩解。至于阿瑟为什么要使用"妓女"一词，目前还不得而知。是不是他知道了玛丽莲与米尔顿·格林有染？抑或是玛丽莲向他坦白了她在好莱坞的真实性史？

明知玛丽莲可能会看到，但阿瑟还是放任杂志打开着，也许他只是粗心大意，但玛丽莲认为他是故意这么做的。阿瑟告诉玛丽莲传记的作者弗雷德·吉尔斯（唯一一位采访过阿瑟的传记记者），他的那段描述只代表了一种轻微的批评，不过，阿瑟总是喜欢淡化他的负面行为。此事的后果非常严重，导致玛丽莲在伦敦的安娜·弗洛伊德那里疗养了一周，安娜还将纽约精神病医生玛丽安娜·克里斯介绍给她。玛丽莲将她在电影拍摄过程中遇到的一些问题告诉了弗洛伊德，还提到了她想要赤身裸体的冲动。另外，我之前也曾说过，弗洛伊德认为玛丽莲有双性恋倾向，判断依据就是安娜向她滚过去一些球，检验她拦截这些球的方式。后来，片场的每个人都认为弗洛伊德帮到了玛丽莲。

保拉·斯特拉斯伯格劝说玛丽莲留在阿瑟身边。她认为，由于阿瑟的戏剧在纽约遭遇滑铁卢，英国人又对玛丽莲崇拜有加，所以他才在日记中写下了他的挫败感，他是因为嫉妒玛丽莲，所以才抨击她。保拉不知道这样帮阿瑟解围是否明智，因为她个人并不喜欢阿瑟。然而，要完成这部电影，玛丽莲就必须和他在一起。保拉不想失去玛丽莲支付给她的高额指导费。

尽管事务繁杂，阿瑟和玛丽莲有时也能够重拾爱情的浪漫与诗意。每逢休息，两人会到温莎大公园骑自行车，也会开车去布莱顿。两人一起走在木板路和沙滩上，一边通过这样的方式来放松身心，一边设想他们想在康涅狄格州建造的房子，玛丽莲还说自己要重返学校去学习历史和文学。当两人能够抛开拍摄带来的巨大压力并憧憬未来时，他们的婚姻似乎一切如常。

与此同时，两人和米尔顿·格林之间发生了问题。每逢周末，米尔顿和艾米都住在奥利弗的乡村住宅里。费雯·丽经常在那里举办家庭聚会，邀请伦敦的精英艺术家们前往。玛丽莲和阿瑟也曾受邀，但从未成行。他们两人从不举办派对，也基本不参加这样的活动。阿瑟开始怀疑米尔顿是否别有用心地想要利用玛丽莲，这不足为奇，因为阿瑟和米尔顿互相看不顺眼。和乔·迪马乔一样，阿瑟可能一直嫉妒米尔顿。根据小萨米·戴维斯的说法，玛丽莲和一位"摄影师"借用了他在伦敦的公寓并做了羞耻之事。阿瑟斥责米尔顿用心不良，想要接管 MMP。除此之外，玛丽莲和阿瑟还怀疑米尔顿利用 MMP 的资金中饱私囊，给他自己购置古董。米尔顿与杰克·卡迪夫达成协议，要用 MMP 收购一家制片公司作为其子公司，玛丽莲和阿瑟得知后非常生气。若不是报纸上刊登了此消息，两人还被蒙在鼓里。

那年秋天，阿瑟开始关注玛丽莲的财务状况。他从英国报纸上剪下关于她的文章，并将其粘贴到剪贴簿中。他对玛丽莲的事业干预过多，但他并没有像一些传记作者所说的那样成为玛丽莲的影子。他在伦敦完成了《桥头眺望》的加长版剧本，这部作品定于当年秋天在伦敦开始拍摄。此外，他还写了一个故事，后来成为电影《乱点鸳鸯谱》的蓝本。这个故事取材于阿瑟的自身经历，当时他与前妻玛丽前往里诺办理离婚手续，在那段日子里，他结识了三位蒙大拿牛仔。在过去的美国，牛仔属于英雄人物，但现在却为了生计奔波劳碌。蒙大拿州的草原曾经牛马成群，经人类捕猎后数量锐减，这些牛仔现在的任务就是要把零星出现的野马聚拢起来围捕，然后卖给屠宰场，以此获得一定的收入。

为了转移人们的注意力，维持片场和谐的氛围，米尔顿提出举办一次活动，请英国女王伊丽莎白二世前来参加。像往常一样，在此次活动上，玛丽莲吸引了所有人的目光。她穿了一件炫目的金色缎面低领礼服，"她丰硕的双乳完全违背了牛顿的万有引力定律。"一位英国评论员如此说道。阿瑟不介意玛丽莲炫耀自己的身体，他认为这是她革命理想主义的一部分。米尔顿说："为什么她就不能炫耀自己的天赋呢？难道她穿得像她的老处女阿姨一样就好了吗？"英国女王好像也并不介意这件衣服，她在演讲的间隙还与玛丽莲聊了几分钟。

电影杀青时，玛丽莲为自己在拍摄期间的不良行为向演员和工作人员道歉，说自己一直身体不适，这倒是事实，因为她的子宫内膜异位症、结肠炎确实发作了，而且可能还流了产。在写给朋友的一封信中，奥利弗暗示说，玛丽莲提到了自己患有妇科疾病，不过当时在场的一些人认为她是在逢场作戏。尽管玛丽莲经常旷工，但米尔顿作为制片人，还是顺利完成了这部电影的拍摄工作，而且费用和时间都在计划之中。

玛丽莲在电影中表现出色，在和奥利弗对戏的每个场景中都盖过了他。她饰演一名在伦敦剧场演出的歌舞女郎埃尔希，奥利弗饰演一位访问伦敦的巴尔干国家统治者。奥利弗邀请玛丽莲去他的酒店套房，并准备勾引她。电影的大部分场景都是两人在套房中的互动，比如埃尔希抵挡住了摄政王的诱惑，然后由于饮用了过量的香槟酒而昏然入睡。在影片中，玛丽莲饰演的是罗莉拉·李式的人物，将救赎的元素进行了升华，通过深入了解皇室的内部问题，解决了王国的政治矛盾。玛丽莲聪明绝顶，十分了解人际关系和政治之道。因此，她凭借《游龙戏凤》荣获法国和意大利的"奥斯卡"最佳女主角奖就不足为奇了。

尽管如此，随着拍摄电影的增多，玛丽莲的不安全感也与日俱增，她的完美主义倾向也愈发严重。她经常要求重拍，即便导演认为这是多此一举。她被誉为好莱坞最勤奋的女演员，不过她唯一担心的事情就是自己的表演，换言之，唯一能让她全神贯注的一件事就是拍电影。她常自诩为一名伟大的电影演员，就像嘉宝一样，人们能够迁就嘉宝的个人怪癖，朱迪·嘉兰、伊丽莎白·泰勒等人也是如此。然而，尽管玛丽莲有一位似乎支持自己的丈夫和一位指导她表演的老师，但她无法克服自身的恐惧和不安全感，仍然缺乏自信。她想方设法地隐藏自己的口吃、听力障碍（可能是由梅尼埃病引起的）和阅读障碍，但这些问题仍然不断地困扰着她。

拍摄《游龙戏凤》对她来说是一次毁灭性的打击，甚至从此再也没有完全恢复过来。这部电影本可以证明她作为一名女演员的表演功力，但它却破坏了她与米尔顿·格林的关系，伤害了她与阿瑟的婚姻，让阿瑟变成了她的药物保管员，而且要在她和奥利弗之间调和。玛丽莲离开伦敦前往纽约时，打算暂时息影，去演员工作室学习以提升演技。她还打算成为一名模范妻子和家庭主妇，与阿瑟共同打造他们理想中的完美婚姻，并且有时间去要孩子了。但随着电影拍摄结束，她担心阿瑟可能会抛弃她，而遭弃一直是她最担心的事情。虽然有点老生常谈，但"自作孽不可活"这句话无疑是个真理。

1956 年 11 月，玛丽莲和阿瑟从伦敦回到了纽约，随后两人前往牙买加度过了两周的蜜月期，然后回到纽约开始了新生活。他们住在东五十三街一栋豪华建筑 13 楼的一间大公寓里。玛丽莲将公寓装修成白色和米色两种色调，配了许多面镜子以及银黑色的装饰。她采用了 20 世纪 30 年代电影中的流线式现代主义装修风格，这种风格在电影明星中大受欢迎。她将儿时的白色钢琴从格林康涅狄格州的家中搬过来，摆放在起居室里。

帕特丽夏·罗斯滕小时候经常和父母一起住在公寓里，那些画面在她的记忆里栩栩如生。公寓相当大，但还算不上巨大，有一个大门厅和一个通往客厅的长厅，里面有一个壁炉，两侧是书架。另有一间大卧室、一间书房、一间厨房和一间女仆的房间。帕特丽夏对餐厅可以当镜子用的餐桌记忆犹新，"你可以边吃东西边看自己的倒影"。她还记得玛丽莲床上的香槟色被子，她在床上翻身的时候，感觉"自己像是在游泳池里慢慢下沉"。其他人还记得卧室非常暗，公寓地毯上还有宠物狗留下的污渍。

1957 年春夏，玛丽莲和阿瑟在长岛的阿马甘西特租了一套避暑别墅，房子濒临海滩，靠近罗斯滕夫妇和肖夫妇的避暑别墅。两人现在过着纽约富人的生活：在上东区有一套公寓，前往剧院和奢侈品店都很方便，在长岛还有避暑别墅，距离纽约只有几个小时的车程。这套别墅充满了田园风情，起码有一段时间确实如此。

玛丽莲和阿瑟交友甚广，有些传记作者认为，在那些年里，玛丽莲并不孤单，也没有服药成瘾。在纽约，玛丽莲和阿瑟经常与演员工作室的人来往，特别是埃里·瓦拉赫、安妮·杰克逊、凯文·麦卡锡和玛伦·斯塔普莱顿。玛丽莲与肖夫妇和罗斯滕夫妇交往甚密。萨姆给她拍照，诺曼和她互赠诗歌，赫达帮她回复粉丝邮件，并和她一起前去购物。玛丽莲还与《纽约时报》的编辑莱斯特·马克尔成了朋友，他与斯特拉斯伯格夫妇以及玛丽安娜·克里斯住在同一栋公寓楼里。玛丽莲读了马克尔的专栏，就他的政治观点给他写了一封信，然后碰巧又在电梯里遇见了他。玛丽莲和他调情，最后他败下阵来。玛丽莲在与克里斯或斯特拉斯伯格会面之后，有时会与马克尔一家共进晚餐。他们会谈论政治，马克尔是一名激进分子，他的情绪影响了玛丽莲，使得她更加左倾。不久后，她就变得比阿瑟还要激进。

玛丽莲住在阿马甘西特时，隔壁邻居是抽象表现主义画家威廉·德·库宁。两人混熟以后，德·库宁以玛丽莲为模特创作了一幅作品，归入系列作品《女人》里面。这幅画作完全是抽象主义的，画中的玛丽莲看起来既像个咧嘴笑的孩子，又像个尖叫的疯女人，介于两者之间，而绝不像是温柔娇弱的玛丽莲。不过，他依然抓住了玛丽莲的部分特质——孩子气，以及遭遇背叛后的怒不可遏。这幅画挂在现代艺术博物馆里，引起不小的轰动。阿瑟对它嗤之以鼻，玛丽莲却并不介意，她认为艺术家有权利对作品拥有自己的看法。这幅画对许多后来的流行艺术肖像画都有影响。

1957年到1960年之间，玛丽莲在接受记者采访时，盛赞了阿瑟和她的婚姻，看上去非常刻意，反倒像是在试图说服别人的同时也说服自己。她全身心地投入家庭主妇的生活角色，并且开始学习做饭。她用自己独特的方式咨询了专家，并与《妇女家庭》杂志的编辑玛丽·巴斯成了好友，巴斯会寄给她一些食谱和烹饪技巧类的书籍。巴斯甚至在杂志社的首肯下请玛丽莲做了一本食谱，玛丽莲兴致盎然。阿瑟说她做的羊腿是他吃过的最美味的羊腿，他也喜欢她做的葡萄酒炖鸡，而诺曼·罗斯滕则喜欢她的法式海鲜汤。

玛丽莲对阿瑟的孩子十分慷慨大度，她喜欢孩子，很容易和他们打成一片，这可能是因为她自己有时也像个孩子一样。不仅乔·迪马乔二世喜欢她，连帕特丽夏·罗斯滕和肖的女儿梅塔和伊迪丝也都喜欢她。小伊迪丝初遇玛丽莲时，还以为她是天使，不是凡人。帕特丽夏·罗斯滕关于玛丽莲最美好的记忆是在她十岁那年，她偷偷溜进玛丽莲的卧室里，开始化妆。玛丽莲发现后，非但没有责骂她，还帮她化妆。

玛丽莲跟阿瑟的父亲伊西多尔·米勒的关系也十分亲近。玛丽莲嫁过来之前，伊西多尔是一位脾气暴躁的老头，在她的照顾之下，他又重拾了活力和自信。他还记得参加玛丽莲和阿瑟举办的晚宴时，剧院的人济济一堂，席地而坐，一起谈论书籍和戏剧。玛丽莲谈到了玛丽·杜丝勒，她从小就认识杜丝勒，后者在从事歌舞杂耍表演多年后，成了一位好莱坞明星。玛丽莲希望能像杜丝勒那样，得到观众的喜爱。诺曼·罗斯滕还记得在玛丽莲公寓里举办的那些聚会，聚会上有香槟美酒，有精彩的舞蹈表演。设计师赫伯特·卡恩也去过那里，帮玛丽莲改一件先前定做的衣服。据他观察，玛丽莲和阿瑟之间感情深厚，许多记者也这样认为。

此时的玛丽莲特别迷恋小动物。她和阿瑟养了一只巴吉度猎犬，取名为雨果，是阿瑟送给她的。她还有两只长尾小鹦鹉——布切和波波，是西德尼·吉拉洛夫送她的礼物，还有一只叫作秀珈·芬尼的猫。阿瑟在短篇小说《请勿杀生》中写下了她内心对所有生灵的看法。小说中，一名女子与一名男子正在海滩上散步，看到了一条渔民捕获后遗漏在海滩上的鱼，那条鱼一息尚存，来回挣扎，于是两人把它扔回了大海。玛丽莲就像故事中的女子一样，哪怕有任何生灵遭到伤害，她都无法忍受。当时她还不是素食主义者，但如果她活得再久一些，很可能会成为一名素食主义者。

1957年4月，玛丽莲与米尔顿·格林的关系彻底破裂了。玛丽莲怀疑他贪污了公司的资金，并且他提出要把自己列入《游龙戏凤》的制片人名单，这使得玛丽莲怒不可遏。她发了一封电报，说MMP唯一的进项就是她的工资，她不想把自己的工资拱手让人。当时MMP董事会的成员清一色都是阿瑟的朋友和亲戚，他们合伙将米尔顿排挤出了公司。玛丽莲拥有公司51%的股份，所以米尔顿无能为力。尽管玛丽莲和阿瑟认定他贪污了资金，但他只是要求玛丽莲偿还他接济她的那一年里的开支，而没有要求任何红利。米尔顿只是想让玛丽莲看清，他从未利用过她。

艾米·格林也离开了玛丽莲的生活，两人在伦敦的时候就开始变得疏远，即便是在关系破裂之前，两人虽同在纽约，却互不见面。米尔顿遭解雇后，再也没有为玛丽莲拍过照片，而且两人再也没有见过面。他们作为摄影师和模特的默契合作正式告一段落，但玛丽莲当时被置于一个两难的位置，要么选择丈夫，要么选择合作伙伴。

米尔顿离开后，玛丽莲开始担任公司的制片人。她向华纳兄弟影视公司的杰克·华纳发了无数封电报，因为华纳兄弟负责《游龙戏凤》的最终剪辑和发行。她与华纳及其助手争论谁该负责支付电影相关的费用，特别是她的越洋电话费。她不喜欢在奥利弗的指示下做出的最终剪辑版，而是希望用被剪镜头重新制作一版，然后再向影院发行。后来华纳兄弟无意间毁掉了所有被剪镜头，所以这个要求也便失去了意义。但玛丽莲坚持认为，在奥利弗最终剪辑版的某些镜头里，她看起来病态明显，一看就是服过药了。

当阿瑟将他的戏剧选集第一版献给玛丽莲时，她欣喜若狂。1956年，阿瑟被控藐视国会，在前往华盛顿特区参加听证会时由玛丽莲作陪，其间，玛丽莲将贤妻的形象表现得淋漓尽致。为了避免被粉丝围堵，两人住在阿瑟的律师小约瑟夫·劳赫夫妇家中。玛丽莲和阿瑟如胶似漆，她每时每刻都在考虑阿瑟的心情。有一天，两人准备出去放松一下，于是驱车前往弗吉尼亚州的夏洛茨维尔，去参观美国第三任总统托马斯·杰斐逊在蒙蒂塞洛的故居。阿瑟前往法院时，玛丽莲则留在劳赫家。她从书架上挑书阅读，主要是精神病学方面的书。有一天，玛丽莲需要参加一场新闻发布会，她特意照镜子看自己的内裤有没有隆起，发现确实有之后，她就把内裤脱掉了。

那年春天，玛丽莲还参与了同二十世纪福克斯的律师进行的谈判，商讨她为福克斯制作的下一部电影。根据1955年签约的合同，玛丽莲还欠福克斯三部电影，福克斯的高管要求她尽快拍一部出来，因为合同规定，电影必须在1957年年底之前完成（《巴士站》由福克斯出品；《游龙戏凤》则由MMP出品）。米尔顿·格林离开MMP后，玛丽莲换掉了米尔顿的律师弗兰克·德莱尼，启用阿瑟的律师罗伯特·蒙哥马利，作为她自己和MMP的律师。蒙哥马利和德莱尼一样，都是合同谈判的高手，尽管这时还不清楚玛丽莲是否想要回归银幕，因为玛丽莲现在最关心的是怎样才能怀上孩子，所以她把工作停了下来，拒绝了福克斯给她的剧本。最终，她表示有兴趣重拍1930年的电影《蓝天使》，并在其中饰演玛琳·黛德丽的角色。故事设定在第一次世界大战后的柏林，到处都是断瓦残垣。这是一个舞女一手摧毁迷恋她的老教授的故事。在福克斯签约玛丽莲之前，他们还必须找到一名导演和一名联合主演，所以导致谈判延时了。

玛丽莲再次过上了多重身份的生活——既是MMP的总裁，又是一名制片人，一位贤妻，有时还是电影明星。同时，她也在接受治疗，在演员工作室进修，在斯特拉斯伯格的课堂上表现同样出色。她在尤金·白里欧的《损坏了的物品》中饰演一名妓女，该剧最初于1901年在巴黎拍摄。玛丽莲还背诵了莫莉·布鲁姆的独白，那是詹姆斯·乔伊斯所著的《尤利西斯》一书的尾声，其中莫莉通过一段暴风骤雨般的台词倾诉她的性渴望和性满足。为了突出色情的感觉，玛丽莲穿了一件黑色天鹅绒连衣裙，裙子就像是画在身上一样。根据苏珊·斯特拉斯伯格的说法，玛丽莲饰演的莫莉·布鲁姆虽然性欲旺盛，但却是一位朴实而坚韧的女性。玛丽莲饰演莫莉·布鲁姆时，不再是个流浪儿，她很坚强，"就像戴维·赫伯特·劳伦斯笔下的女主角一样与生命抗争"。

6月份，玛丽莲怀孕了，她的生活再次美好起来。阿瑟送了她三十多支红玫瑰以及一束有婴儿呼吸之意的满天星，以此来表达欣喜之情以及满满的爱。两人的婚姻似乎再次走上了正轨。

7月份，藐视国会案的法官判阿瑟缓刑，罚款五百美元，至少没有让他进监狱。

8月中旬，玛丽莲流产了，这让她陷入深深的沮丧之中。阿瑟就在她身边，却不知所措。然后萨姆·肖建议阿瑟把他在《时尚先生》杂志上发表的关于蒙大拿牛仔的短篇小说改编成电影剧本，献给玛丽莲，让她饰演她想要的角色，以此来表达爱意。于是阿瑟开始用心改写那篇小说，将故事中不起眼的女性角色写成了核心人物，玛丽莲似乎对此感到很欣慰。那个夏天，萨姆·肖在阿马甘西特和纽约为两人拍摄了照片，他们看起来非常开心。9月份，为了进一步治疗内心的创伤，两人又去罗克斯伯里置产业。他们发现了一间建于18世纪的农舍，占地两百英亩，就在阿瑟购置的第一所房子附近。此地后来成了两人田园式的静修之所，这里贴近大自然，阿瑟可以在安静的环境中完成他的作品，玛丽莲则忙于烹饪和园艺，两人在英格兰散步时幻想的美好家园终于成为了现实。罗克斯伯里是一个联系紧密的社区，纽约的很多艺术家和作家都在那里拥有第二套房产。阿瑟每个人都认识，而且玛丽莲也很快就融入其中。

9月初的一天晚上，阿瑟注意到玛丽莲呼吸急促，可能是戊巴比妥钠服用过量，因为大剂量的药物会使上半身肌肉松弛，最终导致肺功能衰竭。阿瑟马上打电话给当地的急救队，才算把玛丽莲救了过来。玛丽莲醒来后，不停地感谢阿瑟，这也说明，如果确实是由于服药过量的话，那很可能是意外情况。没错，她确实尝试过自杀，但她从没真的想过一死了之。

此时，福克斯还在与玛丽莲的律师就接下来拍哪部电影进行谈判。10月份，福克斯执行经理卢·施赖伯前往纽约与玛丽莲见面。福克斯的高管们很难找到一名合适的演员来饰演《蓝天使》中的老教授，他们希望玛丽莲同意将电影的最终签署日期推迟到 1958 年年底。施赖伯认为，只要他们能够争取斯潘塞·特雷西饰演老教授的角色，玛丽莲就会同意延期，但他犯了一个错误——没有与她签订书面协议。

　　1958 年 1 月初，玛丽莲的现任律师罗伯特·蒙哥马利给福克斯写了一封信，称由于工作室错过了合同规定的期限，玛丽莲没有义务再为福克斯拍摄电影，但福克斯仍须支付 10 万美元的片酬。福克斯的内部备忘录显示，高管们对此非常愤怒。施赖伯认为，在 10 月份会面时玛丽莲已经承诺出演，但他没有证据。根据福克斯首席律师弗兰克·弗格森的说法，蒙哥马利与他们一起打扑克，同时争论起了玛丽莲的合同细节，蒙哥马利再次利用玛丽莲的明星身份作为主要筹码。福克斯的新任主管施赖伯和巴迪·阿德勒在与玛丽莲打交道时，似乎都没有达里尔·扎努克那般精明，尽管扎努克在 1955 年的合同谈判中也未能成功。在这种情况下，福克斯最终还是支付了玛丽莲要求的 10 万美元片酬。

　　玛丽莲和阿瑟的婚姻问题升级了，这促使玛丽莲服药的"幽灵"挥之不去，她的情绪波动得异常剧烈。她利用自己服药一事对阿瑟颐指气使，像指使小孩子一样，但从某种角度上讲，玛丽莲自己还是个小孩子。她总是嘴一噘，然后就开始乱发脾气，而且还大喊大叫。她的幼稚令人啼笑皆非，她会在房间里上蹿下跳，一边笑着，一边唱着歌，或者与孩子们一起玩捉迷藏，玩得不亦乐乎。但对于阿瑟这样沉浸在自我世界中的人来说，这种行为可能是极不讨喜且不合时宜的。

　　为了完成创作，阿瑟有时会前往罗克斯伯里，而让玛丽莲和她的秘书梅·莱斯或管家黑泽尔·华盛顿在家里。但是人无完人，阿瑟也不例外，因为他开始插手 MMP 的事务，并为玛丽莲的职业生涯提供建议，此举导致两人之间发生了摩擦。同时阿瑟也在打拼自己的事业，而且可能与玛丽莲的事业有所冲突。阿瑟这样做其实是一种精心设计，为的是让玛丽莲指控他背叛。而由于害怕阿瑟会抛弃她，玛丽莲已经把自己打造成了一位模范妻子，但如此装腔作势是不会长久的。玛丽莲曾指责娜塔莎·莱泰丝和米尔顿·格林背叛了她，她甚至对阿瑟也有所怀疑。

鉴于自己的明星身份，她认为每个人都想从她那里得到些什么。

金钱方面首先出现了问题，至少阿瑟是这样认为的。他的作品并没有得到大规模制作，版税也很低，在支付完赡养费和子女抚养费后，他的收入所剩无几。1955 年，玛丽莲与福克斯达成的和解协议中包括支付拖欠的工资，同时，她从 MMP 领取了一大笔薪水。她为家庭提供经济支持，甚至连阿瑟的治疗费用和打官司的律师费都是她出的。玛丽莲成了家庭的主要收入来源，阿瑟对此甚是不喜，玛丽莲也有同感。20 世纪 50 年代，男性养家糊口的道德观念还很强，人们觉得丈夫供养妻子理所应当。除此之外，两个人的消费观念也完全不同，阿瑟勤俭节约，玛丽莲花钱却大手大脚——她请最好的设计师为她设计服装，在化妆品和面部护理方面也是一掷千金。罗克斯伯里的农舍需要改造，玛丽莲就找了著名建筑师弗兰克·劳埃德·赖特为他们建了一座新房子，一个符合她明星身份的豪宅。赖特设计的宅子内含一个直径 60 英尺的圆形客厅、一个圆顶天花板，还有一个 70 英尺长的游泳池。阿瑟认为那样会花费巨额的建造费用，于是他们决定在原有房屋的基础上进行重新设计，这样可以节省一些钱，但最终也没有省多少钱。

不久后，《乱点鸳鸯谱》又成了两人之间的新问题。玛丽莲流产后，阿瑟于 1957 年 8 月开始创作这部电影剧本。但是没多久，玛丽莲就对这个项目产生了犹疑，因为阿瑟把女主角写成了她个人的翻版，并给她取名洛塞琳，这个名字听起来与玛丽莲差不多。她肯定也知道自己是阿瑟《第三出戏》中洛伦一角以及《萨勒姆的女巫》中阿比盖尔一角的原型。她不想再被人牵着鼻子走了。1957 年 12 月，阿瑟完成了剧本初稿，但玛丽莲提出，除非由约翰·休斯顿执导这部电影，否则她拒演。休斯顿在执导《夜阑人未静》时对玛丽莲不错，他有欣赏美的一面，但同时也是一位好斗的爱尔兰人，喜欢争斗和户外冒险。休斯顿跟欧内斯特·海明威相熟，而且就像海明威笔下的男主角一样，他安静、勇敢、内省，是一个很有男人味的人。阿瑟认为，依休斯顿的秉性，他肯定想在片中营造一个内华达牛仔的世界，那个世界离不开马匹、牛仔竞技和赌博，而且他会从资本主义的发展和机器的出现中，看到野外世界和牛仔世界的逐渐崩塌，从而生出一种凄楚悲凉之感。关于这一点，阿瑟所料不错。1958 年初夏，阿瑟将剧本送给休斯顿，他几乎立刻就答应了。

1958 年的春天和初夏，玛丽莲还在看精神科医生，参加演员工作室的课程，偶尔拜亲访友。每当抑郁症袭来时，她都会回到卧室，听听弗兰克·西纳特拉的唱片，其他什么事也不做。拉尔夫·罗伯茨称玛丽莲是他见过的人里面最忧郁的一个，但她在纽约的公寓很快就成了活动中心。1958 年春天，记者阿伦·西格尔在那里采访了阿瑟，并将其形容为"整个行业的寓所"。玛丽莲穿着睡衣，头发卷曲。"我得走了，我约了《生活》杂志要拍摄一组照片。"她说道。阿瑟问："你回家吃饭吗？"玛丽莲回答说："我也不知道。"玛丽莲聘请了曾为卡赞和阿瑟工作过的梅·莱斯帮她处理剧本，并担任她的秘书。此时，梅·莱斯把她对阿瑟的忠诚转移到了玛丽莲身上，正如赫达·罗斯滕早先所做的那样，这种转移耐人寻味。梅的观念激进，众所周知，她接管了专供女仆休息的小房间，有时也在那里过夜。赫达·罗斯滕帮玛丽莲回复纽约粉丝的来信，公寓里另有一名管家和一名厨师。

那年春天，罗克斯伯里的房子对玛丽莲来说变得愈发重要。天气好的时候，她就会打理花园，并且她欣喜地发现，自己似乎颇有照料植物的天赋。她会骑上自行车，在自家房子周围遛狗，毕竟，这里占地两百英亩。她还会前往附近的布奇尔家族的一个农场，观看挤奶的过程，听听镇上居民的闲言碎语。她结识了约翰·迪博尔德——一位业务经理，也是一位颇有绅士风度的农场主，他的土地就在阿瑟家附近。约翰和他的妻子在一次鸡尾酒会上认识了玛丽莲，他们对玛丽莲很友好，把她看作是自己的亲生女儿，而玛丽莲也以友好回应，将迪博尔德夫妇当亲生父母一样对待。玛丽莲未施粉黛，看起来就像是个乡下姑娘。她还在社区鸡尾酒会上认识了罗伯特·约瑟夫，他是图书出版行业的从业者。两人偶尔在纽约一起吃饭，玛丽莲向他吐露了阿瑟的一些事，约瑟夫评论说，阿瑟对女人一无所知。

然而，家庭生活开始让玛丽莲感觉厌烦，她决定要拍一部电影。然后比利·怀尔德给她发来了《热情似火》的剧本，沃尔特·米里施的制作公司负责制作，而米里施与福克斯有旧，所以福克斯也愿意让她出演。然而玛丽莲不愿出演秀珈·凯恩一角，因为这又是一个无脑金发女郎的形象。但是阿瑟说服了她，他认为剧本还不错，而且片酬也相当丰厚。除了合同规定的 10 万美元之外，她还将获得毛利的 10%。许多明星都会接受这样的分成，因为那比工资还要丰厚。

这部影片的背景设定于 20 世纪 20 年代，是对阿尔·卡彭黑帮的讽刺，也是对当时男女气质标准的讽刺。正如在《绅士爱美人》《愿嫁金龟婿》和《巴士站》中一样，玛丽莲被要求讽刺自己。由托尼·柯蒂斯和杰克·莱蒙饰演的两位失业乐师目睹了圣瓦伦丁节的屠杀行为，卡彭的手下在芝加哥的一间公共车库里枪杀了另一伙暴徒。当他们被发现后，两人落荒而逃。他们男扮女装，混入了秀珈·凯恩担任主唱的女子乐团。柯蒂斯化名约瑟芬，莱蒙化名达芙妮。这部电影的大部分场景都发生在佛罗里达的一家度假酒店里，女子乐团也是在此进行表演。

这部影片拍摄于 1958 年 8 月初至 11 月中旬，主要拍摄地点在好莱坞，除此之外，还去圣地亚哥的科罗纳多酒店拍摄了几个星期。科罗纳多酒店位于佛罗里达州，属于维多利亚式度假酒店。乔·E.布朗饰演一位经历过多次婚姻的百万富翁，想要追求杰克·莱蒙做他的妻子。而为了赢得秀珈的芳心，托尼·柯蒂斯谎称自己是另一位百万富翁的儿子。他说自己是性无能，但在秀珈的诱惑下，重振了男性雄风。这是玛丽莲又一次在电影中扮演"性无能治疗师"的角色。在一个关键场景中，她像往常一样，恳求男人对她温柔一点。电影行将结束时，帮派的人互相攻击，而莱蒙发现自己更喜欢做女人，布朗则下定决心要娶他，无论他是什么身份。就这样，影片颠覆了传统的性别观念，通过黑帮的残酷无情，展示了男性气概与暴力之间的危险关系。除了秀珈·凯恩以外，莱蒙和布朗是影片中最具同情心的角色，他们对传统的性别设定不屑一顾。

拍摄《热情似火》伊始，片场内人人关系融洽，比利·怀尔德很高兴继《七年之痒》大获成功之后再次执导玛丽莲的影片。他和玛丽莲在拍摄期间没有发生大的冲突，其中娜塔莎·莱泰丝也起到了不小的作用。怀尔德希望玛丽莲的指导老师保拉·斯特拉斯伯格也能起到这样的作用。拍摄开始时，莱蒙和柯蒂斯都对玛丽莲赞不绝口，柯蒂斯尤其热情，每天都会前往玛丽莲的更衣室去恭维她。1949 年，两人都是签约艺人时，柯蒂斯曾与玛丽莲约过会，但约了几次之后便不再联系了，所以他担心玛丽莲怀恨在心。然而事实证明他多虑了，玛丽莲唯一的反应是问他那辆绿色敞篷车是否还在，因为两人曾把那辆车停在路边并在里面亲热。根据玛丽莲的说法，他们二人从未正式谈过恋爱。后来柯蒂斯发表评论称，在电影中亲吻玛丽莲就像亲吻希特勒，这让玛丽莲大吃一惊，然后大发雷霆。而实际上他的原话是，连拍五十条吻戏之后，亲吻她就像亲吻希特勒。玛丽莲说，没有同床共枕过，就没资格评论她的性能力。"不过，我恐怕他连机会都没有。"她说。

杰克·莱蒙一开始也很欣赏玛丽莲，两人首次见面时，他发现玛丽莲对自己饰演的电影角色耳熟能详，有些受宠若惊。对于玛丽莲离开好莱坞去演员工作室学习的行为，他大加赞赏，认为这需要极大的勇气。就像玛丽莲在《飞瀑怒潮》中的联合主演约瑟夫·科滕，以及《巴士站》的导演约书亚·洛根一样，莱蒙也发现，玛丽莲的表演举重若轻，演什么像什么。他还注意到，一旦玛丽莲表演不到位，就会有一个"闹钟"在她的脑海中叮当作响。她会突然停下来，闭目站立，在没有导演或其他演员帮助的情况下独立解决问题。然后，她会弄清楚哪里出了问题，并加以纠正。她经常咨询保拉，但是保拉不像娜塔莎那样，指导她的每一个动作。

玛丽莲对剧本有疑问，因为她发现秀珈·凯恩被夹在两名男主角之间。玛丽莲认为秀珈·凯恩反应迟钝，与约瑟芬和达芙妮相处那么久居然都没有发现两人是男性，这让玛丽莲感觉不爽。她与怀尔德争辩，争取要把角色塑造得更为独特。在两场戏中，她甚至劝说怀尔德按自己要求的方式重拍。秀珈·凯恩刚出场时，火车的一团尾气喷到了她的裙摆，于是她跟着车奔跑起来，这一设计使得她一出场就流露出一种性感，与《七年之痒》中裙裾飘飞的场景遥相呼应。自那以后，怀尔德开始固执己见，要求用自己的方式拍摄。怀尔德有椎间盘突出的毛病，拍摄时背部会感到锥心般的刺痛感。不过作为一名导演，他需要控制权，面对玛丽莲的寸步不让，他十分恼怒。

像往常一样，为了解决镜头前紧张、说不好台词的问题，玛丽莲一直在服药。每拍一个镜头，她都要从保温瓶里倒一杯咖啡喝，但片场的大多数人都认为保温瓶里有伏特加。她会临场忘词，要求重拍，她还经常迟到，要么是因为服药后太过于兴奋不敢来，要么是想逼宫怀尔德。作为一位大明星，她觉得自己有权决定自己的上班时间，有权决定自己的台词，有权提出自己的建议并被接纳。她要让片场所有人都知道她的感受。有一天，她待在自己的更衣室里，朗读托马斯·潘恩的《人权论》，借此表明自己感觉受到了压迫。有一位副导演来到更衣室叫她出去拍戏，她却说："滚开。"此事后来被炒得沸沸扬扬。

拍摄开始几周后，阿瑟到了片场，大多数时候，他都是站在一旁观看。后来他竟成了玛丽莲的一名随从，大明星的贤内助。怀尔德很是不解，不明白他为何会如此顺从玛丽莲。阿瑟感觉自己对玛丽莲很忠诚，就像对第一任妻子一样。他在《乱点鸳鸯谱》中耗费了很多心血，他要确保玛丽莲顺利拍完当前这部戏。很多亲眼见到阿瑟和玛丽莲在一起的人，都认为他们夫妻二人琴瑟和谐。该影片的宣传员写道，玛丽莲对阿瑟的依靠，像是女儿对父亲的依靠，同时阿瑟也沉浸在对她"深深的偶像崇拜"之中。这件事是否属实？还是只是两人惯常的逢场作戏？

尽管夫妻关系不和，但阿瑟仍对玛丽莲非常忠诚。一些评论员认为阿瑟在1958年春彻底放弃了玛丽莲，但他们大错特错。9月份，阿瑟返回纽约，探望孩子们，在此期间，他给玛丽莲写了三封信。第一封信中，他说会永远爱她。他写道：床看起来像是有一英里那么宽，像球场一样空旷。阿瑟从两人最初的爱情出发，想象着与她团结一心，并且与她捆绑在一起，奔向共同的目标。第二封信也是类似的内容。他称玛丽莲为"心肝宝贝"，希望她在接下来的拍摄中能够意识到自己的表演胜过一切。"我是你的血肉之躯，是你呼吸的空气。"

在第三封信中，他写到了自己在婚姻中所犯的错误。他对自己的所作所为以及未尽之责深感抱歉。他指的可能是不欢而散的伦敦之行，以及他未能在经济上为这个家提供帮助这一事实。他说在接受心理治疗的过程中发现了很多东西，特别是找到了他在情感生活中的障碍，正是这些障碍使他们变得冷淡而疏远。由此看来，两人在公共场合表现出的甜蜜状态至少反映了部分事实。

在《热情似火》拍摄期间，玛丽莲怀上了身孕，隆起的小腹在沙滩戏中显露无遗。11月中旬电影杀青，然而1个月之后，玛丽莲就流产了，那么流产是否与饮酒和服药有关呢？玛丽莲流产后，在阿瑟和比利·怀尔德的往来电报中可以看出，阿瑟指责怀尔德让玛丽莲过度劳累，认为他应为此负责。阿瑟的话并非空穴来风：在拍摄最后几场戏的时候，玛丽莲为了摆脱暴徒的追击，穿着长钉高跟鞋上下楼梯，还要在酒店里跑来跑去，这对于身怀六甲的玛丽莲来说有百害而无一利，特别是她不仅患有子宫内膜异位症，而且还饮酒、服药。

玛丽莲的妇科医生里德·克罗恩当时告诫她不要再服药和饮酒，因为会对胎儿不利，并且叮嘱她要在怀孕期间卧床休养。但玛丽莲却将医嘱置之脑后。拍摄结束后，玛丽莲确实减少了饮酒和服药，并且卧床休养，但为时已晚。在玛丽莲的文件柜中，有一位不知名人士的手写笔记，其中指出，如果她在怀孕期间卧床休养，并放弃服药，很可能就不会流产，因为胎儿在子宫内一切正常。直至今日，当孕妇有流产先兆时，医生也会限制孕妇的活动，劝其卧床休养。

此次流产之前，玛丽莲已经流产过两次，一次是在 1956 年拍摄《游龙戏凤》期间，另一次是 1957 年 8 月她在阿马甘西特时。流产之后，玛丽莲更加害怕自己再也不能生育。"她的内心发生了一些变化，像是打开了一个缺口，把邪恶之神放了出来。"诺曼·罗斯滕说，"无法生育就像在她心头插上了一把匕首。"她感觉自己没有人爱，甚至被全世界诅咒。她感觉无法生养有伤她的女性气质，损害了她作为所有女性代表的地位。此时她已经将 20 世纪 50 年代的国内价值观内化，非常想要通过生养孩子来重塑自己，所以无法生养对她是一个致命打击。然而，她一直在做妇科手术，好像只有这样她才能在内心把自己打造成理想中的那种完美女性。只有通过生育，她才能证明自己的女性特质，让她不再担心自己是个天生的同性恋。

很难确定她具体接受了哪些手术。有些手术过后，她并没有长时间住院，因此，她的妇科医生可能没有根除她的子宫内膜异位症，因为该手术要求在她的耻毛部位划开原有伤疤再进行缝合，术后需要长期住院。她很可能经常做宫颈扩张和刮宫术来清理输卵管，这是一种侵入性较小的妇科手术，这种手术可能会导致疤痕组织的形成，因此如今已经鲜有妇科医生采用，但在当时却很流行。不过，子宫内膜异位症不能通过阴道移除。

玛丽莲对里德·克罗恩大发雷霆，因为他让她很有负罪感，就好像她亲手杀死了自己的孩子一样。鉴于玛丽莲经常产生负罪感，也会进行自我惩罚，所以即便没有克罗恩的提醒，她也会产生这种感觉。玛丽莲对他的愤怒是如此强烈，以至于克罗恩都不敢再见到她。尽管如此，就像往常一样，她在遭遇重大创伤后又成功振作了起来。她的律师给福克斯写了一封信，说她想尽快为他们拍下一部电影。《生活》杂志在 1958 年 12 月刊中发布了阿维顿拍摄的照片以及阿瑟的称赞之辞。"这组照片就像是妩媚动人的大众情人的变迁史，玛丽莲展示出了这些女性天真的一面，这在她们的年代是真正的女性魅力。"阿瑟如此写道。他还说，玛丽莲主要有两大精神品质："一个是孩子般自发的快乐，另一个是她能够很快对老人展现出同情和尊重，无论她自己遭遇过什么。"

不过，玛丽莲读到这段话的时候并不喜欢，她认为阿瑟的话太肤浅，只概括了她的部分特质。她希望别人看到自己的成熟，而不希望被人当成一个天真的傻瓜。在她看来，阿瑟在回避真正的玛丽莲，就像他在《乱点鸳鸯谱》剧本中所做的那样。

不过，《乱点鸳鸯谱》开拍在即，玛丽莲却还是犹疑不定，此时休斯顿决定执导这部电影。12 月份，就在玛丽莲流产后不久，休斯顿前往纽约告诉阿瑟他的决定。他要求对剧本进行大篇幅的修改，因为剧本太长，对话太多。阿瑟接受了他的批评，并决定再作修改。之后又发生了一系列事件，最终玛丽莲接拍了很长时间以来的第一个角色，也是她一直期望饰演的角色，一个可以改变她"无脑金发女郎"人设的角色。说到底，也许阿瑟真的就是她的救世主。

1958 年春，在离开纽约前往好莱坞拍摄《热情似火》的几个月前，玛丽莲在斯特拉斯伯格的公寓里遇到了拉尔夫·罗伯茨。作为一名演员和按摩师，拉尔夫·罗伯茨成了她生命中的重要人物。罗伯茨在百老汇演戏期间一直不温不火，于是他参加了演员工作室的课程。为了贴补家用，他开始从事按摩治疗行业。他在纽约的瑞典按摩学院接受过培训，非常擅长按摩工作。罗伯茨身材魁梧，双手柔软而有力，很多百老汇的演员都会找他按摩来放松身体。他们还喜欢跟罗伯茨聊天，因为他很善于倾听，安静又温柔，是一位来自美国南部彬彬有礼的绅士。

玛丽莲见到罗伯茨的时候，他正站在斯特拉斯伯格的厨房里。在他见过的所有生物当中，玛丽莲是最光彩照人的一个。这并不是说她的身体条件有多诱人，而是说她的内在美"渗透了厨房的每一个角落"。罗伯茨在自己的私人回忆录《含羞草》中如此写道："我用'生物'这个词并不夸张，白金相间的头发，洁白的皮肤，紫蓝色的眼睛……"

1959 年 11 月，玛丽莲前往好莱坞拍摄《让我们相爱吧》之前，拉尔夫还没有正式成为她的按摩师。她只是感觉压力很大，所以叫他来按摩，并且按摩有助于减轻子宫内膜异位症带来的疼痛，缩小疤痕组织。玛丽莲和拉尔夫由此建立了联系。两人在语言表达上都有障碍（拉尔夫儿时就有舌头打结的毛病），并且都注重精神层面的东西，甚至性格都有些相似——都很坚强，也很害羞。他们没有发生男女关系，玛丽莲称呼他为"大哥"。我采访过的每一个认识玛丽莲的人都说拉尔夫和玛丽莲的关系非同一般，比任何人都要亲近。拉尔夫在自传《含羞草》中披露了两人之间的关系，称这种关系涉及情感、精神和智力三个层面。玛丽莲向拉尔夫展示了她从未向其他人展示过的一些东西。在第一次按摩期间，拉尔夫提到了他正在读的一本书——维拉·凯瑟的《教授的房子》，她惊呼自己刚刚读过那本书，还说维拉·凯瑟是她最喜欢的作家，她最喜欢的书里面，有一本就是凯瑟的《一个迷途的女人》。两人顿时产生了一种惺惺相惜之感。

拉尔夫在北卡罗来纳州索尔兹伯里市出生并长大，一生都忠于家乡和南方。在给玛丽莲按摩期间，拉尔夫向她讲述了索尔兹伯里这座城市，把它编成一则童话故事。拉尔夫就像一位哄孩子入睡的父亲一样，用童话故事来抚慰玛丽莲。

随着按摩的进行，拉尔夫带着玛丽莲不断探索关于索尔兹伯里的记忆，让人仿佛置身其中缓缓漫步，欣赏那里的建筑，遇见那里的居民。她乘火车抵达，沿着西区议会大街走过亚德金酒店，在拉什综合商店停下来买了一袋烤花生。转入主街，看到了一栋建筑，拉尔夫曾经在那里面出演过一部当地戏剧，并且是他首次登场亮相，于是玛丽莲给了这栋建筑一个飞吻。然后经过艾尔·伯班的书店，到广场处右拐，到达她最喜欢的一处景致——市中心的胜利女神像。在古代世界里，她代表着胜利——诗歌的胜利、体育竞赛的胜利、战争的胜利……在绝望的时候，玛丽莲会想起胜利女神，这有助于减轻她的抑郁症，激励着她相信自己。

第 11 章
《乱点鸳鸯谱》, 1959—1960 年

在《我的故事》中，玛丽莲将自己描述为好莱坞的异类，她对好莱坞的体系颇有微词，对盛行其中的各种规则也不买账。在内华达州的马文化中，所谓"异类"是指因为体型太小而无法用于牛仔竞技的马匹，这种马只能落得被卖掉的下场。在阿瑟·米勒笔下有很多这样的"异类"，包括那些挑战传统文化的人，奉行英雄主义或者冥顽不灵的人。在电影《乱点鸳鸯谱》中，舞女洛塞琳及三位牛仔就属于中产阶级世界中的异类。在里诺游荡的各色人等也是如此，为了在内华达州离婚，他们中的很多人都要忍受六周的等待期。在写《乱点鸳鸯谱》的剧本时，阿瑟的脑海中便萦绕着此类人物形象。

按照合同规定，玛丽莲在拍这部电影（原定玛丽莲·梦露的电影制作公司出品）之前，必须再为福克斯拍摄一部电影。1959 年秋，在阿瑟和工作室的双重压力下，她接拍了《让我们相爱吧》这部影片。鉴于该片的剧本乏善可陈，很明显接拍该片并非明智之举，电影的拍摄过程最终也变成了一场灾难。玛丽莲和阿瑟之间由此产生了隔阂，而且两人的隔阂在拍摄《乱点鸳鸯谱》期间进一步加深，这部电影最终于 1960 年 7 月开拍。

1958 年 12 月，玛丽莲流产了，第二年整个春天她都在抑郁中度过。但是，她并未像别人说的那样整日躺在床上虚度光阴。1959 年 1 月 27 日，她陪阿瑟领取了美国国家艺术与文学协会颁发的戏剧金奖，这是一个相当有分量的荣誉。玛

丽莲出席了格洛丽亚·范德比尔特为到访的小说家凯伦·布里克森举办的晚宴，她说她对布里克森的《走出非洲》印象深刻。她还与阿瑟一同去纽约大都会歌剧院看了几部歌剧——2月，两人一起看了威尔第的《麦克白》；3月，看了阿尔班·贝尔格的《沃采克》。但是，当劳伦斯·奥利弗到访演员工作室时，玛丽莲却躲了起来，自打拍摄《游龙戏凤》时两人交恶以来，她就害怕见到他。《热情似火》首映式上，玛丽莲一袭白衣，艳惊四座，但是接受采访的时候却磕磕巴巴，连话都说不好。几周后，她前往纽约的意大利电影学院，收获了意大利最负盛名的表演奖——大卫奖，这主要得益于她在《游龙戏凤》中的出色表演。

同月，她前往芝加哥为《热情似火》宣传造势。在接受采访时，她是性感又机智的玛丽莲，但同时也是傻白甜的金发美人。她粉妆玉琢，真空上阵，将秀珈·凯恩这一角色演绎到了极致。活动的高潮（至少对媒体而言）发生在一次招待会上，当时一位宣传人员不小心将一杯饮料洒在了玛丽莲纤薄的衣服上，使得她的耻毛显露无遗。发型师肯尼斯·巴特尔跟她在一起，责怪她没用漂白剂进行漂白以防走光。玛丽莲还与作家索尔·贝娄共进了午餐，她是通过阿瑟与索尔认识的（阿瑟和索尔在里诺结识，当时两人均在当地办理离婚手续）。6月，玛丽莲又做了一次输卵管清理手术，以确保自己还有生育能力，看样子阿瑟还想再试着要个孩子。

当年春天，玛丽莲在演员工作室的表现堪称完美。在《欲望号街车》的一场戏中，玛丽莲饰演了布兰奇·杜波依斯一角，并且在剧中勾引了一名送货上门的递送员。布兰奇是一位成熟的南方美人，她以自我为中心，喜欢操控别人，脆弱又感性，她也是美国戏剧中最伟大的女性角色之一。玛丽莲还出演了改编自约翰·斯坦贝克的作品《人鼠之间》的一场戏，跟拉尔夫·罗伯茨对戏。罗伯茨饰演莱尼，玛丽莲饰演农场主儿子科里的妻子，她是一位美丽的女性，因自身生活晦暗无光而极度渴望吸引男人的注意。在改编自杜鲁门·卡波特的《蒂凡尼的早餐》的戏剧中，玛丽莲饰演了霍莉·戈莱特丽一角。卡波特对于她在剧中的表演钟爱有加，希望让她在派拉蒙制作的电影版《蒂凡尼的早餐》中饰演同一角色。但电影公司却不想跟她产生瓜葛，最终奥黛丽·赫本得到了这个角色。卡波特对此恼怒不已。

在1959年的头几个月里，玛丽莲的经纪人和律师就她的下一部电影与二十世纪福克斯进行了谈判。当时《热情似火》已经大获成功，不过因为该片由沃尔特·米里施的公司出品，所以严格地讲，玛丽莲只为福克斯拍了《巴士站》一部影片。工作室负责人巴迪·阿德勒让她担任《岁月逆流》（后改名《狂澜春醒》）一片的浪漫女主角，她欣然接受。4月中旬，就在玛丽莲原计划要去片场拍片的4天前，该片导演伊利亚·卡赞临时决定将其换下。无论原因为何，总之她被解雇了。在自传中，卡赞提到了"巴迪·阿德勒操控下荒唐的选角大会"，因为在选角大会期间，阿德勒曾迫使他为玛丽莲在片中安排角色。

影片开拍前，双方的沟通彻底破裂。李·雷米克取代了玛丽莲的角色。面对这种羞辱，玛丽莲的律师发起了反击，他们要求福克斯立即支付《蓝天使》的10万美元费用，并为其将玛丽莲从《狂澜春醒》中换下再支付10万美元，同时，要求将这两部电影计入玛丽莲需为福克斯拍摄的电影数目中。福克斯高管同意了这些要求，尽管如此，被解雇的经历仍让玛丽莲耿耿于怀，甚至连《手足之情》也没有给她出演的机会。断绝了她与米尔顿的联系，也就断绝了由玛丽莲·梦露电影制作公司出品该片的可能。西德尼·吉拉洛夫曾游说该片最终的导演理查德·布鲁克斯，希望能让玛丽莲饰演格鲁申卡一角，但布鲁克斯立场强硬，不想跟玛丽莲有任何瓜葛。最终，德国女演员玛丽亚·谢尔出演了这一角色。

与此同时，玛丽莲与阿瑟的婚姻也亮起了红灯。阿瑟的项目完工似乎遥遥无期，玛丽莲对扮演他贤内助的角色也日益不满。由于作品寥寥，阿瑟从美国国家艺术与文学协会获得的戏剧金奖俨然成了讽刺。虽然他的剧本在欧洲广受好评，但在百老汇最后一部真正算得上成功的剧本还要追溯到1949年的《推销员之死》。《萨勒姆的女巫》和《桥头眺望》的评价都毁誉参半，观众寥寥。直到米勒的戏剧成为全国小剧场和高中的标配后，这几部剧才开始流行起来。

1952年之后，阿瑟一直在创作他的《第三出戏》，但只是些片段，没有形成整体。后来这个剧本被拍成了《堕落之后》，这是又一部与玛丽莲有关的剧，只不过该剧刻画的是她的种种缺点。作为玛丽莲的丈夫，阿瑟不想被她当作随从一样使唤，也不想活在大明星玛丽莲·梦露的阴影之下。玛伦·斯塔普莱顿曾撞见他帮玛丽莲拎钱包和化妆箱，"为自己的妻子付出理所应当，但这有点太过了。我有种预感，两人的婚姻问题已经到了无可救药的地步"。演员兼导演马丁·里特在他们家与两人共进晚餐时也有这种感觉。"阿瑟就像个侍从，整晚都在按照玛丽莲的指示忙这忙那。"与此同时，阿瑟对玛丽莲的一些行为已经忍无可忍。在拍摄《热情似火》时，两人偶然参加了一个派对，在玛丽莲早期的好莱坞生涯中睡过她的那些男人当着阿瑟的面轻佻地对玛丽莲又搂又摸。正因如此，诺曼·罗斯滕察觉到阿瑟与玛丽莲已经离心离德，在自己的婚姻面前，阿瑟更像是个旁观者，而非参与者。

后来阿瑟对《堕落之后》进行了完善，在其中一场戏的草稿中，他描写了两人在罗克斯伯里的房子中的一次争吵。在起居室中，两人吵了很久，玛丽莲突然跑到楼上的卧室，将门反锁。阿瑟则留在起居室，坐在沙发上，因争吵而疲惫不堪。他等了又等，八点钟、九点钟，时间一分一秒过去，屋里却一直寂然无声。晚餐在桌子上放着，逐渐变得冰冷。他不知道能做些什么，如果他像好莱坞英雄一样，很有男子气概地破门而入，可能会发现玛丽莲正躺在床上看书，又或者她已经因为服药过量而死亡。他不会让她死的，他必须做点什么，于是他开始敲门。在剧本终稿的一幕中，他想方设法，终于打开了门，然后为了抢夺她手中的药片两人扭打在一起。

但阿瑟仍未离开玛丽莲。他们的性爱质量依旧很高。她完全可以在很长一段时间里做回那个迷人又可爱的玛丽莲，不再吃药。阿瑟一直希望可以发生一些事情，将她从愤怒和绝望中解救出来。他想到里尔克诗中那个忧愁的女人，她从房间的窗户望出去，看到一棵她曾经见过千百次的大树，突然就摆脱了沮丧，发现了生活的美。这是他创作《乱点鸳鸯谱》的部分动机，也是他愿意生个孩子的缘由，是他存在主义哲学的产物。在他眼中，生活是由一系列瞬间组成的，每一次经历都可能带来转变。这一哲学理念贯穿于《乱点鸳鸯谱》剧本的始末，特别是结尾部分，盖伊、珀斯和吉都（分别由克拉克·盖博、蒙哥马利·克利夫特和埃里·瓦拉赫饰演）俘获了几匹野马，准备把它们卖到屠宰场，后来却因为洛塞琳（玛丽莲饰演）的反对而改了主意，将马全部释放，通过此事，洛塞琳也发生了转变。

与此同时，玛丽莲在事业上遇到了一些困难。在《热情似火》之后，许多记者转而批评她。影评人承认她在电影中的表现非常出色，但记者反感她在片场的行为。托尼·柯蒂斯对玛丽莲大加挞伐，说她经常耽误拍摄进程，根本不在意他穿着不合身的戏服有多么不舒服，这种批评也赢得了许多影评人的赞同。比利·怀尔德也对玛丽莲恶语相加，因为拍摄这部电影而跟玛丽莲打交道，激发出了他潜在的厌女情绪。拍摄结束后，他对玛丽莲的愤怒也慢慢消失。他告诉记者乔·海姆斯："我现在可以正常地看看我的妻子，而不会有打她的冲动，因为她只是个弱女子。"

春天的某一天，玛丽莲服药过量，因为她真心想要自杀。当时阿瑟不在场，可能去了罗克斯伯里写作。管家发现后，打电话给医生，叫医生来她的住处给她洗胃，以免媒体获知相关消息。罗斯滕医生接到管家的电话后，来到玛丽莲家安慰她，一进玛丽莲的卧室，就听到她啜泣的声音。他靠在床边，问她身体怎样，"没死成，"她说，"真不走运。"她的声音沙哑而飘忽。"残忍，他们所有人都是，那些混蛋，"她说，"哦，上帝啊……"这一次，她是真的不想活了。我们不清楚她口中的"混蛋"究竟所指何人，可能是阿瑟，可能是伊利亚·卡赞，可能是福克斯的那些高管，可能是她的父亲，可能是儿时性侵她的人，也可能是那些在她的演艺生涯中欺负过她的臭男人。

春末，伦敦《每日快报》的大卫·勒文对玛丽莲进行了一次采访，问她自从出演《游龙戏凤》以来发生了哪些变化。她回答说自己更成熟了。她说："我一辈子都担惊受怕，但最后我释然了。我已经习惯了痛并快乐着的生活，现在我只想多一点自由。"在这里，她暗指梦中出现的怪物，以及她难以抑制的愤怒和绝望。她仍在玛丽安娜·克里斯那里接受治疗，而克里斯也一直尽力为她提供帮助。戴安娜·特里林是一位作家，但同时也是克里斯的病人，在形容克里斯时，特里林说她是个"杰出的女人，热情洋溢，心胸开阔，敏感，理智，富有想象力，是破除心结的大师。她一看就很睿智，事实也是如此。她冷静的性格本身就让人非常安心"。对于玛丽莲选择克里斯作为她的治疗师，特里林丝毫不感到意外。

在两人关系不和的那段时期，玛丽莲对阿瑟是否忠诚呢？她自称在婚姻期间，自己并没有做什么对不起阿瑟的事，然而这次却并非如此。服装制造商亨利·罗森菲尔德仍然在她的生活中，马龙·白兰度与她也是藕断丝连。诺曼·罗斯滕告诉安东尼·萨默斯和唐纳德·沃尔夫，在他们的婚姻出现危机时，玛丽莲同其他男性有过交往。"她极度需要人陪，"罗斯滕说，"在缺乏安全感时，哪怕只为了在精神上能有所寄托，她也会跟别的男人出去。"玛丽莲告诉 W.J. 韦瑟比，在自己感到累了或者沮丧时，就想"找个依靠"，于是便跟着那些总在嬉笑玩乐的"派对达人"一起出去逍遥，将烦恼都抛诸脑后。她是指肯尼迪兄弟吗？莱姆·比林斯从大学时就是约翰·肯尼迪的好友，他说玛丽莲和约翰交往过许多年。"她每次见到约翰，都带着不同的情绪和性态度，这满足了约翰对女人多样化的需求。"比林斯说道。厄尔·威尔逊也表示，玛丽莲与约翰保持了长期的性爱关系，詹姆斯·培根和阿瑟·詹姆斯的说法也是如此。玛丽莲的妇科医生阿瑟·斯坦伯格说，玛丽莲在与阿瑟离婚之前，就已经爱上了肯尼迪。

约翰喜欢好莱坞的灯红酒绿和置身其中的各色美女，所以自20世纪40年代中期以来就一直是那里的常客，无论是已经成名的明星还是崭露头角的新人，他都来者不拒，照单全收。他的父亲拥有自己的工作室，制作过电影，还同好莱坞大明星葛洛丽亚·斯旺森有过一段感情，这样的家庭条件使得他从小就在电影工业的熏陶下长大。约翰去好莱坞时，经常跟作风高调的"狼群"成员查尔斯·费尔德曼待在一起。1951年，查尔斯为伊利亚·卡赞和阿瑟·米勒提供过派对女郎。费尔德曼的长期秘书格蕾丝·杜比什说，20世纪50年代初，约翰和玛丽莲是在费尔德曼的家中结识的。1954年，约翰的妹妹帕特里夏嫁给了曾同玛丽莲约会多次的电影明星彼得·劳福德，两人"亲上加亲"，关系更进一步。同年，约翰的背部做了一次大手术，在他病房的墙上，倒挂着一张玛丽莲双腿高高翘起的海报。1958年，彼得和帕特成了一个好莱坞时尚小圈子的核心，这个小圈子时常在圣莫尼卡海滩私人道路上的豪宅中聚会，那条私人道路被称作"黄金海岸"，道路两侧豪宅林立。肯尼迪家族的其他人，尤其是三兄弟，经常前往那里玩乐。劳福德的冲浪好友戴夫·海瑟记得，他曾试着教过年少的爱德华（泰迪）·肯尼迪冲浪技巧。

约翰·肯尼迪风度翩翩、魅力十足，好莱坞认识他的人都说他可以当电影明星。但他经常受背疼和骨质疏松症的折磨。不知是出于天性还是服用药物的原因，他似乎想把所有遇到的美女都一网打尽。猎艳之余，他也会挑出几个予以特别关注。玛丽莲就是其中之一，尽管两人的交往时断时续，并不是那么频繁。

肯尼迪家族在纽约东七十六街的卡莱尔酒店有一套顶层套房，和玛丽莲的公寓隔着十八个街区。玛丽莲常常在出门之前乔装打扮，即便如此，还是有人能认出她。出身纽约政治世家的珍妮·沙拉姆当时住在酒店对面，她就曾看到玛丽莲在酒店进出。1954年秋天，希拉·格拉汉姆在《七年之痒》的纽约片场也发现约翰·肯尼迪通过电话与玛丽莲商定约会日期。纽约东边也有她的秘密公寓，参议员乔治·斯马瑟斯说，玛丽莲曾与约翰以及他的密友一起在华盛顿特区的波托马克河上游玩。约翰用朋友来掩人耳目，掩盖他与玛丽莲在一起的事实。肯尼迪家族的朋友查尔斯·斯伯丁说，玛丽莲去过位于海恩尼斯港的肯尼迪家族的宅邸。

对肯尼迪兄弟而言，玛丽莲既是朋友，也是情人。诺曼·罗斯滕提到玛丽莲与他们的友谊，帕特·纽科姆也曾告诉记者西摩·赫什，他们喜欢她的幽默感。民主党政治顾问皮特·萨默斯说，1960年春天，在7月的民主党全国代表大会之前，他在彼得·劳福德家看到约翰和玛丽莲在一起。西德尼·斯科尔斯基说，她参加了当年春天筹备肯尼迪竞选活动的秘密会议。当时玛丽莲正在好莱坞拍摄《让我们相爱吧》，她已经是举世闻名的性感女星了，并且她在交友方面也是天赋异禀，无论男女都是如此。

1959年9月，二十世纪福克斯安排玛丽莲出演浪漫喜剧《亿万富翁》（后更名为《让我们相爱吧》）。故事中，一个富豪爱上一名女演员，在女演员清楚地说明自己不喜欢对方之后，富豪便乔装成歌舞演员，希望能赢得女孩的芳心。玛丽莲喜欢演出音乐剧，因为在音乐剧中她将歌唱和舞蹈技巧表演得淋漓尽致。该片由乔治·库克执导。库克人称"最懂女性的导演"，他懂得如何与乖戾的女明星打交道，但这个称号也是同性恋的暗语。著名演员格利高里·派克出演片中的亿万富翁，玛丽莲要求让杰克·科尔担任编舞，然后她如愿以偿，科尔对她的歌舞表演进行了指导。

仔细研读过剧本后，玛丽莲发现自己的角色不够重要。原编剧诺曼·克拉斯纳拒绝修改剧本，于是玛丽莲说服工作室聘请阿瑟来担任该片的编剧。这是一个很不合理的选择，因为阿瑟完全没有写浪漫喜剧的经验。尽管如此，他还是接了这份工作，一是为了真金白银，二是他希望玛丽莲能够履行对福克斯的承诺，以便能够顺利开启《乱点鸳鸯谱》的摄制工作。他对《让我们相爱吧》做了三次修改，但当格利高里·派克发现新剧本中自己的戏份减少而玛丽莲的戏份增加了的时候，他选择了退出。阿瑟提议让伊夫·蒙当出演男主角。他与伊夫在巴黎结识，当时伊夫和他的妻子——女演员西蒙·西涅莱正在巴黎拍摄《萨勒姆的女巫》。这对伊夫来说是一个重要的机会，因为他在好莱坞不过是个默默无闻的小人物，而玛丽莲则已是当红巨星。

伊夫加入之后，完整剧本也得到了玛丽莲的认可，玛丽莲与阿瑟之间的隔阂似乎有些许好转，然而没想到的是，他们的矛盾才刚刚开始。尽管阿瑟一直在修改剧本，但是新意寥寥的剧本还是在拍摄过程中造成了许多麻烦。伊夫不怎么会讲英语，在整部电影中都带着浓重的口音。他不是喜剧演员，而是个轻佻的唱跳歌手，他为制造笑点所做的努力显得很不自然。拍摄开始前，完成化妆和服装的屏幕测试后，玛丽莲看起来很糟糕，蓬头垢面、体重超标，整部电影拍摄期间也一直如此。显然，她服用了太多药物。玛丽莲的问题越发严重，精神科医生拉尔夫·格林森被请来帮她做心理疏导。尽管如此，伊夫的妻子西蒙·西涅莱仍将她形容为"美得不可方物的乡下女孩"。

米勒夫妇和蒙当夫妇于11月初抵达好莱坞进行前期制作，他们搬进了与比弗利山庄酒店毗邻的房子，并很快成了朋友。西涅莱是一位成熟稳重又平易近人的法国电影演员，刚刚凭借在《金屋泪》中的出色表演而声名鹊起，在片中她饰演一位与年轻男性产生恋情的年长女性。她和伊夫都是激进分子，他们的政治观点对阿瑟和玛丽莲影响很深。有时候两个男人在比弗利山庄散步，两个女人则去购物，或在泳池边晒晒太阳，他们四个也会经常一起用晚餐。粉丝杂志喜欢报道他们的友谊，并且这段友谊持续了好几个月。后来玛丽莲找到住在雷东多海滩的波尔·波特菲尔德，而且每周都邀请西蒙前往好莱坞染发，西蒙因此对玛丽莲更加有好感。波尔·波特菲尔德是为珍·哈露调制染发剂的发型师，这种染发剂由过氧化物和发蓝调和而成。玛丽莲仍然很崇拜哈露，希望把自己的头发染成像她那样的颜色。也许玛丽莲真正的目的是听波特菲尔德讲哈露的故事。

直至此时，阿瑟和玛丽莲仍在扮演一对模范夫妻。1960年1月下旬，在《让我们相爱吧》开拍后不久，他们在比弗利山庄酒店旁的房子里接受了伦敦《星期日泰晤士报》的亨利·布兰登的采访，亨利当时正在撰写一系列与美国要人对话的文章。玛丽莲和阿瑟的话题是"性、剧院和知识分子"。布兰登发现，阿瑟对于众议院非美活动调查委员会对他的指控充满激愤和苦闷。玛丽莲坐在他旁边，头靠着他的肩膀。在布兰登眼中，她就像是"一只小猫"。当她感到忧心忡忡的时候，阿瑟像她的保护神一样充满爱怜地握住了她的手。随着她的羞怯逐渐消失，她露出了平时的笑脸。在采访中，阿瑟回答了布兰登的问题，甚至抢着回答布兰登抛给玛丽莲的问题。这时的他掌控着整个局面。

第二天，布兰登到《让我们相爱吧》片场探班。玛丽莲兴致很高，而且自信满满。这时，她处于控制地位，阿瑟则站在一边，看起来手足无措的样子。每个人都喜欢玛丽莲恶作剧式的幽默感。"这是她真正的天赋，她能把无聊变成有趣，把痛苦变成快乐。"布兰登写道。

西德尼·斯科尔斯基再次出现在玛丽莲的生活中。当时玛丽莲在好莱坞，两人重新建立了友谊。阿瑟不在的时候，玛丽莲会邀请西德尼共进晚餐。西德尼仍然忠于玛丽莲，他认为两人的婚姻问题，主要是阿瑟的责任，因为他过度干涉了玛丽莲的职业生涯。在1月30日到2月4日期间，阿瑟回到纽约开始创作《乱点鸳鸯谱》，因为当时玛丽莲的精神状态已经有所改善，而且还有西蒙和伊夫相伴。2月10日，阿瑟前往爱尔兰，与约翰·休斯顿进行协商，并在那里待了两周。

然而尽管有伊夫和西蒙照顾，玛丽莲还是出现了精神崩溃的症状。有一天，伊夫在片场等了她一整天，她都没有出现，于是连一向耐心的伊夫都愤怒了。那天晚上伊夫去敲她的门，没人应答。然后他在门下塞了一张便条，说她这种小女孩似的行为，令他很反感。玛丽莲打电话给身在爱尔兰的阿瑟，阿瑟又打电话给伊夫，建议他让西蒙前去敲门，因为玛丽莲觉得跟西蒙尤为亲近。后来玛丽莲开了门，抽泣着投入西蒙的怀抱，说她再也不会那样了。

当然，她后来还是食言了。最后他们联系了纽约的玛丽安娜·克里斯，后者建议让精神科医生拉尔夫·格林森试着医治一下玛丽莲。格林森医治过许多住在比弗利山庄的明星病患。2月11日至3月12日期间，格林森对玛丽莲进行了15次治疗，他看到玛丽莲服用的药物后十分震惊，于是尽力让她摆脱这些药物。当时玛丽莲服用的药物包括苯巴比妥、异戊巴比妥和硫喷妥钠。此外，她还服用杜冷丁——一种与高度上瘾的吗啡类似的麻醉药——而且是静脉注射方式。与其他三种药物不同，杜冷丁是一种治疗疼痛的强效药，她服用这种药肯定是因为她的子宫内膜异位症犯了。玛丽莲说自己是因为失眠症才服用这些药物的，而格林森告诉她，服用这些药物不仅于事无补，甚至会雪上加霜。

在治疗过程中，玛丽莲吐露了她对阿瑟的怨憎。她说，阿瑟对自己的父亲很冷淡，管不住自己的孩子，总是受他母亲的支配，而且还拈花惹草，对她不够真诚。玛丽莲对于阿瑟去爱尔兰这件事也颇有怨言。当然，这些抱怨是合情合理的，但未免有些言过其实了。格林森并没有不假思索地站在她那一边，特别是跟阿瑟聊过之后。阿瑟好像很担心她，但同时也已经对她忍无可忍了。格林森认为，玛丽莲要求阿瑟对她忠贞不贰，这使得阿瑟不堪重负，而一旦获得了阿瑟的忠心，她又会变得颐指气使。格林森说她是个偏执狂，但还没到精神分裂的地步。

1960 年 4 月，西蒙·西涅莱凭借在《金屋泪》中的出色表演荣获奥斯卡最佳女主角奖，雪莉·温特斯也因在《安妮日记》中饰演的母亲一角而获得最佳女配角奖。而玛丽莲出演的《热情似火》，虽然票房大卖，好评如潮，但她却并未获得提名，这令她沮丧万分。对于玛丽莲，好莱坞好像避之唯恐不及，而海外电影界和影评人却对她推崇有加。玛丽莲因在《游龙戏凤》中的出色表演赢得了意大利和法国的几个奖项，而好莱坞外国记者协会也授予她金球奖"年度最受欢迎的女喜剧演员"奖，来表彰她在《热情似火》中饰演秀珈·凯恩一角。

在格林森治疗玛丽莲的过程中，阿瑟并不是她唯一的假想敌。她指称乔治·库克和他的摄影师都是同性恋，两人想让别人取代她。事实上，库克是好莱坞大导演中唯一的一位同性恋者，而且是出了名的老同性恋。比利·特拉维拉称，库克在拍摄期间专门为伊夫·蒙当安排了一场戏，并为此与玛丽莲发生争执。库克跟玛丽莲合作过的其他导演不同，他不会把重点放在灯光、镜头、音效等常规拍摄元素上，他感兴趣的是演员本身，在拍摄的过程中，他有时会站在场边跟演员一起表演。但玛丽莲对库克的这种导演方式大为不解，即便是指责玛丽莲在拍摄期间服药过多的杰克·科尔也赞同她对库克的批评。科尔表示，库克在拍摄过程中喋喋不休，分散了玛丽莲的注意力，他的口头指示有时令人费解，有一次，甚至连保拉·斯特拉斯伯格都无法将他的话解释清楚。

事实上，在拍摄这部电影的过程中，保拉和玛丽莲的关系出现了很深的裂痕，玛丽莲甚至开始将保拉与她精神失常的母亲格兰戴丝相提并论。保拉确实有自己的精神问题，她认为自己跟玛丽莲在一块引发了更严重的精神病，也就是她觉得玛丽莲把她的精神症状"传染"给了自己。尽管磕磕绊绊，两人还是合作完成了《让我们相爱吧》，而在下一部电影《乱点鸳鸯谱》中，两人的关系有所改善。不过，从那之后，两人的关系再次急转直下。1961年拍摄《爱是妥协》时，玛丽莲解雇了保拉。

格林森帮助玛丽莲重新振作了起来，但却无力阻止她对伊夫·蒙当的迷恋，因为伊夫会让她想起乔·迪马乔。伊夫高大帅气，皮肤略黑，确实很像迪马乔，也很像阿瑟。然而，与这二人不同的是，伊夫散发着法国男人的性感魅力，而且他还公开承认自己表演时没有安全感。伊夫和玛丽莲都有一个不堪回首的童年，这是两人的共同之处。到了晚上，两人会在酒店房间里一起对台词，玛丽莲还从没跟这样富有同情心的男性演过对手戏。与此同时，阿瑟经常出差，4月初，西蒙又去了欧洲制作另外一部电影，于是伊夫和玛丽莲就成了孤男寡女。

有些事还是不可避免地发生了——两人陷入了婚外情。伊夫在其自传中为玛丽莲辩护，说她并不像外界指称的那样是个精神错乱的药物成瘾者，还说她"很坚强""精神很正常"。另一方面，当时在场的其他人认为，伊夫雄心勃勃，想在好莱坞出人头地，所以想要利用玛丽莲。至于为什么阿瑟和西蒙要留下他们孤男寡女在一起，目前尚不得而知，但是玛丽莲之前从没有跟电影男主角发生过风流韵事，所以也许他们认为两人在一起不会有问题。

《让我们相爱吧》的最终剪辑版还是受到了剧本质量不佳以及男主角选角不当的拖累。伊夫以其阴郁之气而闻名，有时甚至带有几分女性气质。电影中的男性角色都嘲笑他，而他自己好像也很有自知之明。电影中有这样一幕，吉恩·凯利正在教伊夫如何跳舞，这时一名男子走进房间，发现伊夫正在凯利手臂之下跳着旋转舞步，这让伊夫尴尬不已。在另一幕中，玛丽莲似乎在一众男性角色中茫然若失，当时那些男性角色正在讲着并不好笑的笑话，而玛丽莲唱着《我的心属于爸爸》这首歌。之所以唱这首歌，是因为20世纪50年代，人们倾向于把女性当小女孩一样看待，这种倾向在弗拉基米尔·纳博科夫的畅销小说《洛丽塔》中达到了极致。《洛丽塔》讲的是一位中年恋童癖绑架一个名叫洛丽塔的少女并对她进行情感控制的故事。

玛丽莲在《让我们相爱吧》的开场歌舞《我的心属于爸爸》中反复提到了"洛

丽塔"这个名字,而这部电影最出彩的就是玛丽莲饰演的角色。阿瑟在创作剧本的时候把真正的玛丽莲代入了阿曼达·戴尔这个角色——一位魅力无穷、行为怪异又聪明机智的女性。阿曼达·戴尔是一名舞蹈演员,经常上夜校学习,她视金钱如粪土,想找一个温柔的如意郎君。现实中的玛丽莲与电影中的这个角色非常相似。

由于玛丽莲一次又一次的迟到和缺席,拍摄时间延长了一个月,而3月份由于作家罢工又拖延了一个月,所以直到6月底,拍摄工作才全部完成。在拍摄结束前不久,阿瑟回来了。他好像并不清楚玛丽莲与伊夫的婚外情,尽管八卦专栏作家暗示过这一点。在他回来几天后,他问鲁珀特·艾伦为什么伊夫还没有跟他联系,然后艾伦就把两人的婚外情和盘托出。

于是阿瑟和玛丽莲开始讨论离婚的事。阿瑟说,是他先"背叛"的玛丽莲,因为他没有听取她对于《乱点鸳鸯谱》剧本的意见,因为他经常抛下她一个人,因为他好像在跟好莱坞串通一气,而没有选择支持她。除此之外,当时两人也已经基本没有性生活了。玛丽莲跟伊夫的恋情也许是离婚的导火索,但阿瑟后来表示这件事并没有对他产生任何困扰。"只要有人能让她开心,我就心满意足了。"这话可能听上去没错,但阿瑟对于朋友给他戴绿帽子这件事肯定难以释怀。而且不久之后,全美新闻媒体的目光都会聚集到这件事上,让他继续蒙羞。

与此同时,还有一件玛丽莲一无所知的事在暗中展开,这件事也许可以解释阿瑟为什么好像对伊夫毫不介意。阿瑟已经在纽约见过伊利亚·卡赞,商量与当地公司一起筹款,建设一家国家级剧院,这就是后来林肯中心的轮演剧院,卡赞作为导演,希望在剧院开张那天上演一部阿瑟·米勒编的新剧。为此,阿瑟跃跃欲试。这部新剧就是后来的《堕落之后》,其中充满了阿瑟对玛丽莲的指责。因为此事,阿瑟和卡赞的关系开始缓和。最后,他们一致对外,向玛丽莲发起了攻击,谴责她的滥交行为,污蔑她的肉体,尽管两人都曾爱过那个肉体。也许阿瑟需要象征性地"杀死"玛丽莲,然后才能打破写作瓶颈,继续创作其他作品。

在《让我们相爱吧》和《乱点鸳鸯谱》两部戏之间,玛丽莲几乎没有喘息的机会,尽管前一部戏为期几个月的拍摄时间已经令她疲惫不堪。阿瑟和伊夫之间的紧张关系逐渐缓和，很大原因是玛丽莲一直追求伊夫，而伊夫却一直在退缩。6月26日，伊夫的飞机降落在艾德威尔德，当时他正在从巴黎前往好莱坞的途中，计划到那儿再拍一部电影，而玛丽莲就坐在一辆载有香槟和鱼子酱的豪华轿车里等他。伊夫下飞机的时候，玛丽莲奔向他，跟他拥抱，两人的关系昭然若揭，让在场的记者逮了个正着。玛丽莲在附近的一家酒店预订了房间，但伊夫却拒绝同她前往。然而后来机场发生了炸弹恐吓事件，伊夫搭乘的飞机从晚上九点一直拖到半夜一点才起飞。两人坐在豪华轿车里，玛丽莲的助理梅·莱斯陪着他们。谁都想知道两人到底谈了些什么。第二天，记者报道了这件事，报纸上满眼尽是这条新闻。

　　当年的7月11日至7月15日，有人看到玛丽莲和约翰·肯尼迪一起出现在洛杉矶的民主党全国代表大会上，那么上面两件事在时间上是否有冲突？答案是未必，玛丽莲确实可能出现在民主党大会上，因为她非常擅长掩饰自己。据报道，肯尼迪在洛杉矶纪念体育场接受提名成为民主党总统候选人，随后玛丽莲与他共进晚餐，并参加了彼得·劳福德的派对。玛丽莲似乎泰然自若地瞬间穿越了整个美国大陆，尽管实际需要飞行长达近八个小时。即便如此，拉尔夫·罗伯茨还是声称，在大会期间，他和玛丽莲在纽约的公寓里一起收看了大会实况。纽约记者观察到，玛丽莲于7月17日乘飞机前往洛杉矶，但那已经是大会结束后的事了。记者还称，玛丽莲看起来筋疲力尽，眼袋明显，裙子上有血迹。整个大会都在现场的格洛丽亚·罗曼诺夫看到约翰·肯尼迪跟一位金发女郎在一起，但那并不是玛丽莲。即便如此，"伪装大师"玛丽莲还是有可能出现在那里的。

　　在电影《乱点鸳鸯谱》拍摄期间，玛丽莲跟阿瑟的婚姻在内华达州的沙漠中走向终结。电影7月初开拍，玛丽莲7月18日抵达片场。影片集结了一众电影明星，包括埃里·瓦拉赫、蒙哥马利·克利夫特以及克拉克·盖博，他们出演三个韶华将逝的牛仔。参与拍摄的技术人员，包括摄影师、音响师、灯光师、布景师，都是业界最佳，参与影片的每个人都认为这部电影会是一部杰作。结果《乱点鸳鸯谱》成了好莱坞电影史上最昂贵的黑白电影，盖博的片酬，包括薪水加上一定比例的分成，在当时而言是史无前例的。

　　电影的制片人是弗兰克·泰勒，他是纽约一家电影发行公司的剪辑师，曾在好莱坞工作，是米勒一家的朋友。泰勒身材魁梧，举止优雅，与大多数好莱坞制片人不同，他说话声音不大，而且善于倾听，能够让心怀怨愤的人变得平和。约翰·休斯顿担当导演，在电影开拍前他已经对剧本进行了多次修改，在拍摄期间他仍在不断调整剧本。当时，休斯顿已经有一段时间没有拍出过热门电影了，而随着剧本的不断完善，他认为这部电影定能大卖。

弗兰克·泰勒采取了一些预防措施，保证拍摄能够顺利进行。他禁止任何记者到场，除非得到他的明确许可。他安排了著名的玛格南图片社的摄影师来负责摄像。摄影师分为两队，每队拍摄两周，这样可以避免过多的摄影师挤在片场。英格·莫拉斯和亨利·卡蒂埃·布勒松是第一队的成员，伊芙·阿诺德是第二队的成员。泰勒安排演员和剧组工作人员（大约两百人）住在里诺的梅普斯酒店，并安排车辆接送他们到三个主要拍摄场地。每个场地距离里诺约五十英里：一个场地是阿瑟曾经住过的小屋附近的一所房子，那间小屋是阿瑟 1954 年离婚后暂居的地方；另一个是有牛仔竞技场的小镇；最后一个是碱性湖床。泰勒安排豪华轿车把主要演员和技术人员送到上述三个片场，他似乎把一切都想得很周到。

拍摄过程中争议不断。阿瑟坚决认为，拍摄事宜要由他和休斯顿全权负责。阿瑟曾跟保拉·斯特拉斯伯格一起合作拍摄过《游龙戏凤》《热情似火》《让我们相爱吧》，知道她是一个大麻烦。在开拍之前，他与约翰·休斯顿以及弗兰克·泰勒会面，三人决定在拍摄期间除了寒暄之外不跟保拉进行任何交流，把她晾在一边。根据泰勒的说法，三人确实这样做了，而玛丽莲发觉之后雷霆大怒。玛丽莲觉得自己需要保拉的支持，不想看到三个男人合起伙来对付她。

对于派系斗争，克拉克·盖博始终置身事外。他自己开车去片场，自己租房子住，而且每次都会准时到达片场。无论拍摄何时开始，他每天下午五点钟准时离开，因为下班时间也是写在合同里的。他知道玛丽莲儿时曾把他当父亲一般看待，也知道她滥用处方药。在片场，盖博对玛丽莲很友善，不断夸赞她的作品。当时，盖博的妻子凯伊正怀着他们的第一个孩子，所以他的注意力全放在妻子身上，但是他也感觉到了片场的明争暗斗。在片场的时候，他会一根接一根地抽烟，而且不停地喝威士忌。

为了防止两人分手的消息闹得满城风雨，玛丽莲和阿瑟在梅普斯酒店订了同一间套房，但这可能并不是个好主意。起初，阿瑟觉得有责任把她带到片场，于是，就陪她一起熬夜，尝试让她平静下来，以便她能安然入睡。但与此同时，他一遍又一遍地改写剧本，并要求玛丽莲记下新台词。这对她来说殊非易事，尤其是在当时那种情况下，休斯顿要求她在表演的同时把台词完美地说出来，不允许她即兴创作，也不允许改变台词。

阿瑟在为《乱点鸳鸯谱》辩解时声称自己并没有进行太多的改写，而且大部分改写都是休斯顿要求的。这种说法与其他人的回忆有所出入。在好莱坞，在拍摄期间改写剧本是司空见惯的事，只不过这个剧本改写的幅度实在是太大了，毕竟这个剧本阿瑟写了三年多，而且他仍然很照顾玛丽莲。为了简化拍摄过程，阿瑟劝休斯顿按剧本的顺序来拍，不要像往常那样跳跃式地拍摄。不过，如此一来，演员在片场表演时心理动机会有所不同，这样就会导致不得不对剧本进行更多改写。

玛丽莲的迟到让休斯顿怒不可遏，尽管他也有自己的行为问题——里诺是全美的赌博中心，而休斯顿恰恰赌博成瘾。很多个晚上，他都会去赌博，有时也整晚整晚地喝酒。第二天拍戏的时候，他偶尔会在导演椅上睡着。每天拍摄结束以后，剧组工作人员回到里诺，他们中的很多人也出去喝酒：他们还挺喜欢玛丽莲迟到的，因为他们也经常宿醉不醒。休斯顿曾在其自传中指责玛丽莲经常迟到，不过他也会勉为其难地称赞一下她的演技。"她会深入探究自身的情感，然后把情感调动起来。"他在自传中写道。

有时候阿瑟和玛丽莲在套房里吵得很凶，搅得旁人也不得安宁，甚至惹得隔壁房间的客人向酒店管理人员投诉。他们因拍摄过程、剧本及阿瑟淡漠的态度而争吵不休，玛丽莲甚至还声称伊夫·蒙当准备为了她而离开妻子西蒙·西涅莱。紧接着就是一连串的抱怨，包括指责阿瑟对父亲和孩子很冷淡，但是和母亲关系过于亲密。阿瑟还让她和米尔顿·格林断了来往，而她认为米尔顿·格林是唯一没有利用过她的人。埃里·瓦拉赫曾听到她对阿瑟大吼，因为他干涉了休斯顿的执导和她的表演，在拍摄时对两人发号施令。"你根本不懂女人，"她对阿瑟尖叫道，"我是演员，我自己知道该怎么演。"

据拉尔夫·罗伯茨和记者拉迪·哈里斯称，阿瑟套房的桌子上放着《堕落之后》的剧本。如果这种说法属实，这将再一次深深打击玛丽莲，因为里面写了很多玛丽莲的坏话。如果她看到了，那么将会是在伦敦发生的那件事的重演——当时阿瑟把日记摊在桌子上，其中有一页内容是批评玛丽莲的，结果被玛丽莲读到了。尽管拉尔夫是玛丽莲的知己，拉迪·哈里斯和斯特拉斯伯格夫妇交情很好，两人却都未提起此事，而保拉继续指导玛丽莲。如果玛丽莲真的读到了《堕落之后》的剧本，那么这无疑加剧了她对阿瑟的愤怒。

玛丽莲辗转难眠，焦虑不安，她和阿瑟大吵了一架，对他屡次修改剧本的行为感到不满。8月中旬，弗兰克·西纳特拉邀请演员和剧组工作人员前往太浩湖畔的卡尔涅瓦小屋观看晚间秀，这里距离里诺大约一个小时的车程，玛丽莲和阿瑟都应邀参加了。当时弗兰克正考虑把这间小屋买下来，他邀请两人前来分明是别有用心，因为他曾听到有传言称电影拍摄出了点问题，他想亲眼看看玛丽莲状态到底怎样。他离走进玛丽莲的生活更近了一步。

8月27日，玛丽莲离开里诺前往洛杉矶。抵达洛杉矶之后，她咨询了海曼·恩格尔伯格医生，后者是拉尔夫·格林森的同事和内科医生，恩格尔伯格安排她住在西区医院休养，休养期间要求她停止用药。据传她被裹进一条湿被单里，用飞机送回了洛杉矶，但报纸报道称，她是与保拉·斯特拉斯伯格一起搭乘飞机在旧金山中转后返回洛杉矶的，在住院前夕，她还去参加了一次好莱坞的晚宴。

鲁珀特·艾伦说，回洛杉矶之前的几周时间里，玛丽莲就吃光了所有的安眠药，她又找里诺的医生给她开了另一种极易上瘾的安眠药。新药吃完之后，玛丽莲开始出现戒断反应，所以她又回到洛杉矶找医生开药。格林森和恩格尔伯格把她送进了医院，并给她开了水合氯醛等药性略小的药物，水合氯醛在二战期间被士兵当作止痛药服用，是一种镇静剂，不是巴比妥类药物，它们分属于不同类别。格林森正在试图让玛丽莲戒掉巴比妥类药物。十天之后玛丽莲康复了，回到里诺继续拍戏。如果她未能完成这部电影，她的职业生涯就会宣告终结，因为不会再有保险公司为她下一部电影承保。

约翰·休斯顿坚称玛丽莲从洛杉矶回来后又开始过度服药，但拉尔夫·罗伯茨说格林森把药都给了他，叮嘱他给玛丽莲服用时要严格控制剂量。事实上，在拍摄的最后几个月，从9月初到11月初，玛丽莲一直没有过量服药。拉尔夫注意到玛丽莲开始在温度很高的房间里睡觉，用黑色窗帘遮挡光线——她把自己的卧室弄得像一个子宫，或者坟墓。在拉尔夫看来，她就像一只困兽，无论外面是白天还是黑夜，她始终活在担惊受怕之中，这样的卧室让她很有安全感。当然，此时阿瑟早已不在这里。

《乱点鸳鸯谱》是一部道德伦理片，探讨了男性气质和女性气质的定义问题。故事设定在里诺，一个遭到郊区化、技术进步和消费文化冲击的城市。电影一方面表现了男性的冒险和好斗精神，通过三位男主角驾驶飞机、骑术表演时制服公牛、围捕野马来体现。另一方面则提倡了女性相夫教子、温驯贤良的本分，对于这些，玛丽莲饰演的洛塞琳既接受又批判。她来里诺是为了和丈夫离婚，有蛛丝马迹表明她原先是一名脱衣舞女郎。但她在里诺遇到了克拉克·盖博饰演的牛仔盖伊之后，又甘愿和他一起投身到家务活之中。这三位牛仔并非无可救药：三人对资本主义式的金钱奴役不屑一顾，宁愿在西部的山间自由驰骋，这是美国人生活中经久不衰的一个主题。三个人经常在一起喝酒，或者参加骑术表演，捕猎野马，追追女人。盖伊浪迹于户外，靠着给来里诺离婚的富婆们提供性服务养活自己。克利夫特饰演的珀斯是一名天性敏感的骑术选手，埃里·瓦拉赫饰演的吉都是一名机械师兼飞行员，他只在囊中羞涩的时候才干点儿活。这三个人，要么被妻子背叛，要么被母亲出卖，三人都是中产阶级文化中的异类。三位牛仔都是马上就要消亡的自由世界的居民，就像那些野马一样，原本是隐于荒野，纵横驰骋，远离尘世喧嚣的。

片中，玛丽莲饰演的洛塞琳想阻止他们围捕野马，教化这些野性难驯的男人，玛丽莲此前曾多次扮演此类角色。跟以前一样，玛丽莲再一次在影片中反对激进的大男子主义，在目睹了三位牛仔捕马的残忍行为之后，洛塞琳气得尖叫起来。

"杀手！凶手！骗子，你们都是骗子！只有通过杀害，你们才能获得乐趣！你们为什么不自杀来寻乐？我可怜你们！你们这三个可恶又庸俗的死男人！"

不过他们终究还是下手了，洛塞琳无能为力。然而珀斯和盖伊最终把马放生了，但是吉都却厉声批评了所有女性，言辞像洛塞琳批评他们一样激烈。

"她疯了，她们都疯了。不要因为你需要她，就相信她的话。她疯了。想想你的挣扎，你的努力，你的尝试，你掏心掏肺，但这永远不够！所以她们不停地刺激你。而我知道，我早看透了这一点！"

影片的最后，洛塞琳和盖伊一同离开，在洛塞琳的坚持下，盖伊把马放了。但是在这之前，盖伊提醒洛塞琳她自己也吃肉，还用马肉罐头喂狗，她每天都在违反不使用暴力、不杀生的信念，所以让洛塞琳现实一点。

这部电影的寓意似乎是：只有男女双方都做出一些妥协，才能愉快地生活在一起。就像盖伊为洛塞琳做早餐一样，男人也要懂得持家。同时，女人也得认识到，男人爱冒险，甚至有时会使用暴力，这是男人不可缺少的阳刚之气。比这个道理更重要的是，他们在围捕野马（全片最长的镜头之一）的过程中实现了思想上的转变，这种转变就发生在盖伊和珀斯释放野马的时候。盖伊和洛塞琳意识到两人彼此需要，接下来可以一起生个小孩，创造属于两人的爱情结晶。阿瑟在根据电影写的小说中更详细地描述了这个时刻。在小说中，洛塞琳如此描述这一刻：

"有那么一刻，当那些马儿重新开始驰骋的时候，我觉得是我让它们重获了自由。突然之间，我有一种感觉——这太疯狂了！——我突然想到，'他一定很爱我，要不然我怎么敢这样做？'面对任何我无法忍受的东西，我总会选择逃避，但盖伊让我不再害怕，就像我的灵魂飞回了我的身体。这是我第一次有这种感受。"

在拍摄完成之前，阿瑟和玛丽莲彻底撕破了脸，原因是阿瑟又一次改了剧本。据拉尔夫·罗伯茨表示，随着拍摄的进行，阿瑟对玛丽莲愈发气愤，所以他改了剧本。在新改的剧本中，洛塞琳是一名妓女，盖伊是流浪汉，结局是洛塞琳选择了吉都。玛丽莲读到新剧本时暴跳如雷，此时盖博出面了。在签合同时，盖博已经确认了剧本内容，原定的结局是洛塞琳和盖伊远走高飞，吉都和珀斯留下。除此之外，盖博拒绝接受任何其他结局。

幸亏有盖博的帮忙，电影顺利杀青。阿瑟再次改写剧本是压倒玛丽莲的最后一根稻草，玛丽莲命令阿瑟滚出自己的生活。的确，在拍摄临近结束时，阿瑟可能打出了另一个针对玛丽莲的小算盘。詹姆斯·古德在日记中指出，阿瑟在"疯狂"修改剧本，克拉克·盖博出面制止。在场的西德尼·斯科尔斯基同意罗伯茨的观点，即阿瑟重写剧本就是为了故意把洛塞琳写成妓女，把吉都写成英雄。因此，他在最后时刻修改剧本，可能就是为了报复玛丽莲。

在拍摄的最后几天，影片在好莱坞环球影城的拍摄顺利结束。鲁珀特·艾伦告诉玛丽莲，他将辞去宣传员的工作，去做摩纳哥格蕾丝王妃的新闻官。雅各布斯经纪公司指派帕特丽夏（帕特）·纽科姆接替艾伦。虽然玛丽莲和帕特在《巴士站》拍摄期间有过不愉快，但经纪公司告诉玛丽莲，帕特已经通过了评估，而且工作状态也更加稳定，玛丽莲这才接受了她，并和她以姐妹相称。鲁珀特后来表示，他跟帕特接任玛丽莲的宣传员一事没有任何关系，而且自己也绝不会举荐她。他曾告诉唐纳德·斯波托，她就像一个"随意开药的医生"，不值得信任。

1960 年 11 月 4 日，《乱点鸳鸯谱》杀青，拍摄共耗时近四个月，比预定完成日期延迟了一个月。第二天，玛丽莲飞回纽约，不过陪她的是帕特·纽科姆，而非阿瑟。同一天，克拉克·盖博在圣费尔南多谷的家中心脏病发作。

一年前玛丽莲前往好莱坞拍摄《让我们相爱吧》，一年后又回到了纽约，回到了原来的浮华世界。在这一年里，她失去了丈夫和情人（伊夫），在两部电影拍摄期间，她经历着身体和情感的双重折磨。当年年底，她的抑郁症恶化了。11月 11 日，帕特向媒体宣布，阿瑟和玛丽莲正在离婚。一周后，克拉克·盖博去世。虽然盖博在第一次心脏病发作后已然康复，但是在拍摄期间，他烟酒摄入过度，而且在拍摄捕马场景时，他又做了大量剧烈的特技动作，这无疑对他的身体造成了巨大的损害。

一开始，盖博的离世对于玛丽莲的影响似乎不大，尽管她非常伤心，却不敢参加盖博的葬礼。她与拉尔夫·罗伯茨一起去了斯特拉斯伯格家的公寓，在那里，她花了一整天的时间和他们聊天、听音乐。在这个相对安全的环境中，她向别人倾诉了自己的悲伤和对盖博的爱，这无疑有助于减轻她的深切哀悼之情。当月晚些时候，她和阿瑟办理了财产分割手续：她得到了纽约的公寓，阿瑟分到康涅狄格州的房子。玛丽莲还把自己修房子花掉的钱一笔勾销，并且之前她给阿瑟的钱，也没有要求他偿还。他们把宠物犬雨果留在了罗克斯伯里农场，因为它喜欢那里的空旷。

玛丽莲在斯特拉斯伯格家过了感恩节，当晚和莱斯特·马克尔一起喝了酒。帕特透露，西蒙·西涅莱曾给玛丽莲打过电话，求她不要再和伊夫·蒙当见面，当时，伊夫正在转道纽约前往好莱坞的途中。虽然当时两人还并未见面，但似乎两人的暧昧关系没那么容易结束。此时，乔·迪马乔重新出现在玛丽莲的生活中。圣诞节前夕，他送了一大束花给玛丽莲。1952 年圣诞节时，玛丽莲正在拍摄《绅士爱美人》，迪马乔就曾送了她一棵圣诞树。几天后，她兴奋地告诉拉尔夫·罗伯茨，迪马乔同意接受她一直渴求的那种自由恋爱关系，即两人都对彼此忠诚，但又都可以和其他人约会。1 月初，两人一起观看了布兰登·贝汉的《人质》。

玛丽莲告诉拉尔夫她的生活有了其他变化。和阿瑟分道扬镳之后，其他男人开始打电话约她，送她鲜花，写求爱信和卡片。她说，在纽约，男人们总是对性感的女人趋之若鹜。其中有两个男人吸引了她——弗兰克·西纳特拉和约翰·肯尼迪。弗兰克是出了名的体贴，尤其是对落难的朋友，他对玛丽莲大献殷勤。弗兰克希望她飞往洛杉矶，然后和他一起乘火车去佛罗里达，参加一个歌唱活动。她同时也被约翰·肯尼迪所吸引，但又有些惴惴不安。1961 年 1 月初，玛丽莲向朋友戈登·海弗透露，她最近在和约翰·肯尼迪约会，戈登·海弗是派拉蒙的故事编辑。

玛丽莲已经三十四岁了，却是孑然一身，丈夫、孩子这些她认为能够充实生活的人，她都没有。玛丽莲是一个完美主义者，对她来说，离婚并不容易，因为她认为离婚是人生的一大败笔。她担心通过阿瑟认识的朋友会抛弃她，但她也没有主动联系他们。失去阿瑟的家人让她伤心，因为她对阿瑟的孩子视如己出。但这些人并没有离开她，她仍然和阿瑟的父亲保持着不错的关系。她一定也知道阿瑟正在跟英格·莫拉斯约会，有人说 1961 年 1 月 20 日肯尼迪就职典礼这天，阿瑟带着英格参加了典礼，而玛丽莲则去了墨西哥办理离婚手续。

玛丽莲认为克拉克·盖博的去世和自己有关，因而很自责，因为在拍摄《乱点鸳鸯谱》期间，她总是迟到，盖博不得不在内华达州的烈日下苦苦等待。她搞不清楚自己是不是把盖博当成了自己的父亲，而迟到是为了惩罚父亲，因为他"抛弃"了她。新闻媒体立即把火力对准了玛丽莲，记者们写了很多文章来表达愤怒，这些文章爆料了玛丽莲和阿瑟离婚的消息，与伊夫·蒙当的恋情，还有她对盖博的去世可能负有的责任。在此次抨击浪潮中，女记者赫达·霍珀表现得最为激进，她谴责玛丽莲在1958年12月因饮酒和服用药物导致流产，杀死了腹中的胎儿；在整个演艺生涯中玛丽莲也行为不端，拍电影时饮用伏特加，没有演员的操守，跟八竿子打不着的乔·迪马乔结婚等。她还说，明星都有责任心，唯玛丽莲独缺。她甚至还抨击玛丽莲增重，她说，明星必须保持苗条的身材。她之所以有诸多批评，是因为玛丽莲两年都没有接受过她的采访，对此，她难免心生怨愤。

从里诺回到纽约后，玛丽莲并未和许多老朋友见面。诺曼·罗斯滕打来电话时，她经常不接，即便接了，声音听起来也非常沮丧，因为服药的缘故，她说话模糊不清。只有斯特拉斯伯格夫妇能见到她，但她不再像以前那样，会在半夜里去他家寻求慰藉。她经常谈到自杀，她说她想从十三层公寓的窗户跳下去。帕特·纽科姆带她去斯坦顿岛乘坐渡轮，玛丽莲盯着水面，似乎想纵身一跃。

1961年1月14日，玛丽莲的新律师亚伦·弗罗施起草了一份新遗嘱，要求玛丽莲赶往新泽西州在这份遗嘱上签字，并让帕特陪同。由于担心玛丽莲可能会自杀，他们商定把阿瑟·米勒从受赠人中除名。在新遗嘱中，玛丽莲把她的大部分钱留给李·斯特拉斯伯格，还有一部分遗赠给玛丽安娜·克里斯，给她母亲留下一个信托基金，塞尼亚·契诃夫和帕特丽夏·罗斯滕也都有份。弗罗施同时也是保拉·斯特拉斯伯格的律师，玛丽莲正是通过保拉找到了他。伊内兹·梅尔森等人认为，签署这份遗嘱时玛丽莲受到了不应有的压力。如果这种说法属实，那么很可能是斯特拉斯伯格与弗罗施串通好了来获得这些遗赠，当然，这种说法没有佐证。

1月20日，肯尼迪举行就职典礼当天，玛丽莲和帕特·纽科姆以及亚伦·弗罗施一起前往墨西哥华雷斯办理离婚手续。这个主意是帕特提出来的，因为此时公众的注意力全都集中在总统的就职典礼上，他们希望借此冲淡公众对玛丽莲离婚的关注。她有几位朋友在就职典礼上献唱，比如弗兰克·西纳特拉，也就是在就职典礼上，肯尼迪和电影明星安吉·迪金森的关系更进了一步。离婚后的一段时间，玛丽莲看起来安然无恙。1月31日，她和蒙哥马利·克利夫特一起参加了《乱点鸳鸯谱》的试映。为了赶上1961年奥斯卡颁奖典礼，利用盖博的去世来吸引眼球，电影成片在仓促之间完成。影片试映之后评论褒贬不一，有些影评人认为影片表达的观点过于隐晦，看上去更像是欧洲片而不是美国片。虽然玛丽莲告诉拉尔夫·罗伯茨《乱点鸳鸯谱》最终会成为经典之作，但她也承认影片存在瑕疵。

之后，玛丽莲的身体每况愈下，她又把自己藏在又热又黑的卧室里，窗户上挂着遮光窗帘，这种状态和过去几周她在里诺时一样。肖和罗斯滕从未见过她如此沮丧。这时，玛丽安娜·克里斯决定采取一些更强硬的办法，她说服玛丽莲住院戒药。此前，玛丽莲经常住院，有时是去做妇科手术，有时因为体力不支而入院休息，有时因为药瘾发作，但这次入院完全是另一回事。她安排玛丽莲入住纽约长老会医院的佩恩·惠特尼诊所。事后克里斯承认让玛丽莲住在这里是一个错误，她没想到这家诊所实际上是一间精神病院，窗户上安有栏杆，门上了锁，开了窗，以便随时监视患者。玛丽莲现在住的精神病院和她母亲住过的一样。

入院之后，玛丽莲就遭到了虐待。一开始，她被抛弃了，没有人来看她，任凭她如何呼叫，都没人理她。她告诉拉尔夫·罗伯茨："我感到怒火中烧，但是无处发泄，只得作罢。"此时她想起自己在《无需敲门》里的发狂行为，于是故技重施，砸碎了浴室门上的窗户，用一块玻璃碎片割伤手腕以示威胁。这时，护理人员才发现她的异常举动。她只想引起旁人的注意，这样她就可以向人解释她不该住进精神病院，但护理人员却置若罔闻。他们用拘束衣把她捆绑起来，然后四名身材魁梧的男性护理员将她面朝下抬起来，丢到另一间病房里。她设法弄到了铅笔和纸，写了张纸条求人带到斯特拉斯伯格家，但他们没有来。斯特拉斯伯格说医院不让他们看望玛丽莲，因为他们不是病人家属。玛丽安娜·克里斯也没来过，尽管她承诺过每天都会去看她。

在玛丽莲自己的回忆中，这次经历更加恐怖。她告诉格洛丽亚·罗曼诺夫，医院给她注射镇静剂，限制她的活动，强迫她穿上病院服，而医生和护士全都被她的曼妙身姿所吸引，纷纷进入她的房间，以检查为由摆弄她的身体，其中还有些女同性恋者。她说，"你无法想象我有多恐惧。"

这一次，乔·迪马乔于水火之中拯救了她。玛丽莲设法弄到了一枚硬币，给乔·迪马乔打了求救电话，当时，他正在佛罗里达州参加纽约洋基队的春季训练。接到电话后，他立即飞往纽约，马不停蹄地赶往医院。在医院里，迪马乔勃然大怒，发誓说如果他们不让玛丽莲出院，就把整座医院夷为平地。医院终于让她出了院，之后迪马乔和帕特将她带到了哥伦比亚大学长老会医院医疗中心，在那里休养并接受停药治疗。

对玛丽莲来说，在佩恩·惠特尼诊所的经历成了转折点，从此她不想继续接受玛丽安娜·克里斯的治疗，但在纽约，她又找不到其他合意的治疗师。在拍摄《让我们相爱吧》和《乱点鸳鸯谱》期间，她曾紧急会见拉尔夫·格林森，之后一直与他保持着联系。她给他写了一封长信，向他述说了自己在佩恩·惠特尼诊所的可怕经历。在信的后记中，玛丽莲告诉格林森，她曾经和他不喜欢的人"有过一夜情"。她所指的应该不是约翰·肯尼迪就是弗兰克·西纳特拉。

和乔·迪马乔度过了两周的休养期之后，她决定搬到洛杉矶接受拉尔夫·格林森的定期治疗，并且她将继续把乔·迪马乔视为密友和情人。她对弗兰克·西纳特拉很着迷，与彼得·劳福德和帕特丽夏·肯尼迪·劳福德夫妇也相熟。约翰·肯尼迪曾经到访过劳福德夫妇在圣莫尼卡海滩边的房子，1961年1月就任总统之后，他就将这座房子当作"西部白宫"。西海岸正在向玛丽莲招手，1961年仲夏，她搬回了好莱坞。

Marilyn Monroe

第五部分
重返好莱坞，1961—1962 年

我醒来，只觉黑暗降临，白昼消散。

时光，噢，多么黑暗的时光啊，我们曾一起度过。

今夜！……

我心酸，我苦楚，那是上帝最深的旨意。

苦楚非要我品尝：我品尝到的只是我自己……

杰拉尔德·曼利·霍普金斯《我醒来，只觉黑暗降临》

（玛丽莲最喜爱的一首诗）

第 12 章
落幕，1961—1962 年

1961 年 6 月，《游龙戏凤》的摄影师、英国人杰克·卡迪夫拜访玛丽莲，当时她正住在比弗利山庄酒店的房间里。他们是在伦敦拍摄期间成为朋友的，卡迪夫发现，玛丽莲因与阿瑟·米勒的婚姻破裂及克拉克·盖博去世等"一连串重大变故"而悲恸不已。玛丽莲还跟他说了在佩恩·惠特尼诊所发生的事情，说着说着突然就激动了起来。"我到底是不是个疯子啊？我的亲生母亲不仅偏执，而且精神分裂，她的整个家族也饱受精神错乱的折磨。"然后她情绪大变，似乎愤愤不平，大喊道："这么多人都在利用我，从小就没人要我，现在还是没人要。"她表示自己再也不想扮演"无脑金发女郎"的角色了。她还谈到了自己的多重人格，但对于自己究竟想成为什么样的人似乎又很迷茫。

很多人觉得我天真无邪，于是我也有意识地维护这种人设。如果他们看到我邪恶的一面，肯定会讨厌我……其实我是一个多面的人，每次都在表演不同的人格。多数时候，我表现出来的样子都不是我真正想要的——人们眼中那个胸大无脑的金发女郎当然不是真正的我。

玛丽莲开始抽泣起来，卡迪夫将她像孩子一样拥入怀中，轻轻抚慰着她。等卡迪夫走的时候，玛丽莲已经平静下来了，但这一事件也预示了玛丽莲在未来几个月不稳定的精神状态。

玛丽莲当时已经在接受拉尔夫·格林森的深度治疗，每周五次。拉尔夫认为玛丽莲的病情正在好转，生活态度也越来越积极，海曼·恩格尔伯格告诉他，玛丽莲已经基本不再服用处方药了。6月1日，玛丽莲生日那天，她给格林森发了一封电报："茫茫人世，幸而有你。"据朋友说，玛丽莲将拉尔夫称为耶稣。与阿瑟·米勒和李·斯特拉斯伯格一样，玛丽莲眼中的拉尔夫也集合了父亲与救世主的双重身份。此后一年，两人的关系将成为她生活的焦点。

在与重度抑郁症做斗争的同时，玛丽莲也会看望好友，偶尔接受采访，还会与自己的经纪人和律师会面，当时他们正与二十世纪福克斯公司就玛丽莲接下来拍摄哪部电影进行谈判。6月12日，她参加了克拉克·盖博儿子约翰·克拉克的洗礼，小约翰是遗腹子，在父亲去世四个月后才出生。凯伊·盖博对她表示热烈欢迎，邀请她带上乔·迪马乔一起到家中做客。6月底，玛丽莲飞往纽约，与拉尔夫·罗伯茨一同驾车前往罗克斯伯里的房子，取走她留在那里的东西。玛丽莲告诉罗伯茨，她非常喜欢这栋房子，放弃它让人有些难过。她回忆道："买下这栋房子，把它修葺一新，我感觉就像置身天堂一般。播下种子，释放梦想，收获希望。"

然而玛丽莲却在屋里发现了其他女人的痕迹，这让她很不开心，又在园艺书籍旁边看到几本英格·莫拉斯的影集，更让她心烦不已。她肯定知道阿瑟与英格已经在一起了。3月底，古斯·米勒去世，英格与阿瑟一同出席了葬礼，玛丽莲当时也在场。即便如此，英格与阿瑟可能已经在罗克斯伯里同居的事实还是让她很难接受。玛丽莲确信，阿瑟存心将影集放在园艺书旁边的架子上，他知道自己肯定会去拿那些书。她说，阿瑟在伤害别人方面很在行，就像在伦敦的时候，他故意把日记打开，让她看到里面的内容，其中写到了自己如何让他失望。玛丽莲气得把英格的书扔进了垃圾箱。

6月下旬，玛丽莲突然感觉疼痛难忍。在纽约的综合医院，经过两个小时的手术，医生切除了她病变的胆囊。院方提前采取了预防措施来保护她的隐私，比如，院方雇佣了警卫，在所有走廊巡逻，还在医院大楼后面安装了一部专用电梯供玛丽莲使用。玛丽莲出院时，停车场被人群堵得水泄不通，她花了整整一个小时才走到等候她的豪华轿车前面，可见玛丽莲的人气不减当年。康复期间，伯妮斯·米拉可与她同住在曼哈顿的公寓里，玛丽莲服药过量，让伯妮斯颇为担心。当时，乔·迪马乔常到她的公寓休息，也经常在那和他的朋友乔治·索洛泰尔共进晚餐。多年前，他就已经对玛丽莲的行事方式司空见惯了。

虽然迪马乔英雄救美，将玛丽莲从佩恩·惠特尼诊所解救出来，两人还在佛罗里达度过了美好的假期，但玛丽莲依然不愿意嫁给他。乔经常给她打电话，送她玫瑰花，他们俩是精神上的朋友，偶尔也是情人。他仍然在世界各地旅行，与莫耐特公司一起参观军事基地，但他也定期回纽约和洛杉矶，与玛丽莲相会。他依然忠于玛丽莲，并深深为她痴迷。1961 年 10 月初，玛丽莲住在洛杉矶，乔邀请她前往纽约，参加世界大赛的首场比赛，他将负责开球。这是一种巨大的荣誉，因为此前都是美国总统负责开球。玛丽莲拒绝了他的邀请，不过这倒没有影响他的心情。乔告诉玛丽莲看电视时注意他的动作，他会做个只有她能看懂的手势。

玛丽莲当时正在与弗兰克·西纳特拉交往，自从两人 1960 年 12 月在纽约结识后，弗兰克便开始追求她。相较于略显笨拙、畏首畏尾的乔和阿瑟，弗兰克更为俏皮有趣。在民权问题上，他立场强硬，这点很吸引玛丽莲。多年以来，无论是在家中、化妆室，还是在车内，玛丽莲都会听他的歌，这也让她对弗兰克感觉很亲近。他的歌曲曲风偏民谣，是那种低吟类型，以忧郁、悠远的风格见长，时常以真爱难觅或夜晚寂寞为主题。在发声方面，与玛丽莲一样，他也一直在学习比莉·荷莉戴和艾拉·费兹杰拉。有时会有人将他的音乐称作"自杀音乐"，这点也很容易与玛丽莲产生共鸣。弗兰克是个非常睿智的人，据他的女儿南希说，他总是在孜孜不倦地阅读，主要读历史和传记，有关亚伯拉罕·林肯的一切读物他都不会错过。

弗兰克提议让玛丽莲与他一同乘火车，横跨美国前往佛罗里达，但玛丽莲没有同意。她与乔·迪马乔一同在佛罗里达度假时，或许也见到了弗兰克，有记者猜测当时两人曾待在一起。那年春末，玛丽莲造访了弗兰克位于棕榈泉的家。在拉斯维加斯的几场开幕演出上，玛丽莲也是他的同伴。卢埃拉·帕森斯说，玛丽莲就像个女学生一样迷恋弗兰克。我问迪恩·马丁的妻子珍妮，玛丽莲为什么会和弗兰克在一起，她回答说，两人在性方面有共同的喜好，并且都是高手。

玛丽莲与许多人的友谊错综复杂，与弗兰克的关系也是如此。有时，弗兰克似乎想与玛丽莲共度余生，比如他会送给玛丽莲价值连城的祖母绿耳环，配她最喜欢的绿色连衣裙。但有时他又会随意使唤玛丽莲，而玛丽莲也会听从他的指挥。通过与弗兰克交往，玛丽莲结识了许多好莱坞的社会领袖，如加里·库珀、威廉·格茨和伊迪·格茨（路易·B.梅耶的女儿）。这些人都很欣赏弗兰克，是因为他善于为人处世，而且拥有知名歌手以及演员的身份。弗兰克曾与克拉克·盖博争夺"好莱坞之王"的头衔，盖博去世后，他便再无对手。他雄心勃勃，喜欢与好莱坞的顶级大咖交往。

玛丽莲还融入了弗兰克的其他圈子，比如"鼠帮"，这个"男人帮"由彼得·劳福德、小萨米·戴维斯、迪恩·马丁和乔伊·毕肖普等组成。1960 年 1 月，弗兰克在拉斯维加斯将这一组织的成员聚集到一起，共同制作电影《十一罗汉》，电影讲述了五个共同经历过二战的战友打劫拉斯维加斯赌场的故事。影片将男性塑造为纵情声色的花花公子，与二战英雄的形象形成了鲜明对比。戴维斯、马丁和毕肖普都是著名的喜剧演员、歌手，劳福德则以其优雅的英式风格而闻名，他与约翰·肯尼迪的姐姐帕特丽夏的婚姻对弗兰克而言意义非凡，因为弗兰克很在乎自己与肯尼迪家族的友谊，也将其视为成功的标志。1960 年总统竞选期间，弗兰克鞍前马后帮助约翰·肯尼迪竞选。玛丽莲与劳福德、戴维斯都是多年好友，其他人也是她在好莱坞时期就已认识的。

弗兰克将玛丽莲带进了拉斯维加斯的夜生活，让她进入这个酗酒、赌博和乱性的世界。米娅·法罗曾与弗兰克有过一段婚姻，她将弗兰克身边的女人描述为男人的附属品：男人说话、喝酒时就安静地坐着，听到男人们说笑话，就适时地开怀大笑。很难想象玛丽莲会这么驯服，但她习惯于适应周围环境，摆出别人想要的姿态。在这种情况下，"鼠帮"的男人们就像詹姆斯·邦德一样，凭借自己的男性魅力，总能将美丽的女人吸引到自己的床上。从许多角度看，玛丽莲又回到了好莱坞早期派对女郎的生活。

弗兰克显然意识到，将玛丽莲带入拉斯维加斯的夜生活对她戒除药瘾没有帮助。作为一个曾经戒过酒瘾和药瘾的人，他或许认为自己的榜样力量足以激励玛丽莲做出改变。玛丽莲显然也清楚，弗兰克极度自律，还有点强迫症，看到有人当着他的面服药或酗酒会嗤之以鼻。有时，她好像会故意以此逗弄他。1961 年 8

月，整整一个月玛丽莲都待在弗兰克家。一天，弗兰克约了约翰·肯尼迪在彼得·劳福德家共进午餐。突然，玛丽莲不见了，弗兰克花了整整一天才找到她，连午餐都没有吃。

弗兰克肯定没将这段插曲放在心上，几周后，他又带玛丽莲前往罗曼诺夫家，参加纪念比利·怀尔德的聚会，还送了她一对祖母绿耳环。在聚会上，玛丽莲又找回了自己真正的风采，她机智又耀眼的风姿让在场的宾客无不为之着迷。晚间，贵妇们站成一列，向玛丽莲学习她性感迷人的步态。玛丽莲领着身后的贵妇走路时，肆意地大笑着。弗兰克向玛丽莲表明，他不喜欢她在家中赤身裸体的习惯，也不喜欢她一遍遍地讲述自己的童年往事。有一次，玛丽莲又向弗兰克诉说自己儿时的故事，被弗兰克狠狠训斥了一顿，这让玛丽莲气恼不已，后来才发觉或许弗兰克是对的。弗兰克的批评是否进一步增强了她的自我意识？又或者，她是否因为弗兰克代表了她生活中较为强势的男性，而接受了他的批评？弗兰克是在帮她还是在进一步击垮她早已破碎的自信心？有人表示，当月月底，弗兰克前往马萨诸塞州海恩尼斯港造访肯尼迪庄园，玛丽莲也随同前往，但没有充足证据支持这一说法。

玛丽莲的行为让弗兰克日益厌倦。9月，他在玛丽莲曾经居住的多西尼大道公寓大楼为她找了套公寓。他的秘书格洛丽亚·洛弗尔在那里有一套公寓，他也在那为自己留有一套公寓。这栋大楼并不属于弗兰克，但他对大楼的业主有很强的影响力，据他的管家和心腹乔治·雅各布斯说，大楼被称为"弗兰克的臂膀"。弗兰克的密友和助理曾住在这栋大楼的公寓里。

虽然弗兰克与普罗斯关系依然亲密，但从某种角度讲，弗兰克只是想从玛丽莲身边解脱出来。与其他许多人一样，他感觉自己像父亲一样照顾着玛丽莲，就像他照顾朱迪·嘉兰一样：两人都是伟大的明星，都有些神经质，需要人照顾。格洛丽亚·罗曼诺夫告诉我，弗兰克总是在关心玛丽莲的生活及服药情况。乔治·雅各布斯说，玛丽莲是弗兰克的最爱，因为她把弗兰克的音乐、善良和性技巧都捧上了天。美发师乔治·马斯特斯为玛丽莲打理发型时，弗兰克的"影子"总在那里徘徊，"像她的守护天使一样"。他记得，在多西尼大道的公寓大楼里，弗兰克在玛丽莲隔壁有一套公寓，而他的秘书格洛丽亚·洛弗尔的公寓也离玛丽莲很近。

同弗兰克关系紧密的男性颇为可怖，而且弗兰克经常和他们在一起厮混。弗兰克不喜欢独处，在他还是个年轻歌手时，他意大利人的强硬性格就已显露无遗。在黑手党的黑话中，他被称为老大，而那些人则是他的追随者。与好莱坞有权有势的经纪人以及黑手党成员一样，"鼠帮"成员也会共享自己的女人。后来嫁给弗兰克的发型师杰伊·塞布林的卡米·塞布林说，她曾被威胁要同弗兰克等人发生性关系，但她严词拒绝了。她说，"鼠帮"把女人当糖果一样四处送人。敏感的年轻女演员乔伊·兰馨就毁在了他们手上，她爱上弗兰克后，被送给其他人轮番玩弄，最后染上了毒品。我问卡米，为什么把这件事告诉我，而不是自己昭告天下，她说："你是女权主义者，还是你说吧。"

　　乔治·雅各布斯认为，1961年秋，弗兰克移情别恋爱上朱丽叶·普罗斯之后，玛丽莲就崩溃了，她连续多日不洗澡也不换衣服，而到了晚上，她就会乔装打扮，到桑塔·莫尼卡大道的酒吧去勾搭男人。尽管拉尔夫·格林森曾提到过一个病人乔装的故事，其特征与玛丽莲相吻合，但这些说法终归是查无实据。有一次玛丽莲性挑逗弗兰克，但被他狠狠拒绝了，于是她一怒之下径直去了酒吧，随便找了个男人，在未用保护措施的情况下同他发生了关系。第二天，她把这事告诉了格林森。格林森的太太希尔迪·格林森说，玛丽莲接受完心理治疗后，她请玛丽莲留下来吃晚饭，然后再开车送她回家，因为玛丽莲曾经不顾风险邀请一名出租车司机到她家，或许是为了求欢。很难想象，当时正在规划自己职业生涯的玛丽莲，会冒被敲诈的风险带出租车司机回家，但是在强迫症及与阿瑟·米勒的失败婚姻带来的挫败感的驱使下，玛丽莲做出这种事也不足为奇。

　　玛丽莲决定留在好莱坞，而且说服了拉尔夫·罗伯茨从纽约搬来和她一起住，做她的司机和按摩师。拉尔夫搬来后的日子过得很有规律：先是带玛丽莲到雷娜夫人的沙龙做面部护理，随后去杂货店或服装店购物，接着到拉尔夫·格林森医生那接受心理咨询。玛丽莲和拉尔夫会一同在她家露台上共进晚餐，格洛丽亚·洛弗尔和帕特丽夏·纽科姆也常常加入他们，晚餐通常是拉尔夫亲手烤的牛排。当时住在多西尼大道公寓的贝茜·邓肯·汉姆斯是个夜店歌手，因在拉斯维加斯与弗兰克共同演出而与他相识。当她结束深夜的演出回到家时，常常能听到玛丽莲和格洛丽亚·洛弗尔在露台上喝酒聊天的声音。

秋末，摄影师道格拉斯·科克兰帮《展望》杂志拍了一组玛丽莲的照片。他还是个新人，玛丽莲教了他许多有关拍摄角度和姿势的技巧。照片中的玛丽莲摆出自己经典的姿势：赤身裸体躺在床上，只用薄被覆体。他见过玛丽莲三次，每次的感觉都截然不同。拍摄前的玛丽莲风趣幽默，在探讨拍摄事宜时，她总能找到许多有趣的话题。拍摄时的玛丽莲巨星风采尽显，任由睡袍从肩胛滑落，让他一览袍下春色。拍摄结束几天之后，当他将照片拿给玛丽莲看时，她的情绪似乎非常低落。她戴着墨镜，看起来好像刚刚哭过。

整个秋天，玛丽莲的律师和经纪人都在与福克斯的高管进行谈判，商讨玛丽莲参与翻拍1940年的电影《好妻子》的事宜。该片讲述了一名女子被困在南部海岛，并与另一名男子共同生活了五年后，重新回到子女及刚刚再婚的丈夫身边的故事。尚不清楚玛丽莲本人是否有意出演这部电影，但拉尔夫·格林森给她施加了压力，让她履行对福克斯的承诺。除此之外，玛丽莲还得到了在李·斯特拉斯伯格执导的电视版《雨》中担任主演的机会。斯特拉斯伯格认为她会像萨迪·汤普森一样出色，后者是个引诱传教士的妓女，并通过摧毁他的道德观而毁掉了他。1932年，琼·克劳馥出演了电影版《雨》，并获得了广泛好评。

考虑到拍摄这部电视剧的机会，玛丽莲立刻给斯特拉斯伯格写了封信，请他考虑搬到好莱坞，与她合作创办制片公司，玛丽莲认为这样就可以走出当前所处的困境。她与马龙·白兰度讨论了这个想法，白兰度也很感兴趣。玛丽莲当时在寻找像 MMP 这样的创业机会，以便同她信任的人合作。然而并没有证据能证明斯特拉斯伯格给玛丽莲回了信。

这一年，虽然玛丽莲时有取消约会或者干脆爽约的情况，但她仍有很多朋友。她与肖一家以及罗斯滕一家保持着联系，也与塞尼亚·契诃夫、安·卡佳、克利夫顿·韦伯及西德尼·斯科尔斯基等人保持着电话联系。她时常与乔·迪马乔、弗兰克·西纳特拉及马龙·白兰度约会。多萝西·帕克与她的丈夫住在靠近多西尼大道公寓的街角，与玛丽莲多有来往。多萝西写信告诉一位朋友，她和丈夫为玛丽莲写了一个粗俗的爱情滑稽剧，只可惜遭到了福克斯的拒绝。玛丽莲总是"处于恐慌之中"，但这也并非什么大事，因为多萝西也有类似的问题。总而言之，她"疯狂迷恋"着玛丽莲。

玛丽莲还结交了撰写亚伯拉罕·林肯传记的作家、诗人卡尔·桑德堡，当时玛丽莲正在制作《让我们相爱吧》，而卡尔则正在为《万世流芳》创作剧本，他的办公室恰好是玛丽莲以前的更衣室。他们像孩子一样互相打趣，交流诗歌。玛丽莲称他为"民有、民享、为民"的诗人。

1960 年或者更早的时候，玛丽莲曾前往彼得·劳福德的海滨别墅。1961 年，玛丽莲回到好莱坞，此时她与帕特丽夏·肯尼迪·劳福德已经成了密友。帕特丽夏的幽默、近六英尺的身高、英气的外表与玛丽莲的女性气质完美互补，帕特丽夏也成了玛丽莲结识肯尼迪兄弟的桥梁。帕特丽夏对好莱坞名人很感兴趣，这也是她嫁给彼得·劳福德的部分原因。玛丽莲非常率真，性格迥异于肯尼迪家族，这点让帕特丽夏非常喜欢。据帕特丽夏的儿子克里斯托弗说，玛丽莲就像她的小妹妹一样。彼得和帕特丽夏将风靡好莱坞的扑克游戏与肯尼迪家族在海恩尼斯港玩的猜谜游戏结合起来，还时常以这些游戏为主题，举办休闲派对。玛丽莲常常和帕特丽夏·纽科姆一起参加他们的派对。彼得喜欢冲浪、打排球，常和朋友在他家后面的海滩上一起玩。这些游戏对玛丽莲没什么吸引力，她会在泳池边安静地坐着，或到沙滩上散步。

肯尼迪兄弟在场时，他们也会玩一些"性游戏"。在彼得未发表的自传的大纲中，他写道，自己患有"性瘾"，肯尼迪兄弟和他相比也不遑多让。有时候，肯尼迪兄弟在劳福德家就像精虫上脑的色狼一样。珍妮·马丁说，约翰·肯尼迪和鲍勃·肯尼迪举止轻浮，甚至会公然非礼女性。肯尼迪家族的女人们早已见怪不怪，因为他们受到的家教就是要为自己的兄弟找女人。作为有权有势的男人，他们纵情享受着成功带来的"战利品"，包括女人。

私家侦探弗雷德·奥塔什和电子设备专家伯尼·斯宾德尔曾在劳福德家装过电子窃听设备，根据我的消息来源，约翰·肯尼迪的确在劳福德家与玛丽莲发生了性关系。听过窃听录音的人均证实了这一点。2008 年 12 月，我到劳福德家拜访，仆人们拿二人的幽会开了个玩笑，他们指着一部电梯说，两人就是在那发生了性关系。这部小型电梯的历史可以追溯到 20 世纪 30 年代，在使用过程中从未经过现代化改造，对我而言，它远不是个"舒适的场所"，所以我怀疑仆人们只不过是在说笑罢了。根据彼得·劳福德的遗孀帕特丽夏·劳福德·斯图尔特的说法，有个粉红色的缟玛瑙浴缸是性爱的绝佳场所。虽然房子很大，有些部分也已重建，但我还是找遍了整栋房子，可惜未能发现它的踪迹。

当时洛杉矶的地区助理检察官约翰·迈纳曾参与了玛丽莲的尸检，是了解玛丽莲之死内情的权威。在对他的多次采访中，他跟我说了许多有关派对的情况。他没有参加过这些派对，但见过一个经常光顾那里的女人，她向他交代了派对上的一些情况。他说，彼得曾前往巴黎的跳蚤市场，购买了18世纪的活塞式注射器（袋式灌肠器的变种，带有大号注射器，类似筒式灌肠器）。迈纳表示，在派对上他们会用到这些器具。事实上，从古希腊直至19世纪，灌肠一直是治疗各种疾病的主要方式，人们认为日常灌肠有助于改善肤色。18世纪，贵族开始将活塞式注射器用作性玩具。我问了彼得的第四任妻子帕特丽夏·劳福德·斯图尔特关于灌肠的事，她说彼得虽然不学无术，不过举止还是很优雅的，他最感兴趣的还是冲浪和打排球。换言之，他去巴黎跳蚤市场的事情可能是子虚乌有。

1961年秋天，有人看到玛丽莲出现在劳福德家，与肯尼迪兄弟在一起。10月，作为总检察长，经常出差考察地方检察院的鲍勃，参加了劳福德家举办的一次派对。聚会上，玛丽莲醉得不省人事，于是鲍勃便在新闻秘书埃德温·古斯曼的陪同下带她回家，让她上床睡觉。在那个时候，也可能在那之前，玛丽莲已经得到了约翰·肯尼迪的私人电话号码，这条电话线直通白宫的家庭区，会在非工作时间响起。有时玛丽莲打来，接电话的是他的妻子杰奎琳，但杰奎琳对此更多的是担心，而不是嫉妒。她对约翰的浪荡生活一向睁一只眼闭一只眼，甚至还告诫过两兄弟不要与玛丽莲在一起鬼混，因为她认为玛丽莲"迟早会自杀"。

1961年感恩节前不久，约翰·肯尼迪前往洛杉矶参加筹款晚宴，有人看到他在晚会上与玛丽莲交谈，并一同在劳福德家共度了一段时光。劳福德家自1961年11月开始，就遭到私家侦探弗雷德·奥塔什和伯尼·斯宾德尔的窃听。有些传记作家声称，窃听是卡车司机工会主席吉米·霍法安排的，因为鲍勃·肯尼迪正在猛烈打击工会和黑手党之间的相互勾结，所以他要收集肯尼迪行为不端的证据，以求自保。也有人说是乔·迪马乔雇用了奥塔什，还有人说是黑手党、联邦调查局或中央情报局布置的窃听任务。奥塔什曾是警察，是洛杉矶知名的私家侦探，常有好莱坞明星雇他来掩盖或调查丑闻。1954 年的"闯错门事件"中就有他的身影。奥塔什的助手在听窃听录音时，听到了玛丽莲和约翰·肯尼迪做爱的声音，奥塔什的一名不愿透露姓名的伙伴在接受我的采访时表示，他也听到了相同的声音。

12 月初，玛丽莲飞往纽约，在社交名媛菲菲·菲尔的家庭聚会上与约翰·肯尼迪会面。纽约的富豪们与其他任何人一样，都渴望见她一面。但由于与肯尼迪缺乏让人有安全感的关系，弗兰克的忽冷忽热，再加上阿瑟·米勒另寻新欢，这些事情都令她感到难受。从菲尔家的派对回来后，她连着三天都在大量服药。过量用药似乎与上述个人问题有关，但格林森确信，其根源有二：一来是玛丽莲将恋父情结转移到了他身上，二来是玛丽莲经常抱怨二十世纪福克斯和她的朋友，令他不胜其烦。

我们不知道是谁发现了过量用药的玛丽莲，可能是经常与她在一起的格洛丽亚·洛弗尔或帕特丽夏·纽科姆，也可能是其他寻找她的人（格洛丽亚·罗曼诺夫说，玛丽莲所有的亲密朋友都曾在她过量服药后将她从鬼门关拉回来）。恍惚中，玛丽莲或许给拉尔夫·格林森打了电话，格林森住在圣莫尼卡，距离多西尼大道公寓大约 20 分钟的路程。事实上，过量服药可能也是一种寻求帮助、获得关注的方式，这种情形在重度抑郁症患者中并不罕见。

按照玛丽莲的状况，原本是需要住院治疗的，但拉尔夫·格林森担心限制自由可能会让她回想起在佩恩·惠特尼诊所的经历，产生自杀的念头，于是拉尔夫便让她在自己家中接受治疗。他请了护士 24 小时照看玛丽莲，同时还派恩格尔伯格每天到她家给她注射维生素，尤其是 B_{12}，并逐步减少戊巴比妥钠的剂量。或许他给玛丽莲换了种药，这是常规的戒药方法，可以减少致命的戒断症状。玛丽莲很快恢复了，但格林森和玛丽莲之间的矛盾才刚刚开始。

当时的人们认为，格林森接收玛丽莲是件很有勇气的事。由于玛丽莲多次尝试自杀，许多心理医生都不愿对她进行治疗。患者自杀，尤其是如此著名的患者自杀，可能会毁掉一个心理医生的职业生涯。但格林森喜欢医治名人，他曾经医治过许多著名演员，包括弗兰克·西纳特拉和费雯·丽。他有关心理医生和患者关系的理论使他在精神分析学家中名声大噪。他在学术期刊和 1978 年出版的《精神分析探索》一书中发表了这些理论，《精神分析探索》曾被认为是这一领域的权威著作。

最近，有传记作家指称格林森曾与玛丽莲发生过性关系。然而他的理论立场还有他对玛丽莲的反应都证明事实并非如此。在分析论文中，格林森严厉谴责病人和心理医生发生性行为。在一篇关于移情的论文中，他批评了那些任由反移情泛滥而"不自控"的心理医生。他认为，心理医生既要做到置身事外，又要做到换位思考，要在两个角色之间不断调整转换。他在一篇关于"工作联盟"的论文中写道，这是一种"理性、与性无关、非攻击性的移情现象"。他批评了所谓的"矫正情绪体验"疗法，并指出，必要的"移情神经症"应挫败患者的欲望。也许玛丽莲曾试图引诱他，但他拒绝了。这就是他在论文《关于心理治疗中药物的使用》中表达的观点。

1961 年和 1962 年，玛丽莲的强烈移情给格林森带来了沉重的负担。如果他惹她不高兴了，她就会对此纠缠不休，经常威胁自杀，或是深夜来电。格林森很容易就会惹恼玛丽莲，尤其是他还批评玛丽莲对待他人神经过敏。玛丽莲不仅抱怨那些"折磨"她的人，对那些不合己意的人也是喋喋不休。另一方面，她对有些人过分崇拜，不允许格林森批评他们，比如她的第一任养父韦恩·博伦德和格雷丝·戈达德的姨妈安娜·劳尔。在玛丽莲的童年时代，劳尔对她的影响很大。

这时，格林森认定，比他小十六岁的玛丽莲其实就是一个年少无知的流浪儿，行事不负责任，时常乱发脾气。在他撰写的一篇关于药物的论文中，他提到他的病人将自己暴露于性病的威胁之下，这种行为无异于自我毁灭，显然他说的就是玛丽莲。在 1961 年 11 月 16 日的一次电台讲座中，格林森批评了他所有的失眠症患者，其中就包括玛丽莲。他说，这些患者都是"婴儿"，"他们越是幼稚，就越退化，越致命，越容易自我毁灭"。

由于经常给玛丽莲看病，导致格林森劳累过度。此前，他的心脏病曾发作过，于是不得不减少接诊，但他仍然在加州大学洛杉矶分校教课，负责心理医生的培训，还在美国公民自由联盟董事会任职。玛丽莲无止境的要求有可能夺走他的生命。格林森在给玛丽安娜·克里斯等人的信中提到玛丽莲时语气沮丧，因为玛丽莲不分时候地打电话给他，威胁要自杀，随后情绪就平静下来，紧接着会再次爆发。

他告诉克里斯说："我现在就像是心理治疗的囚犯，这种治疗对她而言是正确的，但对我个人来说简直就是一种折磨。"

玛丽莲曾让全国最著名的表演老师屈服于她，就连全国最著名的运动员和剧作家也"难逃此劫"。现在她面对的是著名的心理分析师格林森，后者聪明绝顶，而玛丽莲也毫不逊色。我猜测在治疗期间他们肯定很喜欢进行智力较量，因为玛丽莲一方面接受格林森的"工作联盟"，另一方面又心怀抗拒，她可能在潜意识里试图维持两人之间相互依赖的关系，以便掌握控制权。格林森的学生兼同事约书亚·霍夫斯告诉我，在长期治疗期间，两人可能聊过哲学、文学和心理分析理论等话题。

1961 年 12 月，格林森在给安娜·弗洛伊德的一封信中称玛丽莲为边缘型偏执精神分裂症患者。然而，根据治疗情况，很难将玛丽莲归入某一类病症。她频繁地做噩梦，内心藏有怪兽等，是多种心理疾病的综合症状。事实上，"边缘"可能意味着某人的症状在多种病症之间摇摆，尚未被完全划分为带有危险后果的疾病，比如充满操纵行为的特殊人格障碍。此外，对精神分析持怀疑态度的拉尔夫·罗伯茨和鲁珀特·艾伦都声称，玛丽莲曾告诉过他们，她对格林森讲的故事纯属虚构。

接受格林森治疗的一段时间里，她曾反复做过一个梦：黎明时分，她在墓地里狂奔，疯狂地寻找逃生之路。她把这个梦描述得活灵活现，提到了梦中高大的墓碑，以及带露水的草打在脚上的感觉，但她没能成功逃离墓地。这个梦似乎在暗示玛丽莲试图从死亡中逃离，她经常把死亡看作痛苦生活的一种解脱。这个梦也可能是对格林森的一种警告，说明他的治疗无效。有一次，格林森试图说服玛丽莲停药，问她"是选择药还是选择我"。她回答说，药物让她感觉到"子宫般的温热和坟墓般的冰冷"。

事实上，格林森认为她的自我太过虚弱，所以无法进行分析，他只能试图帮助她获得足够强烈的自我感觉，然后再进行分析，这就要求玛丽莲去深入探究她自己的过去。因此在治疗期间，格林森让她端坐着，而不是躺在沙发上，他要和玛丽莲进行眼神交流，帮她保持专注。根据他在论文中提及的两人之间的互动情况，实际上他对玛丽莲使用了自创的心理分析方法。

然而，把玛丽莲带回家治疗时，他似乎并没有意识到他正在重复他人已经做过的事情——卡格尔一家、契诃夫、罗斯滕和斯特拉斯伯格都曾带玛丽莲融入他们的家庭，所以格林森这么做并不是独一无二的。融入治疗师的家庭可能是治疗的一部分，这种方式能够无休止地帮她回顾童年的寄养生活，通过融入更好的家庭生活来转移以往家庭对她的负面影响。玛丽莲觉得周围的每个人都在操纵她，就像有药瘾的人经常认为身边每个人都是密谋伤害自己的共犯一样。格林森意识到她是药瘾者，所以想帮她摆脱一切消极的友谊关系，这是一种治疗药瘾的常用方法。他说，玛丽莲有受虐倾向，她会故意激别人"来虐待她、利用她"。

　　格林森想让玛丽莲和弗兰克·西纳特拉断绝关系，因为弗兰克也是他的病人，所以他对弗兰克的病情一清二楚。1961 年 11 月，他还让玛丽莲和拉尔夫·罗伯茨不再来往，因为他认为，罗伯茨是个爱喝伏特加的酒鬼，很可能会怂恿玛丽莲酗酒。此外，他也想让玛丽莲摆脱斯特拉斯伯格夫妇。这种做法也许是对的，因为即使是温柔的诺曼·罗斯滕也不信任这些人，他觉得这些人试图取代格林森在玛丽莲生命中的角色。

　　然而，玛丽莲患有妄想症是有现实原因的，很多人确实都在利用她：她的纽约律师亚伦·弗罗施挪用她的资金；玛乔丽·斯坦格尔工作太不称职，只能被解雇；联邦调查局仍在跟踪玛丽莲，她对此心知肚明；乔·迪马乔经常派私家侦探来监视她……因此格林森也知道她的抱怨并非都是无缘无故的妄想。格林森曾对他的另一位患者、电影明星简妮丝·鲁尔说过，"即使一个明星非常渴望改变也无济于事，因为靠她生活的一帮寄生虫和剥削者们更想维持现状"。他口中的"明星"就是玛丽莲。

　　根据格林森的说法，玛丽莲甚至无法忍受任何同性恋的暗示，但她自己却多次出入于有同性恋的场合。在这些场合，她很清楚自己的性取向，但是她硬要把自己的性取向强加到别人身上，这样很容易树敌。格林森尽己所能地帮助她，他说："有时候我会告诉玛丽莲，我们每个人都同时具有异性恋和同性恋倾向。玛丽莲听完之后暴跳如雷，最后我不得不向她解释，只不过每个人的异性恋和同性恋倾向占比有多有少，她的异性恋倾向占比绝对是 100％。"玛丽莲在对待帕特丽夏的时候非常偏执，比如要求帕特丽夏把金发染黑。她还让美发师乔治·马斯特斯把金发染成深色，因为有人戏称他俩是龙凤胎。马斯特斯称，他把玛丽莲的头发染成了白金色，好让她不再抱怨两人的发色过于相似，不过在此之前玛丽莲就已经要求过波尔·波特菲尔德这样做。

玛丽莲在《我的故事》中说道，在与弗雷德·卡格尔恋爱之前，她曾认为自己是女同性恋。作为那个时代最伟大的性感标志，保持自己的女人味对她来说非常重要。如果她是女同性恋，她的演艺生涯将宣告终结，她自己也会蒙受巨大的羞辱。在格林森告诉她人人都有双性恋倾向之后，她陷入了对同性恋的恐慌之中。在她离开纽约之前，演员工作室的一位女演员在一家餐馆吻了她的嘴，这让玛丽莲恼羞成怒。此外，传言称娜塔莎·莱泰丝曾计划在欧洲某个小报中曝光她与玛丽莲的恋情。

作为玛丽莲的治疗师，格林森陷入了一种困境。在他的信中，他提到哪些人伤害了玛丽莲，但职业道德又不允许他指名道姓地去批评这些人。信中，格林森表示玛丽莲极其孤独，如果不来治疗便无所事事。玛丽莲也曾说自己一直孤零零地生活着，她抱怨除了格林森以外没有几个朋友。这种说法是典型的药瘾者症状，不过有时候她确实认为自己没有朋友，只是一个形单影只的孤儿。

在玛丽莲的整个成年生活中，总有人说她性冷淡。鉴于她正在接受格林森的治疗，一些人认为格林森帮玛丽莲治好了性冷淡。要想评估这些说法的真实性，一定要考虑到当时的文化背景。20世纪50年代，美国社会对"慕男狂"着迷，顾名思义，"慕男狂"一定是性冷淡，因为她们无法达到性高潮，需要不停地进行性生活。如此说来，像玛丽莲这样一个对性爱表现得如此开放的性感女王一定是性冷淡。在弗洛伊德学说大行其道的时代，性冷淡意味着无法达到性高潮，格林森在1955年的论文中也提到了这一点。1972年，第二波女权主义运动兴起，其论据（基于金赛的性学研究结果）是女性的性反应只有一个来源，那就是阴蒂。受此影响，格林森在某种程度上改变了原有立场，但他仍然认为"无法将阴道视为性器官是抑制性心理发展的表现"。

鉴于哈尔·谢弗、伊利亚·卡赞、阿瑟·米勒等人的说法，我对玛丽莲的研究表明玛丽莲的性反应是正常的，影响她性反应的可能是子宫内膜异位症和做手术留下的疤痕组织。在采访哈尔·谢弗时，他反复问我："像乔·迪马乔这样性欲和性能力超强的人，如果玛丽莲不能达到性高潮，他为什么会不断回到玛丽莲身边？"玛丽莲把乔称作"我的强击手"，在床上也能完成"全垒打"。玛丽莲还说过，如果性生活是婚姻的唯一标准，她和迪马乔肯定能天长地久。

1961年12月，玛丽莲在公寓接受戒瘾治疗之后，格林森把朋友尤妮斯·穆雷介绍给了玛丽莲当管家，穆雷有着丰富的护理经验。他觉得玛丽莲需要有个人陪，这个人可以替他照看玛丽莲。许多人认为尤妮斯就是帮格林森监视玛丽莲的。尤妮斯曾担任过格林森很多患者的看护人，她知道如何对付那些情绪不稳定的名人。尤妮斯是一个安静的女人，从不张扬，她从未看过玛丽莲的电影，对玛丽莲的名气也一无所知。12月玛丽莲接受治疗时，格林森带来多位护士照看她，但是玛丽莲和她们都合不来，经常吵吵闹闹，以至于护士们都辞职了。玛丽莲一度对尤妮斯也非常无礼，但无论玛丽莲怎么骂她，尤妮斯都能保持忍耐和冷静。

1月初，尤妮斯开始照顾玛丽莲，玛丽莲发现她竟然还是一位心灵手巧的裁缝，有些喜出望外。做完胆囊切除手术后，玛丽莲体重下降了许多，她的衣服需要裁小一点，尤妮斯就帮她裁剪。此外，尤妮斯还是一名斯威登堡主义者，信奉的是18世纪瑞典科学家伊曼纽·斯威登堡的神秘主义，这对玛丽莲很有吸引力，因为她仍在探索生命中其他灵性的存在。玛丽莲曾在比弗利山庄的雷娜夫人沙龙咨询过肌肤护理师G.W.坎贝尔（雷娜的丈夫），坎贝尔用他妻子发明的某种设备为玛丽莲的下巴做了整形。他精通哲学和宗教，曾和玛丽莲促膝长谈。每次玛丽莲需要快速补充专业知识时，就打电话给他，他会给她推荐几本书，然后她就去读。

1961年夏天，玛丽莲告诉乔·迪马乔她想买房子，迪马乔建议她去洛杉矶看看，那里的房子比纽约便宜。于是1962年2月之前，尤妮斯一直在为玛丽莲寻找合适的房子。尤妮斯看中了布伦特伍德第五海伦娜大道上的一所房子，玛丽莲也很喜欢。房子中等大小，地中海西班牙风格，有点像拉尔夫·格林森的家宅。洛杉矶的房屋从建城伊始便是这种风格，包括惠特利地区的住宅。这种风格代表着洛杉矶的精神，因此玛丽莲非常喜欢。然而，在洛杉矶买房并不意味着她要永远离开纽约，她依然喜欢纽约那套拥有精致艺术风格装饰的公寓。而她在布伦特伍德的房子则是平民风格，给人以温暖朴实的感觉。于是她决定在洛杉矶和纽约往返工作和生活。

多年来，她经常辗转全国各地，而现在又要经常往返于两座大城市之间，也算是跻身上流社会，加入了在各地之间频繁往复的名流之列。

　　1962年2月1日，玛丽莲在彼得·劳福德夫妇举行的晚宴上见到了鲍勃·肯尼迪，晚宴是为给彼得·劳福德夫妇践行而举办的，他们即将开启远东地区的慈善之旅。玛丽莲向鲍勃·肯尼迪提出了一连串尖锐的政策问题，包括民权、与古巴的关系以及原子弹等。这些问题是拉尔夫·格林森的儿子丹尼·格林森帮她提前想好的，因为丹尼·格林森是伯克利的激进派学生。玛丽莲把这些问题写在纸条上，放在钱包里，可惜这个招数被鲍勃识破了，他有点哭笑不得。当时金·诺瓦克和娜塔莉·伍德也在场，但鲍勃对玛丽莲更感兴趣。那一周玛丽莲给伊西多尔·米勒和罗伯特·米勒写信说到了鲍勃，有些传记作者据此认为，这是两人首次见面，但我却不敢确定。玛丽莲对于她与肯尼迪兄弟的关系守口如瓶，即便对密友也三缄其口。

　　这次晚宴两周之后，玛丽莲与尤妮斯·穆雷和帕特丽夏·纽科姆一同去了墨西哥，为她在布伦特伍德的新家购置家具。在墨西哥的这几周里，玛丽莲表现出了自己爱冒险的一面，与此同时，她饱受煎熬的一面也暴露无遗。2月17日，阿瑟与英格·莫拉斯成婚，玛丽莲陷入了彻底的煎熬之中。根据联邦调查局的报道，阿瑟的再婚使玛丽莲觉得自己是"徒有性感"。她和黑头发且长相英俊的何塞·博拉尼奥斯共度春宵，有人说何塞是个小白脸，有人说他是墨西哥新晋导演，还有人说他是FBI的密探。她还与弗雷德里克·范德比尔特·菲尔德夫妇共度了一段时光。菲尔德是范德比尔特家族的后代，美国国务院曾将他告上法庭，后经审判将他羁押入狱。菲尔德在狱中待了9个月，出狱后便搬到了墨西哥城，在那里结识了一群美国侨民。罗克斯伯里的朋友引荐他和玛丽莲认识，两人一拍即合，相见恨晚。

　　两人白天一同买家具，晚上则畅谈政治话题。玛丽莲谈到她强烈支持民权和黑人平等，她还很钦佩中国。除此之外，玛丽莲曾在给莱斯特·马克尔的信中对菲德尔·卡斯特罗赞不绝口。综合玛丽莲在政治上表现出的种种姿态，我们可以发现她的立场已经很明显滑向左翼，远远超出了她与阿瑟·米勒刚结婚时的立场。

在得知玛丽莲和菲尔德有交情之后，多年来一直监视她的FBI局长约翰·埃德加·胡佛终于看到了下手的机会。

FBI报告显示，玛丽莲可能与菲尔德有染，虽然菲尔德的妻子大多数时间都与他们在一起。而且就在玛丽莲返回好莱坞的同时，何塞也到了好莱坞。玛丽莲离开墨西哥城之前，访问了国家儿童保护研究所，给该机构的负责人开了一张一千美元的支票。但是随即她就把这张支票撕掉，重新开了一张一万美元的。她可能已经和负责人讨论过收养孩子的事情。玛丽莲利用慈善的幌子将职业与私人事务混为一谈，这已经不是第一次了，好像只有这样才能洗脱她犯下的过错。

1962年3月5日，在洛杉矶大使酒店举行的金球奖颁奖典礼上，玛丽莲斩获第19届金球奖最受欢迎女演员奖。但是，玛丽莲在发表获奖感言时语无伦次，前言不搭后语，她要么是上台之前喝了酒，要么就是服药过量。她是与何塞·博拉尼奥斯一起出席的颁奖典礼，但第二天何塞就回了墨西哥。迪马乔的传记作者认为是迪马乔去了一趟好莱坞把何塞赶走的。颁奖典礼两天之后，迪马乔帮玛丽莲搬进了布伦特伍德的新家。又过了两周后，3月24日，玛丽莲再次与约翰·肯尼迪约会，这次的约会地点是宾夕法尼亚州的宾·克罗斯比的牧场。半夜，玛丽莲突然打电话给拉尔夫·罗伯茨，向他咨询脊柱的问题，然后她把电话给了背部有旧伤的肯尼迪，让他直接和罗伯茨谈。

3月和4月，玛丽莲在好莱坞与南奈利·约翰逊会面，他正在创作翻拍自《好妻子》的《爱是妥协》的剧本，为了履行与二十世纪福克斯的合同义务，玛丽莲已经同意出演这部电影。两人会面后，约翰逊一改对玛丽莲的负面评价。在早期两人合作《愿嫁金龟婿》和《惊凤攀龙》时，约翰逊非常讨厌玛丽莲，他根据玛丽莲的生活创作了《惊凤攀龙》，但是玛丽莲却拒绝出演。他不再像以前那样用低俗的词语来形容她，现在他觉得玛丽莲聪明伶俐，直觉灵敏。两人就这部电影达成了共识，晚上还一起喝了香槟，约翰逊声称和玛丽莲"度过了最美妙的三个小时"。他被玛丽莲的热情和智慧折服了。

但拍这部电影有个大问题，而玛丽莲也许早就意识到了，那就是福克斯指派乔治·库克来导演该片，在拍摄《让我们相爱吧》时，他和玛丽莲就结下了梁子。乔治·库克不想拍，但又不得不拍，因为他欠二十世纪福克斯一部电影。玛丽莲很喜欢南奈利·约翰逊的剧本，她以为库克不会修改，但是根据合同规定，玛丽莲并没有审核剧本的权利，所以，就算库克修改了剧本，她也不能向福克斯高管申诉。果然，库克找来编剧沃尔特·伯恩斯坦对剧本进行了大量的修改。拍摄期间，玛丽莲不断在晚上收到新剧本，导致第二天她不得不重新背台词，这情形简直就和当年拍摄《乱点鸳鸯谱》一模一样。

更糟糕的是，福克斯本身也是一团乱麻。扎努克离职了，巴迪·阿德勒去世了，斯皮罗斯·斯库拉斯引荐的新主管彼得·列维斯之前是广告公司的主管，在运营电影制片厂方面经验不足。根据资深作家和电影制片人大卫·布朗的说法，列维斯看不惯片场那些"电影大咖们的要求和脾气"，而他本身患有偏头痛，经常大发雷霆。福克斯的盈利持续缩水，雪上加霜的是，在罗马拍摄的由伊丽莎白·泰勒主演的《埃及艳后》预算超支数百万美元。此时福克斯已经变卖了外景场地，而在那块场地上，只有《爱是妥协》这一部电影正在拍摄当中。福克斯高管们对泰勒一再纵容，尽管她比玛丽莲还难对付。福克斯前途未卜，高管们惊慌失措，在他们看来，福克斯的生死全然取决于玛丽莲是否及时出现在片场。但自从玛丽莲成名以来，她就养成了不守时的习惯。

列维斯解雇了经验丰富的制片人大卫·布朗，并请来亨利·温斯坦取而代之，但是亨利·温斯坦此前只参与制作过一部电影。温斯坦和格林森是旧友，格林森通过自己的妹夫，也就是玛丽莲的经纪人米奇·鲁丁推荐温斯坦担任制片。温斯坦性情温和，不会轻易和福克斯高管们发生冲突。让玛丽莲按时拍摄是工作室主管的首要考虑，格林森承诺他和温斯坦可以让玛丽莲按时到片场。于是，另一个围绕着玛丽莲的关系网形成了，那就是格林森、温斯坦和鲁丁，背后则是弗兰克·西纳特拉、帕特丽夏·纽科姆和肯尼迪兄弟。

库克对玛丽莲在拍摄《让我们相爱吧》时的行为非常不满，为了公报私仇，库克想要在这次拍摄时削弱玛丽莲的地位，他下定决心这次不能再让玛丽莲控制他。4月23日，电影开拍时，玛丽莲却病倒了，患上了严重的鼻炎，而且还发起了高烧，可能是因为在墨西哥感染上了病毒。经医生诊断，即便她服用大量的抗生素并卧床静养，也需要几个月才能恢复。因此医生建议推迟拍摄，但是福克斯主管不相信她病情这么严重，尽管福克斯官方医生李·西格尔也做出了同样的诊断。福克斯在报纸上爆出玛丽莲装病的消息，并执意要开拍。西格尔建议他们每天中午前后开始拍摄，这样玛丽莲便可以得到足够的休息，但福克斯方面置若罔闻。他们定于每天早上 7 点开始拍摄，并要求玛丽莲准时到场。为了赶上拍摄时间，玛丽莲不得不凌晨 5 点钟就起床。

玛丽莲尽力准时到场，一方面是为了履行对福克斯的承诺，另一方面是为了取悦格林森。有些传记作者声称，为了能让玛丽莲按时拍摄，李·西格尔给她注射了安非他命与维生素，但这些说法的真实性值得商榷。西格尔的确给她注射了维生素 B12，这是常见的提供能量的方法，特别是玛丽莲经常贫血。即便西格尔不给她注射，她也可以轻易找到别的医生这样做。

此时，格林森正准备去欧洲度假。他的妻子 2 月份时患上了轻度中风，他想去奥地利看望岳父一家。此外，他还要在以色列召开的一次国际会议上发表一篇论文，他被玛丽莲打扰得疲惫不堪，亟须休息。2 月和 3 月，玛丽莲的病情有所好转，格林森觉得自己离开几周，玛丽莲应该会平安无事。一天晚上，玛丽莲拿着一枚白衣骑士的象棋棋子，在灯光下久久凝视，那是她从墨西哥买来的。这枚棋子提醒着她，她想让格林森当她的守护人，并且她把这枚棋子当成护身符随身携带，参加了约翰·肯尼迪的生日庆典，以及 5 月 19 日在麦迪逊广场花园举行的民主党筹款集会。

由于生病，玛丽莲缺席了《爱是妥协》前两周的拍摄（4 月 23 日至 5 月 11 日），但格林森依然于 5 月 10 日飞往欧洲。他留下嘱托，如果玛丽莲有事，让她联系他的好友、心理专家米尔顿·韦克斯勒。格林森离开之后，玛丽莲似乎有所恢复，就像一个孝顺的女儿，在父亲离开时谨遵他的嘱咐。5 月 14 日至 5 月 16 日，玛丽莲出现在片场。但是 5 月 17 日，她飞往纽约为肯尼迪的生日宴会献唱，而这次献唱最终演变成了一场悲剧。

宴会上群星闪耀，玛丽亚·卡拉斯、哈里·贝拉方特、吉米·杜兰特、佩吉·李、艾拉·费兹杰拉和黛汉恩·卡罗尔都参加了表演，米尔顿·伯利担任主持。玛丽莲原以为已经得到了福克斯高管的许可，但是并没有，所以得知她出席后，福克斯方面感到非常愤怒，认为这是一种幼稚的叛逆行为。他们不明白，玛丽莲明明因病缺席了两周的拍摄，为何还能神采奕奕地去参加生日宴会。

无论福克斯许可与否，玛丽莲都做了精心的准备。她曾向活动策划人承诺会保持低调，但她食言了，好莱坞设计师让·路易斯为她量身打造了一件特别的长裙。这是一件裸色的露背薄礼服，在乳房和隐私部位的位置缀满了闪闪发光的莱茵石。当然，这种礼服并不完全是首次亮相，玛琳·黛德丽参加夜店表演的时候，让·路易斯也为她设计过类似的晚礼服，除此之外，玛丽莲在《热情似火》中也穿过类似的衣服，片中她和女子乐团一起在酒店的夜总会演出。

这件衣服很有欺骗性，在普通灯光的照射下，感觉玛丽莲的身体在衣服下面若隐若现。民主党妇女委员会的一名成员在后台找到玛丽莲，检查她的衣着是否得体，看到衣服确实能遮住她的身体之后才放心。在更衣室里，衣服看起来并不那么暴露，但是在舞台灯光的效果下，裸色面料便隐而不见，只剩下那些莱茵石了。"鼠帮"的成员之一彼得·劳福德在介绍玛丽莲时开她的玩笑，说她穿衣品味欠佳，还提到她经常迟到，剧组的人对此早已见怪不怪。但是这次演出玛丽莲竟然也未能按时上台，最后，主持人开玩笑地说道，有请"姗姗来迟的玛丽莲·梦露"登场时，玛丽莲才终于出场，她像一个艺伎女孩一样迈着小碎步跑到麦克风前，因为她的衣服实在是太紧了。她身披一条白色的貂皮披肩，如同以往在宴会和首映式上一样，她的举止挑逗性十足，先是把披肩丢给劳福德，然后摇曳着走向麦克风。她轻轻地弹了一下麦克风，凝视着人群，然后唱起了无伴奏版的《祝你生日快乐》，声音缓慢而性感。那一刻，她似乎迷失在自己的情欲中，慢慢地用双手抚过身体，从臀部直到乳房。而后，她又以《最好的时光》的旋律唱了另一首慢歌，歌词是为肯尼迪生日专门改写的，感谢他作为总统所做的一切。然后她突然变了欢快的调子，带领观众齐唱生日快乐歌，双臂上下挥动。此时，她的活跃似乎有些异常。

为什么玛丽莲会有如此表现呢？这次的表演被批为庸俗乏味，约翰·肯尼迪也因此和玛丽莲分道扬镳。第二天多萝西·基尔加伦在专栏中写道，玛丽莲似乎是当着四百万观众的面（电视直播了此次宴会）与总统调情。一些作家认为她是为了向阿瑟·米勒炫耀，因为米勒的父亲伊西多尔·米勒和她一起参加了宴会。还有另一种可能，就是玛丽莲在向阿瑟的新婚妻子英格·莫拉斯示威，莫拉斯是一个严肃阴沉的欧洲知识分子，没有丝毫性感可言。前一周，阿瑟夫妇出席了白宫接见法国文化部部长安德烈·马尔罗的宴会，当时两人就坐在杰奎琳·肯尼迪旁边。

也许是杰奎琳·肯尼迪刺激了玛丽莲，所以她才在生日宴会上以此形象示人。2月份，也就是生日宴会三个月前，杰奎琳出现在一档介绍白宫的电视节目当中，当时的白宫在杰奎琳的装缮之后焕然一新，精心修饰的白宫与生日庆典上玛丽莲媚俗的形象形成了鲜明的对比。在节目上，杰奎琳穿着一件端庄得体的亚麻布料的衣服，玛丽莲拙劣地模仿着杰奎琳的穿衣风格。那天早上，玛丽莲请杰奎琳的美发师肯尼斯·巴特尔给她做发型，他为玛丽莲设计的是蓬松式发型，脸颊左侧的一缕头发向后翻。而在白宫的电视节目中，杰奎琳正是这个发型。此外，杰奎琳小女孩似的声音和玛丽莲很像，甚至说话的音调变化也如出一辙。

在节目中，杰奎琳眼中看起来带有一丝不自信，而玛丽莲的眼里则充满了恐惧。玛丽莲似乎就是想借此次生日宴会给杰奎琳一个下马威，向她宣示自己才是肯尼迪的梦中情人。另一方面，帕特丽夏·肯尼迪·劳福德等人认为，玛丽莲想把这次表演变成一个笑话，一部包含"玛丽莲·梦露"性感形象的讽刺剧。为了避免发生不愉快，杰奎琳没有参加此次宴会。

派对一直持续到半夜两点，结束后，玛丽莲乘坐她的豪华座驾将伊西多尔·米勒送到了布鲁克林的家中，随后，拉尔夫·罗伯茨在她位于第五十七街的公寓里给她做了按摩。因此，派对结束后，她不太可能出现在卡莱尔酒店与约翰·肯尼迪共度春宵。

约翰·肯尼迪的特别助理阿瑟·施莱辛格和美国驻联合国大使阿德莱·史蒂文森参加了派对，两人都被玛丽莲的魅力所吸引。尤其是施莱辛格，"痴迷于她的举止和智慧，她的天真无邪和感染力"。他说："鲍比（罗伯特·肯尼迪）和我争相模仿玛丽莲，她对鲍比的模仿更为满意，对我也很友好。"史蒂文森回忆说："只有在突破了鲍比·肯尼迪建立起的'强大防御'之后才能接触到玛丽莲，因为鲍比·肯尼迪对玛丽莲形影相随，就像火边萦绕的飞蛾。"甚至尤妮斯·穆雷也说过，在派对之后很难说清玛丽莲到底更喜欢肯尼迪兄弟中的哪一个。

负责保护肯尼迪的特勤局成员拉里·纽曼告诉我，在登台之前，鲍比和玛丽莲在后台发生了争执。然后他们进了更衣室，关上门，在那里待了十五分钟。离开房间时，两人各自整理了一下衣服。纽曼认为两人是在更衣室里发生了关系。自称是肯尼迪兄弟理发师的米奇·宋曾多次在玛丽莲的悼念会上讲述同样的故事，说鲍比把他带到后台去梳理玛丽莲的头发。如果这种说法属实，那么到 1962 年春天，玛丽莲已经和肯尼迪两兄弟都产生了恋情。对于一个在寄养家庭和孤儿院长大的工薪阶层女孩来说，这样的"丰功伟绩"实属不易，但同时也容易令人飘飘然。但是，玛丽莲回到好莱坞，回归正常生活以后，她是否能够在与福克斯、内心的恶魔、药瘾和疾病的种种斗争中胜出，仍是个未知数。

第 13 章
抗争与死亡

　　1962 年 5 月，玛丽莲和诺曼·罗斯滕一起参观了比弗利山庄的一个艺术馆，当时罗斯滕正在好莱坞创作剧本。玛丽莲买了法国艺术家普赛特创作的一幅油画和奥古斯特·罗丹创作的一尊雕塑。油画的名字叫《公牛》，尺寸不大，只有 10×14 英寸。整幅画的背景呈鲜红色，顶部升起的黑色形状在红色迷雾中若隐若现，一头黑色公牛则占据了左下角的位置。愤怒似乎是这幅画的主题，公牛挡住了前往一座魔法之城（或一群可怖人物）的道路——城市和人物用迷雾中的一些模糊不清的形状来暗指。雕塑则是罗丹的原创作品《拥抱》，诺曼说这尊男女相拥的雕塑表达了热烈的情感，不过有种威胁的意味——男人的姿势很凶狠，像是在掠夺，几近邪恶；女人则很无辜，完全被动，更有人情味。不过，自从买了这两件艺术品，玛丽莲的情绪就从欣喜异常变成了闷闷不乐。她坚持要把雕塑带到拉尔夫·格林森家，展示给他看。到他家之后，玛丽莲有些来者不善："这雕塑是想表达什么意思？那个男人是在玩弄女人吗？还是说这根本就是个赝品？"

　　乔·迪马乔、弗兰克·西纳特拉、约翰·肯尼迪和鲍勃·肯尼迪——那个时代最有名的男性全都拜倒在玛丽莲的石榴裙下。但她对他们来说又算什么呢？诺曼认为玛丽莲关于雕塑的问题涉及了爱情危险的一面。"爱情既温柔又残暴，如果爱情真的存在，它又是什么样的？如何感受？如何认识？又该如何免受其害？" 1962 年春，甚至在更早的时候，玛丽莲虽然有自由性爱的倾向，但又感觉自己深受男人的伤害，她有时觉得自己对他们而言只不过是"一块肉"。她向彼得·劳福德的经理米尔顿·埃宾斯表达了对男人的愤怒之情，埃宾斯对她说："玛丽莲，每个人都爱你。"她却回答说："只有那些在阳台上自慰的人才是真的爱我。"

普赛特的画作表达出了玛丽莲的愤怒。我们可以认为公牛代表了玛丽莲内心的怪物，怪物之所以诞生，是因为她从小就缺少父母的关爱，并且儿时遭遇过性侵，还有那些利用她的好莱坞男人。公牛象征着玛丽莲人生中的重大问题，她能找到自己的方式去越过画中的黑色公牛，到达顶端被魔法笼罩的城吗？红雾中的形状是死尸吗？还是她梦中墓地里的孤魂野鬼？还是代表了她流产的胎儿？她是不是因为在儿时犯下了不可原谅的罪而被上帝惩罚？

5月20日星期日，玛丽莲抱着大获全胜的心情离开肯尼迪的生日宴会，回到好莱坞，她用出人意料的方式吸引了整个国家的注意。她决心完成《爱是妥协》的拍摄，反击那些负面评价。她要向世界证明，即便已经年近三十五岁，但她风华依旧。三天后，也就是5月23日，玛丽莲拍摄了游泳池的一场戏，她脱下了泳衣，裸体出镜。这种做法非常大胆，实际上是把她在肯尼迪生日宴会中近乎裸体的形象进一步发挥到了极致。在罗马拍摄《埃及艳后》的几个月里，伊丽莎白·泰勒就是玛丽莲的克星，她曾拍过一场令人浮想联翩的半裸沐浴戏，剧照登上了各大报纸，她穿着裸色紧身连衣裤，身体的线条在照片中显而易见。相比之下，玛丽莲全裸出镜则更为大胆。

自从一年前接受胆囊手术以来，玛丽莲坚持高蛋白、低淀粉的饮食习惯，体重骤减，现在的她身材也很苗条匀称。在这场泳池戏中，她采用了狗刨式泳姿，然后在穿浴袍时还做了一个脱衣的挑逗动作。报纸大肆报道了玛丽莲如此明目张胆的行为，年轻的摄影师劳伦斯·席勒还拍摄了一组照片，根据他的说法，之所以要拍这组照片，是因为他和帕特丽夏·纽科姆以及玛丽莲进行了一次谈话，讨论如何让玛丽莲取代伊丽莎白·泰勒登上杂志封面。最后他们想到了用泳池戏中的裸体照。帕特丽夏认为不妥，但玛丽莲坚持这样做。席勒发现玛丽莲是一位精明的女商人，知道如何推销自己。那一周剩下的几天里，玛丽莲都在片场，做好了随时拍摄的准备。

接下来的星期一，也就是5月28日，玛丽莲又发起了高烧，但她挺了过去，而且周五还工作了一整天。不过，到了这时，无论她怎么表现，库克和列维斯对她的愤怒之情都丝毫不减，因为玛丽莲错过了前两周的拍摄，而且还背着他们参加了肯尼迪的生日宴会。此外，库克还说玛丽莲的演技差强人意，不过他可能没说实话。然而库克和列维斯没有注意到，在玛丽莲拍戏的十天里，她大部分的戏份都已经拍摄完成了。

玛丽莲以全新形象出现在了《爱是妥协》中，但库克和福克斯的高管正在气头上，对此完全视而不见。在影片中，玛丽莲饰演三十岁出头的艾伦·阿登，她是两个孩子的母亲。这个角色的行为很有戏剧张力，她离开了自己的丈夫，与另一个男人在一座孤岛上度过了五年，然后又回到了前夫身边，而此时前夫刚刚再婚。不过这个角色同时也是成熟、有尊严的，既像是格蕾丝·凯利，又像是性感的玛丽莲。这种新的人物设定在电影的一些镜头中表现得很明显，几年后，几位电影制片人在福克斯的影片库中发现了这些镜头，重新编辑后将其加入到最终版本中。《乱点鸳鸯谱》中的洛塞琳有着成熟玛丽莲的影子，而洛塞琳和艾伦都反映了玛丽莲 1959 年在演员工作室演出时打下的基本功。她正一步步地变成自己梦寐以求想要成为的戏剧女演员。

6 月 1 日是玛丽莲的生日。一般情况下，福克斯都会给旗下的大明星精心安排一场生日派对，但这一年却没有人理会玛丽莲。拍摄《埃及艳后》使得福克斯濒临破产，对于伊丽莎白·泰勒的恶劣行为，他们已是百般忍耐，所以他们担心玛丽莲也会造成类似的财务超支情况。在他们看来，泰勒是一位玉女，从小就在米高梅演出，深得所有人的喜欢，而玛丽莲只是公司旗下的一名"荡妇"，每到职业生涯的关键节点总是与公司作对。他们讨厌保拉·斯特拉斯伯格，因为此时保拉重新开始指导玛丽莲。只有玛丽莲的替身为她买了生日蛋糕和香槟。那天拍摄结束时，演职人员和工作人员齐唱生日快乐歌，而后玛丽莲切了蛋糕。库克和福克斯高管没有一个人到场，这是一种莫大的轻视。

当晚，玛丽莲在洛杉矶天使队的棒球比赛中开球，为肌肉萎缩症协会筹款。寒夜降临，又起了雾凇，玛丽莲回家时体温居高不下，她瑟瑟发抖，开始发烧。第二天，玛丽莲彻底病倒了，她给格林森家打电话，于是格林森的孩子们前去探望她。他们发现玛丽莲蜷缩在昏暗卧室的床上，说话断断续续，上气不接下气：

她说自己太丑了，所以没人爱，每个人都在利用她，这样的人生毫无意义。他们打电话给格林森的助手米尔顿·韦克斯勒，然后米尔顿去看望了她。米尔顿扔掉床头柜上的许多处方药瓶，然后扬长而去。帕特丽夏·纽科姆随后带着处方药来到玛丽莲家，供玛丽莲服用了几天，而她自己就睡在玛丽莲的床脚下。尤妮斯把食物放在卧室门外，供两人食用。

究竟发生了什么事？玛丽莲为什么会在 5 月 28 日和 6 月 2 日这两天崩溃？主要是因为她与肯尼迪兄弟的关系急转直下。那年春天，W.J. 韦瑟比最后一次采访玛丽莲，她说自己正在秘密约会一位著名政客，虽然他有家室，但她还是有可能会嫁给他。记者之间流传着很多玛丽莲和肯尼迪的风流韵事，韦瑟比推测这只是其中之一。韦瑟比担心肯尼迪兄弟早晚会甩了她，因为两人都热心于政治且忠于家人，不可能和她结婚。

韦瑟比的担心成了现实。5 月 24 日，玛丽莲从生日宴会回到好莱坞几天后，她打进白宫的电话线被切断了。彼得·劳福德告诉她，总统将不再见她。根据帕特丽夏·劳福德·斯图尔特的说法，约翰·肯尼迪在分手时十分决绝。"有人告诉她，她再也不能和总统说话了，她也不会成为第一夫人，约翰甚至都没认真地把她当作情人来对待。'玛丽莲，你听好，'彼得说，'你只不过是约翰众多性伴侣中的一个。'"

有一个周末，玛丽莲与弗兰克·西纳特拉进行了交谈，在此之前她连续几天试着联系他却联系不到。弗兰克对肯尼迪兄弟出言刻薄，因为 2 月份的时候，约翰·埃德加·胡佛告诉鲍勃·肯尼迪 FBI 发现弗兰克与萨姆·吉安卡纳交好，然后肯尼迪兄弟就与他断绝了关系。鲍勃作为司法部长，正在全力打击黑手党和吉安卡纳，他不允许自己的朋友同时也是黑手党领袖的朋友。尽管 1960 年弗兰克曾帮助约翰·肯尼迪竞选美国总统，但他再也无法与肯尼迪兄弟来往了。鉴于肯尼迪兄弟对法兰克的翻脸无情，玛丽莲担心他们会同样绝情地与自己断绝关系。她一直害怕被遗弃，这次尤其害怕。

除了和肯尼迪兄弟的问题，玛丽莲还必须应付跟福克斯的矛盾，当时福克斯威胁要解雇她。此外，库克导演也还是一如既往的不可理喻，他和沃尔特·伯恩斯坦不断改写《爱是妥协》中的对白，直到深夜才把定稿交给玛丽莲，还妄图让她在第二天早上拍摄之前就记住，但这对她而言几乎是不可能完成的任务。为了报复玛丽莲在拍摄《让我们相爱吧》时要求进行不必要的重拍，库克对《爱是妥协》也要求进行不必要的重拍，这一点从福克斯的存档镜头中可以看到。

玛丽莲让尤妮斯·穆雷打电话给远在欧洲的格林森。自从去年冬天以来，格林森就代表她与福克斯进行谈判。为了节省开支，许多明星都会让律师同时担任经纪人，格林森的妹夫、著名的好莱坞律师米奇·鲁丁从卢·沃瑟曼手里接替了这一角色。而那个夏天，卢·沃瑟曼也不再担任艺人经纪人，转而专注于电影制作。福克斯主要关心的是让玛丽莲按时到达片场，格林森向鲁丁、温斯坦承诺他可以让玛丽莲按时到场。6月，格林森从欧洲回来，代表玛丽莲与米奇·鲁丁和福克斯高管会面。尽管他保证可以让玛丽莲做任何事情，但福克斯还是在6月9日解雇了她。

为了掩盖此事，福克斯高管们加大力度宣传玛丽莲的负面新闻，说她责任感缺失，总是装病，还导致影片停拍，造成了一百多名工作人员失业。他们甚至还暗示，玛丽莲就像她亲生母亲一样，精神有问题。根据厄尔·威尔逊的说法，玛丽莲每天服用三十粒药。这种说法属实吗？格林森称，玛丽莲在整个夏天的服药量一直在减少，李·西格尔和海曼·恩格尔伯格都说他们给玛丽莲注射的是维生素B12，而不是安非他命。注射维生素B12确实能提振人的精神，虽然不是即刻见效。

玛丽莲遭到解雇后躲进了自己的卧室里，但很快又回到了公众面前，这就是她——遭受打击时会退缩，但最终还是会勇敢面对。为了扭转形象，玛丽莲和帕特丽夏·纽科姆合力策划了一场宣传活动。玛丽莲在公众中很有号召力，因为解雇一事甚至有粉丝写信给福克斯帮她说话。6月底，她给伯特·斯特恩和乔治·巴里斯当模特拍了几张照片，并向巴里斯简短口述了自身经历。不久后，她的访谈记录出现在《红皮书》和《生活》两本杂志中。

斯特恩为她拍摄写真是一个转折点，因为此次拍照是全球知名的高级时装杂志《时尚》委托进行的。多年来，《时尚》杂志发布了很多奥黛丽·赫本的照片，但从未发布过玛丽莲的照片。就在一个月之前，伯特·斯特恩为《时尚》杂志拍摄了伊丽莎白·泰勒的写真，随后玛丽莲也加入了这一行列，并且风格更为大胆。斯特恩想让玛丽莲在拍照时赤身裸体，周身只围上透明的雪纺围巾。拍摄进行了一整晚，第二天，她就联系斯特恩帮她拍摄时尚写真。他让玛丽莲穿上一件优雅的黑色连衣裙，展示她瘦削的身形，证明她也可以给高级时装做模特。《时尚》杂志将这张照片刊登在了裸照后面。

在玛丽莲去世前一周刊发的《生活》杂志中有一篇关于她的采访，她的愤怒和理性都在这次采访中得到了充分的体现。玛丽莲责怪福克斯对她不好："我又不是在军校，我是去表演的，不能总是被公司束手束脚。演员是感性动物，不是机器。"她谈到了自己的羞怯、内心的挣扎，以及她对"美国式匆忙——毫无理由地快马加鞭"的不悦。她不想被人视为商品，或是销售人员。关于名声，她说："名声乃身外之物，生不带来，死不带去，我成名已久，将来寂寂无名也无所谓，我早有心理准备。"她对于福克斯不懂保留自家历史的行为感到愤怒。"好莱坞创造的财富数以亿计，但你可以发现，这里实际上并没有什么纪念碑或博物馆……没有人留下任何东西，他们只图风光一时，却不知流芳后世——我说的是那些赚得盆满钵满的大佬们，而不是任劳任怨的工人们。"关于采访的文字描述中，玛丽莲是如此强硬且坚韧，不过在采访录音中，可以听到她紧张的笑声，好像有什么事在困扰着她。

有一天，幸运女神终于降临了。由于玛丽莲的种种坏习惯，福克斯已怒不可遏，想让李·雷米克代替她出演艾伦·阿登一角，但迪恩·马丁表示，如果他们弃用玛丽莲，就拒绝出演。接下来，玛丽莲打电话给身在巴黎的达里尔·扎努克，因为听说他很快就会成为下一任福克斯主管，他知道与斯库拉斯有关系的彼得·列维斯正在把福克斯带向末路。扎努克并不喜欢玛丽莲的演技，但知道她的票房吸引力，而金钱恰恰是他的底线，电影只要有她出演就会吸引观众。在玛丽莲职业生涯的大部分时间里，扎努克都是她的克星，现在反倒成了她的救星。不到两周的时间，她就开始与福克斯商讨继续拍摄这部电影的事了，福克斯提出给她一百万美元来完成《爱是妥协》和另一部电影。此外，福克斯还提出要玛丽莲解雇他们深恶痛绝的保拉·斯特拉斯伯格以及帕特丽夏·纽科姆。作为交换条件，他们将使用南奈利·约翰逊的原始剧本，也就是玛丽莲喜欢的那个版本，并让她的朋友让·尼古拉斯科取代乔治·库克导演的位置。

当年春天和夏天，鲍比·肯尼迪曾多次前往洛杉矶，视察司法部在当地的办事处，并与制片人杰里·沃尔德商讨将他的书《内部敌人》改编成电影的事，该书讲述的是他调查美国卡车司机工会主席吉米·霍法的故事。然而，仲夏时节，沃尔德去世了，电影也就此胎死腹中。

1962 年 6 月 26 日，玛丽莲参加了在彼得的海滨别墅举行的派对，鲍比也在场。在此之前，已经有人看到了他们两人在一起。记者詹姆斯·培根说两人的关系持续了很长一段时间，但玛丽莲却从未提起过。鲁珀特·艾伦说，玛丽莲自欺欺人地以为鲍比会娶她。珍妮·马丁和安妮·卡格尔也意识到了这一点，此外还有亨利·温斯坦、娜塔莉·特朗迪、玛丽莲在 MCA 的经纪人乔治·查辛、萨姆·吉安卡纳的女朋友菲丽丝·麦克奎尔、老约瑟夫（乔）·肯尼迪的长期情妇珍妮特·德·罗西尔斯以及彼得·劳福德的母亲梅·劳福德夫人。彼得·劳福德的邻居彼得·戴伊、林恩·谢尔曼和沃德·伍德也都知道这件事，还有他的密友莫莉·邓恩、乔治·杜尔戈姆和米尔顿·埃宾斯。玛丽莲去世时，厄尔·威尔逊表示她只和约翰·肯尼迪有私情，但 1976 年，在他撰写的弗兰克的传记中，他写道："之前由于种种限制，我无法揭露约翰和鲍比分享玛丽莲·梦露以及其他女孩的事实，现在我可以知无不言了。"1976 年，肯尼迪兄弟双双遭到暗杀。

哈里·霍尔是乔·迪马乔的密友，他是一个"聪明人"，同时也是 FBI 的线人，他说玛丽莲在去世前经常对迪马乔失约，转而去和鲍比·肯尼迪约会（当时迪马乔仍在派人跟踪她）。阿瑟·雅各布斯公司的第三经纪人迈克尔·塞尔斯曼被派去劝说报纸报道玛丽莲和鲍比约会的事。琼·格林森说她正在约会"将军"——这是鲍比办公室的工作人员给他起的外号，因为他有时候比较严厉。8 月 3 日星期五，也就是玛丽莲死前两天，多萝西·基尔加伦在她的专栏中暗示了这段关系，甚至连圣克鲁斯附近牧场的老板约翰·贝茨都说，每个人都知道两人关系很亲密。玛丽莲去世后的那个周末，鲍比是在那家牧场度过的。玛丽莲对一些朋友说，鲍比太柔弱了，但是彼得·劳福德在未发表的自传手稿中写道，她被鲍比的智慧所倾倒。1992 年，英国广播公司的特德·兰德雷斯制作了一部关于玛丽莲死亡之谜的纪录片，并对肯尼迪在任期间担任记者的华盛顿新闻团成员进行了调查，问他们是否了解玛丽莲与肯尼迪的关系，大多数人都说了解。

甚至还有一张简·肯尼迪·史密斯写给玛丽莲的纸条："我知道你和鲍比刚结成一对！我们都认为，他再回东部时，你应该和他一起来！"肯尼迪兄弟说这是一句玩笑话，但这种解释难以令人信服。伊内兹·梅尔森是玛丽莲母亲的监护人和玛丽莲洛杉矶庄园的遗嘱执行人，她在玛丽莲去世后清理布伦特伍德的房子时发现了这张纸条，于是她把纸条留了下来。她说，如果鲍比竞选总统，她打算用这张纸条来证明他的丑恶。伊内兹是一个很守礼节的人，她知道玛丽莲和肯尼迪兄弟的事，并觉得这对玛丽莲很不公平。

鲍比与玛丽莲分手是早晚的事。他是肯尼迪兄弟中最虔诚的天主教徒，虽然心地善良、充满爱心，但在职业生涯的关键时刻，他宁可选择对玛丽莲翻脸无情。鲍比身材很矮小，被认为是家族里的侏儒，他纯粹是凭借意志力才能与其他兄弟为伍的。他的妻子埃塞尔生养了很多孩子，是个信仰天主教的好姑娘。她通过举办派对来影响华盛顿的政界，活力十足、为人风趣，是一位出色的活动家。她对鲍比很有价值，鲍比爱她和他们的孩子。

之前的12月，乔·肯尼迪严重中风，永久失去了运动及语言能力，而约翰·肯尼迪又受总统职务和身体所累，所以到1962年，鲍比成了肯尼迪家族的实际掌权人，负责掩盖不正当的性行为。鲍比作为司法部长，严厉打击黑手党。但他似乎不知道，或者他拒绝承认他的父亲与黑手党有瓜葛，而且1960年总统大选期间，正是帮派通过欺骗选民而扭转趋势，促成了约翰的最终当选。这样看来，鲍比其实是在自相矛盾。

6月中旬，玛丽莲似乎已从病中恢复过来。她和马龙·白兰度以及他最好的朋友、聪明而有趣的沃利·考克斯一起度过了一段时光，沃利在《爱是妥协》中出演配角。玛丽莲和劳福德一家经常见面，他们到她家去喝酒、吃饭，玛丽莲需要陪伴时，就直接在她家过夜。彼得永远不会忘记玛丽莲因失眠闯入他们卧室的那个夜晚，他说希望玛丽莲能像他们夫妇一样拥有完满的婚姻，而实际上他们自己的婚姻却在走向终结，但两人非常善于在外人面前假装恩爱。尤妮斯·穆雷在做玛丽莲的助手时，经常听到玛丽莲和帕特丽夏·劳福德在电话里长时间随意地漫谈。

玛丽莲会去参加拉尔夫·格林森的音乐晚会，还会监督房屋的翻修工作，并且经常打理花园，格洛丽亚·罗曼诺夫说她从没见玛丽莲这么高兴过。她爱自己的房子，也喜欢向别人炫耀。她喜欢让尤妮斯·穆雷待在身边，这样她就不会感到孤单了。她跟琼·格林森越走越近，还给她办了一个惊喜生日派对。她几乎每个工作日都会到拉尔夫·格林森那里接受治疗。

但愤怒仍然占据着玛丽莲的内心。迈克尔·塞尔斯曼受命担任玛丽莲的宣传员和联络员，作为帕特丽夏·纽科姆之外的第二人选。塞尔斯曼每次看到玛丽莲时，都能感觉到她似乎很愤怒，并且他发现玛丽莲心口不一，要求苛刻，给人的印象就是一个"难搞"的人物。塞尔斯曼娶了卡罗尔·林莉，林莉是福克斯旗下一位冉冉升起的金发明星，她的更衣室就在玛丽莲的旁边。林莉拥有玛丽莲想要的一切——相爱的丈夫、戏剧女演员的名声和孩子——她对于玛丽莲"好莱坞王牌金发女郎"的地位构成了威胁。林莉激起了玛丽莲对被人控制的恐惧，于是玛丽莲对她的丈夫下手了，因为塞尔斯曼还很年轻而且性格脆弱。此外，私家侦探弗雷德·奥塔什窃听了玛丽莲的房子，现在他的手下又窃听了她的电话。玛丽莲与肯尼迪兄弟之间发生过多次争吵，特别是和鲍比，因为鲍比经常约她见面却又爽约，还借口是为了工作。玛丽莲与约翰·肯尼迪通话时，约翰还会尝试让她平静下来，而鲍比对玛丽莲根本就是不管不顾。玛丽莲对两人的愤怒越来越强烈，从她与塞尔斯曼的交流中就可以看出来。

7月19日至21日那个周末，玛丽莲用化名住进了医院，进行了宫颈扩张和刮宫手术，也可能是堕了胎。在那些日子里，一旦有演员住院治疗，记者就会贿赂医院的工作人员获取相关信息。迈克尔·塞尔斯曼从记者乔·海姆斯那里得到了这个消息，和其他许多人一样，他也听说孩子的父亲是肯尼迪兄弟中的一位。那个周末及随后一周，玛丽莲都没有见到鲍比，尽管他周末曾在洛杉矶向全国黑人商业协会致辞。不过，在下个周末，也就是7月28日和29日，玛丽莲去了弗兰克·西纳特拉名下的卡尔涅瓦度假酒店（位于太浩湖岸边），看起来她是希望在那里遇到鲍比·肯尼迪。帕特丽夏和彼得·劳福德与她一同前往，彼得还是酒店的一位股东。这个周末玛丽莲本打算休息，最终却演变成了一场灾难，为她七天后的死亡埋下了伏笔。

自从推出禁酒令以来，乔·肯尼迪一直与卡尔涅瓦酒店有所牵连，他经常去那里与帮派朋友会面。他们都喜欢这个度假酒店，因为这里荒无人烟，可以随意赌博，而且还有许多隐秘的隧道，一旦执法人员出现，他们可以从隧道逃走。酒店位于加利福尼亚州和内华达州的边界，最大的赌场便在此处。有些作者认为乔·肯尼迪与帮派人员是卡尔涅瓦度假酒店的秘密股东。1960年，包括弗兰克·西纳特拉和彼得·劳福德在内的一个财团购买了该酒店49%的股份，使其与帮派的关系更加千丝万缕。弗兰克的朋友保罗·达马托从大西洋城的"500俱乐部"被请来管理酒店，好莱坞的人和帮派人员经常出现在这里，并且好莱坞艺人也会在餐厅和休息室进行表演。1960年8月，玛丽莲在拍摄《乱点鸳鸯谱》时，还去那里看过弗兰克的演出。

帕特丽夏、彼得和玛丽莲去卡尔涅瓦度假酒店的那个周末发生了什么无人知晓，不同的人有不同的说法。不过也有可能是两个周末发生的事，因为彼得·劳福德对安东尼·萨默斯说，他和帕特在那个夏天早些时候的一个周末带玛丽莲去过卡尔涅瓦度假酒店，就是在暗示可能是两个周末的事。那天可能是6月29日，弗兰克把好莱坞的很多朋友带到酒店看他的新节目以及酒店的扩建项目。玛丽莲似乎一直在大量服药，有一次，她把电话线转换到交换机，接收器就放在嘴边，这样的话如果电话接线员听到她呼吸困难（巴比妥服用过量的迹象），就可以呼叫劳福德夫妇。帕特丽夏·劳福德·斯图尔特告诉我，最后电话还是打给了他们，并且他们救了她，并将她送到当地的一家医院。

7月28日那个周末更为重要，因为玛丽莲命不久矣。西德尼·斯科尔斯基坚称，玛丽莲当天去酒店见了迪恩·马丁，谈论继续拍摄《爱是妥协》的事。另一个说法是萨姆·吉安卡纳责令弗兰克将玛丽莲带到酒店，因为他密谋利用玛丽莲打倒肯尼迪家族。还有一个说法是彼得和帕特丽夏以与鲍比·肯尼迪会面为由诱骗玛丽莲，他们想让玛丽莲出城，远离身在洛杉矶的鲍比。无论鲍比是否应该出现在卡尔涅瓦度假酒店，他最终都没有露面。

酒店里住满了人，弗兰克的保镖负责贴身保护玛丽莲，所以许多看到她的人都觉得她就像是个囚犯。萨姆·吉安卡纳和约翰尼·罗塞利也在那里，也许是因为他们经常去那家酒店。乔·迪马乔知道事情的来龙去脉，因为他的密友，来自新泽西的保罗·达马托是酒店经理。迪马乔在旧金山时，有时会飞到太浩湖，到卡尔涅瓦度假酒店去找达马托。通过私人侦探和电话窃听，迪马乔知道肯尼迪兄弟要和玛丽莲分手，于是十分担心她。玛丽莲可能在迪马乔来到旧金山的时候就给他打了电话，让他来卡尔涅瓦度假酒店。7月28日那个周末，迪马乔来到酒店，但他和弗兰克不合，如果强行闯入，怕会和弗兰克的手下发生冲突。因此，他并没有像 1961 年春天把玛丽莲从佩恩·惠特尼诊所解救出来那样雷厉风行地行动。

迪马乔住在附近的汽车旅馆，也可能是其他的某个地方。玛丽莲一大早出门，向山上望去，发现迪马乔就在上面，这一画面令人颇为感动。玛丽莲告诉拉尔夫·罗伯茨，帕特丽夏·劳福德劝她去酒店，但在周末的大部分时间里，她都在躲着迪马乔和弗兰克。

有人清楚地记得周六深夜在中央餐厅发生的事。玛丽莲坐在房间里，身旁是弗兰克和几个身材魁梧的保镖。她喝了香槟，吃了红色药丸（疑为速可眠）。彼得·劳福德当天早些时候可能告诉过她，鲍比想和她断绝来往。根据贝特西·哈姆斯的说法，玛丽莲看起来心神大乱。到了晚上，她突然瘫倒在地，身旁的保镖扶着她走出了房间。第二天，贝特西向弗兰克的助手询问此事，对方说，他们得"把玛丽莲带到桶边"，换句话说，就是他们把她带回房间，帮她催吐，因为担心她吃了太多药。根据这个说法，吉安卡纳或许也可以算是"见义勇为"，因为他帮玛丽莲"清空"了可能有过量药物的胃。

在玛丽莲的房间里，弗兰克·西纳特拉虽然不在场，但有人用他的相机拍了照片。他把相机拿回来以后，让经常为他拍照的摄影师威廉·伍德菲尔德帮他洗胶卷，结果发现了七张吉安卡纳的照片。照片中吉安卡纳穿着衣服，跨在玛丽莲身上，就像骑马一样。吉安卡纳强奸了她吗？还是想帮助她催吐？在弗兰克毁掉胶卷之前，伍德菲尔德看到了。胶卷有些模糊不清，无法确切地说出发生了什么，而且房间里还有其他人在。有人说那些人是吉安卡纳的同伙，一帮人轮奸了玛丽莲。好莱坞有传言称，吉安卡纳在玛丽莲身上用了"西西里姿势"（肛交），作为对她与鲍比·肯尼迪交往的惩罚。这种性交方式在西西里岛被用作节育手段。

那个周末，帕特丽夏、彼得·劳福德和弗兰克·西纳特拉都在酒店，为什么他们没向玛丽莲伸出援手？这一点令人十分费解，尽管帕特丽夏可能已经去了海恩尼斯港的肯尼迪庄园。弗兰克好像命令他的手下将玛丽莲带出餐厅，因为他不喜欢玛丽莲吃药。弗兰克的朋友、歌手罗伯塔·林恩也在酒店，他认为，在那个周末弗兰克保护了玛丽莲。菲丽丝·麦克奎尔给出了故事的另一个版本，她告诉我，无论吉安卡纳多么恨肯尼迪家族，他都不会伤害玛丽莲，因为玛丽莲和他的朋友迪马乔以及弗兰克都有关系，对朋友忠诚是西西里荣誉准则的一部分，吉安卡纳绝不会违反（当然，也可能是菲丽丝没有告诉我实情）。

乔治·爱德华兹辩称，弗兰克甚至考虑过娶玛丽莲为妻，以此来保护她，让她免受他人的伤害。爱德华兹听说了玛丽莲可能被轮奸的事，但他对此表示怀疑。第二天他开车送玛丽莲去机场，后者主要谈及自己的举止不像一位淑女，还滥用药物，惹吉安卡纳不高兴了。吉安卡纳和弗兰克一样对药物深恶痛绝。

玛丽莲和彼得·劳福德（可能还有帕特丽夏）一起乘坐弗兰克的私人飞机返回了洛杉矶（有人说，飞机曾在旧金山短暂降落，让帕特丽夏下机，让她转机前往海恩尼斯港）。飞机降落在洛杉矶机场时，一辆豪华轿车来接玛丽莲，然后将她带到了位于布伦特伍德的家中。第二天早上，玛丽莲8点钟起床，开始打理花园，这表明她并没有把卡尔涅瓦度假酒店发生的事放在心上。那天早上，她在办公室给鲍比·肯尼迪打了八分钟的电话，可能因为他没有在酒店现身而大发雷霆。有人说玛丽莲原谅了他，希望他亲自登门道歉。那一周，她每天都去找拉尔夫·格林森看病，但那已经是司空见惯的事。也许能证明在卡尔涅瓦度假酒店发生过不幸的唯一证据就是，迪马乔辞去了莫耐特公司的职务，并表示自己将搬到洛杉矶照顾玛丽莲。但是没有记录显示他那周给玛丽莲打过电话，他似乎并不认为她处于危险之中。

那个周末过后，玛丽莲可能考虑过和迪马乔复婚，他的朋友和家人也是这样想的。这么多年来，迪马乔改变了很多。他接受了玛丽莲的要求，同意陪她参加公众活动，允许她打扮得性感，并与她一起参加精英阶层的娱乐活动。迪马乔也听从了她的建议，开始接受心理治疗，并学会了控制自己的脾气。他不再喝烈酒，也不再喝大量咖啡，他甚至喜欢上和玛丽莲一起读诗。晚年的迪马乔搬到佛罗里达州后，还赞扬了玛丽莲的聪明才智。玛丽莲可以引用契诃夫和陀思妥耶夫斯基的名言，而且还听贝多芬的音乐，这一点让迪马乔印象深刻。

大多数在玛丽莲生命最后一周见过她的人都说她看起来很满足，因为她经常在花园里莳弄花草，有一天下午还去了一个园艺苗圃选购植物和灌木。她和尤妮斯·穆雷一起监督房子的翻新工作，并讨论在车库上建一间客房，供纽约的朋友留宿。那周她经常和格洛丽亚·罗曼诺夫交谈，因为后者邀请她周日晚上和一位中国朋友共进晚餐，而玛丽莲不知道自己该穿什么。格洛丽亚告诉她要穿一件颜色鲜艳的普奇真丝连衣裙。

周三晚上，玛丽莲致电里德·克罗恩。1958 年玛丽莲怀孕期间，克罗恩曾是她的妇科医生，玛丽莲很生他的气，从流产后就没再跟他说过话。玛丽莲把自己的经历说得很悲惨，并提出要见见克罗恩。"关于那个孩子的事，你还生气吗？"她问。他说自己早就放下了，于是两人约好在下周共进晚餐。她的子宫内膜异位症又发作了吗？还是她希望再次怀孕？还是她在考虑收养一个孩子？格洛丽亚·罗曼诺夫认为她是想与克罗恩谈论隆胸的问题，因为她的乳房在减肥期间萎缩了。

美发师米奇·宋坚称，玛丽莲周三晚上邀请他到她家里，询问了肯尼迪兄弟的情况，因为他是肯尼迪兄弟的美发师。不过彼得的朋友、制片人威廉·阿舍尔并不认为宋认识肯尼迪兄弟。周四晚上，玛丽莲去参加彼得·劳福德家的一个聚会，彼得的朋友迪·利文斯顿说，那天晚上她看起来蓬头垢面、衣衫不整。利文斯顿说："她的穿着糟糕透了，一条包臀裤，腹部暴露在外面，胆囊部位的手术疤痕非常明显，脖子上还挂着一条墨西哥围裙。她的脸色苍白，我告诉她要多晒晒太阳。她说知道，要晒成古铜色，还要找个男人。"参加派对的娜塔莉·伍德看到她待在角落里，一遍又一遍地重复着 36 这个数字——过了 6 月 1 日，她就已经 36 岁了。那是一个好莱坞青黄不接的年代——克拉拉·鲍和葛丽泰·嘉宝都在 36 岁时离开了银幕。那周还是玛丽莲 1957 年流产的一个孩子的五周年纪念日，这一定让她郁闷不已。然而，在离开劳福德家的派对小时之后，玛丽莲就在布伦特伍德的家中与惠特尼·斯奈德以及他的妻子玛乔丽·西莱赫一起喝起了香槟，玛乔丽是玛丽莲的衣柜保管员和服装师。跟他们在一起，玛丽莲显得很兴奋，也很开心。

周四和周五，玛丽莲接到了几通重要的电话。她与吉恩·凯利讨论制作一部电影，并与朱尔·斯泰恩讨论了和弗兰克·西纳特拉一起制作音乐剧版的《布鲁克林有棵树》的事，该剧计划在百老汇上演。玛丽莲说好了要在那个周日和凯利在好莱坞会面，下周和斯泰恩在纽约会面。周五的时候，她去福克斯放映室看了 J. 李·汤普森执导的几部电影，因为汤普森正在考虑执导福克斯为玛丽莲安排的下一部电影。当晚，玛丽莲和帕特丽夏·纽科姆、彼得·劳福德一起去了一家最受欢迎的餐馆用餐，并且帕特丽夏在玛丽莲家过夜，据说是因为她患上了支气管炎，想第二天在玛丽莲的阳台上晒晒太阳。

玛丽莲去世后的 20 年间，关于 8 月 4 日星期六那天发生的事，官方说法基本上没有变化。官方说法主要是基于尤妮斯·穆雷、拉尔夫·格林森和彼得·劳福德对记者和调查人员讲述的初步证词，虽说警方对彼得的询问是几年后才进行的。彼得说那个周六是个平静的日子，玛丽莲和帕特丽夏·纽科姆坐在泳池边上，拉尔夫·罗伯茨上午 9 点钟给玛丽莲做了按摩。玛丽莲接了几通电话，其中一个是来自西德尼·斯科尔斯基（根据西德尼的女儿斯蒂芬·斯科尔斯基的说法，他们谈到了他写的珍·哈露的传记，而不是肯尼迪兄弟的传记，玛丽莲说她把斯特拉斯伯格夫妇列为遗嘱受益人）。很多人表示玛丽莲在当天早上通过邮政包裹收到了一只毛绒玩具，但帕特丽夏·纽科姆告诉我这纯属子虚乌有。帕特丽夏和玛丽莲发生了争吵，大概是因为帕特丽夏前一天晚上休息得很好，而玛丽莲却失眠了。两人争吵得越来越激烈，到了下午 4 点 30 分，帕特丽夏不得不给拉尔夫·格林森打电话，以便让她平静下来。格林森一直待到了晚上 7 点钟。

　　之后格林森和妻子一起去参加派对，玛丽莲也冷静了下来，不过格林森还是要求尤妮斯·穆雷当晚住在布伦特伍德的房子里，虽然平常她都不会留宿。7 点 15 分，乔·迪马乔打来电话，玛丽莲和他聊了三十分钟，迪马乔告诉她自己不打算跟女友结婚，而玛丽莲对他的女朋友始终没什么好感，听到这一消息她似乎很高兴。7 点 45 分，玛丽莲打电话给格林森，告诉他迪马乔的事，看上去心情不错。她还打电话给彼得·劳福德，告诉他自己不去参加他举办的派对了。

　　然后，根据官方说法，玛丽莲突然就精神崩溃了。到了 8 点 15 分，她打电话给彼得，有点"道别"的意思。根据彼得的回忆，玛丽莲说："代我向总统说再见，我还要向你说再见，因为你是一个好人。"这听起来像是自杀前求助的信号，不过我们只有彼得的一面之词，并且他在余生中不断重复这句话。玛丽莲的电话掉线了，彼得重新拨回去，但始终打不通。他打电话给接线员，但接线员也无能为力。然后他又打电话给他的理事米尔顿·埃宾斯，问他该怎么做，米尔顿告诉他不要去玛丽莲家，如果玛丽莲真的出了什么事，而总统的妹夫却在那里，那局面就不可收拾了。出于某种原因，彼得没有尝试拨打玛丽莲的第二条电话线，也没有派人去看发生了什么事。埃宾斯打电话给米奇·鲁丁，米奇·鲁丁又打电话给尤妮斯·穆雷，让她去看看玛丽莲有没有事。不一会儿尤妮斯就回电话说玛丽莲很好。彼得的派对一直持续到晚上10点30分，之后，他继续喝酒狂欢，然后醉得不省人事。

官方说法是，玛丽莲已经早早休息，尤妮斯·穆雷也已经上床睡觉。尤妮斯在凌晨3点醒来，感觉有什么不对劲，因为玛丽莲卧室的门反锁了，所以她只能通过卧室的窗户向里面张望。玛丽莲躺在床上的位置有些奇怪，这让尤妮斯很担心，于是打电话叫格林森过来，然后他就赶了过来。因为玛丽莲卧室的门反锁了，所以格林森拿起壁炉拨火棍砸开了一扇窗户，爬了进去。他发现玛丽莲赤身躺在床上，已经没了气息，只有一张薄薄的床单蔽体。他打电话叫恩格尔伯格赶紧过来，4点30分他又报了警，说玛丽莲自杀了。警察很快就到达现场，但此时尸体已经僵硬了，这说明她的死亡时间在6至8小时之前，也就是说，在晚上8点30分至10点30分之间（一旦死亡，尸体就会慢慢变僵硬）。

助理验尸官托马斯·野口进行了尸检，除了背部有瘀伤，没有发现任何他杀证据，背部的瘀伤可能是撞到家具造成的。他确定玛丽莲服用了大量的戊巴比妥钠和水合氯醛，尽管那天她并没有喝过酒。验尸官西奥多·柯菲请了自杀预防小组，来确定玛丽莲是否是自杀。自杀预防小组是由当地的精神病医生组成的团体，还开通了自杀热线。他们询问了玛丽莲的精神医生和其他医生，证实了她确实服药过量，看似是自杀。自杀预防小组发现玛丽莲在去世前几天就已经从另一位医生那里获得了两份戊巴比妥钠的处方，每份25粒。也就是说，周六那天她手上有多达50粒戊巴比妥钠药片。他们得出的结论是，玛丽莲很可能是自杀。地方检察官在五天后结案，判定为疑似自杀，没有进行勘验或大陪审团调查。据推测，玛丽莲早在晚上8点30分就已经去世了，也就是在和彼得通话后不久，她服用了超量的戊巴比妥钠和足以让人中毒的水合氯醛。

上面就是关于玛丽莲之死的官方说法，除了一些特立独行的记者外，警方和新闻媒体普遍接受了这种说法。直到1985年安东尼·萨默斯的《女神：玛丽莲·梦露的秘密生活》一书出版，这一说法才遭到严重的挑战。萨默斯是一位知名的英国记者，伦敦《周日快报》的编辑委托他写一篇文章，讲述1982年洛杉矶地区检察官对玛丽莲之死重新调查的情况，于是萨默斯转而开始调查玛丽莲的死因。他发现地区检察官的重新调查并不彻底，于是决定自行调查，并写成了一本书。萨默斯不知疲倦,聪明而又大胆,他采访了约650人,结果发现了官方说法之外的另一种可能。

　　萨默斯得出了自己的结论。首先,鲍比·肯尼迪在玛丽莲去世的那个下午去过玛丽莲家,可能晚上也去了。那天早上,福克斯宣传员弗兰克·尼尔看到鲍比乘直升机来到福克斯的拍摄场地。彼得的邻居当天晚些时候在彼得的海滨别墅看到了鲍比,玛丽莲的邻居们也看到他在午后走进她家,甚至洛杉矶警察局也知道那天鲍比在玛丽莲家。萨默斯还发现了更多证据:格林森当天下午4点30分被呼叫过,并不是因为玛丽莲与帕特丽夏的争吵,而是因为她和鲍比大吵起来,格林森确实待到了晚上7点钟。7点15分,玛丽莲也确实与乔·迪马乔通了电话,之后在7点45分与拉尔夫·格林森通话,大约8点钟的时候又与彼得·劳福德通话,告诉他不去参加他的派对了。根据官方说法,大约8点15分,彼得接到了"代我向总统说再见"的电话。

　　但是关于那几通电话的官方记录可能差了几个小时,而且还暗示了玛丽莲去世时的心情。参加劳福德家派对的有制片人乔治·杜尔戈姆、约瑟夫·纳尔以及他的妻子多洛蕾丝。多洛蕾丝告诉我,玛丽莲到9点钟才给彼得·劳福德打电话,她认为这就是那通"代我向总统说再见"的电话。彼得接完电话好像有点担心,但又没有过分担心,他还在继续玩扑克,并且在10点30分左右离开之前就再也没有其他电话打过来了。杜尔戈姆和彼得的管家伊尔玛·李·赖利都表示,在聚会期间,没有人说起玛丽莲的事。

　　玛丽莲9点钟打电话给彼得可能并不是自杀前请求帮助,相反,她可能是在告诉他,她和肯尼迪兄弟结束了。据私人侦探弗雷德·奥塔什透露,彼得在凌晨2点钟来到他的办公室,要求他去玛丽莲家抹除任何能够证明肯尼迪有罪的物件。根据奥塔什的说法,彼得说玛丽莲曾告诉他,肯尼迪兄弟将她视为"一块肉",她再也不想看到他们了。她曾试着给总统打电话,却未能接通,她希望彼得代她向总统告别。彼得劝她去海滨别墅与鲍比谈谈,但她回答说她已经没有什么可说的了,她已经完成了自己的使命。事实上,预防自杀小组发现她在西海岸时间晚上9点钟还给白宫打了电话。

　　在采访过程中,安东尼·萨默斯发现玛丽莲在晚8点30分到10点钟之间和好几个人通过电话。玛丽莲还和她在纽约的服装制造商朋友亨利·罗森菲尔德以及她的美发师西德尼·吉拉洛夫通了电话，吉拉洛夫是玛丽莲的朋友，也是许多好莱坞明星的密友。吉拉洛夫在1991年的自传《无上荣耀：玛丽莲》中透露了他与玛丽莲的通话细节：玛丽莲告诉他，那天鲍比·肯尼迪曾去她家里威胁过她。9点钟，她打电话给白宫的约翰·肯尼迪，但电话没有接通。接下来她打电话给彼得·劳福德，让他"代我向总统说再见"。她可能还和何塞·博拉尼奥斯通了电话，后者说在通话过程中玛丽莲挂断了，因为她听到房子里传来一阵噪音。10点钟，拉尔夫·罗伯茨的语音信箱收到了一条说话含糊不清的女人发来的信息，拉尔夫很肯定那就是玛丽莲（有些传记作者说那通电话的时间是8点30分，支持玛丽莲之死的官方说法，但忽略了玛丽莲和吉拉洛夫、罗森菲尔德之间的两次通话。罗伯茨告诉萨默斯，电话发生在10点钟）。

约瑟夫和多洛蕾丝夫妇大约在10点30分离开了劳福德家的派对。11点钟，彼得打电话给他们，表达对玛丽莲的担忧，并希望约瑟夫过去她家看看。他们家离玛丽莲家只有四个街区，所以约瑟夫答应了。大约在同一时间，彼得打电话给他的朋友比尔·阿舍尔和他的理事米尔顿·埃宾斯，要求他们和他一起去玛丽莲家，但他们拒绝了。约瑟夫正要离开自己家时，彼得再次打来电话，告诉他不用麻烦了，因为有医生和玛丽莲在一起。这就是约瑟夫·纳尔告诉詹姆斯·斯帕达的事，他也是这么告诉我的。我问约瑟夫为什么没有人在玛丽莲刚刚去世的时候提供这些信息，他告诉我说这是帕特丽夏·纽科姆的要求。这是我觉得玛丽莲之死另有隐情的第一个疑点。

在另一个版本的故事里，尤妮斯·穆雷8点30分帮米尔顿·埃宾斯查看了玛丽莲的状况，当时她还安然无恙。10点15分左右，当尤妮斯再来时，发现玛丽莲已经陷入昏迷。她打电话给格林森和恩格尔伯格，两人匆忙赶来。当时玛丽莲还活着，格林森叫了救护车，把她送到医院，但不幸的是，她在途中身亡，然后被带回家中，安放在她自己的床上。这是尤妮斯·穆雷在拍摄纪录片《向总统说再见》时精神崩溃后告诉安东尼·萨默斯的故事，有视频为证。

如果按照官方版本，除了7点30分的那通电话，彼得还在10点30分打给埃宾斯警告说玛丽莲状况不好，埃宾斯随后又打给鲁丁，鲁丁又打给穆雷，那么每个人在这件事中的时间框架就能完全对得上了，包括医生大约11点钟到达玛丽莲家。此时有人打电话给彼得，告诉他医生在那里，所以他才在 11 点之后不久打电话给约瑟夫，告诉他不用去玛丽莲家了。事实上，彼得可能不希望约瑟夫去玛丽莲家，因为事情太过"凶险"，不能再让更多人插手。

尤妮斯发现玛丽莲昏迷不醒时，还打电话给帕特丽夏·纽科姆，纽科姆打电话给阿瑟·雅各布斯，他当时正在好莱坞露天剧场听音乐会。雅各布斯的未婚妻娜塔莉·特朗迪还记得，演出期间，一位迎宾员拍了拍他的肩膀，告诉他有一个重要的电话，于是他就去办公室接电话，回来之后告诉特朗迪，是纽科姆打来的，说玛丽莲在大约 11 点钟时昏迷了，说完，他就离开了。接下来好几天特朗迪都没见到雅各布斯，但他拒绝告诉她事情的来龙去脉。

雅各布斯抵达时，纽科姆已经在那里了，鲁丁不久后也赶到了。鲁丁说，当他到达现场时，纽科姆的情绪看上去非常激动。

彼得·劳福德可能去了玛丽莲家，尽管帕特丽夏坚称他没有亲自去，而是让奥塔什代为前往。事实上，萨默斯和斯帕达几乎采访过彼得所有的朋友，包括鲁丁、埃宾斯、阿舍尔、约瑟夫、杜尔戈姆以及他的管家伊尔玛·李·赖利，都说他在这种危机时刻不堪重用，而且当晚他喝酒喝得已经不省人事，所以不可能出现在玛丽莲家。此外，玛丽莲去世后，出于政治层面，必须得让鲍比·肯尼迪远离这里。关于玛丽莲之死，修正后的版本是这样的：彼得安排了一架直升机在他家门前的海滩上接走了鲍比，然后带鲍比到圣莫尼卡或洛杉矶的机场，乘飞机返回圣克鲁斯山贝茨的牧场。

与此同时，福克斯的高管们也收到了通知，他们来到玛丽莲家，销毁一切与他们有关的证据。她文件柜中所有可能对福克斯有害或可能揭示她与肯尼迪的关系的内容都被抽走了，然后一个掩人耳目的故事就形成了。如果参与这一行动的人确实是在 11 点钟到达了玛丽莲家，那么他们就有 5 个多小时的时间来编造故事，因为直到凌晨 4 点 30 分格林森才报警。

当晚的一些计划非常精彩，几位同谋专门为尤妮斯·穆雷和医生编造了故事，用来应付警方和媒体。不过故事的一些成分似乎是临时起意，好像涉事人员都承受着巨大的压力。玛丽莲的这些"朋友"当然知道她从不会全裸睡觉——她会穿上胸罩，因为她相信这会让她的胸部肌肉保持紧致，所以他们将玛丽莲的裸体放在床上是如此愚蠢。他们一定知道她卧室门上的锁失灵了，而且在发生了佩恩·惠特尼诊所事件之后，玛丽莲无论如何都不会锁上卧室的门。再有，破碎的窗户上的玻璃落在卧室外，而非卧室内，这表明玻璃是从房间里面被打破的。因此，格林森破窗而入的故事非常荒谬。

第一位警察在 4 点 30 分到达现场时，发现尤妮斯·穆雷正在洗衣房洗衣服，他有些惊讶，尤妮斯也从没有解释过为什么要洗衣服。几位同谋还在显眼的地方放了一张玛丽莲写给乔·迪马乔的字条，上面写着：忠于一人，于生足矣。这张字条很像是刻意安排的，一方面想要掩盖玛丽莲和肯尼迪兄弟的关系，同时又表明玛丽莲想要和迪马乔重归于好。

阿瑟·雅各布斯和帕特丽夏·纽科姆是专业宣传员，隐瞒真相和虚构故事是他们的拿手好戏，还有什么人比他俩更适合为玛丽莲"善后"呢？他们可以把整件事制造成自杀。就是在他们的精心安排下，才有了所谓的"官方说法"。帕特丽夏·纽科姆一直忠于玛丽莲，和她形影不离，但她与肯尼迪家族更为亲近，特别是和她相交多年的鲍比，她不想鲍比和玛丽莲之死扯上关系。于是她心烦意乱，只得离开——参加完玛丽莲的葬礼，她随即飞往海恩尼斯港，在那里见到了劳福德夫妇以及肯尼迪家族的其他人。有人说雅各布斯因为她对媒体"大喊大叫"而解雇了她，但雅各布斯公司的助手迈克尔·塞尔斯曼告诉我，这件事他闻所未闻，她只是突然就消失了（他还告诉我，那个周末没有迹象显示她患有支气管炎）。阿瑟·雅各布斯周日早上 5 点 30 分打电话给塞尔斯曼，让他去玛丽莲家应付媒体。塞尔斯曼问他发生了什么事，他回答说："你还是不知道的好。"

除了几位同谋掩人耳目的安排之外，警察还帮他们打掩护。比如，西奥多·柯菲指示自杀预防小组不要调查他杀的可能。小组负责人罗伯特·利特曼告诉我，他觉得这些指示很奇怪，因为他们排除了谋杀的可能。此外，尸体解剖后的第二天，用于进一步调查的玛丽莲的血液和组织样本不翼而飞，同时消失的还有警方正在进行的所有调查记录。只有位高权重的大人物才有可能下令处理尸检材料和警方档案。鲍比·肯尼迪和洛杉矶警察局局长威廉·帕克以及有组织犯罪情报部门负责人詹姆斯·汉密尔顿关系密切。鲍比作为司法部长，经常向帕克和汉密尔顿咨询关于调查工作的事。

乔·迪马乔不允许肯尼迪兄弟和好莱坞的人参加玛丽莲的葬礼，他认为他们和玛丽莲的死脱不了干系。玛丽莲去世几天后，拉尔夫·格林森接受了罗伯特·利特曼的调查，他透露出玛丽莲与政府高层有瓜葛。记者威廉·伍德菲尔德打电话给格林森，问他玛丽莲去世当晚发生了什么事，格林森回答说，"请你去问鲍比·肯尼迪。"这一说法在研究玛丽莲的圈子中众所周知。不为人知的是，格林森说他一直认为鲍比应该承认当天去过玛丽莲家。但是从那以后，他便三缄其口，再也不肯承认玛丽莲和鲍比有任何关系。彼得·劳福德和他的朋友讲述了官方说法的变化，最终版本是：玛丽莲是自杀身亡或是意外服药过量致死。

但问题依然存在：为什么鲍比·肯尼迪一开始要去玛丽莲家？玛丽莲一直在给肯尼迪兄弟打电话，而且很了解他们的行踪。司法部官员说她"失控了"，她威胁要召开新闻发布会公开她与鲍比谈论政治的日记，其中包括两人在古巴、核弹和镇压黑手党等问题上的对话。玛丽莲之所以将对话记录下来，是因为她有时候会不记得一些政治细节。她还知道肯尼迪兄弟的淫乱关系，这些信息一旦被曝光，可能会毁了他们的政治前途。当时的记者们很少透露政治家的性生活，而且约翰所有的性伙伴都默不作声，玛丽莲如果说了出来，就会成为她们之中的另类。

8月4日星期六，窃听玛丽莲谈话的奥塔什听到她和鲍比发生了激烈的争吵，并且可以听出，鲍比在玛丽莲家东翻西找，还质问玛丽莲："你把它放哪了？"玛丽莲拗劲上来了，执意不肯把"它"交给鲍比，而且开始捶打他。鲍比大约一个小时后才离开。有人说他带了一名医生，给玛丽莲打了一针，在我看来，这样做已经是非常极端了。我无法想象在这样的袭击之下玛丽莲都没有想到要离开这所房子，找地方躲藏起来。而鲍比一直在寻找的，很有可能是玛丽莲的那本日记。有些研究人员认为玛丽莲不会举行新闻发布会，我却不以为然，因为我在采访摄影师乔治·巴里斯时，他的话使我相信玛丽莲会说到做到。巴里斯是一位绅士，为人和善，轻声细语，所以我可以理解为什么玛丽莲在那个夏天选择让他给自己拍照，然后还口述了一份自传给他。他告诉我，自从格洛丽亚·斯泰纳姆采访他以来，我是第一位找到他的玛丽莲传记作家。8月3日星期五，玛丽莲在纽约打电话给巴里斯，要他立即前往洛杉矶，说想见他。巴里斯认为她是想让自己帮忙安排一场新闻发布会，因为他既是一名记者，也是一名摄影师，这件事对他来说轻而易举。她不信任雅各布斯经纪公司，因为帕特丽夏·纽科姆和肯尼迪家族关系很近。巴里斯告诉玛丽莲，他要周一才能赶到，然后两人约定了会面时间。鲁珀特·艾伦表示，玛丽莲周五打电话给他并留下一条消息，希望他帮忙召开新闻发布会，但他身体抱恙，未予回应。

那个周末，鲍比·肯尼迪有不在场的证明，他坚称自己和家人当时是在老朋友约翰·贝茨的牧场度过的，那个地方位于旧金山以南 80 英里的圣克鲁斯山。约翰·贝茨的儿子最近将那个周末的照片发给了布鲁诺·伯纳德的女儿苏珊·伯纳德，后者在她 2011 年出版的一本书中发表了这些照片，书的内容主要是她父亲为玛丽莲拍摄的照片。如果照片属实，那么有人在洛杉矶看到鲍比一事就成了一群陌生人之间歇斯底里的谩骂。但是照片是可以骗人的，我咨询过摄影师马克·安德森，他说，太阳照在他们身上的位置以及照片上每个人脸上的阴影表明，约翰·贝茨所说的照片拍摄时间与事实不符。肯尼迪的朋友肯定偏向肯尼迪家族，可以想象，就像与玛丽莲之死有关的所有人一样，他们只说出了部分真相。

1985 年，安东尼·萨默斯的书出版了。在那之后的 25 年里，关于玛丽莲之死的新说法层出不穷，通常是由于新目击者提供了新的证词。这些目击者主要有：参与尸检的地区助理检察官约翰·迈纳；救护车上的医护人员詹姆斯·霍尔，他声称在玛丽莲去世的当晚救护车去过玛丽莲家里，还有比弗利山警察林恩·富兰克林，他声称当晚曾逼停超速驾驶的彼得·劳福德。此外，还包括尤妮斯·穆雷的女婿诺曼·杰弗里斯（玛丽莲家的勤杂工），以及作者 C. 大卫·海曼，后者声称，彼得·劳福德告诉他，彼得、格林森和鲍比·肯尼迪当晚待在一起。这些证词大都指向玛丽莲是被人谋杀的。

约翰·迈纳是研究玛丽莲之死的第一个"权威人士"，他认为玛丽莲是被人灌服了含药的灌肠剂而死的。这种说法有一定道理，起码它解释了如此大量的戊巴比妥钠和水合氯醛是如何快速进入她的血液。包括玛丽莲在内的好莱坞女演员都通过灌肠来快速减肥（因为药物的缘故，玛丽莲还患有便秘，这是她使用灌肠剂的另一个原因）。迈纳是第一个声称尤妮斯·穆雷给玛丽莲灌肠的人，不过没有十足的证据。

迈纳还说他手上有一份录音带的转录稿，说是拉尔夫·格林森在玛丽莲死后几天为他播放过那份录音带。他是在 1982 年首次向安东尼·萨默斯提出了这种说法。玛丽莲可能在她去世前的几个星期为格林森制作了这份录音带，地区检察官派迈纳前去质询他时，格林森把录音带放给迈纳听，证明玛丽莲不是自杀。但是格林森销毁了录音带，然后迈纳回家，根据记忆把录音带的内容转录了下来，几个小时内就写了 13 页。该录音带证明了玛丽莲在去世时的性取向和精神状态，这在研究玛丽莲的学者中间引起了轩然大波。

2005 年，我在一次纪念玛丽莲的活动中遇到了迈纳，我们都在南加州大学任教，后来就成了朋友。在接下来的几年，我采访了他很多次。他个头不大，85 岁高龄了，声音却很洪亮。在我们第一次见面时，他给了我一份转录稿，其中写道，玛丽莲灌肠成瘾，这倒让我吃了一惊。他告诉我他曾受阿尔弗雷德·金赛之托就好莱坞女演员的性生活进行过采访，从那时起，我就对他产生了怀疑，因为我向金赛研究所核实过，结果负责人说他们从没听过迈纳这个人。他还提议我们一起研究萨德侯爵，还向我宣扬灌肠的好处，于是我对他的怀疑又深了一层。

迈纳告诉其他玛丽莲传记作者，他花了六个小时采访格林森，但他告诉我他根本没有采访过格林森。他非常尊重格林森，不可能质询他，并且他告诉我，他只是听了听录音带就回家了。后来我听说迈纳破产了，出售那份转录稿显然是为了谋财。一开始他想把它卖给《名利场》杂志，但他们要求安东尼·萨默斯对此进行证实，而迈纳只拿出了写在黄色法律垫上的一些笔记。换句话说，他当时并没有将录音带的内容转录下来，而是在二十年后才写的。在萨默斯的建议下，《名利场》还是拒绝了购买转录稿。

此后，迈纳编写了一份转录稿，然后把所有权卖给了马修·史密斯，马修·史密斯将转录稿放进了他 2003 年出版的《玛丽莲的临终遗言》一书中。2005 年，《洛杉矶时报刊》登了迈纳的一篇封面故事，之后迈纳又把转录稿卖给了《花花公子》。我还了解到迈纳更多的事：多年前，他被控诱使地区检察官办公室的几名女性允许他对她们进行灌肠，此事导致他的律师执业资格证被吊销了好几年。当我建议他写一本自传时，他拒不接受，因为他说自己对女性做过"可怕的事情"。他不肯告诉我那些"事情"是什么，不过我怀疑他指的是就是对地区检察官办公室女性所做的事。我还听说他担任过在洛杉矶举办的一个以虐待狂为主题的大会的特约嘉宾，探讨那些使用灌肠剂、皮鞭和锁链的虐待狂。综合考虑他的言行，我得出的结论是：所谓"转录稿"纯属子虚乌有，只代表他个人的性癖好，和玛丽莲无关。

詹姆斯·霍尔是为玛丽莲之死提供新线索的第二个人。1982年，地方检察官办公室重新启动对玛丽莲之死的调查，霍尔说自己是救护车上的医护人员，那天晚上跟车送玛丽莲去医院。他要求地方检察官为他的证词提供报酬，但地方检察官断然拒绝，然后他就把证词卖给了一家小报。他说他在给玛丽莲做复苏的时候，一名携带医护包的男子进入了房间，自称是玛丽莲的医生。该男子将他推到一边，然后在玛丽莲的心脏处扎了一针。霍尔后来说那名医生就是格林森，但是他无法解释为什么这么大的针扎入她的身体却没有留下任何印记。

比弗利山警察局的一名警察林恩·富兰克林是继约翰·迈纳和詹姆斯·霍尔之后出现的第三位线索提供者。他说自己在玛丽莲死亡当夜看到彼得·劳福德超速行驶，于是让他靠边停车。富兰克林表示，鲍比·肯尼迪与另一名男子坐在后座，他后来根据照片才知道那名男子是拉尔夫·格林森。根据富兰克林的说法，彼得告诉他，他要前往肯尼迪当天早些时候住过的比弗利希尔顿酒店去拿行李，然后带他去机场。

唐纳德·沃尔夫在他1998年关于玛丽莲之死的研究《刺杀玛丽莲·梦露》中接受了詹姆斯·霍尔和林恩·富兰克林的说法，同时暗示鲍比·肯尼迪和玛丽莲之死有直接关联。他根据对诺曼·杰弗里斯的长篇采访重构了一个故事。杰弗里斯告诉沃尔夫，他周六晚上在玛丽莲的房间里和尤妮斯·穆雷一起看电视，9点30分到10点钟之间，鲍比·肯尼迪和两名男子一同出现在门口，尤妮斯给他们开了门。鲍比命令尤妮斯和诺曼离开一段时间，两人遵命行事，到10点30分才回来，回来时那些人都已经离开了，而玛丽莲却倒在客房中昏迷不醒。尤妮斯打电话给恩格尔伯格和格林森，还叫了一辆救护车，其中霍尔就是那辆救护车上的一名医护人员。沃尔夫复述了霍尔的故事：霍尔帮玛丽莲做复苏，但格林森却在她的心脏上扎了一针，致其死亡。之后他们把玛丽莲拖到卧室，放在她自己的床上。在这个版本中，玛丽莲是死于自家卧室，而非救护车上。

传记作家C.大卫·海曼采访了彼得·劳福德，并发表了一篇报道，其中也提出了他对"玛丽莲之死"的看法，并用在了 1989 年他为约翰·肯尼迪和鲍比·肯尼迪两人写的传记中。根据海曼的说法，彼得告诉他，玛丽莲去世的当晚，彼得·劳福德、拉尔夫·格林森、鲍比·肯尼迪三人在一起，并且他还说玛丽莲和格林森有不正当关系，如果此事属实，那么格林森确实有杀人动机。不过我对此表示怀疑，而且彼得对其他传记作家鲜少提及 8 月 4 日那晚的事。他对肯尼迪家族忠心耿耿，临终之际他还说自己会守口如瓶。他一直告诉他的伴侣帕特丽夏·劳福德·斯图尔特（后来成了他的妻子，两人在一起 11 年）玛丽莲是自杀，同时他又很自责，因为玛丽莲给他打了电话，他却弃而不顾。无论是醉酒时还是清醒时，不管是平常聊天时，还是忏悔己罪时，他都反复提到这些。他不厌其烦地把这个故事告诉他认识的每个人。

后来帕特丽夏·劳福德·斯图尔特起诉大卫·海曼，指控他在鲍比·肯尼迪的传记中歪曲关于她的事实，她不相信大卫·海曼的任何一句话，因为她在彼得去世后仍忠于他。她通过律师要求海曼提供他采访彼得·劳福德的录音带，但他从未提供。我在纽约州立大学石溪分校查看海曼的文稿时，找到了录音带的转录稿，但没有录音带。我打电话给海曼，要求听听录音，他告诉我他打算在下一本书中使用这些录音，所以暂时还不能满足我的要求。我十分怀疑录音带根本不存在，是他杜撰出来的，不过很多作者都在引用他的转录稿来证明是拉尔夫·格林森杀害了玛丽莲。

但格林森没有理由杀她，玛丽莲是他最有名的病人，她的死对他自己也造成了巨大伤害，而且他跟彼得·劳福德又不熟。除此之外，他对鲍比·肯尼迪的态度也模棱两可，甚至还多次警告玛丽莲肯尼迪兄弟只是在利用她而已。在跟家人的对话中，以及在 8 月 20 日写给玛丽安娜·克里斯的信中，格林森用"官方说法"来解释玛丽莲之死，同时又暗示了另一种可能。他暗示玛丽莲是自杀，因为她受不了自己有同性恋倾向。这种说法有一定的根据，因为不久后，欧洲小报就报道了关于她和娜塔莎·莱泰丝恋情的故事。这对玛丽莲来说是一个极大的羞辱，因为她内心最深处的秘密被公之于众：她是全球异性恋的偶像，但她更喜欢女性做她的性伴侣。事实上，正如亨利·罗森菲尔德向安东尼·萨默斯说的那样，当晚她与亨利·罗森菲尔德进行的长谈主要是抨击帕特丽夏·纽科姆，尽管帕特丽夏·纽科姆和她非常亲近。有人说周六玛丽莲与纽科姆的争吵只是为了掩盖下午她与鲍比·肯尼迪的争吵，但实际上这次争吵的重要性可能超出所有人的想象。

关于玛丽莲和肯尼迪的争吵有很多可能。即便鲍比当天确实在玛丽莲家，也不代表他的随从给玛丽莲注射了致命的灌肠剂。萨姆·吉安卡纳的养子查克·吉安卡纳写了一本畅销书，在书中他指出是萨姆下令给玛丽莲注射了针剂，因为他知道那天鲍比·肯尼迪在场，所以派了一名黑手党杀死了玛丽莲，从而陷害鲍比·肯尼迪是杀人犯。结果计划并未奏效，因为他没想到当天那么多人合谋掩盖事实真相，更没想到洛杉矶警察局也会包庇纵容，这使得所有人的注意力都从鲍比·肯尼迪身上转移开了。

至于 FBI 在玛丽莲之死中扮演了什么角色，就是另一回事了。菲丽丝·麦克奎尔告诉我，是 FBI 杀死了玛丽莲，却无意中完成了肯尼迪兄弟的心愿。她甚至还暗示胡佛在洛杉矶指挥了此次行动。FBI 的一名特工告诉安东尼·萨默斯，一些 FBI 特工莫名前往当地，在 8 月 5 日一早从圣莫尼卡电话公司取走了玛丽莲的电话记录。玛丽莲去世后，乔·海姆斯去电话公司寻找记录时，却被告知已经被 FBI 取走了。

胡佛也对玛丽莲·梦露苦恼不已。自从她 1955 年申请前往苏联的签证并与阿瑟·米勒结婚以来，胡佛手下的特工就一直在监视她。一名线人已经提交了一份关于她与弗雷德里克·范德比尔特·菲尔德以及她随后几个月与鲍比·肯尼迪谈话的准确报告。菲尔德说是何塞·博拉尼奥斯告的密，但是提交给胡佛的一份报告指出，尤妮斯·穆雷才是真正的告密者，这使得原本就复杂的形势变得更加错综复杂起来。鉴于胡佛十分偏执地要跟踪玛丽莲和肯尼迪兄弟，而且奥塔什和他的手下也愿意出售那些录音带（原本为了监听乔·迪马乔和吉米·霍法）的复本，所以可以合理推测出 FBI 也听过那些录音带。

肯尼迪兄弟和胡佛之间的关系也不简单。鲍比·肯尼迪迫使他把注意力转向黑手党，但他并不想那样做。于是肯尼迪兄弟考虑炒了胡佛，但他掌握了约翰乱性的大量证据，所以这显得有些投鼠忌器。不过 FBI 倒是可以帮忙。如果肯尼迪在玛丽莲死亡当晚确实带着两个人去了玛丽莲家，那么这两人铁定是 FBI 特工。鉴于 FBI 特别善于故布疑阵，所以也有可能是 FBI 特工杀死了玛丽莲。但是鲍比·肯尼迪周六下午离开玛丽莲家之后的行踪无人知晓。他好像是跟彼得·劳福德一起开车离开的，但是在彼得的派对（晚上 7 点 30 分开始）上，没有人见过他。彼得告诉妻子，鲍比在聚会开始前就已经离开了。

玛丽莲对于未来有很多计划——她还要拍几部电影，要参加几场晚会，这些都表明她并非自杀身亡。她甚至还计划参加欧文·柏林在华盛顿举办的音乐会，这是当季最火的活动，也是为了给肯尼迪家族募款而举办的。她让让·路易斯专门制作了一件礼裙，有人说那件礼裙是为她和迪马乔下周三的婚礼准备的。

不过，玛丽莲的情绪很有可能是她死亡的关键因素——罗伯特·利特曼坚信这一点。躁狂抑郁症患者一旦进入情绪上升期，然后由于精力过剩而自杀，这种情况也很常见。根据利特曼的说法，玛丽莲移情别恋到了格林森身上。周六晚上格林森离开她去参加一个派对，并告诉她第二天会再见面，此举可能会让她精神崩溃，因为这类病人需要得到精神病医生的全部注意力。我之所以难以接受这种解释，是因为玛丽莲血液中的戊巴比妥钠和水合氯醛含量都高得实在离谱，足以杀死好几个人了，甚至超出了她去世时手头上的 50 粒戊巴比妥钠的药量。有专家认为她服用了 60 粒戊巴比妥钠，还有大量的水合氯醛，这两者在人体血液中的反应可不太好。再说到灌肠剂的问题，使用活塞式注射器快速注射药物会迅速致人死亡。

1962 年 8 月 6 日，《洛杉矶时报》发表文章《金发女星之死震惊电影之都》，其中包含了玛丽莲去世前一周见过她的人所说的话，他们都说玛丽莲和他们对话时非常开心。"我感觉非常震惊，"吉恩·凯利说道，"我本来要在今天（周日）下午去见她的，商谈我们明年的项目。"周四他还和玛丽莲通过电话。"她情绪高昂，对未来的项目感到非常开心，也非常兴奋。"

迪恩·马丁的说法也十分相似，他确认了《爱是妥协》将于 1963 年初恢复拍摄，帕特丽夏·纽科姆说，玛丽莲计划下周去纽约为《时尚先生》拍摄封面照片，李·斯特拉斯伯格说她终于要为演员工作室试镜了，乔·迪马乔还在等着周三跟她复婚……还有这么多事要完成，她在此时自杀显得十分不合情理。但是面对这样充满了矛盾、欺骗、激情和挫败的人生，也很难断言她会做出什么事。玛丽莲的一生既有广度又有深度，充满了传奇和神秘，这些使得她得以跨越历史，成了美国人想象中的符号。

鸣　谢

我差不多十年前开始写这本传记，当时我是澳大利亚堪培拉大学人文学院的研究员，在澳大利亚国家图书馆找到了澳大利亚玛丽莲·梦露粉丝俱乐部"魅力首选"的简报，那份简报让我想起了洛杉矶的粉丝俱乐部"纪念玛丽莲"，其成员热情地欢迎了我，并为我提供了宝贵的信息和充分的支持。我要特别感谢粉丝俱乐部成员格雷格·施赖纳、斯科特·福特纳、吉尔·亚当斯和哈里森·赫尔德。大卫·马歇尔与我交换了大量的信息和电子邮件，罗伊·特纳和我一起谈论玛丽莲，并将他收藏的玛丽莲儿时的一些物品交给了我。除此之外，如果没有斯泰西·尤班克和她收藏的玛丽莲的相关材料，我就不可能写出这本书来。

我从马克·安德森那里获得了许可，他允许我参看玛丽莲·梦露文件柜中的材料，当时文件柜归米灵顿·康罗伊所有，存放在他加利福尼亚州罗兰岗的家中。基于这些材料，我写成了《玛丽莲·梦露传记》一书，这些材料目前在安娜·斯特拉斯伯格和玛丽莲·梦露遗产管理公司手中。

我还要感谢我在研究玛丽莲期间去过的图书馆的工作人员，包括美国电影学院、亚利桑那州立大学、国会图书馆、纽约林肯中心公共表演艺术图书馆、芝加哥纽贝里图书馆、纽约州立大学石溪分校、加州大学洛杉矶分校、南加州大学、得克萨斯大学奥斯汀分校哈里·兰瑟姆中心以及电影艺术与科学学院的玛格丽特·赫里克图书馆。在帮助我的众多图书馆工作人员当中，我要特别感谢玛格丽特·赫里克图书馆的芭芭拉·霍尔和南加州大学的内德·康斯托克。大多数关于电影史的书都会将此二人作为感谢对象，因为他们了解电影史的每个细节，而且始终为研究人员提供支持。

　　我要感谢玛丽莲的传记作者同仁们——约翰·吉尔摩、米歇尔·摩根以及卡尔·罗利森，他们在这个项目上给了我很多支持。我最需要感谢的一个人是安东尼·萨默斯，他让我查看他对玛丽莲的朋友和同事的多次采访记录，这种慷慨之举无疑使我对本书的理解更加透彻。我要感谢北卡罗来纳州索尔兹伯里的哈普·罗伯茨，他让我查看拉尔夫·罗伯茨未发表的回忆录《含羞草》，以及罗伯茨的其他文章。

　　我还要感谢屏幕演员协会的历史学专家瓦莱丽·亚罗斯向我提供地址和其他信息，感谢我咨询过的医生，他们都是医学博士，包括金·莱利、罗伯特·西耶戈尔、嘉莉·里卡德、丽贝卡·库恩和露比玛丽·劳－莱文。我还要感谢罗伯特·伍德、彼得·洛文贝格、约书亚·霍夫斯和埃林·萨克斯，他们都是精神分析师，帮我解释了复杂的精神病理论。我要感谢波士顿基督教科学派第一教堂玛丽·贝克·埃迪图书馆的阿曼达·古斯汀和莱斯利·皮茨向我提供有关安娜·劳尔和玛丽莲的信息，感谢鲍勃和珍娜·赫瑞向我提供有关戈达德家族的信息，还要感谢二十世纪福克斯让我查阅与玛丽莲·梦露有关的法律和制片文件。我要感谢大卫·威尔斯和苏珊·伯纳德对我的诸多善意。

　　在写作本书的几年时间里，我与很多采访对象成了朋友，他们中的很多人把我介绍给玛丽莲的其他朋友和同事。我要特别感谢梅塔·肖·史蒂文斯和伊迪·马库斯·肖，帕特丽夏·罗斯滕·菲兰、帕特丽夏·劳福德·斯图尔特、迈克尔·塞尔斯曼和诺林·纳什。原本我以为阿瑟·维尔格只是一名学者，最后却发现他还是一名救生员，他认识汤米·赞恩和戴夫·海泽尔，这两人与肯尼迪关系很近而且认识玛丽莲。明尼苏达大学的拉里·梅是一位优秀的电影学者，帮助我了解好莱坞电影业，此外，我在 USC 的同事史蒂芬·罗斯、凡妮莎·施瓦茨和里克·朱厄尔也为我提供了这方面的帮助。田纳西大学的林恩·萨科向我解释了许多历史，苏奥利瓦和吉尔·菲尔兹在我精力不济、黔驴技穷的时候给了我支持，阿黛尔·华莱士和吉恩·梅莉也是如此，他们天生对文字有着非常高的敏感度，他们通读了我的手稿，并为我提供了中肯的建议。像往常一样，爱丽丝·埃克尔斯和埃莉诺·阿卡姆坡在学术上给予了我很多帮助，而南加州大学为我提供了研究经费和假期，以便我完成本书的写作。

　　我的女儿奥利维亚·班纳在关键时刻帮我编辑手稿，大大改善了原稿的质量。我的儿子吉迪恩·班纳告诉我很多关于表演的事情，我看到他通过自己的努力从一位资质平平的演员成长为一名百老汇的明星，如今他是纽约阿斯特剧院蓝人剧团的明星演员。通过他，我发现原来一个人只要坚持不懈，不断拜会名师，就可以学好表演。这对于我了解玛丽莲来说至关重要。

　　我要感谢我的丈夫约翰·拉斯莱特，感谢他的忠诚，感谢我的经纪人威廉·克拉克，感谢他对我一如既往的支持。我要感谢凯西·贝尔登的精心编辑和鼓励，以及布鲁姆斯伯里美国出版公司为我和这本书所做的一切。我还要感谢我的研究员和助手——卡琳·许布纳、莱拉·迈尔斯、维多利亚·凡托奇和丽萨·雷蒙德。

图书在版编目（CIP）数据

玛丽莲·梦露 / (美) 洛伊斯·班纳 (Lois Banner)
著；邓蓓佳译. -- 南京：江苏凤凰文艺出版社，
2020.2
书名原文：MARILYN: The Passion and the Paradox
ISBN 978-7-5594-3851-5

Ⅰ.①玛… Ⅱ.①洛… ②邓… Ⅲ.①梦露(Monroe,
Marilyn 1926–1962) – 传记 Ⅳ.①K837.125.78

中国版本图书馆CIP数据核字（2019）第300813号

Image and Artwork © The Andy Warhol Foundation for the Visual Arts,
Inc./Licensed by ARS.

© 2019 The Andy Warhol Foundation for the Visual Arts, Inc. /
Licensed by Artists Rights Society (ARS)

玛丽莲·梦露

（美国）洛伊斯·班纳 著　邓蓓佳 译

责任编辑　唐　婧
图书策划　赵明明
封面设计　尚刘阳
责任印制　刘　巍
出版发行　江苏凤凰文艺出版社
　　　　　南京市中央路 165 号，邮编：210009
网　　址　http://www.jswenyi.com
印　　刷　北京盛通印刷股份有限公司
开　　本　690 毫米 ×980 毫米　1/16
印　　张　22.5
字　　数　260 千字
版　　次　2020 年 2 月第 1 版　2020 年 2 月第 1 次印刷
书　　号　ISBN 978-7-5594-3851-5
定　　价　68.00 元

江苏凤凰文艺版图书凡印刷、装订错误可随时向承印厂调换
电话：（010）83670070